Grundriß

des

Österreichischen Rechts

in systematischer Bearbeitung.

Unter Mitwirkung von

Dr. J. Freiherr von Anders, Professor in Graz, Dr. P. Ritter Beck von Mannagetta, Sektionschef und Vorstand des Patentamtes in Wien, Dr. E. Demelius, Professor in Innsbruck, Dr. A. Finger, Professor in Halle a. S., Dr. O. Frankl, Professor in Prag, Dr. C. S. Grünhut, Hofrat und Professor in Wien, Dr. J. Hanel, Hofrat und Professor in Prag, Dr. F. Hauke, Professor in Czernowitz, Dr. M. Ritter von Hussarek, Ministerialrat und Professor in Wien, Dr. H. Lammasch, Hofrat und Professor in Wien, Dr. V. von Mataja, Ministerialrat und Professor in Wien, Dr. F. Freiherr Myrbach von Rheinfeld, Professor in Innsbruck, Dr. G. Petschek, Privatdozent in Prag, Dr. W. Schiff, Privatdozent in Wien, Dr. H. M. Schuster, Professor in Prag, Dr. M. Schuster von Bonnott, Hofrat in Wien, Dr. A. Skedl, Professor in Czernowitz, Dr. L. Spiegel, Finanzprokuratursſekretär und Professor in Prag, Dr. L. Szalay, Ministerialrat im Reichsfinanzministerium in Wien, Dr. J. Ulbrich, Hofrat und Professor in Prag, Dr. D. Ullmann, Hofrat und Professor, früher in Prag, Dr. F. Freiherr von Wieser, Professor in Prag

herausgegeben von

Professor Dr. A. Finger und Professor Dr. O. Frankl.

In drei Bänden.

Dritter Band, vierte Abteilung.

W. Schiff, Grundriß des Agrarrechts.

Leipzig,
Verlag von Duncker & Humblot.
1903.

Grundriß

des

Agrarrechts

mit Einschluß des

Jagd- und Fischereirechts.

Von

Dr. Walter Schiff,
Privatdozent in Wien.

Leipzig,
Verlag von Duncker & Humblot.
1903.

Piererſche Hofbuchdruckerei Stephan Geibel & Co. in Altenburg.

Inhaltsverzeichnis.

Zweiter Hauptteil. Das Jagdrecht.

Erstes Kapitel. Einleitung.

Zweites Kapitel. Das geltende Recht.

Dritter Hauptteil. Das Fischereirecht.

Das österreichische Agrarrecht.

Mit Einschluß des Jagd- und des Fischereirechts.

Von

Dr. Walter Schiff,

Privatdozent an der Universität Wien.

---

§ 1. Einleitung.

1. Abgrenzung und Behandlung des Gegenstandes.

Agrarrecht ist die Gesamtheit der Rechtsnormen, die sich ausschließlich auf die Land- und Forstwirtschaft beziehen; die Sondernormen für Wildhege und Jagdbetrieb bilden das Jagdrecht, die Sondernormen für Fischzucht und Fischfang das Fischereirecht. Diese wirtschaftlichen Sonderrechte sind einerseits gegen die Wirtschaftspflege, anderseits gegen die allgemeinen Rechtsdisziplinen abzugrenzen.

Wirtschaftsrecht und Wirtschaftspflege sind Teile der praktischen Wirtschaftspolitik; die Wirtschafts**pflege** sucht die wirtschaftlichen Verhältnisse durch Verfügungen für einzelne Fälle, durch Aufwendung finanzieller Mittel, Bereitstellung öffentlicher Organe oder Anstalten zu beeinflussen; das Wirtschafts**recht** verfolgt dasselbe Ziel durch Setzung von Rechtsnormen. Die Grenze zwischen beiden ist jedoch praktisch nicht immer mit Sicherheit zu ziehen. Die Form der staatlichen Willensäußerung (Gesetz oder Verordnung im formellen Sinne) ist nicht maßgebend.

Vom wirtschaftlichen **Sonder**rechte sind alle Normen ausgeschlossen, deren Geltung nicht **begrifflich** auf die betreffenden Lebensverhältnisse eingeschränkt ist. Daher gehören zum Agrarrechte auch solche Normen nicht, die zwar praktisch zumeist, aber rechtlich nicht ausschließlich auf die Landwirtschaft Anwendung finden, wie die Normen des Notwege-, des Pachtrechtes, gewisse Sätze des Exekutionsrechtes u. dergl. Auch diese Grenze zwischen dem wirtschaftlichen Sonderrechte und den allgemeinen Rechtsdisziplinen ist jedoch nicht ganz scharf. Im folgenden sind außer den eben erwähnten Materien auch das landwirtschaftliche Finanzrecht (Grundsteuer) und die allgemeine landwirtschaftliche Behördenorganisation (Ackerbauministerium) nicht zum Agrarrechte gerechnet.

Die allgemeinen Rechtsdisziplinen (Zivilrecht u. s. w.) bringen die **formal gleichartigen** Rechtsnormen ohne Rücksicht auf die betroffenen Lebensverhältnisse in ein System; die wirtschaftlichen Sonderrechte vereinigen dagegen Normen der verschiedensten juristischen Form auf Grund der **Gleichartigkeit der betroffenen Lebensverhältnisse**. So besteht das Agrarrecht aus Normen, die den verschiedensten formalen Rechtsgebieten angehören: dem bürgerlichen Rechte (z. B. Anerbenrecht), dem Strafrechte (Feldfrevel), dem Verfassungsrechte (Wahlrecht des Großgrundbesitzes), dem Verwaltungsrechte (Forstrecht) u. s. w. Aufgabe der allgemeinen Rechtsdisziplinen ist das juristische Verständnis und die Klarlegung des gegenseitigen formalen Verhältnisses der Normen, Aufgabe der wissenschaftlichen Behandlung der wirtschaftlichen Sonderrechte die Erkenntnis ihrer ökonomischen und sozialen Bedeutung.

Diese Aufgabe macht es notwendig, den Stoff hier nicht nach der juristischen Form, sondern nach den Objekten der Rechtsnormen zu gruppieren und das Verständnis der Normen durch Charakterisierung der zu regelnden ökonomischen Verhältnisse und der wirtschaftspolitischen Ziele der Gesetzgebung zu ermöglichen.

Diese Art der Darstellung bereitet auch eine Kritik der Rechtsnormen von wirtschaftlichen und sozialen Gesichtspunkten aus vor. Die Kritik selbst gehört allerdings nicht zur Rechtslehre, sondern bleibt der Lehre der Wirtschaftspolitik überlassen; die Anführung des legislatorischen Zweckes ist deshalb im folgenden nicht als dessen Billigung anzusehen.

In Österreich ist für das Agrar-, das Jagd- und das Fischereirecht großenteils die Landesgesetzgebung zuständig. Bezüglich einiger Materien ist gleichwohl ein gleichartiger Rechtszustand geschaffen, bezüglich anderer aber besteht die größte rechtliche Mannigfaltigkeit. Infolgedessen haben wir in Österreich genau genommen nicht von einem Agrarrechte zu sprechen, sondern von 17 verschiedenen Agrarrechten — einem böhmischen, einem niederösterreichischen u. s. w.; und ähnliches gilt vom Jagd- und vom Fischereirechte. Den einzelnen Landesgesetzen liegen zum Teile sogar ganz verschiedenartige Prinzipien zu Grunde; in manchen Beziehungen haben indessen alle oder doch mehrere Länder wenigstens die nämlichen legislatorischen Grundgedanken akzeptiert und weichen lediglich in deren konkreter Ausgestaltung voneinander ab. Diese Ungleichmäßigkeit des Rechtsstoffes spiegelt sich in dessen Darstellung wieder, die um so komplizierter werden muß, je stärker die Rechtsnormen lokal differieren.

2. Quellen.

Die Quellen für die zu behandelnden Rechtsgebiete sind außerordentlich zerstreut. In keinem Kronlande sind die zum Agrarrechte gehörigen Normen einheitlich kodifiziert, nur in einigen Ländern ist dies bezüglich des Jagdrechtes und des Fischereirechtes der Fall. Für andere wirtschaftliche Sonderrechte sind einheitliche, die ganze Materie umfassende Gesetze erlassen; sie geben gleichsam eine authentische Interpretation dessen, was unter Ausdrücken wie „Gewerberecht" u. s. w. zu verstehen ist, d. h. welche Rechtsnormen darunter zu subsumieren sind. Bei dem Fehlen eines kodifikatorischen Agrarrechtsgesetzes kann dagegen der Umkreis der in das Agrarrecht fallenden Normen enger oder weiter gezogen werden.

Überdies müssen die agrarrechtlichen Normen aus einer außerordentlich großen, zum Teile fast unübersehbaren Zahl einzelner Gesetze und Verordnungen zusammengesucht werden, die in dem Reichsgesetzblatte und in den 14 Landesgesetz- und Verordnungsblättern zerstreut sind. Sehr dankenswerte Hilfsmittel hierfür bieten die Bände VIII und XXV der Manzschen Gesetzausgabe sowie Mayrhofers Handbuch der politischen Verwaltung, 5. Auflage. Bemerkt sei, daß im folgenden die Gesetzgebung bis zum Ende 1902 berücksichtigt ist.

3. Literatur.

Den angeführten Besonderheiten des Gegenstandes ist es wohl zuzuschreiben, daß die Literatur äußerst dürftig ist. Die einzige hierher gehörige Arbeit, die sich nicht bloß auf einzelne Teile oder auf Spezialfragen beschränkt, ist, — wenn man von älteren, längst veralteten Schriften absieht, — Marchet, Das Recht des Landwirtes, 2. Auflage, 1900; da diese Schrift eine Art Vademekum für den praktischen Landwirt sein will, enthält sie nebst Überblicken über das Zivilrecht, Prozeßrecht, Finanzrecht u. s. w. auch einen kurzen Abriß des Agrarrechtes, der aber — entsprechend dem praktischen Zweck der Arbeit — naturgemäß nicht ins Detail gehen durfte. Die wenigen vorhandenen Spezialarbeiten sind zu Beginn der einzelnen Abschnitte angeführt. Überdies sind die einschlägigen Artikel des Österreichischen Staatswörterbuches, herausgegeben von Mischler und Ulbrich, Wien 1896, und des Österreichischen Rechtslexikons, herausgegeben und redigiert von P. Duschene, Bělský u. Baratta, Prag 1898, zu vergleichen.

Die rein politischen und ökonomischen Schriften sind im folgenden nicht angeführt.

Erster Hauptteil.

Das Agrarrecht.

Seit alters her gelten in Österreich für die Land- und Forstwirtschaft in vielfachen Beziehungen spezielle Rechtsnormen; ja, in früherer Zeit war dies noch in weit höherem Maße der Fall, als gegenwärtig. Der ökonomische Liberalismus hat um die Mitte des 19. Jahrhunderts die Mehrzahl der agrarrechtlichen Sonderbestimmungen beseitigt und die Landwirtschaft fast durchaus dem allgemeinen Rechte unterstellt. Erst in der neuesten Zeit macht sich ein Umschwung bemerkbar; der Gesetzgeber arbeitet seit einigen Jahrzehnten wieder an der Schaffung eines eigenen „Agrarrechtes".

§ 2. Motive und Objekte der Gesetzgebung.

Die Gründe für die Setzung agrarrechtlicher Spezialnormen waren und sind sehr mannigfaltig. Die aus dem Mittelalter überkommene, im 18. Jahrhundert umgestaltete feudale Agrarverfassung hing mit der ständischen Gliederung der Gesellschaft aufs engste zusammen; sie geht zum Teil auf die mittelalterliche Militärverfassung, zum Teil auf die Entwicklung eines landwirtschaftlichen Großbetriebes mit unfreier Arbeitsverfassung u. s. w. zurück. Die bauernfreundliche Agrarreform des 18. Jahrhunderts ist namentlich auf finanzwirtschaftliche Motive (Erhaltung der „k. k. Kontribuenten!") zurückzuführen, dann auf bevölkerungspolitische Erwägungen (Vermehrung der Bevölkerung durch Vermehrung der bäuerlichen Stellen), aber auch auf die Ideale der Aufklärungszeit (Gleichheit und Freiheit aller Staatsbürger), sowie auf das Streben nach Verbesserung der Landeskultur (Teilung der Gemeindeweiden). Die beiden zuletzt genannten Momente sind sodann die treibenden Kräfte für die liberale Agrargesetzgebung geworden, die in Österreich 1848 einsetzt.

Im Agrarrechte der neueren Zeit kommen teils rein ökonomische, teils ökonomisch-soziale Tendenzen zum Ausdruck; Steigerung der landwirtschaftlichen Produktion, Erhöhung des landwirtschaftlichen Reinertrages oder Förderung bestimmter agrarischer Bevölkerungsklassen — des Großgrundbesitzes oder des Bauernstandes — sind die Ziele. Die eminente volkswirtschaftliche Wichtigkeit der Landwirtschaft, von der die Versorgung der Bevölkerung mit Nahrungsmitteln und industriellen Rohstoffen abhängt, macht eine Hebung dieses Produktionszweiges wünschenswert. Sodann stellt die Landwirtschaft in Österreich den größten Teil zur Gesamtbevölkerung, und vielfach gelten alle oder doch einige der agrikolen Klassen aus sozialen oder politischen Gründen für besonders wichtig, ihre Erhaltung und Stärkung für besonders notwendig. Daher das Streben, entweder die Einkommensverteilung, insbesondere die Höhe des landwirtschaftlichen Reinertrages, oder die Grundbesitzverteilung, also die soziale Klassenbildung, in bestimmter Richtung zu beeinflussen. Dies kann in bloß negativem Sinne geschehen, — wenn die bestehende soziale Schichtung erhalten und bestimmte Klassen der landwirtschaftlichen Bevölkerung geschützt werden sollen, — oder in positivem Sinne, wenn eine Änderung der sozialen Struktur angestrebt wird.

Die drei genannten Momente — Produktion, Reinertrag und soziale Klassenbildung — stehen aber untereinander in wechselseitigem Kausalzusammenhang, so daß jede Maßregel, die auf das eine wirkt, fast notwendigerweise auch die beiden anderen beeinflußt. Eine Änderung in der Produktion und im Rohertrage pflegt auch den Reinertrag des landwirtschaftlichen Betriebes und zwar in der gleichen Richtung zu modifizieren; doch kann unter Umständen mit einer Erhöhung des Rohertrages auch eine Senkung des Reinertrages verbunden sein und umgekehrt. Die Rentabilität des landwirtschaftlichen Betriebes ist aber selbst wieder bestimmend für die Wirtschaftsmethoden und damit für den Umfang der Produktion und für den Rohertrag. Vom Reinertrage des Betriebes ist weiter auch die Höhe des Einkommens, also die ökonomische Lage der einzelnen landwirtschaftlichen Klassen, deren Stärkung oder Schwächung, abhängig; und ebenso wirkt umgekehrt auch der Schutz bestimmter sozialer Klassen auf die Höhe des Roh- und des Reinertrages; denn das nämliche Bodenstück wirft oft einen ganz verschiedenen Ertrag ab, wenn es von einem Großgrundbesitzer, von mehreren Bauern oder von einer großen Zahl Zwerggütler bewirtschaftet wird.

Die agrarrechtlichen Normen lassen sich wegen dieser wechselseitigen Einwirkung nicht danach gruppieren, ob sie die Produktion, den Reinertrag oder die soziale Klassenbildung beeinflussen wollen, sondern die Einteilung des Rechtsstoffes muß auf den nächsten Objekten der Rechtsnormen basieren. Gibt es doch auch keinen modernen Rechtssatz, der direkt eine Erhöhung der landwirtschaftlichen Produktion, die Steigerung des Reinertrages oder die Erhaltung einer landwirtschaftlichen Klasse imperativ vorschreiben würde. Nur indirekt sucht der Staat derartige Ziele durch Einflußnahme auf die einzelnen für die Produktion, den Reinertrag und die Klassenbildung bestimmenden Faktoren zu erreichen.

a) Jede landwirtschaftliche Produktion setzt vor allem das Recht auf die Nutzungen an einem Stück produktiven Bodens voraus. Dieses Recht kann Folge des Grundeigentums, Gegenstand eines dinglichen Rechtes an fremder Sache (Dienstbarkeit), einer Verbindlichkeit (Pacht) sein, oder öffentlich-rechtlichen Charakter besitzen (Gemeindegut). Das Recht auf Bodennutzungen bildet den Gegenstand einer ersten Gruppe von Agrarnormen, die man als Agrarverfassung zu bezeichnen pflegt, und die den landwirtschaftlichen Grundbesitz und Bodenverkehr, die landwirtschaftlichen Servituten, die Pacht und die agrarischen Gemeinschaften betreffen können; durch sie kann sowohl auf die Größe der genutzten Fläche und dadurch auf die soziale Schichtung, als auch auf die Produktion und den Rohertrag, sowie auf den Reinertrag und das Einkommen gewirkt werden (1. Abschnitt).

b) Sodann erfordert die landwirtschaftliche Produktion eine entsprechende Beschaffenheit und Kultivierung des Bodens. Diese so zu modifizieren, daß dadurch der Rohertrag und zugleich der Reinertrag gehoben werde, bezweckt eine zweite Gruppe von Rechtsnormen (2. Abschnitt).

c) Die Ausnützung des Bodens erfolgt durch den Betrieb, d. h. durch das Zusammenwirken sachlicher und persönlicher Produktionsfaktoren, die das Objekt einer dritten Gruppe von Normen sind (3. Abschnitt). Diese müssen der Art des Betriebes angepaßt, daher für jeden einzelnen Produktionszweig andere sein; so ist insbesondere das landwirtschaftliche Betriebsrecht von dem forstwirtschaftlichen gänzlich verschieden (1. und 2. Kapitel des 3. Abschnittes); in dem ersteren sind wieder Spezialnormen für Ackerbau im allgemeinen, Weinbau, Viehzucht, Bienenzucht enthalten.

d) der Landwirt muß die gewonnenen Erzeugnisse vielfach kommerziell verwerten; auch der Zirkulationsprozeß kann durch Spezialnormen geregelt werden. Sieht man jedoch von dem Zollschutz ab, der keine speziell agrarische Norm darstellt, sowie von den Beschränkungen im Viehverkehre, die ihrer Idee nach bloß sanitärpolizeilichen Zwecken dienen sollen, so ist in Österreich von dieser Möglichkeit bisher kein Gebrauch gemacht worden[1].

---

[1] Erst nach Abschluß dieser Arbeit ist das Gesetz vom 4. Januar 1903 No. 10 R.G.B. erflossen, „mit welchem einige abändernde und ergänzende Bestimmungen zu dem Gesetze vom 4. April 1875 R.G.B. No. 67, betreffend die Organisierung der Börsen, erlassen werden“. Da dieses Gesetz,

e) Analoge Ziele, wie die bisher erwähnten, sucht eine fünfte Gruppe von Normen auf indirektem Wege zu erreichen, nämlich durch Schaffung spezieller Organe zur Vertretung und Förderung landwirtschaftlicher Interessen (4. Abschnitt).

Die genannten Gruppen von Sondernormen umfassen die spezifisch agrarischen Rechtsinstitute. Außerdem gibt es noch eine Reihe vereinzelter Rechtssätze, welche die sonst allgemein geltenden Normen den besonderen Verhältnissen des landwirtschaftlichen Grundbesitzes und Betriebes anpassen wollen[1]. Solche Rechtssätze gehören indessen nicht in das Agrarrecht, sondern in die allgemeine Rechtsdisziplin.

Endlich enthalten auch die Jagd- und Fischereigesetze zahlreiche, die Landwirtschaft und den landwirtschaftlichen Grundbesitz betreffende Normen, indem ein wichtiger Teil jener Gesetze sich gerade die Aufgabe stellt, zwischen den Befugnissen des Jagd- oder Fischereiberechtigten und denen des Grundbesitzers die Grenze zu ziehen. Diese Normen werden indessen lediglich im Jagd- und Fischereirecht dargestellt.

Erster Abschnitt.

Agrarverfassung.

Das Recht auf Bodennutzungen kann sich auf Eigentum, auf ein dingliches Recht am Boden, auf Pacht oder auf ein öffentlich-rechtliches Verhältnis gründen. Spezialnormen für landwirtschaftliche Pachtungen bestehen in Österreich nicht.

Erstes Kapitel.

Die Entstehung der heutigen Agrarverfassung.

§ 3. Die Agrarverfassung bis zum Jahre 1848.

Literatur. Die Grundentlastung in Österreich, 1. Teil. Grünberg, Die Bauernbefreiung und die Auflösung des gutsherrlich-bäuerlichen Verhältnisses in Böhmen, Mähren und Schlesien. Derselbe, Die Bauernbefreiung in Österreich-Ungarn (Handwörterbuch der Staatswissenschaften, 2. Auflage, 2. Band). Derselbe, Die Grundentlastung (Geschichte der österreichischen Land- und Forstwirtschaft, 1. Band). Derselbe, Studien zur österreichischen Agrargeschichte. Mell, Die Anfänge der Bauernbefreiung in der Steiermark. Mises, Die Entwicklung des gutsherrlich-bäuerlichen Verhältnisses in Galizien.

Die heutige Agrarverfassung basiert auf den seit der Mitte des 19. Jahrhunderts erlassenen Gesetzen. Zum Verständnis der letzteren ist eine Skizze des bis 1848 bestehenden Rechtszustandes nötig. Indessen läßt sich zur Zeit kaum exakt für alle Kronländer konstatieren, welche Rechtsnormen damals galten. Denn vor 1848 wurden nicht alle Gesetze in einer Sammlung publiziert, und selbst von den in die Gesetzsammlungen aufgenommenen ist deren territoriale Geltung und ihr Verhältnis zu älteren Gesetzen vielfach zweifelhaft. Nur über einzelne Kronländer — Böhmen, Mähren und Schlesien, zum Teil auch Steiermark, Galizien und die Bukowina — orientieren uns die oben angeführten Arbeiten genauer. Sicher ist, daß bis 1848 provinziell sehr große Rechtsverschiedenheiten hinsichtlich des Grundbesitzes, Bodenverkehrs und der Nutzungen an fremdem Boden herrschten, so daß verschiedene Agrarverfassungen nebeneinander bestanden.

1. Gutsuntertänigkeit; rustikaler und dominikaler Boden.

In dem größten Teile Österreichs bestand bis 1848 die gemilderte Gutsuntertänigkeit. Die ständische Gliederung der ländlichen Bevölkerung in Guts- und Grundherren einerseits,

---

welches die Organisation der landwirtschaftlichen Börsen regelt und den Terminhandel in Getreide verbietet, nicht mehr in der Arbeit selbst berücksichtigt werden konnte, ist es als Anhang im Auszug abgedruckt.

[1] Z. B. der § 230 des a.b.G.B., der als Grenze für die Beleihung mit Mündelgeldern bei Häusern die Hälfte, bei Landgütern und Grundstücken aber zwei Drittel des Wertes feststellt.

Untertanen andererseits hatte weitgehende Konsequenzen für alle Gebiete des Wirtschaftsrechtes. Von der früheren persönlichen Abhängigkeit des Untertanen waren zwar nur noch schwache Spuren vorhanden. Dagegen hatte sich die Patrimonialgerichtsbarkeit erhalten. Den Grundherren oblag als „Obrigkeiten" gegenüber den Untertanen die Jurisdiktion, die Steuereinhebung, die Führung des Grundbuches, die Armenpflege, Waisenfürsorge u. s. w. Diese Seite des Untertanenverhältnisses tangierte indessen nicht nur die Landwirte, sondern auch andere Untertanen.

Dagegen übertrug sich die ständische Gliederung auch speziell auf den landwirtschaftlich benutzten Grund und Boden. Es wurde streng zwischen rustikalem und dominikalem (bäuerlichem und herrschaftlichem) Besitz unterschieden[1]. Ein Wechsel in dieser Qualität war meist ausgeschlossen. Für jede Besitzart bestanden getrennte öffentliche Bücher (Land- und Lehentafeln, Grundbücher) und Steuerkataster. Der ursprüngliche steuerrechtliche Gegensatz zwischen dominikalem und rustikalem Boden war allerdings längst verschwunden. Es blieben jedoch die beschränkenden Vorschriften hinsichtlich der Fähigkeit zum Grundbesitzerwerb bestehen. Rustikalen Boden durfte die Obrigkeit nicht erwerben; anderen Personen war die Erwerbung von Bauerngütern allerdings nicht verwehrt, da sie aber die Gutsuntertänigkeit des Besitzers nach sich zog, so war durch Ausschluß des eigenen Gutsherrn der bäuerliche Boden praktisch dem Bauernstande fast vollkommen gesichert. Größer waren in einzelnen Kronländern die Beschränkungen hinsichtlich des Erwerbes von land- und lehentäflichem dominikalen Boden.

So waren in den Ländern der böhmischen Krone und in Galizien nichtadelige Personen, also insbesondere alle Untertanen, von der Erwerbung eines landtäflichen Gutes ausgeschlossen; in Niederösterreich war dagegen der Erwerb eines Dominikalgutes durch eine nicht „landtafelfähige" Person gestattet und zog bloß die Verpflichtung zur Zahlung höherer Abgaben nach sich.

2. Reallasten (Urbarialschuldigkeiten, Servituten).

Der bäuerliche Besitz war zu Gunsten der Dominien mit „Urbarialschuldigkeiten" belastet, unablösbaren Geld-, Natural- und Arbeitsverpflichtungen (Fronden) von verschiedenem Umfange. Das Recht auf diese Leistungen war zum Teil privatrechtlichen Verträgen entsprungen; vielfach gründete es sich auf Herkommen, Gewohnheits- oder gesatztes Recht. Der Inhalt der Urbarialverpflichtungen war im 18. Jahrhundert gesetzlich genauer fixiert, ihr Umfang begrenzt und beschränkt worden.

Wo die Dominien sich durch Einziehen von Bauernland und durch Steigerung der Frondienste zu landwirtschaftlichen Großbetrieben (Gutsherrschaften i. e. S.) entwickelt hatten, wie in den böhmischen Ländern, in Galizien und in Niederösterreich, dort lag der Schwerpunkt der untertänigen Leistungen in den unfreien Hand- und Spanndiensten, auf denen der gutsherrschaftliche Betrieb basiert war. Anderwärts aber hatte die Gutsherrschaft diese Entwicklung nicht durchgemacht, das Dominium blieb klein und hatte daher keinen Anlaß, die Fronden zu vermehren. Hier besaßen die Grundherren Interesse daran, ihre Renten, die Natural- und Geldgiebigkeiten, zu steigern.

Die Urbarialschuldigkeiten sowie manche anderen herrschaftlichen Rechte (wie die Stoppelweide u. s. w.) stellten gewissermaßen partielle Nutzungsrechte der Guts- und Grundherren an den bäuerlichen Gründen dar. In gleicher Weise bestanden aber auch umgekehrt Nutzungsrechte der Untertanen oder bestimmter Klassen derselben an den Dominien. So die Holzbezugs- und Weiderechte, womit die herrschaftlichen Forste und Alpen zu Gunsten der Bauern belastet waren. Diese Servitutsrechte waren zumeist an den Besitz bestimmter Bauernhöfe gebunden, oder sie standen allen ansässigen oder selbst sämtlichen Untertanen zu und zwar meist auf Grund nicht von individuellen Verträgen, sondern von gewohnheitsrechtlichen Normen.

---

[1] Daneben gab es noch Freibauern, die aber nicht zahlreich waren und im folgenden außer Betracht bleiben.

3. Das bäuerliche Besitzrecht.

Das Besitzrecht der untertänigen Bauern war im Jahre 1848 zumeist ein beschränktes Eigentumsrecht [1]. Doch gab es daneben Wirte, denen bloß ein zeitliches (meist lebenslängliches) Nutzungsrecht an ihrem Gute zustand [2], und solche, die auf herrschaftlichem Boden als Zeit- oder Erbpächter angesetzt waren (Dominikalisten). Die letzteren, sowie die zu Lehensrecht angesetzten Bauern (Bauernlehen), waren als Erbpächter oder Erbzinsleute den Rustikalisten rechtlich gleichgestellt.

Die Besitzrechte der uneingekauften Bauern waren in verschiedenem Maße zu Gunsten der Herrschaften beschränkt. Zumeist fielen ihre Gründe beim Tode des Besitzers an die Herrschaft zurück; diese war jedoch verbunden, sie wieder mit einem untertänigen Wirte zu besetzen, wobei die Nachkommen des Verstorbenen meist zuerst berücksichtigt wurden. Auch konnten solche Stellen ohne Zustimmung des Patrimonialherren weder veräußert noch verschuldet werden.

Bei den zu Eigentum besessenen Gütern dagegen waren von dem früheren Obereigentum der Grundherren nur noch wenige Überreste vorhanden. So der Heimfall des Gutes bei unbeerbtem Tode des Besitzers, ferner das Recht, den Bauer gegen Ersatz des reinen Gutswertes abzustiften, wenn er die Stelle mit mehr als $^2/_3$ des Wertes verschuldete; endlich das Einspruchsrecht gegen die Übernahme der Stelle durch einen untauglichen Wirt.

4. Der Bestiftungszwang und die Unteilbarkeit der Dominien.

In dem größten Teile Österreichs war bis 1848 der Verkehr mit Bauerngütern nicht nur zu Gunsten der Obrigkeiten, sondern auch aus allgemeinen sozial- und wirtschaftspolitischen Gründen beschränkt: um die Abnahme der Bevölkerung im Populationsinteresse zu hindern, und um dem Sinken der landwirtschaftlichen Produktion vorzubeugen, das als die notwendige Folge einer Verkleinerung der Betriebseinheiten galt.

Hierher gehört das erwähnte Verbot für die Obrigkeiten, sich in den Besitz untertänigen Bodens zu setzen; ferner das Verbot, zwei Bauerngüter in einer Hand zu vereinigen. Die gleichen Zwecke verfolgte der sogenannte „Bestiftungszwang“: Grundstücke, die zu einem Bauernhause „gestiftet“, d. h. ihm im Kataster zugeschrieben sind, dürfen ohne behördliche Bewilligung von jenem Hause nicht abgetrennt werden. Die Teilungsbewilligung soll nur erteilt werden, wenn darunter die „Spannfähigkeit“ [3] nicht leidet; insbesondere soll die geteilte Stelle immer noch die Größe eines Viertelbauerngutes [4] behalten.

Für den Bestiftungszwang macht es keinen Unterschied, ob die bäuerlichen Gründe rustikal oder dominikal sind, ob bäuerliches Eigentum oder bloßes Nutzungsrecht an ihnen besteht, ob es ganze, halbe, viertel Bauern- oder noch kleinere Güter sind. Die mit dem Hofe untrennbar verbundenen Grundstücke waren teils „Hausgründe“, d. h. Grundstücke, die mit dem Hause auf dem nämlichen ungeteilten Grundbuchsblatte standen, teils „Hausüberlände“, d. h. Grundstücke, die zwar ein eigenes Grundbuchsblatt hatten, deren Untrennbarkeit von dem Hofe aber durch rechtserzeugende Tatsachen, insbesondere durch Ersitzung, entstanden war.

Daneben gab es aber in den meisten Gegenden — nicht in den böhmischen Ländern — auch sogenannte „freie Überlände“, d. i. walzende Grundstücke, die frei veräußert und verteilt werden durften. Im einzelnen weichen übrigens die Normen über die Unteilbarkeit der Bauerngüter in den Kronländern vielfach voneinander ab.

---

[1] Solche Bauerngüter hießen in den Sudetenländern „eingekaufte Rustikalgründe“, in Tirol, Oberösterreich, Salzburg Erbrechtsgüter, in Kärnten und Krain Kaufrechte, Baurechte, Burgrechte.

[2] In den Sudetenländern „uneingekaufte“ Bauerngüter, in Tirol, Oberösterreich und in Salzburg „Freistiftsgüter und Leibgedingsgüter“, in Kärnten „Freistifte“, in Krain „Mietrechte“.

[3] Das ist die Fähigkeit, ein Gespann auf dem Bauernhofe zu halten.

[4] In einzelnen Kronländern ist dafür ein fixer Maßstab festgesetzt, unter den nicht herabgegangen werden darf.

Auch die Dominien durften ohne behördliche Bewilligung nicht zerteilt werden; es galten hierfür im allgemeinen die nämlichen Vorschriften, wie für die Zerstückelung von Bauerngütern, veranlaßt durch die Furcht vor ökonomisch irrationellen Kleinbetrieben und durch die Sorge, der Gutsherr werde die Fähigkeit verlieren, seinen öffentlich-rechtlichen Pflichten nachzukommen.

5. Das bäuerliche Erbrecht.

Die gesetzliche Unteilbarkeit der Bauerngüter galt auch für den Erbgang, der allerdings nicht bei uneingekauften, sondern nur bei zu Eigentum besessenen Grundstücken stattfand (s. oben S. 7). Waren mehrere Erben vorhanden, so konnte, falls diese nicht das Miteigentum fortsetzen wollten, entweder einer von ihnen das Bauerngut gegen Auszahlung oder Anschreibung der Erbteile übernehmen, oder der Hof wurde verkauft und der Erlös geteilt. Welcher Miterbe das Gut übernehmen solle, blieb der letztwilligen Bestimmung oder der Übereinkunft der Erben überlassen; kam eine solche nicht zu stande, so wurde das Gut veräußert. Nur für einen speziellen Fall bestimmte das Gesetz, welcher von mehreren Intestaterben in Ermangelung einer Einigung das Erbgut übernehmen solle; für den Fall nämlich, daß das Bauerngut mehreren Kindern des früheren Besitzers zufällt: damit die Bauernhöfe beim Mannesstamme verbleiben, sollen zunächst die Söhne nach dem Alter und dann die Töchter zur Übernahme berufen werden[1]. Sonstige Vorschriften über die Vererbung von Bauerngütern fehlten (abgesehen von Tirol, s. unten). Insbesondere stand kein Anerbenrecht in Geltung, denn der Gutsübernehmer war in keiner Weise vor den anderen Miterben bevorzugt. Vielmehr galt durchaus gleiches Intestaterbrecht aller gleich nahen Verwandten des Erblassers; wer das Bauerngut auf seinen Erbteil übernahm, mußte die anderen Miterben nach „dem wahren Werte des Gutes, wie er entweder durch gütliches Einverständnis oder ordentliche Schätzung bestimmt wird“, befriedigen[2].

Bloß in Tirol und Vorarlberg bestand eine gewisse Begünstigung des Gutsübernehmers darin, daß „der Wert mit Rücksicht auf alle Umstände dermaßen zu bestimmen ist, daß der eintretende Besitzer wohl bestehen kann“[3]. Doch galt diese Vorschrift lediglich ab intestato und auch da nur zwischen mehreren Deszendenten des Verstorbenen, sowie für den überlebenden mitbesitzenden Gatten, wenn er den Hofanteil des Verstorbenen an sich löst (s. unten S. 20). Das Pflichtteilsrecht wurde dadurch nicht berührt.

Wesentlich verschieden von den angeführten gesetzlichen Normen über die Teilung und der Vererbung des bäuerlichen Besitzes war die praktische Übung. So stand in Galizien, in Vorarlberg und in Südtirol, aber auch in einzelnen anderen Gegenden, der Bestiftungszwang und das bäuerliche Erbrecht nur auf dem Papier; es wurden dort unter Lebenden und von Todes wegen Güter wie Grundstücke ohne Rücksicht auf die bestehenden Vorschriften geteilt. In anderen Kronländern war der behördliche Teilungskonsens zu einer bloßen Formalität geworden. Umgekehrt blieben z. B. in Oberkärnten trotz des Fehlens aller rechtlichen Schranken (s. unten) die Bauerngüter ebenso ungeteilt wie in Unterkärnten. In weiten Gebieten der Alpenländer war eine Bevorzugung des den Hof übernehmenden Kindes allgemeine Sitte, die sich auf mehrfache Weise durchsetzte: mittels der in vielen Landstrichen allgemein üblichen Gutsübergabsverträge, durch die der alte Bauer noch bei Lebzeiten dem ältesten oder jüngsten Sohne die Stelle zu einem niedrigen Anschlage überließ und sich selbst einen Altenteil ausbedang; oder mittels einer Übereinkunft der Miterben, die, der Väter Tradition folgend, gegen eine niedrige, den Übernehmer begünstigende Schätzung des Hofes keinen Einspruch erhoben.

6. Die Agrarverfassung im Süden Österreichs.

Ganz anders war die Rechtslage in Dalmatien, dem Küstenlande, Krain und Oberkärnten (Villacher Kreis). Hier hatte es zum Teil schon im 18. Jahrhundert keine

---

[1] In Galizien und Kärnten standen andere Gesetze in Kraft, als in den anderen Kronländern, doch waren die Abweichungen nur unwesentlich. Ausnahmsweise war in Böhmen die Naturalteilung des Gutes bei der Vererbung unter bestimmten Voraussetzungen gestattet, wenn zwei spannfähige Stellen gebildet werden konnten.

[2] Patent vom 29. Oktober 1790 Nr. 72 Justiz-Gesetzsammlung.

[3] Patent vom 9. Oktober 1795 Nr. 38 Politische Gesetzsammlung.

Schranken der Freiteilbarkeit gegeben, zum Teil war zu Beginn des 19. Jahrhunderts die Gutsuntertänigkeit durch den code civil beseitigt und auch später nicht wieder hergestellt worden. Auch die sonstigen Postulate des ökonomischen Liberalismus waren durch das französische Zivilrecht erfüllt; und als das a.b.G.B. wieder in Kraft trat, lebten weder die alten Beschränkungen für den Besitzerwerb noch auf die Teilungsverbote wieder auf. Im Süden Österreichs bestanden also von der alten Agrarverfassung nur noch die Urbarialschuldigkeiten und die bäuerlichen Servitutsrechte.

7. Die Allmenden und der Flurzwang.

Für einen sehr beträchtlichen Teil des Grundbesitzes bestand weder individuelles Privateigentum noch Einzelnutzung des Bodens. Namentlich die extensiven Kulturen, die Forste, Alpen und Hutweiden, gehörten großenteils den Gemeinden und wurden von den Gemeindegenossen gemeinsam genutzt. Die Gemeinde, der auch eine Reihe wirtschaftlicher und Verwaltungsaufgaben oblag, bestand nicht aus sämtlichen Bewohnern eines Territoriums, sondern aus den am Gemeindegut nutzungsberechtigten Genossen, die allein Anteil am Gemeinderegimente besaßen. Der Umkreis dieser Gemeindegenossen war lokal verschieden groß; vielfach gehörten dazu nur die Besitzer individuell bestimmter Bauernhöfe, mit denen allein der Anteil am gemeinen Nutzen verknüpft war, anderwärts nur die größeren Grundbesitzer, hier alle Grundeigentümer, dort alle Steuerträger u. s. w. Die Gemeindegenossen hatten auch allein oder doch vorzugsweise für die Gemeindeauslagen aufzukommen. Die „Ungenossen" hingegen partizipierten nicht am gemeinen Nutzen, aber auch nicht oder doch nicht in vollem Maße an den allgemeinen Lasten; sie hatten keine Stimme in der Gemeindeversammlung, brauchten sich deren Beschlüssen nicht zu fügen.

Die „Genossen" hingegen waren in der Bewirtschaftung von den Beschlüssen der Gemeinde abhängig. Dieser Flurzwang war schon deshalb notwendig, weil das einzelne Bauerngut zumeist aus einer großen Anzahl unzusammenhängender Parzellen bestand, die vielfach nicht direkt von einem Weg aus, sondern nur über die Grundstücke der Nachbarn zugänglich waren (Gemenglage).

Die feudale Agrarverfassung wurde zum größten Teile durch die Grundentlastung beseitigt. Die letztere ist gegenwärtig fast völlig durchgeführt und gehört somit der Geschichte an. Nur in zwei nicht sehr wichtigen Beziehungen hat sie unablösbare bäuerliche Lasten zum Teil bis zur Gegenwart fortbestehen lassen (s. unten S. 12).

§ 4. Die Grundentlastung.

Literatur s. oben S. 5.

In der Revolution des Jahres 1848 siegten die Ideen des ökonomischen Liberalismus über die veraltete rechtliche Gebundenheit, das Prinzip der rechtlichen Gleichheit aller Staatsbürger über die ständische Gliederung der Gesellschaft. Ihre eigentliche Kraft schöpfte die Bewegung aus der aufständigen Bauernschaft, die in mehreren Ländern die Robotarbeit eingestellt hatte. Diese bäuerliche Bewegung wendete sich insbesondere gegen die bestehende Rechtsungleichheit und gegen die Urbarialleistungen. Die Beseitigung der feudalen, gebundenen Agrarverfassung in den wichtigsten Beziehungen, die sogenannte Grundentlastung, war denn auch das bedeutendste Werk der Revolution; die letztere war nur die Form, in der sich eine zur historischen Notwendigkeit gewordene ökonomische und soziale Umwälzung vollzog.

Österreich, das im 18. Jahrhundert an der Spitze der Agrarreform marschiert war, hatte sich in der ersten Hälfte des 19. Jahrhunderts von anderen Ländern überholen lassen. Was während eines halben Jahrhunderts agrarpolitischer Stagnation versäumt worden war, mußte jetzt plötzlich und in größter Eile nachgeholt werden.

Radikaler und bauernfreundlicher als in den Nachbarländern war die Grundentlastung in Österreich[1]. Alle Einzelbestimmungen der Grundentlastungspatente sind Konsequenzen der zum Durchbruche gelangten liberalen Grundsätze, der rechtlichen Gleichheit und der Freiheit des wirtschaftlichen Verkehrs.

Sieht man von den nicht unmittelbar die Agrarverfassung betreffenden Normen ab — wie von der Aufhebung der Patrimonialgerichtsbarkeit, des Untertänigkeitsverhältnisses, der Wein-, Bier-, Branntweinzwangsrechte, der Jagdrechte auf fremdem Grund und Boden u. s. w., — so sind zwei Gruppen von Normen zu unterscheiden; die eine schafft Rechtsgleichheit für alle Arten des Grundbesitzes und regelt das Besitzrecht neu, die andere beseitigt die meisten der zwischen den Bauern und den Herren bestehenden Reallasten.

1. Die Reform des Grundbesitzrechtes.

Durch Beseitigung der Untertänigkeit wurden die einstigen Untertanen freie Staatsbürger; damit im Zusammenhange fielen alle Unterschiede zwischen Dominikal- und Rustikalgründen weg. Insbesondere sind alle persönlichen Schranken für den Grunderwerb aufgehoben; weder ist der Großgrundbesitzer fernerhin gehindert, Bauernland mit seiner Herrschaft zu vereinigen, noch ist der Erwerb von landtäflichen Grundstücken an besondere Voraussetzungen geknüpft.

Ferner haben alle Bauern volles Eigentum an den von ihnen besessenen Gütern erlangt, mochten sie bis dahin ein stärkeres oder ein schwächeres Besitzrecht gehabt haben. Nur die reinen Zeitpächter erhielten natürlich kein Eigentum. Wohl aber die eingekauften und die uneingekauften Rustikalisten und Dominikalisten, die Besitzer von Kaufrechten, Baurechten, Burgrechten, von Erbrechtsgütern, Freistiften, Leibgedingen, Erbpacht, Erbzinsgütern u. s. w. (s. oben S. 7).

Alle Beschränkungen des bäuerlichen Besitzrechtes, die ein Ausfluß des grundherrlich-bäuerlichen Verhältnisses gewesen waren, haben aufgehört: so das Heimfalls-, Einstands- und Vorkaufsrecht der Obrigkeiten an nicht eingekauften Gütern und das Obereigentum an eingekauften Grundstücken; die eingekauften wie die uneingekauften Bauern können jetzt aus keinerlei Gründen mehr abgestiftet werden, sie dürfen ihre Stellen mit Schulden auch von mehr als $^2/_3$ des Wertes belasten. Auch die uneingekauften Bauern, die früher ein viel schlechteres Besitzrecht als die eingekauften gehabt hatten, besitzen nunmehr ihre Güter erb- und eigentümlich, können sie frei veräußern, vererben und verschulden. Alle provinziell, ja lokal so verschiedenen Formen des zwischen Obrigkeit und Untertan geteilten Eigentumes sind in ungeteiltes Eigentum der Bauern verwandelt, ohne daß diese für den Wegfall des grundherrlichen Obereigentumes eine Entschädigung zu zahlen hätten.

Von den Beschränkungen der Grundbesitzer in der Verfügung über ihre Güter blieben nur jene noch vorläufig bestehen, die in erster Linie eine Verschlechterung der Landeskultur verhindern sollten: die Teilungsbeschränkungen für bäuerliche und dominikale Grundstücke und die damit zusammenhängenden Erbteilungsvorschriften. Doch sind fernerhin alle Rechte, die bisher von den „Obrigkeiten" in dieser Beziehung ausgeübt worden waren, auf die politischen Behörden übergegangen.

Diese erste Gruppe von Normen verwirklichte sowohl soziale als auch ökonomische Postulate der damaligen Zeit; das unbeschränkte Grundeigentum an dem Boden erschien als Voraussetzung für die volle persönliche Freiheit des Bebauers, für dessen Interesse an einem guten Kulturzustand und an einer intensiveren Bodenbestellung.

---

[1] Patente vom 7. September 1848 Nr. 112 Pol.Ges.Sammlung, vom 4. März 1849 Nr. 152 R.G.B., Ergänzungsband, vom 25. September 1850 Nr. 374 R.G.B., vom 11. April 1851 Nr. 83 u. 84 R.G.B. Diese Gesetze galten zunächst nur für Nieder- und Oberösterreich, Salzburg, Steiermark, Kärnten, Krain, Küstenland, Böhmen, Mähren und Schlesien. Auf Tirol und Vorarlberg wurde die Grundentlastung durch die Verordnung des Ministers des Innern vom 17. August 1849 Nr. 458 L.G.B., durch die Patente vom 11. April 1851 Nr. 86 u. 87 R.G.B. und die Verordnung vom 31. Juli 1855 Nr. 137 R.G.B. ausgedehnt, auf Galizien und die Bukowina durch die Patente vom 15. August 1849 Nr. 361 R.G.B., vom 12. März 1851 Nr. 89 R.G.B., vom 23. Oktober 1853 Nr. 234 R.G.B., vom 29. Oktober 1853 Nr. 236 R.G.B. und vom 8. November 1853 Nr. 237 R.G.B.

2. Die Aufhebung der bäuerlichen Lasten.

Soziale und ökonomische Motive führten auch zur zwangsweisen Aufhebung der meisten unablösbaren bäuerlichen Reallasten. Fronden und ewige Natural- und Geldabgaben an Privatpersonen galten als mit der persönlichen Freiheit unvereinbar, wurden als Zeichen der Unfreiheit angesehen. Überdies aber wurde die Robotarbeit unwillig und schlecht geleistet, sie zwang aber doch den Bauern, seine eigene Wirtschaft zu vernachläsigen; die Zehenten, Natural- und Geldabgaben schwächten ferner das Interesse des Landwirtes an höheren Erträgnissen. So schädigten die Reallasten die Bauern mehr, als sie den Gutsherrn Nutzen brachten; dies machte nicht nur deren Beseitigung wünschenswert, sondern ermöglichte auch eine Ablösung zum Vorteile beider Parteien; denn das Ablösungsäquivalent konnte gleichzeitig höher als der Wert der schlechten Fronarbeit für den Gutsherrn sein, und doch niedriger als der Wert, den für den Bauern die volle Verfügung über seine und seiner Zugtiere Arbeitskraft hatte. Der Unterschied in der Produktivität der freiwilligen Arbeit auf eigenem und der gezwungenen Arbeit auf fremdem Felde war der rein ökonomische Nutzen der Volkswirtschaft von der Ablösung; wenn beide Parteien sich in diesen Nutzen teilten, mußte die Reform allen Interessenten Vorteil bringen.

Die Grundentlastungsgesetze beseitigten einige der zwischen den Obrigkeiten und den Untertanen bestehenden Rechte ohne jede Entschädigung.

So wurden die zahlreichen Verpflichtungen, welche die Obrigkeiten als solche gegen ihre Untertanen hatten, unentgeltlich aufgehoben; die letzteren verloren damit ihre bisherigen Ansprüche auf Armenversorgung, Unterstützungen u. s. w. gegen die Grundherren: ferner verloren sie die sogenannten kleinen Waldnutzungen, die wenigstens in vielen Ländern ganz allgemein den Untertanen in den herrschaftlichen Forsten zustanden (Holzklauben, Laubrechen u. s. w.) Diese Berechtigungen waren unmittelbare Folgen des persönlichen Untertänigkeitsverhältnisses gewesen, und es war konsequent, daß sie mit diesen aufhörten. Die eigentlichen Holz- und Weideservituten, welche einzelnen Bauern oder ganzen Klassen derselben oder auch ganzen Gemeinden in herrschaftlichen Wäldern und auf herrschaftlichen Weiden zustanden, blieben vorläufig bestehen und wurden erst in den folgenden Jahrzehnten abgelöst oder reguliert (s. unten 5. Kapitel).

Aber auch einige Berechtigungen der Obrigkeiten gegen ihre Untertanen fielen unentgeltlich weg, wie das dorfobrigkeitliche Blumensuch- und Weiderecht, die Brach- und Stoppelweide.

Hingegen wurden die Reallasten auf den untertänigen Grundstücken zu Gunsten der Obrigkeiten teils „gegen billige Entschädigung" abgeschafft, teils „abgelöst". Eine „billige Entschädigung" wurde für alle Urbarialleistungen gewährt, d. h. für die Reallasten des untertänigen Grundbesitzers als solchen aus dem Titel des obrigkeitlichen Verbandes oder Obereigentums. „Ablösbar" waren dagegen alle Leistungen aus Verträgen über die Teilung des Eigentums, sowie die unveränderlichen Geld- und Naturalgiebigkeiten an Kirchen, Schulen und Pfarren. Alle diese Leistungen wurden ihrem Jahreswerte nach in Geld geschätzt, wofür das Gesetz ausführliche Regeln aufstellte. Von dem ermittelten Bruttogeldwerte kamen die etwa geschuldeten Gegenleistungen des Bezugsberechtigten in Abzug; von diesem reinen Jahreswert wurde ein Drittel als Äquivalent für die von der Obrigkeit bisher geleisteten Steuern, die unvermeidlichen Ausfälle, die Kosten der Eintreibung und die Auslagen der Patrimonialgerichtsbarkeit abgestrichen. Der Rest wurde kapitalisiert und war bei den „Ablösungen" zur Gänze vom Verpflichteten zu tragen; bei der Aufhebung gegen „billige Entschädigung" mußten die Verpflichteten und das Land je eine Hälfte (ein Drittel des reinen Wertes) auf sich nehmen. Durch Vermittlung von „Grundentlastungsfonds" bekamen die Berechtigten die Ablösungs- und Entschädigungskapitalien sofort und zwar in der Form von verzinslichen und verlosbaren, auf den Inhaber lautenden Grundentlastungsobligationen in die Hand, während die verpflichteten Bauern nur eine zeitlich begrenzte mäßige Amortisationsrente zu zahlen hatten.

Da die Aufhebung hinsichtlich der meisten Arten von bäuerlichen Lasten vom Gesetze imperativ vorgeschrieben war, so verschwanden diese Lasten mit einem Schlage; auch das an ihre Stelle gesetzte Grundentlastungskapital ist schon längst amortisiert.

3. Giebigkeiten an Kirchen, Schulen und Pfarren.

Etwas anders verlief die Entwicklung nur hinsichtlich einer Art von Grundlasten, der unveränderlichen Giebigkeiten an Kirchen, Schulen und Pfarren. Diese waren nach

§ 5. Die Aufhebung des Lehensbandes.

Literatur: Siegmund Adler, Lehenswesen (Österreichisches Staatswörterbuch, 2. Band).

Etwas länger als das gutsherrlich-bäuerliche Verhältnis blieb das zu diesem zahlreiche Analogien aufweisende Lehensband in Österreich bestehen. In den 60er Jahren ist es bis auf geringfügige Überreste beseitigt worden.

Ähnlich der Gutsherrschaft stellte das Lehensband eine Art geteilten Eigentums und zugleich ein dinglich gebundenes Pflichtenverhältnis zwischen Ober- und Nutzungseigentümer dar. Dort war der Besitzer des untertänigen Bauerngutes zu Urbarialleistungen an die Obrigkeit verpflichtet und durch diese in der freien Verfügung über sein Gut beschränkt; hier bestand zunächst eine Verbindlichkeit zu wechselseitiger besonderer Treue, infolge deren der Lehensmann dem Lehensherrn Kriegsdienste leisten und ihm überdies bestimmte Lehensreichnisse prästieren mußte und dieser meist auch einen gesetzlich oder gewohnheitsrechtlich normierten Einfluß auf den Besitzwechsel im Lehensgut nehmen konnte. Auch bestand hier wie dort eine besonders geregelte Singularerbfolge in das Gut. Ihrer Idee nach waren die Lehenspflichten ethischer Natur. Doch waren an Stelle der gegenstandslos gewordenen Kriegsdienste bei den Ritterlehen vielfach ökonomische Leistungen getreten; namentlich als das Lehensverhältnis auch auf Bauerngüter ausgedehnt wurde (Beutellehen). Damit war ein Übergang zu dem eigentlichen gutsherrlich-bäuerlichen Verhältnisse gegeben; besonders da in manchen Gegenden (Niederösterreich) das Wort „Lehen" allgemein im Sinne einer Bauernhufe gebraucht wurde (Ganzlehen, Halblehen u. s. w.).

Die dingliche unablösbare Verpflichtung zu Lehensreichnissen widersprach ebenso wie die Beschränkung des Güterverkehrs den liberalen Wirtschaftsprinzipien, was zur Aufhebung des Lehensverbandes führte. Auch war es eine Anomalie, daß die Grundherrschaft beseitigt war, dagegen ganz ähnliche, vielfach nur dem Namen nach unterschiedene Rechtsverhältnisse fortbestanden.

Das Reichsgesetz v. 17. Dezember 1862 Nr. 103 R.G.B. verfügt demnach die Aufhebung des Lehensverhältnisses rücksichtlich aller Rustikal- und Beutellehen, sowie der sonstigen ihrer Natur nach frei verkäuflichen und vererblichen Lehen und untersagt gleichzeitig die Errichtung von neuen Lehen. In den Jahren 1867 und 1869 wurden sodann analoge Vorschriften auch für alle sonstigen Lehen (Ritterlehen) erlassen [1].

Durch diese Gesetzgebung wurde das Obereigentum mit dem Nutzungseigentum am Lehensgute vereinigt; der einstmalige Vasall hat dem Lehensherrn für den Wegfall des Obereigentums eine Freimachungsgebühr zu leisten, bemessen nach dem Entgang an Lehensreichnissen, wobei die fortlaufenden jährlichen Lehensdienste und Lehenszinsen in Geld veranschlagt und zu 5 % kapitalisiert werden. Auch die Veränderungsgebühren, die beim Wechsel in der Person des Lehensherrn oder des Vasallen (Haupt- und Nebenfall) zu entrichten waren, sind zu bewerten und zu ersetzen. Die Entschädigung ist durch eine Amortisationsrente von 7 % des Kapitales an den früheren Lehensherrn zurückzuzahlen.

Das Verhältnis zwischen Lehensherrn und Lehensmann wurde sofort definitiv gelöst, nicht aber das interne Rechtsverhältnis zwischen dem Vasallen und den Lehensanwärtern und zwischen den letzteren untereinander. Hinsichtlich der Nachfolge in den Grundbesitz und sonstiger gegenseitiger Rechte und Pflichten der Familienmitglieder bleiben vielmehr die Lehensgesetze so lange in Kraft, als noch zur Nachfolge in das Lehen berufene, zur Zeit der Kundmachung bereits erzeugte Personen vorhanden sind. Das Lehensobjekt wird daher erst dann ein völlig freies Eigentum, wenn die letzte dieser Personen in den Besitz gelangt, oder wenn keine solche Person mehr vorhanden ist.

Für die Durchführung dieser Gesetze sind bei den politischen Landesstellen eigene Allodialisierungskommissionen bestellt, die auch heute noch hie und da in Funktion treten.

---

[1] Gesetze vom 31. Dezember 1867 für Steiermark Nr. 8, für Salzburg Nr. 9 R.G.B. ex 1868, Gesetze vom 12. Mai 1869 Nr. 103 bis 112 für Mähren, Niederösterreich, Oberösterreich, Böhmen, Schlesien, Tirol und Vorarlberg, Küstenland, Dalmatien, Kärnten und Krain.

§ 6. Die Freigebung des Grundbesitzverkehrs.

Literatur: Peyrer, Denkschrift, betreffend die Erbfolge in landwirtschaftliche Güter und das Erbgüterrecht. Hermann Ritter von Schullern zu Schrattenhofen, Die Beseitigung des Bestiftungszwanges und der Wuchergesetze. (Geschichte der österr. Land- und Forstwirtschaft, 1. Band.)

1. Motive des Gesetzgebers.

Die Beschränkungen der Freiteilbarkeit, die um die Mitte des 19. Jahrhunderts in den meisten Kronländern sowohl für die Bauerngüter als auch für die landtäflichen Besitzungen bestanden (s. oben), überlebten die Grundentlastung. Mit ihnen waren auch die besonderen bäuerlichen Erbteilungsvorschriften, sowie das Verbot, gleichzeitig zwei Bauerngüter zu besitzen, formell in Kraft geblieben. Indessen kam diesen Normen keine große praktische Bedeutung mehr zu. Das Erfordernis der behördlichen Bewilligung für jede Güterteilung war vielfach zu einer bloßen Formalität herabgesunken; viele Behörden, außerstande, den immer lebhafter werdenden wirtschaftlichen Verkehr zu meistern, verweigerten so gut wie niemals den angesuchten Teilungskonsens. Hier wirkte der Bestiftungszwang also nur als eine oft mehrjährige Verzögerung des Verfahrens, als eine überflüssige Belästigung der Parteien. Wenn demgegenüber andere Behörden wieder strenger verfuhren, so mußte eine solche tatsächliche Rechtsungleichheit oft zwischen einander benachbarten Gemeinden als eine doppelt unerträgliche Ungerechtigkeit empfunden werden. In vielen Gegenden kümmerten sich die Grundbesitzer überhaupt nicht um die Teilungsverbote; sie veräußerten, wo ein Bedürfnis danach vorhanden war, einzelne Teile ihres Gutes per nefas, und die Behörden mußten dann meistens den Tatsachen Rechnung tragen und die Teilung nachträglich ratihabieren. In manchen Ländern — z. B. Galizien, Südtirol, — hatte der Bestiftungszwang überhaupt nie praktische Geltung erlangt.

Diese Verhältnisse mußten auch auf die Erbteilungsvorschriften für Bauerngüter, sowie auf das Kumulierungsverbot einwirken. Diese Normen hatten ja schon dadurch ihr Fundament verloren, daß Bauerngüter im Rechtssinne seit dem Jahre 1848 zu bestehen aufgehört hatten; man konnte jetzt zwar noch vom ökonomischen Standpunkte aus große und kleine Güter unterscheiden, aber rechtlich gab es keine Bauern und keine Bauerngüter mehr. Es fehlte also seit der Grundentlastung diesen Normen an einem bestimmt abgegrenzten oder abgrenzbaren Objekte.

Zu diesem mehr technischen gesellte sich ein politisches Motiv. Die in den 60er Jahren neu einsetzende liberale Strömung betrachtete die in Rede stehenden Beschränkungen als einen Überrest der Feudalität, als eine überflüssige, ja schädliche Bevormundung des Einzelnen; sie war überzeugt, jeder Grundbesitzer wisse viel besser, als die Behörde, was ihm wirtschaftlich nütze oder schade; sie wies auf einander benachbarte Gebiete wie Ober- und Unterkärnten hin, in denen seit zwei Menschenaltern verschiedenes Recht — dort Freiteilbarkeit, hier Bestiftungszwang — galt, in denen die Entwicklung der Agrarverhältnisse aber gleichwohl keine Unterschiede aufweise, während die Nutzlosigkeit des Bestiftungszwanges durch die übermäßige Bodenzersplitterung in Südtirol, Vorarlberg, Galizien genügend bewiesen werde. Überdies erhoffte man von der Freiteilbarkeit, daß die Grundbesitzer im wohlverstandenen eigenen Interesse einzelne Parzellen abverkaufen würden, um den Rest intensiver zu bewirtschaften, und daß sie sich beeilen würden, durch individuelle Grundtäusche die Streulage des Grundbesitzes zu beseitigen und so ihre Güter zu kommassieren.

2. Der Inhalt der Gesetze.

Das Reichsgesetz vom 27. Juni 1868 (Nr. 79 R.G.Bl.) bestimmt, daß „die in den politischen Gesetzen enthaltenen Anordnungen, welche die Vererbung von Bauerngütern betrafen und hinsichtlich der Auseinandersetzung der Vermögensverhältnisse unter mehreren Miterben oder zwischen dem Erben und dem überlebenden Gatten Abweichungen von den Bestimmungen des allgemeinen bürgerlichen Gesetzbuches enthielten, in jenen Ländern oder Landesteilen, in welchen die Teilung von Bauerngütern gesetzlich nicht mehr beschränkt ist, mit Ablauf von drei Monaten nach dem Tage der Kundmachung dieses Gesetzes außer Wirksamkeit tritt." „In jenen Ländern und Landesteilen, in welchen die Beschränkung der Teilung von Bauerngütern noch besteht, haben im Falle der Aufhebung dieser Beschränkung jene Anordnungen erst mit Ablauf von drei Monaten nach demjenigen Tage außer Wirksamkeit zu treten, mit welchem durch ein Landesgesetz diese Beschränkung aufgehoben sein wird."

Die Aufhebung der besonderen bäuerlichen Erbteilungsvorschriften war somit an die Voraussetzung geknüpft, daß keine Teilungsbeschränkungen für Bauerngüter bestehen, oder daß sie im Wege der Landesgesetzgebung beseitigt werden. Soweit nicht ohnedies Freiteilbarkeit herrschte, wie in Dalmatien, Krain und Küstenland (s. oben S. 8), wurde diese Voraussetzung in allen Kronländern mit Ausnahme von Tirol rasch verwirklicht. Zumeist begnügten sich die betreffenden Landesgesetze[1] damit, alle Beschränkungen der Freiteilbarkeit aufzuheben, soweit sie nicht durch Zivilrechtsgesetze, ferner durch das Forstgesetz, das Grundlastenablösungs- und Regulierungspatent und das Gemeindegesetz statuiert werden; die Teilungsverbote für Gemeindewälder, Äquivalentswälder und für das Gemeindegut blieben also aufrecht. In einigen Ländern beseitigten jene Gesetze noch ausdrücklich das Verbot, zwei oder mehrere Bauernhöfe in einer Hand zu vereinigen, sowie die Verpflichtung des Eigentümers eines Bauernhofes, diesen „mit dem Rücken zu besitzen"[2], d. h. ihn von dem Wohnhause aus zu bewirtschaften. Nur das Landesgesetz für Vorarlberg behält noch eine, wenn auch sehr schwache Einschränkung der Freiteilbarkeit bei (s. unten S. 25).

Sieht man von dieser geringfügigen Ausnahme ab, so hat die liberale Gesetzgebung der Jahre 1867—1869 die Einheitlichkeit des Grundbesitzrechtes fast für ganz Österreich vollendet. An Sonderbestimmungen blieben nur die Rechtssätze über Familienfideikommisse und die Spezialnormen Tirols über Teilung und Vererbung (s. §§ 10, 11, 12) bestehen.

§ 7. Ergebnis.

Die dargestellten agrarpolitischen Reformaktionen — Grundentlastung, Lehensallodifikation, Beseitigung der Verkehrsbeschränkungen für Grundstücke — sind abgeschlossen. Zwar sind auch gegenwärtig noch hie und da Lehensverhältnisse zu beseitigen (s. oben S. 13), so daß die betreffenden Normen noch Anwendung finden; ihre praktische Tragweite ist jedoch so gering, daß sie im wesentlichen nur als Phasen der *Entstehung* unserer heutigen Agrarverfassung, aber nicht mehr für die Darstellung dieser Agrarverfassung selbst in Betracht kommen.

Die genannten Agrarreformen haben die herrschende liberale Agrarverfassung geschaffen. Jedermann kann beliebig Grund und Boden erwerben und besitzen, pachten und verpachten, jeder darf nunmehr über seinen Besitz unter Lebenden und von Todes wegen frei verfügen, ist weder hinsichtlich der Teilung, noch hinsichtlich der Verschuldung rechtlich beschränkt.

Das liberale Wirtschaftsrecht bedeutet das Fehlen jedes rechtlichen, materiellen Zwanges, soweit nicht etwa der Einzelne vertragsmäßig einen solchen auf sich genommen

---

[1] Böhmen vom 26. November 1866 Nr. 84 und vom 20. Dezember 1869 Nr. 152 L.G.B.; Bukowina vom 24. April 1868 Nr. 5 und vom 2. Oktober 1868 Nr. 15 L.G.B.; Galizien vom 1. November 1868 Nr. 15 L.G.B.; Kärnten vom 1. November 1868 Nr. 29; Mähren vom 24. September 1868 Nr. 25 L.G.B.; Niederösterreich vom 5. Oktober 1868 Nr. 14 L.G.B.; Oberösterreich vom 26. September 1868 Nr. 15 L.G.B.; Salzburg vom 22. Oktober 1868 Nr. 28 L.G.B.: Schlesien vom 30. September 1868 Nr. 21 L.G.B.: Steiermark vom 24. September 1868 Nr. 17 L.G.B.; Vorarlberg vom 15. Oktober 1868 Nr. 46 L.G.B.

[2] Daß eine solche Verpflichtung überhaupt bestanden habe, ist sehr zweifelhaft. S. *Grünberg*, Studien a. a. O.

hatte. Somit liegt keine Abweichung der liberalen Rechtsprinzipien darin, daß die Mögkeit der Bodenteilung ihre Schranke in dem Veto der Hypothekargläubiger findet, noch auch darin, daß die Vererbungsgewohnheiten und die Sitte der Gutsübergabe unter Lebenden praktisch vielfach gerade das erreichen, was anderwärts durch die Statuierung eines bäuerlichen Anerbenrechtes angestrebt wird; in diesen und ähnlichen Fällen führen eben nicht objektive Zwangsnormen, sondern der subjektive Wille der Parteien das Resultat herbei. Aber auch Zwangsnormen, welche, wie die Grundbuchsgesetze, bloß die Form des rechtlichen Verkehrs regeln, widerstreiten dem Liberalismus nicht; denn dieser bedeutet die Abwesenheit einer autoritär normierten, materiellen, also nicht bloß formalen Ordnung der Dinge.

Wohl aber hat die Gesetzgebung durch eine Reihe von Spezialnormen, welche einen gewissen Zwang gegen den Beteiligten ausüben, den streng liberalen Standpunkt verlassen. In den Normen über Feld- und Waldservituten wird das gegenseitige Verhältnis von Eigentümer und dinglich Berechtigtem und die Ablösung oder Regulierung solcher Rechte normiert. Hier wie hinsichtlich der agrarischen Gemeinschaften und der Verbesserung der Flureinteilung erfolgt jedoch der Eingriff in die rechtliche Freiheit lediglich im Interesse der wirtschaftlichen Freiheit; auch ist dabei der Zwang gegen den Einzelnen vielfach kein absoluter, sondern wird von der Mehrheit der Beteiligten selbst ausgeübt. Man kann hier in einem gewissen Sinne von einer Fortbildung des Liberalismus sprechen. Dagegen bedeuten die Spezialnormen für die Teilung und Vererbung von Bauerngütern eine partielle Aufhebung des liberalen Agrarrechts, da sie nicht nur die rechtliche, sondern auch die wirtschaftliche Freiheit des Einzelnen beschränken.

Am weitesten in dieser Richtung gehen die Familienfideikommisse, die aber keinen streng agrarischen Charakter besitzen und darum nur anhangweise behandelt werden.

Eine Trennung der erwähnten Normen nach ihrer juristischen Form (öffentliches Recht, Privatrecht u. s. w.) ist aus den oben S. 1 angeführten Gründen untunlich. Die Normen über den Verkehr mit landwirtschaftlichen Gütern (2. Kapitel) betreffen im wesentlichen die Erwerbung und den Übergang des Eigentums durch Vertrag oder Vererbung. Die Verbesserung der Flureinteilung (3. Kapitel) wird teils durch freiwilligen Parzellentausch, teils durch erzwungenen Umtausch der Grundstücke angestrebt; nicht nur über das Grundeigentum selbst, sondern auch über Dienstbarkeiten, Forderungen, Pfandrechte ist dabei zu entscheiden, wozu noch strafrechtliche, prozeßrechtliche, verwaltungsrechtliche gebührenrechtliche Momente hinzutreten. Das Gleiche gilt auch von den speziellen Normen über agrarische Gemeinschaften (4. Kapitel), bei denen das Objekt nur zum Teil gemeinsames Eigentum, zum Teil öffentliche Nutzungen sind, und von den Normen über privatrechtliche Nutzungsrechte (5. Kapitel).

Zweites Kapitel.

Der Verkehr mit landwirtschaftlichen Gütern.

§ 8. Einleitung.

Seit dem Ende der 60er Jahre gilt in ganz Österreich mit Ausnahme von Tirol die Freiteilbarkeit des Grundbesitzes für den Verkehr unter Lebenden und von Todes wegen; nur in Tirol, wo schon vorher ein von den anderen Kronländern abweichendes Recht gegolten hatte, blieb dieses zunächst unverändert. Seit einigen Jahrzehnten besteht jedoch eine agrarpolitische Strömung, welche die Anwendung des „kapitalistischen" Zivilrechtes auf den landwirtschaftlichen Grundbesitz als eine Ursache für die landwirtschaftliche Krise ansieht und deshalb ein den besonderen Bedürfnissen der Landwirtschaft angepaßtes Besitz- und Verschuldungsrecht fordert. In Österreich hat diese Strömung zum Erlaß eines Reichsgesetzes und zur Befestigung des in Tirol seit alters her herrschenden bäuerlichen Sondererbrechtes und Bestiftungszwanges geführt.

Dieser Gesetzgebung liegt die Ansicht zu Grunde, daß die Notlage des Bauernstandes großenteils durch das geltende Intestaterbrecht und durch die Freiteilbarkeit verursacht sei.

Bei herrschendem gleichen Erbrecht sind folgende vier Möglichkeiten für die Auseinandersetzung zwischen mehreren Miterben vorhanden: das in der Masse befindliche Gut wird Miteigentum aller Miterben; es wird zwischen diesen in natura geteilt; es wird nach auswärts verkauft und der Erlös geteilt; oder ein Miterbe übernimmt den Hof gegen Anrechnung auf seinen Erbteil. Nun sei die Aufrechterhaltung des Miteigentums zwischen Geschwistern oder noch entfernteren Verwandten bei Bauerngütern undurchführbar, habe Streit zur Folge und werde von den Bauern selbst perhorresziert; die Naturalteilung sei irrationell, weil sie eine vorhandene Wirtschaftseinheit lediglich aus rechtlichen, nicht aus ökonomischen Motiven zerstört und Kapitalsaufwendungen (Bau neuer Wirtschaftsgebäude u. s. w.) bedingt, und sie müsse schon nach einigen Generationen das Verschwinden der Bauerngüter, die Pulverisierung des Bodens, die Proletarisierung der ländlichen Bevölkerung zur Folge haben; die Veräußerung an dritte Personen sei im Interesse der Stabilität des Bauernstandes, seines konservativen Geistes möglichst zu vermeiden. Darum sei die Gutsübernahme durch einen Miterben die einzige wünschenswerte Form der Erbteilung, sie wurzle auch heute noch in den bäuerlichen Anschauungen und Gewohnheiten. Diese Art der Erbteilung mache aber eine Modifikation des gleichen Erbrechtes aller Miterben notwendig; denn dieses müsse bei Anrechnung des Hofes zum vollen Wert eine Überlastung des Grundbesitzes mit unproduktiven Besitzschulden bewirken, besonders da der aus den tatsächlichen Preisen abgeleitete Verkehrswert der Landgüter viel höher ist, als der zum herrschenden Zinsfuße kapitalisierte Reinertrag (Ertragswert). Infolge dieser Überzahlung der Güter im Verkehre habe, da gewöhnlich Barmittel zur Auszahlung der Miterben fehlen, der Übernehmer für die Erbportionen Zinsen zu zahlen, die außer Verhältnis zu dem Bodenertrage stehen. Die Agrarkrise sei großenteils durch die Überschuldung des landwirtschaftlichen Besitzes hervorgerufen, diese wieder bestehe hauptsächlich aus Besitz-, insbesondere aus Erbschaftsschulden. Niedergang der bäuerlichen Wirtschaften, deren Zusammenbruch in Form von Exekutionen seien die notwendigen Folgen des geltenden Erbrechtes, sofern die Bauern diesen Folgen nicht durch Gutsübergaben unter Lebenden oder durch einverständliche niedrige Bewertung des Erbgutes begegnen. Aber auch diese Übung schwinde allmählich und bedürfe eines gesetzlichen Rückhaltes. Die Ziele der Gesetzgebung sind daher: Erhaltung des Bauerngutes in der Familie, Ausschluß sowohl der Naturalteilung als des Mitbesitzes der Erben, Begünstigung des Hofübernehmers (Anerben) gegenüber den anderen Miterben. Diese Begünstigung macht sodann Normen über die Person des Anerben notwendig.

Dieselbe agrarpolitische Strömung erblickte eine Reihe weiterer Gefahren für den selbständigen Bauerngrundbesitz in dem freien Grundbesitzverkehr unter Lebenden; auch durch diesen können Bauerngüter in Teile zerschlagen, parzelliert oder von größeren Gütern aufgesaugt werden. Die Annahme, daß diese den Bauernstand gefährdenden Entwicklungstendenzen vorhanden seien oder entstehen könnten, führte zu einem Reichsgesetz und zur Aufrechterhaltung und Reformierung der alten in Tirol bestehenden Normen.

§ 9. Reichsgesetzliche Normen über das bäuerliche Erbrecht.

Literatur: Nr. 70 der Beilagen des Abgeordnetenhauses, 10. Session. Marchet, Das österreichische Gesetz, betreffend die Einführung besonderer Erbteilungsvorschriften für landwirtschaftliche Besitzungen mittlerer Größe (Schmollers Jahrbuch 1889). Verkauf, Das bäuerliche Anerbenrecht (Brauns Archiv für soziale Gesetzgebung, 1889). Zuckerkandl, Das neue österreichische Anerbenrecht (Conrads Jahrbücher 1889).

Das Reichsgesetz, „betreffend die Einführung besonderer Erbteilungsvorschriften für landwirtschaftliche Besitzungen mittlerer Größe“[1], hat bisher die genannten Ziele nicht er-

[1] Gesetz vom 1. April 1889 Nr. 52 R.G.B.

§ 6 des Patentes vom 4. März 1849 „gleichfalls abzulösen". Darunter verstand das Gesetz offenbar, wie bei den anderen Grundlasten, eine obligatorische, nicht eine bloß fakultative Aufhebung. Im Gegensatz hierzu bestimmte jedoch ein Ministerialerlaß vom 2. Februar 1850 Nr. 42 R.G.B., daß die Ablösung dieser Lasten nur über Provokation eines der beiden Teile erfolgen und die Grundentlastungskommissionen hierfür Endtermine festsetzen sollen. Da von diesem Provokationsrechte indessen vielfach kein Gebrauch gemacht wurde, blieb ein großer Teil dieser Giebigkeiten bis in die neuere Zeit unabgelöst. Eigene Landesgesetze mußten erlassen werden, welche eine neuerliche Ablösungsaktion einleiteten. Doch wurde nur in Istrien[1] eine Ablösung von Amts wegen angeordnet; sonst stellten die Gesetze Termine auf, innerhalb deren sowohl der Berechtigte als auch der Verpflichtete die Ablösung verlangen kann[2]. Diese Termine sind gegenwärtig längst abgelaufen; die nicht zur Ablösung angemeldeten Giebigkeiten bestehen fort und können ohne Zustimmung beider Teile nicht aufgehoben werden.

4. Die Regelung des Kontadinenverhältnisses in Dalmatien.

Auf Dalmatien erstreckte sich die Grundentlastung nicht, obgleich auch hier Verhältnisse herrschten, die manche Analogien mit denen der anderen Länder aufwiesen. Hier hat sich bis zur Gegenwart zwischen Grundbesitzer und Landmann (Kolone) ein eigentümliches Rechtsverhältnis erhalten, das sich als eine Art Erbpacht darstellt.

Der Grundeigentümer überläßt dem Landmanne ein Grundstück erblich gegen eine unveränderliche Abgabe in Früchten oder Geld oder gegen eine Quote der Nutzungen. Vielfach steht dem Kolonen außerdem das Holzungs- und Weiderecht auf dem herrschaftlichen Besitze zu. In dem Gebiete der früheren Republik Ragusa stellte häufig der Grundbesitzer (padrone) dem Kolonen (der nunmehr contadino, kmet heißt) ein Wohnhaus gegen die Verpflichtung, dem Grundherrn überall innerhalb der Republik angemessene Fronarbeit zu leisten. Der contadino hatte gegen den padrone einen Anspruch auf Verköstigung während des Arbeitstages und auf Erhaltung des Wohnhauses in gutem Zustand. Gesetze aus der ersten Hälfte des 19. Jahrhunderts hatten diese Zwangsarbeitstage limitiert und Arbeiten an einem sehr entfernten Orte für in Geld ersetzbar erklärt.

Die Beseitigung dieses den modernen Rechtsbegriffen widerstreitenden Rechtsverhältnisses im Wege der Ablösung ist bisher nicht erfolgt. Auch das Gesetz v. 11. Januar 1878 Nr. 9 R.G.B.[3] läßt den bloßen Kolonat gänzlich, den Kontadinat im wesentlichen unberührt; es ordnet weder die Ablösung von Amts wegen an, noch auch gibt es dem Verpflichteten das Recht, eine solche zu begehren. Es beschränkt sich darauf, die Verpflichtung zur Leistung von Arbeitstagen in eine Geldleistung zu verwandeln, die mangels anderen Übereinkommens mit 5 fl. jährlich bemessen wird und im Verwaltungswege einzutreiben ist; auch obliegen dem Kontadinen die Erhaltung des Hauses und die Abgaben für das letztere. Sonst enthält das Gesetz nur Vorschriften über das Verfahren zur Abschätzung des Wertes von Verbesserungen oder Verschlechterung bei Auflösung des Contadinaggio und über die Kompetenz der Zivilgerichte für Streitigkeiten aus dem Kontadinen- oder Kolonenverhältnisse. Das Einführungsgesetz zur Zivilprozeßordnung vom 1. August 1895 Nr. 112 R.G.B. nimmt das Kolonen- und Kontadinenverhältnis ausdrücklich von den Bestimmungen der Zivilprozeßordnung über die Auflösung von Bestandverträgen aus (Art. X).

---

[1] Gesetz vom 3. Oktober 1874 No. 22 L.G.B.

[2] Landesgesetze für Böhmen vom 11. Mai 1869 Nr. 87 und vom 27. Februar 1885 Nr. 16 L.G.B.; Bukowina vom 2. März 1873 No. 17 L.G.B.; Galizien vom 27. Mai 1873 Nr. 253 L.G.B.; Kärnten vom 12. November 1871 Nr. 9 ex 1872 L.G.B.; Krain vom 13. Juni 1882 Nr. 25 L.G.B. ex 1886; Mähren vom 9. Mai 1873 Nr. 32 L.G.B.; Oberösterreich vom 15. August 1874 Nr. 26 und vom 6. Juni 1875 Nr. 23 L.G.B.; Niederösterreich vom 22. Januar 1875 Nr. 38 L.G.B.; Steiermark vom 18. Juli 1871 Nr. 32 L.G.B. ex 1872 und vom 6. Juli 1875 Nr. 37 L.G.B.

[3] Gültig für die Gerichtsbezirke Ragusa, Ragusa-vecchia, Stagno und Sabioncello.

reicht. Denn es hat keinen durchgreifenden, sofort wirksamen Rechtssatz, sei es für den Staat, sei es für einzelne Länder, sondern nur Normen aufgestellt, die erst dann Geltung erlangen, wenn Ausführungsgesetze durch die Länder erlassen werden. Bisher ist jedoch tatsächlich kein einziges solches Gesetz zu stande gekommen. Das Reichsgesetz steht also formell zwar in Kraft, ist aber materiell — von Tirol abgesehen — noch nicht in Wirksamkeit getreten; es stellt bloß latentes Recht dar.

Die Normen sollen für „landwirtschaftliche mit einem Wohnhause versehene Besitzungen (Höfe) mittlerer Größe" gelten, sofern sie nicht mit dem Fideikommiß- oder Lehensbande behaftet sind, und sofern sie im Alleineigentum stehen; nur ausnahmsweise auch für Höfe im Miteigentum der Ehegatten, falls das Landesgesetz ein Aufgriffsrecht des überlebenden Ehegatten statuiert (s. unten S. 19).

Die Präzisierung des Begriffes der „landwirtschaftlichen Besitzungen mittlerer Größe" durch bestimmte Merkmale und die Feststellung der Liegenschaften und Nutzungsrechte, die als Hofbestandteile anzusehen sind, obliegen dem Landesgesetz. Ob das Vorhandensein jener für einen Hof mittlerer Größe maßgebenden Merkmale von Fall zu Fall durch das Gericht untersucht, oder ob im Verwaltungswege sämtliche „Höfe" festgestellt und evident gehalten werden sollen, ist vom Reichsgesetze nicht entschieden.

Die gesetzlichen Normen für die Besitzungen mittlerer Größe betreffen in erster Linie die Intestaterbfolge, tangieren aber auch die gewillkürte Erbfolge und das Pflichtteilsrecht.

1. Die Intestaterbfolge.

Die Teilung des Hofes mittlerer Größe mit Einschluß des Zubehörs ist bei Intestaterbfolge untersagt; der Hof wird zur Gänze einem der Miterben (Übernehmer, Anerben) zugewiesen, der mit dem lastenfreien Hofwerte Schuldner der Verlassenschaft wird. Was als Zubehör (Betriebsinventar) anzusehen ist, hat im Streitfall das Gericht festzustellen. Enthält ein Nachlaß mehrere „Höfe", so wird für jeden getrennt die Singularerbfolge eröffnet, wobei dem zunächst berufenen „Anerben" das Wahlrecht zusteht.

Über die Berufung zum Anerben bei Abgang einer gütlichen Einigung hat die Landesgesetzgebung zu entscheiden. Diese ist „hierbei an das Recht und die Ordnung der gesetzlichen Erbfolge gebunden" und kann nur die Reihenfolge zwischen mehreren gleich nahen Erben festsetzen. Doch darf sie den überlebenden Ehegatten unmittelbar nach den Nachkommen des Erblassers und vor dessen übrigen Verwandten berufen. Leibliche Kinder gehen Adoptivkindern, eheliche (auch legitimierte) den unehelichen vor.

Dem Anerben sollen folgende Begünstigungen gewährt werden:

1. Der Wert des Hofes soll mangels eines Übereinkommens „durch das Gericht nach Vornahme einer Schätzung durch Sachverständige und nach Einvernehmung des Gemeindevorstehers nach billigem Ermessen" so bestimmt werden, „daß der Übernehmer wohl bestehen kann." Eine Präzisierung dieses unbestimmten und mehrdeutigen Ausdruckes gibt das Gesetz nicht; dessen Interpretation ist in das freie Ermessen des Richters gestellt. Auf das vorhandene Betriebsinventar ist zwar angemessene Rücksicht zu nehmen, doch soll dasselbe nicht selbständig geschätzt werden. Das Landesgesetz kann an Stelle der richterlichen Festsetzung eine Bewertung unter Zugrundelegung eines Vielfachen des Katastralreinertrages setzen.

2. Das Landesgesetz kann überdies anordnen, daß bei der gerichtlichen Schätzung — nicht aber bei der Wertbestimmung nach dem Katastralreinertrage — „zu Gunsten des Übernehmers ein Betrag in Abzug gebracht werde, welcher jedoch 1/3 des gerichtlich ermittelten lastenfreien Wertes des Hofes nicht übersteigen darf". Dieses „Voraus" tritt neben die ermäßigte Gutsschätzung.

3. Über Fristen, Raten der Auszahlung und Verzinsung der Forderungen der Miterben entscheidet mangels Übereinkommens das Gericht „nach billigem Ermessen". Der Anerbe kann eine Frist von 3 Jahren für die völlige Begleichung beanspruchen; ein längerer Termin darf gegen den Willen der Miterben nicht festgesetzt werden.

Die Begünstigungen des Übernehmers ändern das sonst geltende Intestaterbrecht, nicht bloß die Erbteilung; sie erhöhen die Erbportion des Übernehmers, verkleinern die der übrigen Miterben.

Die Differenz zwischen dem Übernahms- und dem wahren Wert des Hofes kann der Anerbe jederzeit realisieren, ohne sie mit dem Miterben teilen zu müssen. Doch können bei Verkauf des Hofes vor völliger Auszahlung der Erbportionen die Miterben sofortige Befriedigung begehren.

Das Landesgesetz kann ein sogenanntes Aufgriffsrecht des überlebenden Ehegatten statuieren; der letztere wird dadurch berechtigt, falls der Hof Miteigentum des Gatten war, die erledigte Hälfte zu übernehmen. Dabei kann das Landesgesetz die Begünstigungen des Anerben auch auf den übernehmenden Ehegatten ausdehnen.

2. Die gewillkürte Erbfolge.

Alle Bestimmungen des Gesetzes sollen auch bei der testamentarischen oder vertragsmäßigen Vererbung Anwendung finden, falls „der Erblasser eine der im a.b.G.B. unter die gesetzlichen Erben aufgenommene Person als Übernehmer bestimmt, wobei er weder an die gesetzliche noch an die durch die Landesgesetzgebung festgesetzte Ordnung gebunden ist". Es liegt hier wohl nur eine gesetzliche Interpretationsregel vor, welche besagen will, daß, wenn der Testator einen von mehreren Miterben als Hofübernehmer bezeichnet, im Zweifel anzunehmen ist, er wolle, daß diesem die im Gesetz enthaltenen Vorteile eines Anerben zukommen. Ein Gegenbeweis ist daher zulässig.

3. Das Pflichtteilsrecht.

Das Gesetz enthält eine Reihe von Modifikationen des sonst geltenden Pflichtteilsrechtes zu Gunsten des Übernehmers [1].

a) Infolge der niedrigen Bewertung des Hofes können die nicht zur Übernahme berufenen Miterben selbst dann weniger als den sonst gebührenden Pflichtteil erhalten, wenn sämtliche Miterben formell zu gleichen Teilen erben. Besonders häufig müßte dies bei einem gesetzlichen „Voraus" des Anerben eintreten.

Ist der Hof zu $^2/_3$ des wahren Wertes belastet, so erhalten, bei scheinbar gleicher Teilung, die weichenden Miterben sogar weniger als den normalen Pflichtteil (halbe Intestatportion), sobald das Gut auch nur um 17 % unterschätzt wird: bei einem Voraus von $^1/_3$ des lastenfreien Wertdrittels zu Gunsten des Unternehmers tritt die gleiche Folge schon bei einer Unterschätzung von nur 9 % ein.

b) Der in der angeführten Weise bestimmte Hofwert ist aber zudem der Berechnung des Pflichtteils zu Grunde zu legen; jede Unterschätzung des Hofwertes muß daher notwendigerweise die Höhe des Pflichtteilsanspruches schmälern. Dieser ist damit in das Ermessen des Gerichtes gestellt oder von dem wechselnden Verhältnis zwischen dem wahren Wert und dem Katastralreinertrag abhängig.

Daran wird auch dadurch nicht viel geändert, daß für die Pflichtteilsberechnung der Hof niemals geringer angenommen werden darf, als der Mindestbetrag, nach welchem die an den Staat zu entrichtende Vermögensübertragungsgebühr zu bemessen ist. Denn die sonst hierfür geltenden Minimalsätze kommen lediglich bei einer einverständlichen Bewertung oder bei Bewertung nach dem Katastralreinertrag in Anwendung; sie sind dagegen gerade für den Fall einer gerichtlichen Schätzung des Hofwertes („so daß der Übernehmer wohl bestehen kann") ausdrücklich außer Kraft gesetzt; solchenfalls ist vielmehr dieser Schätzwert auch für die Gebührenbemessung und damit für die Pflichtteilsberechnung maßgebend.

c) Als eine Einschränkung des Pflichtteiles gelten weiter nicht: Fristen für die Aus-

[1] Allerdings sagt § 13: „Das Pflichtteilsrecht wird durch diese Erbteilungsvorschriften nicht berührt." Dieser Satz ist indessen unrichtig: er wird sogar durch die unmittelbar folgenden Worte des Gesetzes direkt widerlegt.

zahlung der Erbteile und die Anordnung, daß Vater oder Mutter des Übernehmers bis zu dessen Großjährigkeit. Tatsächlich liegt in all diesen Fällen eine Verminderung des Pflichtteilsanspruches der weichenden Geschwister vor.

§ 10. Das bäuerliche Erbrecht in Tirol.

Literatur s. oben S. 17, ferner Mages, Die Zerstückelungsvorschriften für Tirol vom rechtlichen Standpunkte. Innsbruck 1883. Schiff, Die Einführung der Grundbücher und die Reform des bäuerlichen Agrarrechtes in Tirol und Vorarlberg (Zeitschrift für Volkswirtschaft, Sozialpolitik und Verwaltung, 1900).

Tirol ist das einzige österreichische Kronland, wo in der ersten Hälfte des 19. Jahrhunderts nicht bloß die Grundteilung beschränkt war, sondern auch ein Anerbenrecht galt, und wo ein solches auch heute gilt. Das Erbfolgepatent vom 9. Oktober 1795 steht noch in einem großen Teil des Landes in Kraft. Die Gesetzgebung des letzten Jahrzehnts hat dessen Wirksamkeit nicht aufgehoben, sondern nur zeitlich und räumlich beschränkt, da sie erst sukzessiv in denjenigen Gegenden Geltung erlangt, wo die im Jahre 1897 angeordnete Anlegung der Grundbücher durchgeführt ist. So bestehen in Tirol zwei Rechtsgebiete nebeneinander: das des alten und das des neuen Anerbenrechts.

I. Das ältere Anerbenrecht.

Wo das Patent vom 9. Oktober 1795 Nr. 258 J.G.S.[1] gilt, sind die Normen des a.b.G.B. für den Fall ganz unberührt, daß nicht die Kinder des Verstorbenen, sondern entferntere Verwandte zur Erbfolge berufen sind. Zwar darf auch da das Bauerngut in der Regel nicht geteilt werden (s. unten S. 23 f.); aber der Übernehmer wird nicht bevorzugt, sondern mit dem vollen lastenfreien Gutswerte Schuldner der Verlassenschaft; die Person des Übernehmers braucht diesfalls nicht gesetzlich bestimmt zu sein, sondern bei Abgang einer Einigung unter den Miterben wird der Hof verkauft.

Spezialnormen gelten nur für die gesetzliche Erbfolge der Kinder und für das Aufgriffsrecht des Ehegatten.

Für die Berufung zur Hofübernahme unter mehreren ab intestato miterbenden Kindern ist zunächst der Wille des Verstorbenen maßgebend; fehlt eine solche Verfügung, soll das Bauerngut allezeit dem ältesten Sohne (wenn aber gegen ihn ein gegründetes gesetzliches Bedenken vorliegt, dem nächsten Sohn, in Abgang eines Sohnes der ältesten Tochter) zugeteilt werden; steht jedoch das Bauerngut im Miteigentum der Ehegatten, so darf der überlebende Teil die erledigte Hälfte an sich lösen.

In beiden Fällen soll der Hofwert durch Einverständnis oder durch Schätzung bestimmt werden. Bei der Schätzung „ist der Wert mit Rücksicht auf alle Umstände dermaßen zu bestimmen, daß der eintretende Besitzer auf dem Gute wohl bestehen könne." Eine Präzisierung dieses juristisch nicht faßbaren Ausdruckes fehlt auch hier. Findet sich keines der Kinder bereit, den Hof zu übernehmen, so kann das Gut geteilt werden, wenn es „in Hinsicht auf die Kultur und die Unterhaltung zweier Familien eine Zerstücklung leidet"; anderenfalls „ist selbes einem mehrbietenden Fremden kaufweise zu überlassen." Enthält die Verlassenschaft zwei Bauerngüter, so kann zunächst der älteste Sohn eines davon wählen, das andere wird dem nächsten Sohne zugeteilt.

Diese Bestimmungen gelten jedoch dort nicht, „wo geschlossene Bauerngüter nicht bestehen und wo die hinterlassenen Grundstücke ohne Nachteil für die Kultur verteilt werden können".

Obwohl das Patent formell in ganz Tirol Gültigkeit besitzt, sofern das neue Höferecht noch nicht zur Wirksamkeit gelangt ist, haben die angeführten Normen eine bequeme Handhabe zur Umgehung des Anerbenrechtes geboten. Aber auch dort, wo das

---

[1] Republiziert am 7. April 1816 Nr. LVI Prov.G.S., dessen Gültigkeit eingeschärft durch Erlaß vom 17. Juli 1850 Nr. 277 R.G.B.

Patent tatsächlich Anwendung findet, besteht die Schwierigkeit, daß die Bauerngüter nur einem besonderen Verkehrsrecht unterliegen, in allen übrigen Beziehungen dagegen den sonstigen Grundstücken rechtlich gleichgestellt sind; früher gab der Grundsteuerkataster von 1787 Aufschluß darüber, welche Grundstücke Teile eines Bauernhofes sind. Seit dem neuen Grundsteuerkataster steht dagegen das Objekt des Anerbenrechtes (und der Unteilbarkeit, s. unten S. 23 f.) in keiner Weise mehr fest, das objektive Kriterium, wonach man früher konstatieren konnte, ob ein bestimmtes Anwesen ein geschlossenes Bauerngut ist oder nicht, ist weggefallen. Diese und andere Übelstände (s. unten S. 24) führten zu der neuen Agrargesetzgebung.

II. Das neue Anerbenrecht.

Das Grundbuchsgesetz mit dessen Novelle und das Höferechtsgesetz haben eine Änderung des Rechtszustandes zwar noch nicht überall herbeigeführt, aber doch angebahnt. Die darin enthaltenen Spezialnormen für geschlossene Höfe stellen sich teils als Kodifikation des bisherigen Rechtes, teils als dessen Weiterbildung dar. Sie werden in jeder Gemeinde mit der Eröffnung des Grundbuches für die geschlossenen Höfe wirksam, d. h. für die mit einem Wohnhause versehenen Besitzungen, deren Einlagen sich in der Höfeabteilung des Grundbuches befinden.

1. Begriff des geschlossenen Hofes.

Das Objekt der höferechtlichen Sondernormen ist immer noch nicht scharf begrenzt.

a) Das Grundbuchsgesetz[1], das an Stelle der höchst unvollkommenen Verfachbücher das anderwärts seit langem verwirklichte Grundbuchssystem einführt, will diese Gelegenheit, wo alle auf dem Grundbesitz bezüglichen Rechtsverhältnisse im Verwaltungswege genau festgestellt werden müssen, dazu benützen, um die Verwirrung hinsichtlich des Objektes der agrarrechtlichen Sondernormen zu beseitigen.

Das Hauptbuch teilt sich in zwei Abteilungen; die eine umfaßt die den Sondernormen unterliegenden (geschlossenen) Höfe, die andern alle übrigen Realitäten. Jeder geschlossene Hof erhält eine eigene Einlage und bildet ohne Rücksicht auf seine Belastung einen einzigen Grundbuchskörper. Als Bestandteile eines geschlossenen Hofes sollen die dem Eigentümer des Hofes gehörenden landwirtschaftlichen Liegenschaften oder Miteigentumsanteile gelten, wenn sie im Steuerkataster von 1787 dem betreffenden Wohnhause zukatastriert waren, wenn sie später mit dem Hofe konsolidiert wurden, wenn sie vom Eigentümer des Gutes oder dessen Vorbesitzer an Stelle der genannten Liegenschaften erworben wurden, oder wenn der Eigentümer ihre Vereinigung mit dem geschlossenen Hofe beantragt. Dazu kommen ferner die mit dem Besitze des Gutes verbundenen Gewerbe- und Nutzungsrechte, insbesondere die Weide-, Holzungs- und Wasserrechte an Gemeindegütern oder an anderen fremden oder gemeinschaftlichen Grundstücken. Über Verlangen des Eigentümers können auch sonstige landwirtschaftliche Besitzungen als geschlossene Höfe erklärt werden.

Auf diese Weise ist zwar fixiert, was als Bestandteil eines geschlossenen Hofes anzusehen ist; hingegen bleibt auch hier die primäre Frage, was ein geschlossener Hof ist, unentschieden. Allerdings sind darunter wohl stets nur behauste landwirtschaftliche Besitzungen zu verstehen; gleichwohl deckt sich der Begriff des geschlossenen Bauerngutes nicht mit dem des behausten landwirtschaftlichen Grundbesitzes, vielmehr sind zahlreiche Besitzungen der letzteren Art sicherlich keine unteilbaren, dem Anerbenrecht unterworfenen Höfe. Es fehlt daher an einer Richtschnur dafür, welche Besitzungen in das Höfebuch einzutragen sind. Zum Teile wird eine solche Norm dadurch ersetzt, daß bei Fragen über Bestand und Zusammensetzung der „Höfe" autonome Organe mitwirken: der Gemeindevorsteher und ein Vertreter der Bezirksgenossenschaft der Landwirte oder des Gemeindeausschusses. Gleichwohl

---

[1] Gesetz vom 17. März 1897 Nr. 9 L.G.B.

war dadurch das Bedürfnis nach einer klaren Rechtsnorm darüber, wann ein Hof vorliegt, nicht behoben.

b) Eine Novelle zum Grundbuchsgesetze [1] befriedigt dieses Bedürfnis zum Teile. Eine unbehauste landwirtschaftliche Besitzung, oder eine, die selbst einer kleinen Familie den Unterhalt durch den landwirtschaftlichen Betrieb nicht bietet, ist auch dann nicht als geschlossener Hof zu behandeln, wenn sie in dem Steuerkataster vom Jahre 1787 als Hof vorkommt. Dadurch ist wenigstens eine gewisse negative Begrenzung für den Hofbegriff gegeben. Ein Schluß a contrario dürfte aber aus diesem Rechtssatze nicht gestattet sein.

Eine positive Norm besteht nur für Besitzungen, welche erst über Antrag des Eigentümers die Hofqualität erhalten sollen; eine solche Realität muß behaust sein, und der Durchschnittsertrag muß zur angemessenen Erhaltung einer Familie von fünf Köpfen ausreichen und darf das Vierfache eines solchen Ertrages nicht überschreiten. Für alle anderen Fälle fehlt eine Vorschrift, welche behausten, einer kleinen Familie Unterhalt gewährenden Realitäten „Höfe" sind.

Wo die Grundbücher bereits angelegt sind, dort besteht allerdings für die Hofqualitäten ein klares formelles Kriterium: die Eintragung in die Höfeabteilung des Grundbuches. Für diese „Höfe" gilt das neue Anerbenrecht.

2. Inhalt des neuen Anerbenrechtes.

Die Grundzüge des Patentes vom Jahre 1795 sind auch in das Höferechtsgesetz [2] übergegangen. Das darin normierte neue Anerbenrecht unterscheidet sich von dem alten hauptsächlich in den folgenden Punkten:

Das neue Anerbenrecht gilt stets, wenn mehrere Personen den Eigentümer eines geschlossenen Hofes ab intestato beerben, also auch für entferntere Verwandte. Deshalb muß eine Successionsordnung für die Nachfolge in den Hof bestehen: es entscheidet zunächst die Nähe der Verwandtschaft, dann geht das männliche Geschlecht, dann das höhere Alter vor; bei gleichem Alter wird gelost. Doch haben die Nachkommen verstorbener Söhne den Vorrang vor denen verstorbener Töchter, leibliche Kinder vor Adoptivkindern, eheliche und legitimierte vor den unehelichen. Bei Fehlen von Descendenten wird auch die Herkunft des Hofes berücksichtigt: der Hof wird zunächst demjenigen Elternteil oder dessen Verwandten angetragen, von dem der Hof stammt. Enthält der Nachlaß mehrere geschlossene Höfe, so bestehen über die Wahl ähnliche Normen wie nach dem Reichsgesetze vom Jahre 1889 (s. oben S. 18).

Hinsichtlich der sonst unverändert gebliebenen Begünstigung des Anerben ist der Satz, daß bei der Schätzung „auf den Ertragswert angemessene Rücksicht zu nehmen ist", neu. Seine Bedeutung ist unklar.

Über Verzinsung, Auszahlung und Sicherstellung der Erbschaftsschulden werden die Bestimmungen des Reichsgesetzes vom Jahre 1889 eingeführt (s. oben S. 18).

Einer in Tirol verbreiteten Sitte Rechnung tragend, können sich die erbenden Geschwister dahin einigen, daß sie den Hof gemeinsam übernehmen und die Auseinandersetzung (Erbteilung) aufschieben, bis der Anerbe sein Anerbenrecht geltend macht.

Um die Begünstigungen des Anerben nur Personen zu gewähren, die den Hof dauernd selbst bewirtschaften, ist von der Übernahme ausgeschlossen: wer zur Bewirtschaftung des Gutes infolge geistiger oder körperlicher Gebrechen unfähig ist; wer einen Hang zur Verschwendung betätigt; wer durch seinen Beruf verhindert ist, den Hof von der Hofstelle aus persönlich zu bewirtschaften; wer zwei Jahre unter solchen Umständen abwesend ist, daß seine Rückkehr innerhalb einer angemessenen Zeit zweifelhaft ist.

Zu demselben Zwecke und um Schädigungen der Miterben durch spekulative Übernahme des Hofes seitens des Anerben zu verhindern, ist bestimmt: wenn der Übernehmer den Hof innerhalb sechs Jahre nach dem Tode des Erblassers und erreichter

---

[1] Gesetz vom 12. Juni 1900 Nr. 48 L.G.B.
[2] Gesetz vom 12. Juni 1900 Nr. 47 L.G.B.

Großjährigkeit freiwillig veräußert, muß er den Mehrerlös über den Übernahmswert zur nachträglichen Erbteilung herausgeben. Von dem Veräußerungswert ist der Wert allfälliger Verbesserungen des Gutes zu Gunsten des Anerben abzuziehen; dagegen sind Verschlechterungen des Gutes nicht in analoger Weise von dem Übernahmswert in Abzug zu bringen.

Das Aufgriffsrecht des überlebenden Ehegatten ist ähnlich normiert, wie in dem Reichsgesetz vom Jahre 1889; doch darf es nur ausgeübt werden, falls keine Descendenz vorhanden ist.

III. Gebührenbegünstigung.

Im Interesse des Bauernstandes besteht in Tirol und Vorarlberg eine Ermäßigung der Vermögensübertragsgebühren: von allen bäuerlichen Besitzungen und landwirtschaftlichen Grundstücken, deren Wert 8000 Kronen nicht übersteigt, wird nur die Hälfte des Wertes der Gebührenbemessung zu Grunde gelegt [1].

§ 11. Beschränkungen im Verkehr unter Lebenden.

I. Die Reichsgesetzgebung.

Der § 3 des Reichsgesetzes v. 1. April 1889 Nr. 52 R.G.B. sagt zwar, „daß der Eigentümer eines den Bestimmungen dieses Gesetzes unterworfenen Hofes durch dasselbe in seiner Verfügung über den Hof oder über einzelne Teile desselben weder unter Lebenden noch von Todes wegen beschränkt ist.“ Im Widerspruch hiezu bestimmt aber das Gesetz in § 16: „Wenn die Landesgesetzgebung für Höfe der in § 1 bezeichneten Art (s. oben S. 18) Beschränkungen der freien Teilbarkeit festsetzt oder Bestimmungen erläßt, wonach derartige Höfe von Personen, in deren Eigentum solche Höfe oder größere landwirtschaftliche Besitzungen bereits stehen, gar nicht oder nur unter bestimmten Voraussetzungen oder Beschränkungen erworben werden sollen, so haben die Bestimmungen dieses Gesetzes mit der Maßgabe Anwendung zu finden, daß der Eigentümer des Hofes in seiner Disposition über denselben durch landesgesetzliche Vorschriften der bezeichneten Art beschränkt ist.“

Es liegt in dieser Bestimmung eine Übertragung der Kompetenz der Reichsgesetzgebung auf die Landesgesetzgebung. Diese wird ermächtigt, die Freiteilbarkeit und den freien Verkehr mit „landwirtschaftlichen Besitzungen mittlerer Größe“ aufzuheben oder zu beschränken. Da die Länder — von Tirol und Vorarlberg abgesehen — indessen bisher davon keinen Gebrauch gemacht haben, so liegt auch hier nur latentes, nicht geltendes Recht vor.

II. Die Gesetzgebung von Tirol.

In Tirol überdauerte, wie das Anerbenrecht (s. oben), so auch der Bestiftungszwang die liberale Epoche der 60er Jahre. Das Grundzerstückelungspatent vom 11. August 1770 [2] blieb in dem größten Teile Tirols in Geltung [3], während in den anderen Landesteilen [4] allerdings vollkommen freie Teilbarkeit herrschte. Auch dieses Patent, das den älteren Bestiftungszwang enthält, wird überall dort durch das neue Höferecht verdrängt, wo die Anlegung der Grundbücher vollzogen ist.

a) Der ältere Bestiftungszwang.

Das ältere Recht enthält im wesentlichen nur ein Teilungsverbot und eine Norm über Besitzeinsetzungen. Untersagt ist die Teilung eines Bauernhofes, ausgenommen, er

---

[1] Allerhöchste Entschließung vom 11. Januar 1860 Nr. 2 L.G.B.

[2] Republiziert am 1. Mai 1832 u. 30. Oktober 1840.

[3] Nämlich in den Bezirkshauptmannschaften Innsbruck, Schwatz, Kufstein, Kitzbüchl, Imst Landeck, Reutte, Brixen, Bruneck, Lienz, Bozen, Meran, vielleicht auch Ampezzo.

[4] Borgo, Cavalese, Cles, Primiero, Rovereto und Tione.

wäre so „ansehnlich, daß zwei Besitzer leichthin hausen, somit sich und ihre Familie erhalten könnten.“ Auch Häuser, dann einzelne (walzende) Grundstücke dürfen nicht unter zwei Joch, zwei Tagbau oder zwei Tagmahd geteilt werden. Besitzeinsetzungen müssen nach den Vorschriften der Intestaterbfolge geschehen, wobei das Hab und Gut „nach dem pretium infimum“ anzusetzen ist, „damit die Kinder darauf hausen können“; erweist sich nachträglich, daß der Besitzer nicht wohl bestehen kann, so kann eine Reduktion des Übernahmspreises angeordnet werden.

Über beabsichtigte Grundzerstückelungen hat die politische Behörde zu entscheiden. Die Bezirkshauptmannschaft untersucht mit Zuziehung von Sachverständigen die Zweckmäßigkeit und Zulässigkeit der angesuchten Trennung und bewilligt oder untersagt sie mit Offenlassung der Berufung [1].

Objekt dieser Normen ist, wie beim älteren Anerbenrecht, der geschlossene Hof; das von diesen Begriff oben S. 20 Gesagte gilt daher auch hier. Das Gesetz gibt ferner den Behörden keine Richtschnur dafür, wann sie die angesuchten Teilungen bewilligen sollen. Die praktische Wirksamkeit der Gesetze ist daher von Ort zu Ort verschieden. Dazu kommt, daß es zulässig ist, sowohl die einzelnen Bestandteile eines geschlossenen Hofes verschieden hoch zu belasten, als auch verschieden belastete Realitäten zu einem Hof zu konsolidieren; in beiden Fällen haben die Gläubiger die rechtliche Möglichkeit, im Wege der Exekutionsführung den Hofverband zu sprengen. Diesen Übelständen sucht die neue Gesetzgebung zu begegnen.

b) Das neue Höferecht.

Die Normen des Höferechtgesetzes [2] über den Verkehr unter Lebenden gelten für die in die Höfeabteilung des Grundbuches eingetragenen Besitzungen („Höfe“). Über den des geschlossenen Hofes s. oben S. 20. Die Vorschriften über die Höhe der Besitzeinsetzungen sind in das neuere Recht nicht übergegangen. Dagegen ist jetzt nicht nur die Teilung, sondern der gesamte Grundbesitzverkehr eingehend geregelt.

1. Allgemeine Normen.

Alle Veränderungen an dem Bestande und Umfange der geschlossenen Höfe — abgesehen von Enteignung und Exekution — bedürfen der Bewilligung der „Höfebehörde“. Als solche fungieren in der ersten Instanz die Höfekommissionen, die für jede Gemeinde gebildet werden und aus je einem Vertreter der politischen Behörde, der Bezirksgenossenschaft der Landwirte und des Gemeindeausschusses bestehen, als zweite Instanz eine Landeshöfekommission, in welche die Statthalterei, der Landeskulturrat und der Landesausschuß ihre Vertreter senden.

In der Regel dürfen angesuchte Veränderungen an geschlossenen Höfen nur bewilligt werden, wenn keine erheblichen wirtschaftlichen oder landeskulturelle Bedenken entgegenstehen. Außerdem gilt zwar nicht für den Bestand (s. oben S. 21 f.), wohl aber für alle Veränderungen von geschlossenen Höfen die Regel, daß der Ertrag zur angemessenen Erhaltung einer Familie von wenigstens fünf Personen ausreichen soll, ohne das Vierfache eines solchen Betrages zu überschreiten. Die behördlich bewilligten Änderungen im Bestand oder im Umfang von geschlossenen Höfen werden erst nach grundbücherlicher Durchführung wirksam; diese ist hinsichtlich der Vereinigung von zwei Höfen, der Vergrößerung eines bestehenden oder der Bildung eines neuen Hofes nur statthaft, wenn keine ungleiche Belastung der vereinigten Liegenschaften resultiert.

2. Veränderungen im Umfange der geschlossenen Höfe.

Gesuche um Vergrößerung eines Hofes durch Einverleibung neuer Bestandteile oder um Teilung durch Abtrennung von Bestandteilen eines Hofes sind dann

[1] Justizministerialverordnung vom 17. Juli 1858 Nr. 277 R.G.B.
[2] Gesetz vom 12. Juni 1900 Nr. 47 L.G.B.

abzuweisen, wenn die oben angegebenen Grenzen überschritten würden. Doch kann die Abtrennung ohne Rücksicht auf die Größe des Hofes bewilligt werden, wenn es für Kulturmaßregeln von öffentlichem Interesse nützlich ist, oder wenn die Trennstücke als Baugrund oder für gewerbliche Zwecke dienen sollen.

Die Neubildung eines geschlossenen Hofes soll nur bewilligt werden, wenn die erwähnten Bedenken nicht entgegenstehen, und wenn die angeführten Grenzen eingehalten sind.

Die Aufhebung der Geschlossenheit eines Hofes ist zu gestatten, wenn der Hof die Eignung, eine Familie zu erhalten, dauernd verliert.

Eine höferechtliche Vereinigung von zwei Höfen ist in der Regel unzulässig und darf nur ausnahmsweise bewilligt werden, wenn einer der beiden Höfe den vorgeschriebenen Ertrag nicht abwirft, der Maximalertrag durch die Vereinigung nicht überschritten wird und erhebliche wirtschaftliche oder kulturelle Vorteile von der Vereinigung zu erwarten sind.

Hingegen darf man mehrere Höfe oder auch einen Hof und andere große oder kleine Grundstücke ohne jede Bewilligung in einer Hand vereinigen; nur besteht dann zwischen den mehreren Höfen oder zwischen dem Hof und den anderen Grundstücken kein höferechtliches Band.

3. Die Exekution in geschlossene Höfe.

Besteht ein Hof aus Liegenschaften mit verschiedenen Belastungen, so kann bloß während der Frist von zehn Jahren nach dem zweiten bei der Anlegung des Grundbuches erflossenen Edikte jeder Hypothekargläubiger die Zwangsversteigerung ohne Rücksicht auf den Hofverband erwirken. In dieser Zeit ist es also möglich, die Teilung des Hofes im Wege der Exekutionsführung zu erzwingen. Nach Ablauf der zehnjährigen Frist besteht nur noch die Möglichkeit, den Hof als Ganzes zu exequieren. Dabei sind aber die einzelnen verschieden belasteten Liegenschaften abgesondert zu schätzen; das Meistbot wird dann nach dem ermittelten Schätzwert verhältnismäßig aufgeteilt.

4. Die Teilung walzender Grundstücke.

Auch Liegenschaften, die nicht zu einem geschlossenen Hofe gehören (walzende Grundstücke), bedürfen einer behördlichen Teilungsbewilligung dann, wenn dadurch neue Parzellen entstehen sollen. Die Bewilligung ist zu erteilen, wenn das Trennstück als Baugrund oder zu gewerblichen Zwecken verwendet werden soll, oder wenn es für Kulturmaßnahmen im öffentlichen Interesse nützlich ist; sie ist zu versagen, wenn landeskulturelle Bedenken entgegenstehen, oder wenn Grundstücke von kulturwidrig kleinem Ausmaße entstehen würden.

c) Gebührenbegünstigung.

Die oben S. 23 angeführte Gebührenbegünstigung für bäuerliche Besitzungen und Grundstücke gilt auch für den Verkehr unter Lebenden.

III. Die Gesetzgebung von Vorarlberg.

In Vorarlberg hat das Freiteilbarkeitsgesetz des Jahres 1868 (s. oben S. 15) die Teilung eines im Steuerkataster unter einer besonderen Nummer vorkommenden Grundstückes von der Zustimmung des Gemeindeausschusses, in zweiter Instanz von der des Landesausschusses abhängig gemacht; das neue Grundbuchsgesetz für Vorarlberg vom 1. März 1900 Nr. 18 L.G.B. hält diese Bestimmung für jede selbständige Grundparzelle des Grundsteuerkatasters aufrecht. Welche Momente für die Teilungsbewilligung maßgebend sein sollen, ist nicht gesagt; es entscheidet das freie Ermessen der autonomen Behörden[1].

---

[1] E. des V.G.H. (Entscheidung des Verwaltungsgerichtshofes) vom 10. November 1879 Z. 2164.

§ 12. Anhang. Das Familienfideikommiß.

Literatur: Pfaff und Hoffmann, Kommentar zum a.b.G.B. II; Hoffmann, Art. Fideikommiß, im „Staatswörterbuch".

Zur Ergänzung der vorstehend angeführten Modifikationen der liberalen Agrarverfassung seien die Normen über Familienfideikommisse erwähnt, obgleich sie, streng genommen, nicht in das Agrarrecht gehören und keine Sondernormen für landwirtschaftliche Grundstücke darstellen, sondern auch auf andere Realitäten und selbst auf Mobilien Anwendung finden. Indessen betreffen die Familienfideikommisse, wenn auch nicht rechtlich, so doch praktisch, zumeist Landgüter und bedeuten dann für diese eine vollständige Aufhebung des liberalen Agrarrechtes.

Das Rechtsinstitut der Familienfideikommisse ist nicht volkswirtschaftlichen, sondern politischen Motiven entsprungen: der Glanz und Reichtum einzelner adliger Familien soll künstlich gegen alle wirtschaftlichen Gefahren geschützt und erhalten werden.

Das Familienfideikommiß ist eine Anordnung, durch welche „ein Vermögen für alle künftigen oder doch für mehrere Geschlechter, als ein unveräußerliches Gut der Familie erklärt wird"[1]. Zur Errichtung ist eine letztwillige Erklärung oder ein Vertrag, sowie die Bestätigung durch ein Reichsgesetz erforderlich. Der Gesetzesvorschlag kann nur als Regierungsvorlage an den Reichsrat gelangen[2].

Die Fideikommißanwärter sind als Obereigentümer, welche ihre Interessen auch vor Gericht durch einen Fideikommißkurator geltend machen können, der jeweilige Fideikommißinhaber als Nutzungseigentümer anzusehen[3].

Das Fideikommißgut kann in der Regel[4] nur von einer einzigen Person besessen, es kann nicht veräußert, verschuldet oder geteilt werden; der Inhaber kann darüber nicht von Todes wegen verfügen, sondern das Gut geht nach den Bestimmungen der Errichtungsurkunde — Primogenitur, Majorat, Seniorat u. s. w. — auf den nächsten Anwärter über. Der Nachfolger im Fideikommiß haftet für Schulden seines Vorgängers nur, wenn sie mit gerichtlicher Genehmigung kontrahiert wurden.

Der Fideikommißinhaber kann nur für seine Person, nicht aber auch für seine wenn auch noch nicht geborene Nachkommenschaft auf sein Recht verzichten: er kann nur jene Früchte genießen oder ohne gerichtliche Bewilligung verpfänden, zu deren Bezug er berechtigt ist. Eine Verpfändung der Substanz bis ⅓ des gerichtlich erhobenen Wertes kann mit Bewilligung des Gerichtshofes erster Instanz auch ohne Zustimmung der Anwärter erfolgen. Eine größere Verschuldung kann durch den obersten Gerichtshof nur dann genehmigt werden, wenn sie zur Erhaltung des Fideikommißgutes unabweislich notwendig ist[5]. Für die Fideikommißschulden haften nur die Früchte, nicht auch das Gut selbst[6]. Über das Verhältnis zum Gläubiger (Rückzahlungspflicht) entscheidet der Vertrag. Im Interesse der Anwärter müssen jährlich mindestens 5 % der Schuld getilgt werden[7]. Zur Bezahlung der rückständigen Zinsen und Steuern kann der Fideikommißinhaber durch das Gericht von Amts wegen verhalten werden. Nützen wiederholte Aufforderungen nichts oder wird die Substanz des Gutes durch schlechte Verwaltung wesentlichen Nachteilen oder Gefahren ausgesetzt, so kann die Sequestration verhängt werden.

Der fideikommissarisch gebundene Großgrundbesitz hat in Böhmen ein besonderes stark privilegiertes Wahlrecht für den Reichsrat und für den Landtag. Er bildet nämlich einen eigenen Wahlkörper, getrennt von dem sonst nicht gebundenen Großgrundbesitz, und wählt in den Reichrat 5, in den Landtag 16 von den 23 und 40 Abgeordneten des Großgrundbesitzes überhaupt (s. unten 4. Abschnitt).

Drittes Kapitel.

Die Verbesserung der Flureinteilung.

Literatur: Schiff, Österreichs Agrarpolitik seit der Grundentlastung; derselbe, Die Arrondierung und die Zusammenlegung der Grundstücke (Geschichte der österreichischen Land- und Forstwirtschaft, 1. Band) und die dort zitierten Schriften.

§ 13. Einleitung.

1. Die Mängel der heutigen Flureinteilung.

In dem größten Teile Österreichs hat sich die sehr irrationelle Einteilung der Feldflur, wie sie im Mittelalter unter ganz anderen wirtschaftlichen und rechtlichen Be-

---

[1] a.b.G.B. § 618.
[2] Gesetz vom 13. Juni 1868 Nr. 61 R.G.B.
[3] Eigentümer ist nach Hofmann eine juristische Person.
[4] Ausnahmen siehe a.b.G.B. § 624.
[5] Gesetz vom 13. Juni 1868 Nr. 61 R.G.B.
[6] a.b.G.B. § 642.
[7] a.b.G.B. § 638, Patent vom 9. August 1854 Nr. 208 R.G.B. §§ 247, 254.

dingungen, insbesondere bei allgemeiner Verbreitung des Flurzwanges und der Dreifelderwirtschaft, entstanden war (s. oben S. 9), bis auf die Gegenwart erhalten. Diese Flureinteilung ist insbesondere durch folgendes charakterisiert: der Besitz des einzelnen Landwirtes besteht aus einer sehr großen Zahl unzusammenhängender, über die ganze Dorfflur zerstreuter Parzellen[1]; diese besitzen vielfach eine technisch höchst ungünstige geometrische Form, sind nicht jederzeit frei zugänglich und voneinander und vom Wirtschaftshofe weit entfernt.

Die wirtschaftlichen Nachteile dieser Flureinteilung sind zahlreich und schwerwiegend.

Die Vielheit der Parzellen (Gemenglage) steigert den Gesamtumfang des Besitzes, wodurch viel produktiver Boden für Grenzraine oder Grenzfurchen verloren geht und fremde kulturfeindliche Eingriffe in den Boden erleichtert werden; sie verhindert Bodenverbesserungen und erhöht die Bestellungskosten durch Vermehrung der unproduktiven Fuhren und Gänge zwischen den verschiedenen Grundstücken. Diese Wirkung hat auch die weite Entfernung der einzelnen Parzellen voneinander und von dem Wirtschaftshofe. Auch wächst mit der Zahl der Parzellen die Zahl und die Länge der erforderlichen Feldwege.

Sind die einzelnen Parzellen nicht von einem Weg aus direkt zugänglich, sondern können sie nur über ein Nachbargrundstück betreten werden, so ist der Grundbesitzer in der Bodenbestellung davon abhängig, was sein Nachbar anbaut, da er in der Regel gleichzeitig mit diesem pflügen, säen und ernten muß; das setzt aber den gleichen Wirtschaftsbetrieb für alle ineinander gekeilten Grundstücke voraus. Dem Einzelnen fehlt die Freiheit der Wirtschaftsführung, es besteht ein faktischer Flurzwang, der den Übergang zu intensiverem Anbau verhindert.

Die ungünstige geometrische Form der Parzellen — schiefe Winkel, große Länge im Verhältnis zur Breite — vergrößert die Grenzentwicklung des Grundbesitzes (s. die oben angeführten Nachteile), erschwert die Bearbeitung des Bodens und erhöht die Bestellungskosten, da für den Anbau nur rechtwinkelige und im Verhältnis zur Länge nicht zu schmale Parzellen rationell sind. Die angeführten Nachteile potenzieren sich, wenn die Gemenglage mit ungünstiger Form, weiter Entfernung und Unzulänglichkeit der Parzellen zusammentrifft, was in Österreich sehr häufig der Fall ist.

Das Bedürfnis nach Beseitigung dieser irrationellen Flureinteilung ist um so größer, als jene Übelstände in allen Kronländern außerordentlich verbreitet sind. In der großen Mehrzahl aller Katastralgemeinden besteht die Dorfflur aus zahlreichen unzusammenhängenden, durcheinandergewürfelten Parzellen, zumeist in der sehr unzweckmäßigen Form langer, schmaler Streifen (Riemen), zum Teil ohne eigene Zufahrt und in großer Entfernung vom Hofe.

2. Mittel zur Abhilfe.

Eine Verbesserung der Flurverfassung kann auf verschiedenen Wegen angestrebt werden.

Man kann sie von freiwilligen Parzellentäuschen erhoffen und sich darauf beschränken, freie Bahn für diese Täusche zu schaffen und die rechtlichen oder wirtschaftlichen Hindernisse zu beseitigen, welche ihnen etwa entgegenstehen. Auf diesem Standpunkte steht gegenwärtig die Gesetzgebung in den meisten österreichischen Kronländern (§ 14).

Man kann die behördliche Neuordnung der Flurverhältnisse unter Ausübung eines Zwanges gegen einen Teil der Grundeigentümer für notwendig halten. Solchenfalls gestattet der Gesetzgeber dem einsichtigen, weiterblickenden Grundbesitzer, die unverständigen oder indolenten zu einer Verbesserung zu zwingen, während ohne solche Norm die letzteren den ersteren zur Unterlassung einer allen Teilen vorteilhaften Maßregel zu zwingen vermögen. Umfang und Intensität des staatlichen Eingriffes in die bestehenden Flurverhältnisse kann dabei verschieden groß sein.

---

[1] Es handelt sich also hier nicht um die Zerteilung des Bodens auf eine große Zahl von Eigentümern (Grundzerstückelung), sondern vielmehr um die Zusammensetzung des einzelnen Betriebes aus vielen kleinen, räumlich getrennten Bodenstücken.

Die einfache Regulierung der Feldwege (Flurbereinigung, Konsolidation) will bloß die Unzugänglichkeit der einzelnen Feldstücke und damit den indirekten Flurzwang beseitigen; ein Umtausch findet nur statt, um allen Parzellen Zugang, eventuell auch rationelle Form zu verschaffen. Die Nachteile der Gemenglage werden hier nur gemildert, nicht aufgehoben. In Österreich hat dieses System nicht Eingang gefunden.

Bei der Kommassation (Zusammenlegung der Grundstücke, Verkoppelung) werden alle Grundstücke der Flur (mit gewissen Ausnahmen) zunächst zu einer einheitlichen Masse zusammengeworfen; diese wird dann an die einzelnen Grundeigentümer nach dem Werte ihres Besitztums in einigen wenigen geschlossenen, rationell geformten und zugänglichen Feldstücken verteilt. Man kann dadurch die meisten Mängel der heutigen Flurverfassung beheben; ein großer Teil der unproduktiven Raine und Grenzfurchen fällt weg, zahlreiche Feldwege werden überflüssig, die geringe Zahl und zweckmäßige Form der Parzellen erleichtert und verbilligt den Anbau, die stete freie Zugänglichkeit jedes Bodenstückes ermöglicht die Einführung intensiverer Wirtschaftssysteme u. s. w. Die Gesetzgebung einiger Länder hat diesen Weg beschritten (§ 15).

Noch weiter geht die sogenannte Vereinödung (Abbau). Hier werden nicht nur die Felder umgelegt, sondern es scheidet auch der Wirtschaftshof aus der gemeinsamen Dorfanlage aus und wird auf die Flur, meist in die Mitte des kommassierten Gutes, hinausgebaut. Diese Operation ist technisch die vollendetste, denn sie hat alle Vorteile der einfachen Zusammenlegung und reduziert überdies die Entfernung der Felder vom Wirtschaftsmittelpunkte auf ein Minimum. Doch müssen die alten Gebäude abgerissen und mit bedeutendem Kapitalaufwande an anderer Stelle wieder errichtet werden, und es wird durch die Auflösung des Dorfes in einzelne Höfe der Landwirt gesellschaftlich und kulturell isoliert. Die Gesetzgebung hat Abbauten nur als Ausnahmen in Betracht gezogen.

§ 14. Individuelle Arrondierungstäusche.

Am Ende der 60er Jahre erhoffte die liberale Gesetzgebung von der Beseitigung der noch bestehenden Schranken des Grundbesitzverkehres eine Verbesserung der Flureinteilung; gerade das war mit ein Grund zur Einführung der Freiteilbarkeit gewesen (s. oben S. 14). Die Grundbesitzer werden, so glaubte man, im wohlverstandenen Selbstinteresse nunmehr, da dem Austausche nichts mehr im Wege stehe, die neue Freiheit dazu benützen, um vertragsmäßig ihre Grundstücke zu kommassieren.

Nur zwei Momente schienen noch die allen Teilen gewinnbringenden Arrondierungstäusche zu erschweren: die Besitzveränderungsgebühren und das Widerspruchsrecht der Hypothekargläubiger gegen jede Veränderung des Pfandobjektes.

Die Beseitigung dieser beiden Hindernisse bot keine Schwierigkeiten. Der Fiskus kann leicht auf die Gebühren von Rechtsgeschäften verzichten, die bei bestehender Gebührenpflicht unterbleiben würden; um so eher, wenn die Geschäfte volkswirtschaftlich wünschenswert sind und die Steuerkraft der Bevölkerung erhöhen. Auch darf mit Recht die Gesetzgebung den Widerspruch eines Gläubigers gegen einen beabsichtigten Grundtausch, der die Pfandsicherheit nicht mindert, beseitigen.

1. Gebühren- und Stempelfreiheit.

„Wenn durch Tausch von Grundstücken, die der landwirtschaftlichen Benützung gewidmet sind, eine Arrondierung des Besitzes des einen oder anderen tauschenden Teiles bewirkt wird, so sind die hierauf Bezug habenden Rechtsgeschäfte gebührenfrei, insoweit die eingetauschten Grundparzellen von gleichem Werte sind“[1]. Wege und Bäche heben den Zusammenhang nicht auf. Bei Wertungleichheit der Tauschobjekte ist die Gebühr nur von

[1] Gesetz vom 3. März 1868 Nr. 17 R.G.B.

dem Wertunterschiede zu entrichten. Die Tatsache der erzielten Arrondierung kann auf jede Weise dargetan werden. Die zur Durchführung der Arrondierung des Grundbesitzes erforderlichen Urkunden, Protokolle, dann Eingaben und deren Beilagen sind stempelfrei, falls die Wertdifferenz 50 % nicht übersteigt[1].

2. Die grundbücherliche Zerteilung einer Liegenschaft.

In der Regel kann von einem Grundbuchsobjekte ein Teil nur dann ohne die Einwilligung der dinglich Berechtigten abgetrennt werden, wenn für das Trennstück eine neue Einlage eröffnet und daselbst alle auf dem Gute eingetragenen Rechte, und zwar die Pfandrechte als Simultanhypotheken, eingetragen werden. Speziell für Arrondierungstäusche ist aber eine *lastenfreie* Abtrennung auch ohne die ausdrückliche Einwilligung der dinglich Berechtigten nach durchgeführtem Aufforderungsverfahren ermöglicht worden[2]. Der Teilungswerber läßt durch die Tabularbehörde dem dinglich Berechtigten seine Absicht, einen Arrondierungstausch vorzunehmen, mit der Aufforderung bekannt geben, seinen Einspruch innerhalb einer bestimmten Frist anzuzeigen, widrigenfalls angenommen würde, daß er in die lastenfreie Trennung willige. Wird ein Einspruch erhoben, so kann dieser durch Erkenntnis der Tabularbehörde unter folgenden Voraussetzungen für unwirksam erklärt werden: der Tausch muß geeignet sein, eine Arrondierung oder bessere Bewirtschaftung der Besitztümer der Tauschenden zu bewirken, und es darf durch den Tausch die Sicherheit der Forderung, wegen welcher Einspruch erhoben wurde, nach den Bestimmungen des § 1374 a.b.G.B. nicht gefährdet erscheinen[3]. Daß der Grundtausch eine Arrondierung herbeiführt, kann auf jede glaubwürdige Art bewiesen werden. Darüber, ob der Tausch geeignet ist, eine bessere Bewirtschaftung zu bewirken, hat in der Regel die politische Bezirksbehörde, in Tirol die Höfekommission der betreffenden Ortsgemeinde (s. oben S. 24) zu entscheiden[4].

3. Die Vereinigung des Waldlandes von fremden Enklaven und die Arrondierung der Waldgrenzen.

Wenn die Behörde für agrarische Operationen (§ 15) die Genehmigung erteilt, gelten für „Tauschverträge über land- oder forstwirtschaftliche Grundstücke, welche behufs Vereinigung des Waldlandes von ganz oder teilweise eingeschlossenen fremden Grundstücken (Enklaven) oder behufs Arrondierung der Waldgrenzen“ abgeschlossen werden, folgende Begünstigungen[5]:

a) Ist das Eigentum eines zu vertauschenden Grundstückes geteilt, so bedarf es zu dem Vertrage weder der Einwilligung des Obereigentümers, noch der Genehmigung durch eine administrative oder Pflegschaftsbehörde. Beabsichtigen die Tauschenden eine Übertragung bücherlich eingetragener Rechte oder Verpflichtungen von einem der vertauschten Grundstücke auf das andere, so kann die mangelnde Zustimmung der Berechtigten oder

---

[1] Die Wirksamkeit dieser zunächst zeitlich begrenzten Normen wurde durch die Gesetze vom 11. April 1873 Nr. 58, vom 17. Dezember 1879 Nr. 143, vom 8. November 1885 Nr. 159, vom 6. Juni 1888 Nr. 80, vom 26. Dezember 1893 Nr. 208 und vom 27. Dezember 1899 Nr. 263 R.G.B. immer wieder, zuletzt auf unbestimmte Zeit verlängert.

[2] Gesetz vom 6. Februar 1869 Nr. 18 R.G.B.

[3] Der angezogene Paragraph bestimmt, daß niemand schuldig ist, eine Sache, die als Sicherstellung dienen soll, in einem höheren Werte als Pfand anzunehmen, als bei Grundstücken zu ²/₃ des Schätzungswertes.

[4] Landesgesetze vom 5. April 1870, für Böhmen Nr. 33 L.G.B., Bukowina Nr. 19 L.G.B., Galizien Nr. 36 L.G.B., Görz und Gradiska Nr. 24 L.G.B., Istrien Nr. 25 L.G.B., Kärnten Nr. 23 L.G.B., Mähren Nr. 27 L.G.B., Oberösterreich Nr. 17 L.G.B., Niederösterreich Nr. 32 L.G.B., Salzburg Nr. 20 L.G.B., Schlesien Nr. 22 L.G.B.; ferner Landesgesetze für Dalmatien v. 10. Juli 1898 Nr. 23 L.G.B., Krain vom 15. Mai 1872 Nr. 17 L.G.B., Steiermark vom 23. März 1873 Nr. 22 L.G.B. und Tirol vom 12. Juni 1900 Nr. 49 L.G.B., Triest vom 9. April 1873 Nr. 20 L.G.B., Vorarlberg vom 31. März 1900 Nr. 26 L.G.B.

[5] Gesetz vom 7. Juni 1883 Nr. 93 R.G.B.

Verpflichteten über Verlangen der Tauschenden durch die Landes- oder Ministerialkommission ersetzt werden, sobald sich aus der Übertragung für die Verpflichteten oder Berechtigten kein erheblicher Nachteil ergibt und für den letzteren eine angemessene Entschädigung geboten wird. Die Genehmigung für einen solchen Tausch und die Bewilligung zu der bücherlichen Übertragung von Rechten oder Lasten stehen der Landeskommission, in zweiter Instanz der Ministerialkommission für agrarische Operationen zu.

b) Die behördlich genehmigten Tauschverträge, ferner Eingaben, Protokolle, Rechtsurkunden, Erklärungen, Ausfertigungen, Erkenntnisse, Vergleiche, Legalisierungen, Vidimierungen, Beilagen sind, sofern hievon kein anderer Gebrauch gemacht wird, von Stempeln und unmittelbaren Gebühren befreit. Während 15 Jahre nach Eintritt der Wirksamkeit des Gesetzes erfolgt die Übertragung des Eigentums derartig vertauschter Grundstücke gebührenfrei. Auch für die Übertragung der intabulierten Rechte oder Verpflichtungen entfällt die Gebühr, wenn keine Änderung in der Person oder im Umfange des Rechtes oder der Verpflichtung eingetragen werden soll.

Die Wirksamkeit dieses Rahmengesetzes ist davon abhängig, daß die Länder die Zusammensetzung der Landeskommissionen normieren, was bisher in Galizien [1], Kärnten [2], Krain [3], Mähren [4], Niederösterreich [5], Salzburg [6] und Schlesien [7] geschehen ist. Als Landeskommission für die Vereinigung des Waldlandes und die Arrondierung der Waldgrenzen hat die Landeskommission für die Zusammenlegung der landwirtschaftlichen Grundstücke (§ 15) unter Beiziehung des k. k. Landesforstinspektors zu fungieren [8].

§ 15. Die Zusammenlegung der Grundstücke.

1. Motive des Gesetzgebers. Unzulänglichkeit der Arrondierungsgesetze.

Die Gesetzgebung durfte sich nicht damit begnügen, die Hindernisse für freiwillige Arrondierungstäusche zu beseitigen; denn durch freie Übereinkunft der Beteiligten läßt sich das Ziel, die heutige wirtschaftswidrige Flureinteilung zu verbessern, nicht erreichen. Einzelne Parzellentäusche können eine rationelle Flureinteilung nicht ins Leben rufen; dafür muß vielmehr die ganze Gemeindeflur, also die Gesamtheit der Parzellen einer Gemeinde oder eines Flurabschnittes, gleichzeitig umgelegt werden. Ein in jeder Hinsicht so schwieriges und kompliziertes Werk, wie die gänzliche Neueinteilung der Feldmark, kann auf dem Wege des freien Vertragsabschlusses zwischen sämtlichen beteiligten Grundbesitzern so gut wie nie zu stande kommen. In Österreich haben denn auch nur sehr wenige freiwillige Zusammenlegungen stattgefunden. Um die Nachteile der überkommenen Flureinteilung zu beheben, mußte man die Möglichkeit schaffen, durch einen einzigen Akt eine rationelle Neuverteilung des gesamten Bodens zu bewirken, und zwar auch dann, wenn nicht alle Beteiligten zustimmen; denn das Beharrungsvermögen der Bauern ist in wirtschaftlichen Dingen schon überhaupt sehr groß, doppelt aber, sobald es sich um eine Veränderung in Bezug auf den Boden selbst handelt. Darum mußte die individuelle Freiheit des Einzelnen im ökonomischen Interesse Aller beschränkt und den einsichtigen, eine Verbesserung der Flureinteilung wünschenden Landwirten ein Zwangsrecht gegen die Widerstrebenden eingeräumt werden (relativer Zwang).

Die Gesetzgebung ging aber weiter, indem sie die Durchführung der Operation in die Hand von staatlichen Organen legte. Die Feststellung des Planes für solche Operationen durfte nicht den Interessenten überlassen bleiben, sondern es war nötig, einheitliche Normen

[1] Gesetz vom 9. Dezember 1899 Nr. 19 L.G.B.
[2] Gesetz vom 22. Februar 1890 Nr. 10 L.G.B.
[3] Gesetz vom 26. Oktober 1887 Nr. 3 L.G.B. ex 1888.
[4] Gesetz vom 13. Februar 1884 Nr. 32 L.G.B.
[5] Gesetz vom 3. Juni 1886 Nr. 41 L.G.B.
[6] Gesetz vom 11. Oktober 1892 Nr. 33 L.G.B.
[7] Gesetz vom 28. Dezember 1887 Nr. 14 L.G.B. ex 1888.
[8] Verordnung vom 5. Juli 1886 Nr. 108 R.G.B. regelt die Zusammensetzung der Ministerialkommission.

dafür zu schaffen, und die Ausführung Beamten mit geometrischen, technischen, wirtschaftlichen und juristischen Sachkenntnissen zu übertragen. Wurde endlich auch das Verfahren derart geregelt, daß die Zusammenlegung gerecht und zweckmäßig durchgeführt wird, so durfte der Gesetzgeber den Eigentümern und sonstigen dinglich Berechtigten auch gegen ihren Willen eine lokale Veränderung des Rechtsobjektes zumuten; denn es erhält bei einer zweckmäßig und gerecht ausgeführten Zusammenlegung jeder Grundbesitzer statt seiner bisherigen Realität ein durch Kommassierung, leichtere Zugänglichkeit, zweckmäßigere Form, geringere Entfernung wertvolleres Grundstück. Überdies sind bei der Neueinteilung der Flur meist auch öffentliche Interessen der Landeskultur im Spiele; insbesondere muß dieser Moment, der wie kein anderer für Meliorationen günstig ist, zur Vornahme aller wünschenswerten Bodenverbesserungen benutzt werden.

2. Das Verhältnis zwischen Reichs- und Landesgesetzgebung.

Dem Reichsgesetze vom 7. Juni 1883 Nr. 92 R.G.B., betreffend die Zusammenlegung der landwirtschaftlichen Grundstücke, liegen Erwägungen der angegebenen Art zu Grunde. Dieses Rahmengesetz erhält erst dadurch Wirksamkeit, daß ausführende Landesgesetze erlassen werden, und daß die Regierung dazu eine Durchführungsverordnung und im Einvernehmen mit dem Landesausschusse den Tag festsetzt, an dem die Wirksamkeit beginnen soll. Solche Landesgesetze sind bisher in Galizien [1], Kärnten [2], Krain [3], Mähren [4], Niederösterreich [5], Salzburg [6] und Schlesien [7] erlassen. Doch haben die von Galizien, Kärnten, Krain und Salzburg derzeit noch keine Wirksamkeit, weil die erforderlichen Durchführungsverordnungen noch ausstehen.

Der größte Teil der Vorschriften ist schon in dem Reichsgesetz enthalten, wodurch von vornherein eine gewisse Rechtsgleichheit dort besteht, wo das Reichsgesetz Geltung erlangt.

Der Landesgesetzgebung sind nur vorbehalten worden:

1. die Bestimmung, ob mit einer Zusammenlegung die Regulierung oder Teilung der in die Zusammenlegung einbezogenen agrarischen Gemeinschaften (4. Kapitel) zu verbinden ist;
2. die Bestimmung, was als landwirtschaftliches Grundstück, was als Zusammenlegungsgebiet anzusehen ist, und welchen Umfang die Zusammenlegung haben soll;
3. die Grundsätze, nach welchen gemeinsame Anlagen herzustellen und zu erhalten sind;
4. die Normen für die Bestellung der Lokalkommissäre und die Zusammensetzung der Landeskommission;
5. die Vorschriften über das Verfahren bei der Schlußabstimmung, eventuell die Statuierung einer Erschwerung für die Annahme des Zusammenlegungsplanes;
6. die Bestimmung über die Tragung der Kosten;
7. die Vorsorge für Kreditierung der auf die Grundbesitzer entfallenden Kosten und Geldausgleichungen aus öffentlichen Mitteln.

3. Das Wesen der Zusammenlegung.

Die Zusammenlegung ist eine behördliche Neuverteilung der Feldflur des Zusammenlegungsgebietes unter die Grundbesitzer, von denen jeder eine Abfindung nach dem Verhältnisse des Wertes seines bisherigen Besitzes zu dem sämtlicher Besitzungen beanspruchen

---

[1] Gesetz vom 9. Dezember 1899 Nr. 18 L.G.B. ex 1900.
[2] Gesetz vom 21. Februar 1900 Nr. 15 L.G.B.
[3] Gesetz vom 7. November 1900 Nr. 28 L.G.B.
[4] Gesetze vom 13. Februar 1884 Nr. 30, vom 22. Juli 1892 Nr. 65 und vom 18. Mai 1896 Nr. 57 L.G.B.
[5] Gesetze vom 3. Juni 1886 Nr. 40 und vom 18. Mai 1896 Nr. 49 L.G.B.
[6] Gesetze vom 11. Oktober 1892 Nr. 31 und vom 18. Mai 1896 Nr. 16 L.G.B.
[7] Gesetze vom 28. Dezember 1887 Nr. 12 ex 1888 und vom 18. Mai 1896 Nr. 35 L.G.B.

kann. In der Regel muß die Abfindung wieder in Grund und Boden bestehen. Doch können unerhebliche Verschiedenheiten zwischen abzufindenden und Abfindungsgrundstücken in Geld ausgeglichen werden, wenn dadurch eine erfolgreichere Bewirtschaftung oder eine bessere Arrondierung bewirkt werden kann[1]. Fünf Prozent des Wertes gelten jedenfalls als „unerheblich".

Der Zusammenlegungsakt umfaßt weiter: die Teilung oder Regulierung der einbezogenen agrarischen Gemeinschaften (4. Kapitel); die Herstellung solcher gemeinsamer Anlagen, insbesondere auch Meliorationen, die notwendig sind, damit alle Abfindungsgrundstücke tunlichst servitutsfrei zugänglich sind und wirtschaftlich rationell benützt werden können, wie insbesondere die Herstellung, Verlegung oder Regulierung der Wege, Gräben, Bäche, Brücken u. s. w.; die Regelung der Verpflichtung zur Erhaltung solcher gemeinsamer Anlagen; die Feststellung jener Servituten, welche eingeräumt werden müssen, damit die Abfindungsgrundstücke zweckmäßig benützt werden können; die Entscheidung über die Einwirkung der Kommassation auf die dinglichen und obligatorischen Rechte an den abzufindenden Grundstücken.

4. Das Objekt der Zusammenlegung.

Die Zusammenlegung erstreckt sich im allgemeinen auf sämtliche landwirtschaftliche Grundstücke des Zusammenlegungsgebietes.

Zusammenlegungsgebiet ist in der Regel die ganze Katastralgemeinde; nur ausnahmsweise ein einzelner Bodenabschnitt, falls dieser (z. B. durch Wasserläufe, Straßen, Eisenbahnen u. dergl.) scharf abgegrenzt ist oder sich durch Bewirtschaftung von einer Ortschaft aus als selbständige Gemarkung darstellt; Voraussetzung für eine solche beschränkte Kommassation ist, daß auch sie immer noch erhebliche Vorteile erwarten lasse, und daß sie nicht einer ausgedehnteren Zusammenlegung vorgreife, die mit größeren Vorteilen verbunden wäre.

Das Zusammenlegungsgebiet kann durch Einbeziehung benachbarter Grundstücke erweitert werden: über Verlangen der betreffenden Grundbesitzer, falls dadurch die Operation gefördert oder doch nicht erschwert wird, oder unabhängig vom Willen der Besitzer, falls es zu einer zweckmäßigen Abgrenzung der Abfindungen oder zur zweckmäßigen Herstellung wirtschaftlicher Anlagen erforderlich ist.

Sämtliche „landwirtschaftliche Grundstücke" des Zusammenlegungsgebietes müssen in der Regel, und zwar eventuell auch gegen den Willen der Eigentümer, einbezogen werden.

Als „landwirtschaftlich" gelten: 1. Äcker, Hopfengärten, Wiesen, Weiden, Alpen, Raine und Anger; 2. Wege, Triften, Gräben und außer Kultur stehende Flächen; 3. Wald-, Busch- und Auparzellen, sowie aufzuforstende Parzellen, wenn sie vereinzelt zwischen und neben den genannten Grundstücken liegen oder in sie einspringen und ihre Verwendung zu einer nicht forstlichen Kultur im öffentlichen Interesse statthaft ist.

Nur mit Zustimmung des Eigentümers können in die Kommassation einbezogen werden: Realitäten, die oben nicht angeführt sind; Grundstücke, die schon früher einmal einer Zusammenlegung unterworfen waren; Grundstücke, die zwar zu den zwangsweise kommassierbaren Kategorien gehören, aber wegen ihrer besonderen Lage oder Eigenschaft einen solchen wirtschaftlichen Wert haben, daß er durch Zuweisung eines anderen Grundstückes nicht zu ersetzen ist.

Als nur mit Einwilligung des Besitzers zu kommassierende Grundstücke zählen die Landesgesetze — jedoch nicht taxativ — auf: Bauplätze, Umgebung für Denkmäler und Familiengräber, Hausgärten, Parkanlagen, mit Mörtelmauerwerk eingefriedete Grundstücke, Obstgärten, Weingärten, Hopfengärten (sofern diese wenigstens 3 Jahre bestehen und 1/2 ha groß sind), Wälder (abgesehen von der oben erwähnten Ausnahme), Kies-, Schotter-, Lehm-, Mergel- und Sandgruben, Stein-,

---

[1] Eine solche Ausgleichung braucht sich der Grundbesitzer jedoch dann nicht gefallen zu lassen, wenn die Verringerung des Grundbesitzes eine Änderung im Wahlrecht zur Gemeinde-, Landes- oder Reichsvertretung zur Folge hätte.

Kalk- und Schieferbrüche, Torf- und Gipslager, Grundstücke, die zur Benutzung von Heilquellen erforderlich sind, die der Fischzucht, dem Bergbau oder gewerblichen Betrieben dienen oder von besonderem Werte für die Hauswirtschaft sind.

Grundstücke, die ihrer Beschaffenheit nach an sich — mit oder ohne Zustimmung des Besitzers — der Zusammenlegung zu unterziehen wären, können ausgeschlossen werden, wenn sie nach ihrer Lage besonderen Schädigungen ausgesetzt sind, oder wenn an ihnen besondere Lasten haften, die die Operation wesentlich erschweren würden. So insbesondere Liegenschaften, die im Vergleiche zu anderen einer erheblich größeren Gefahr der Beschädigung durch Verschüttungen, Abrutschungen, Uferbrüche oder Überschwemmungen ausgesetzt sind, oder an welchen besonders hohe oder im Werte schwer bestimmbare Reallasten haften.

5. Die Voraussetzungen für die Vornahme von Zusammenlegungen.

Ohne Rücksicht auf den Willen der Beteiligten kann ein Landesgesetz behufs zweckmäßiger Ausführung der Bewässerung oder Entwässerung größerer Landstriche eine Zusammenlegung anordnen. Diesfalls hat der Lokalkommissär die Vorarbeiten durchzuführen, ohne an einen Antrag seitens der Beteiligten gebunden zu sein, und es wird der amtlich ausgearbeitete Zusammenlegungsplan den Grundbesitzern nicht zur Beschlußfassung vorgelegt, sondern ohne weiteres durchgeführt.

Sonst ist für jede Kommassation erforderlich, daß sie von den Grundbesitzern zweimal beschlossen wird: zunächst vor Beginn der Arbeiten, dann aber nochmals nach behördlicher Feststellung des Zusammenlegungsplanes.

1. Die Vorarbeiten können entweder unter Leitung eines Lokalkommissärs oder durch Eigentümer der zusammenzulegenden Grundstücke vorgenommen werden. Damit ein Lokalkommissär dafür bestellt werde, muß mindestens die Hälfte der Grundeigentümer eines Zusammenlegungsgebietes das Verlangen danach stellen; ist das Begehren von einer geringeren Anzahl gestellt, so bleiben die Provokanten daran noch durch 1 Jahr[1] für den Fall gebunden, daß nachträglich die erforderliche Anzahl erreicht wird. Unternimmt dagegen ein Teil der Grundeigentümer die Vorarbeiten selbst (ohne Lokalkommissär), so muß der ausgearbeitete Plan zunächst sämtlichen Grundbesitzern des Zusammenlegungsgebietes zur „vorläufigen Zustimmung" vorgelegt werden, und nur wenn dabei mindestens die Hälfte der unmittelbar Beteiligten für den Plan gestimmt hat, wird das Verfahren fortgesetzt.

2. In beiden Fällen aber, — mag die Hälfte der Beteiligten die Bestellung eines Lokalkommissärs provoziert oder einem ohne Lokalkommissär ausgearbeiteten Kommassationsplane vorläufig zugestimmt haben, — muß überdies nach Beendigung aller Arbeiten über den behördlich ausgearbeiteten Zusammenlegungsplan nochmals abgestimmt werden. Hierbei genügt für die Annahme des Planes die Zustimmung der Mehrheit aller unmittelbar Beteiligten nur dann, wenn gleichzeitig zwei Dritteile des Katastralreinertrages der zusammenzulegenden Grundstücke auf den Besitz der Zustimmenden entfällt. Wer bei dieser Abstimmung trotz Verständigung vom Abstimmungstermin seine Stimme nicht in vorgeschriebener Weise abgibt, ist aufzufordern, dies innerhalb 3 Tagen schriftlich zu tun; eine abermalige Stimmenthaltung wird ebenso wie eine unbestimmte oder unklare Erklärung als Zustimmung angesehen.

Stimmberechtigt ist der Grundeigentümer, bei geteiltem Eigentume der Nutzungseigentümer, bei streitigem Eigentume der Besitzer, bei streitigem Besitz ein von den Streitenden oder der Landeskommission bestellter gemeinschaftlicher Stimmführer; bei Miteigentum entscheidet die nach der Größe der Anteile berechnete Mehrheit der Miteigentümer. Dagegen sind Lehensherren, Anwärter oder Kuratoren von Lehen-, Fideikommiß- oder Substitutionsgütern, Realgläubiger und Pächter nicht stimmberechtigt; sie können, da ihre Rechte nur mittelbar durch die Zusammenlegung betroffen werden, diese durch Einspruch nicht hindern,

[1] In Galizien durch 2 Jahre.

sondern nur gegen das Ausmaß der Abfindung u. dergl. Einwendungen erheben, falls dadurch ihre Rechte verkürzt werden.

6. Die Art der Neueinteilung der Feldflur.

Die neue Einteilung der Feldflur soll nach den Grundsätzen der Gerechtigkeit und der wirtschaftlichen Zweckmäßigkeit geschehen.

Die Gerechtigkeit der Teilung ist zunächst durch den Abfindungsanspruch gewährleistet: jeder Beteiligte kann die Zuteilung eines anderen Grundstückes nach Maßgabe des Wertes des bisherigen Besitzes verlangen.

Die Bewertung der Grundstücke hat auf Grund des Einverständnisses der Beteiligten oder des Gutachtens von Sachverständigen zu erfolgen.

Die Sachverständigen haben bei der Bewertung von Liegenschaften im Wege der Bonitierung, d. h. durch Einschätzung des Bodens in Wertklassen vorzugehen. Dabei ist darauf Rücksicht zu nehmen, daß jedes Grundstück zu demjenigen Ertragswerte abgeschätzt werden soll, welchen es nach seiner natürlichen oder durch bleibende Investitionen herbeigeführten Bodenbeschaffenheit, nach seiner Lage und dem zur Zeit der Abschätzung vorhandenen Zustande jedem Besitzer in der betreffenden Ortschaft bei gehöriger, den ortsüblichen Verhältnissen entsprechender wirtschaftlicher Benützung gewähren kann. Ein vorübergehend ungewöhnlich hoher oder durch Vernachlässigung gesunkener Kultur- und Düngungszustand hat dabei außer Anschlag zu bleiben, ebenso die noch nicht erschöpfte Ausnützung der neuesten Düngung und der auf periodische Nutzungen verwendeten Bestellungskosten, die auf den Grundstücken befindlichen, einer besonderen Nutzung gewidmeten Pflanzungen (Obstbäume, Maulbäume u. dergl.), die hauptsächlich zur Holzgewinnung bestimmten Bestände u. s. w. Die erwähnten, für die Bemessung der Abfindungsgrundstücke außer Betracht bleibenden Verhältnisse sind durch Geldentschädigungen auszugleichen. Bisher kultivierte Grundstücke und zur Rodung bestimmte Waldgründe, die sich zur Umwandlung in kultiviertes Land eignen, sind unter Anrechnung der Kulturkosten zu ihrem künftigen Werte als kultiviertes Land in die entsprechenden Klassen einzuschätzen.

Die aufzuteilende Fläche kann durch Wegfall von Gräben, Wegen oder sonstigen Anlagen vergrößert, durch gemeinsame Anlagen verringert werden. Ein Überschuß an Fläche ist verhältnismäßig aufzuteilen, ein Mehrbedarf ebenso von den Beteiligten aufzubringen, d. h. es sind die Abfindungen entsprechend zu vergrößern oder zu kürzen. Wenn jedoch eine gemeinsame Anlage die wirtschaftliche Benützbarkeit nur bestimmter Abfindungsgrundstücke erhöht, ist die erforderliche Grundfläche auf Rechnung lediglich eben dieser Abfindungen zu beschaffen; Grundbesitzer, welche von den wirtschaftlichen Anlagen keinen oder nur einen verhältnismäßig geringen Vorteil haben, sind ganz oder teilweise von der Beschaffung der Grundfläche zu entheben.

Die Beteiligten sind auch gegen die Zuweisung von Grundstücken geschützt, die zwar einen gleichen oder höheren Wert besitzen als die alten, aber eine wesentliche Veränderung in der ganzen Wirtschaftsführung bedingen. Insbesondere darf niemandem ohne seine Zustimmung eine solche Abfindung zugeteilt werden, die nur bei Verlegung des Gehöftes bewirtschaftet werden kann; Vereinödungen (s. oben S. 28) bedürfen also der ausdrücklichen Einwilligung der davon Betroffenen. Erscheint eine Verlegung der Gebäude besonders wünschenswert, so können spezielle Beihilfen gewährt werden, wozu auch die anderen Grundbesitzer insofern beizutragen haben, als ihnen die durch den Abbau ermöglichte Näherlegung der Abfindungen zu ihren Wirtschaftsgebäuden Vorteil bringt.

Nach den bisher erschienenen Verordnungen[1] soll ferner der wirtschaftliche Charakter des Besitzes jedes einzelnen Beteiligten durch die Zusammenlegung nicht zu sehr verändert werden. Es hat insbesondere der durchschnittliche Wert der Flächeneinheit der Abfindung dem des früheren Besitzes ungefähr zu entsprechen; Abweichungen von mehr als 20 % bedürfen der Zustimmung des Eigentümers, solche bis zu 20 % sind nur gestattet, wenn die wirtschaftlichen Zwecke der Operation sie notwendig machen. Ferner sollen die Gärten, Äcker und Wiesen annähernd eine ebenso große Quote von der Abfindung aus-

---

[1] Mähren vom 5. Juli 1886 Nr. 68 L.G.B., Niederösterreich vom 8. Februar 1887 Nr. 21 L.G.B., Schlesien vom 20. Januar 1890 Nr. 25 L.G.B.

machen wie von dem früheren Besitze. Auch darf in der Regel die durchschnittliche Entfernung der Gründe von den Wirtschaftsgebäuden nicht vergrößert werden.

Die wirtschaftlichen Gesichtspunkte für die Flureinteilung ergeben sich daraus, daß die Zusammenlegung „behufs erfolgreicherer Bewirtschaftung" erfolgen soll. Die Durchführungsverordnungen schreiben für die einzelnen Abfindungsgrundstücke eine möglichst zusammenhängende Lage vor, eine für die Bewirtschaftung möglichst günstige Form und eine entsprechende Verbindung; auch sollen die Abfindungsgrundstücke mindestens mit einer Seite an einen öffentlichen oder gemeinschaftlichen Fahrweg (bei Gärten an einen solchen Fußweg) grenzen.

7. Behörden für agrarische Operationen.

Die „agrarischen Operationen", zu denen außer der Zusammenlegung der Grundstücke auch die Teilung und Regulierung von agrarischen Gemeinschaften (s. unten 4. Kapitel) und die Bereinigung des Waldlandes von fremden Enklaven und die Arrondierung der Waldgrenzen (s. oben S. 30) gehören, erfordern so weitgehende juristische, ökonomische und technische Sachkenntnisse, daß zu ihrer Durchführung eigene Organe eingesetzt werden mußten. Da aber die angeführten Operationen nicht nur ähnlichen Charakter besitzen, sondern untereinander praktisch auf das engste zusammenhängen, sind für sie alle die nämlichen Organe kompetent.

Als Behörden für agrarische Operationen fungieren Lokalkommissäre, Landeskommissionen und die Ministerialkommission.

Zu Lokalkommissären können Personen bestellt werden, die eine praktisch-juristische Prüfung (Richteramts-, politische, Advokaturs-, Notariatsprüfung, Prüfung für den juridisch-administrativen Dienst der Staatsforst- und Fondsgüterverwaltung) abgelegt haben und mit den landwirtschaftlichen Verhältnissen vertraut sind; ferner theoretisch und praktisch gebildete Landwirte, welche die erforderlichen juristischen Kenntnisse besitzen. Sofern ein Lokalkommissär nicht schon als Staatsbeamter den Diensteid geleistet hat, ist er zu beeiden.

An der Seite des Lokalkommissärs wirken das für die geometrischen Arbeiten erforderliche Personal und die sonst erforderlichen technischen Hilfskräfte und Sachverständigen mit.

Bei den Zusammenlegungen hat überdies ein Ausschuß der Beteiligten mitzuwirken, der aus 4—12 Mitgliedern bestehen soll; die eine Hälfte wird von den Beteiligten aus ihrer Mitte gewählt, die andere vom Lokalkommissär so berufen, daß der kleine, mittlere und große Besitz vertreten ist. Überdies gehören dem Ausschuß die Vorsteher der Gemeinden an, in denen die zu kommassierenden Grundstücke liegen. Dieser Ausschuß ist lediglich ein Beirat des Lokalkommissärs in Fragen, welche die Zusammenlegung im allgemeinen und die damit zu verbindenden gemeinsamen Anlagen und wirtschaftlichen Einrichtungen betreffen.

In Galizien soll der Ausschuß aus 6—15 Mitgliedern bestehen; 1/3 davon wählen die unmittelbar Beteiligten aus ihrer Mitte, 1/3 der Bezirksausschuß, 1/3 der Lokalkommissär; dem Ausschusse gehören überdies die Vorsteher der Gutsgebiete, in Mähren die mit der besonderen Geschäftsführung betrauten Großgrundbesitzer an.

Die Landeskommission besteht aus dem Statthalter oder seinem Stellvertreter als Vorsitzenden, dem Referenten, drei Mitgliedern aus dem Richterstande und einem Delegierten des Landesausschusses. Den Referenten bestimmt der Ackerbauminister im Einvernehmen mit dem Minister des Innern, die Richter der Justizminister.

Abweichend ist in Galizien bestimmt: der Statthalter ernennt seinen Vertreter im Einvernehmen mit dem Landesausschusse und dem Oberlandesgerichtspräsidenten in Lemberg aus den Mitgliedern des Landesausschusses; den Referenten bestimmt der Statthalter allein, die Richter der Oberlandesgerichtspräsident in Lemberg. Der Delegierte des Landesausschusses braucht diesem nicht anzugehören.

Die Ministerialkommission wird durch den Ackerbauminister im Einvernehmen mit dem Minister des Innern und dem Justizminister ernannt.

Sie besteht[1] aus dem Ackerbauminister oder dessen Vertreter als Vorsitzenden, dem Referenten, 3 beziehungsweise 4 Mitgliedern des Richterstandes und einem Vertreter des Ministeriums des Innern. Der Referent ist dem Stande der Beamten des Ackerbauministeriums zu entnehmen. Die Mitglieder aus dem Richterstande sind vom Justizminister zu ernennen.

Bei jeder Entscheidung einer Landes- oder der Ministerialkommission muß die Hälfte der Votanten dem Richterstande angehören; bei Entscheidung von Streitigkeiten, für welche normalerweise die ordentlichen Gerichte zuständig wären (s. unten), ist noch ein weiteres Mitglied aus dem Richterstande beizuziehen. Bei wirtschaftlichen Fragen sind Landwirte oder Landeskulturtechniker als Beiräte einzuvernehmen.

Die ausschließliche Kompetenz dieser Behörde umfaßt zunächst alle tatsächlichen und rechtlichen Verhältnisse, welche infolge der Zusammenlegung nicht in ihrem bisherigen Zustande verbleiben können; also nicht nur die Durchführung des Zusammenlegungsverfahrens selbst (s. unten), sondern auch die Entscheidung über zivilrechtliche Fragen. Nur Streitigkeiten über Eigentum und Besitz der zusammenzulegenden Grundstücke gehören auch während der Zusammenlegung vor den Zivilrichter; auch für Angelegenheiten, welche Eisenbahnen, öffentliche Wege oder Bauten betreffen, sind die Agrarbehörden nicht kompetent. Werden agrarische Gemeinschaften (s. unten 4. Kapitel) in die Zusammenlegung einbezogen, so sind die Zusammenlegungsbehörden für die Teilung oder Regulierung dieser Grundstücke zuständig.

Parteistreitigkeiten sind vom Lokalkommissär zu instruieren und von der Landeskommission zu entscheiden; andere Entscheidungen trifft, sofern sie nicht ausdrücklich der Landeskommission vorbehalten sind, der Lokalkommissär. In zweiter Instanz entscheidet dann die Landeskommission, resp. Ministerialkommission endgültig.

8. Das Zusammenlegungsverfahren.

Das Verfahren zur Verwirklichung der oben S. 34 f. angegebenen rechtlichen und ökonomischen Grundsätze gliedert sich nach erfolgter Provokation in vier Hauptabschnitte: Vorarbeiten bis zur endgültigen Feststellung des Bonitätsplanes und Besitzstandsregisters; Vorbereitung, Verfassung, Auflegung und Absteckung des Zusammenlegungsplanes; Beschlußfassung und Entscheidung über diesen; Ausführung und Beurkundung des Planes und Schlußverfahren.

1. Ist ein Lokalkommissär bestellt worden, so begeht und vermarkt er das Zusammenlegungsgebiet, stellt die gegenwärtigen Besitzstände fest und bewertet diese. Sodann verfaßt er einen Bonitätsplan und ein Besitzstandregister, worin jedes einzelne Grundstück mit Angabe des Eigentümers, der Flurbenennung, der Gesamtfläche und der Teilflächen nach einzelnen Bodengattungen und Bonitätsklassen enthalten ist. Diese Operate sind zur Einsicht der Beteiligten aufzulegen. Die letzteren können beim Lokalkommissär gegen die Bewertungen „Erinnerungen", gegen andere Daten (Flächenangaben u. s. w.) „Einwendungen" einbringen: über die letzteren ist sofort instanzmäßig durch die Landeskommission, bei Berufung durch die Ministerialkommission, zu entscheiden, über die Erinnerungen hingegen erst gelegentlich des Verfahrens über den Zusammenlegungsplan.

2. Das zweite Stadium umfaßt: die Projektierung der gemeinsamen Anlagen, die Feststellung des Anteils- und Beitragsverhältnisses zu denselben; die Ausscheidung der zur Deckung der Kosten etwa zu verkaufenden und der für gemeinschaftliche Zwecke zu bestimmenden Flächen; die Berechnung des Abfindungsanspruches jedes Beteiligten; die Verfassung des Flureinteilungsprojektes; die Entscheidung über die Einräumung von Servituten im Interesse der zweckmäßigen Benützbarkeit einer Abfindung; die Bestimmung der Geldausgleichungen für Verhältnisse, die bei der Abschätzung der Grundstücke außer Betracht bleiben mußten; die informatorische Einvernahme der Grundbesitzer über ihre Wünsche; die Verfassung des Abfindungsregisters und des Zusammenlegungsplanes. Bei der Ermittelung der einzelnen Abfindungen in Grund und Boden sollen die Wünsche der unmittelbar Beteiligten soweit berücksichtigt werden, als dies möglich ist, ohne die gesetzlichen Vorschriften zu verletzen oder überwiegende öffentliche Interessen zu beeinträchtigen. Jedenfalls soll in diesem Stadium der Ausschuß der Beteiligten einvernommen werden. Der Zusammenlegungsplan muß zur Einsicht aller Beteiligten öffentlich aufgelegt, vom Lokalkommissär an Ort und Stelle abgesteckt und von diesem über Verlangen der Beteiligten erläutert werden. Gegen den Plan können bei dem Lokalkommissär Einwendungen erhoben werden, über die instanzmäßig durch die Landeskommission, bei Berufung durch die Ministerialkommission entschieden wird. Auf Grund dieser Entscheidungen hat der

---

[1] Verordnung der Minister für Ackerbau, Inneres und Justiz vom 5. Juli 1886 Nr. 108 R.G.B.

Lokalkommissär, wenn den Einwendungen Folge gegeben wird, den Plan umzuarbeiten und von neuem abzustecken.

3. Hierauf wird die Abstimmung der Beteiligten über diesen endgültigen Zusammenlegungsplan vorgenommen, für welche Abstimmung die oben S. 33 angeführten Normen gelten. Der Abstimmungstermin ist öffentlich kundzumachen und den unmittelbar Beteiligten überdies individuell bekannt zu geben. Die Abstimmung erfolgt derart, daß jeder Beteiligte selbst oder durch einen Vertreter sein Votum vor der Abstimmungskommission in das Abstimmungsregister einträgt. Ist mit der Zusammenlegung eine Gemeinheitsteilung verbunden, so sind alle Teilgenossen von Amts wegen als für den Plan stimmend einzutragen. Nach Schluß der Abstimmung ist das Stimmverhältnis öffentlich bekannt zu machen; die Beteiligten können Beschwerden gegen das Verfahren oder die Stimmenzählung erheben, worüber die Landeskommission endgültig entscheidet.

Ergibt die Abstimmung die erforderliche Mehrheit, so erteilt die Landeskommission dem Zusammenlegungsplane die Bestätigung, erklärt, daß sich die Minderheit der unmittelbar Beteiligten dem Zusammenlegungsplane fügen müsse und erteilt dem Lokalkommissär die für den Vollzug nötigen Weisungen. Hat sich bei der Abstimmung eine solche Mehrheit nicht ergeben, so verweigert die Landeskommission dem Zusammenlegungsplane die Bestätigung und erklärt das Verfahren für geschlossen. Gegen einen von der Landeskommission bestätigten Zusammenlegungsplan kann weder die Berufung eingelegt, noch Wiedereinsetzung in den vorigen Stand begehrt werden.

4. Endlich erfolgt die Durchführung der Zusammenlegung: der Lokalkommissär hat das Erkenntnis der Landeskommission und deren Vollzugsanordnungen öffentlich kundzumachen und den Beteiligten individuell zuzustellen; er hat weiter die Termine für die Besitzübernahme der Abfindungsgrundstücke und Provisorien hinsichtlich der Ausübung des Wirtschaftsbetriebes anzuordnen, eventuell die Beteiligten in den Besitz der Abfindungsgrundstücke einzuführen. Die Abfindungsgrundstücke, eventuell auch die Gemeindegrenzen sind zu vermarken, die neuen Wohn- und Wirtschaftsgebäude zu errichten (s. oben S. 34), die zur Deckung der Kosten bestimmten Grundstücke in öffentlicher Feilbietung zu verkaufen. Für die Herstellung der gemeinsamen Anlagen hat der Lokalkommissär nach Anhörung des Ausschusses der Beteiligten ein Programm aufzustellen; hierauf erfolgt die Herstellung dieser Anlagen unter der obersten Leitung des Lokalkommissärs. Schließlich sind die Grundbücher und der Grundsteuerkataster richtig zu stellen, und es ist eine definitive Entscheidung über die Tragung der Kosten zu treffen.

Die Ausführung eines rechtskräftigen Zusammenlegungsplanes kann nur in einem Falle sistiert werden: wenn die Verhältnisse des Grundbesitzes zwischen Bestätigung und Vollzug des Planes durch höhere Gewalt so erheblich geändert werden, daß durch bloße Wertausgleichung keine Abhilfe geschaffen werden kann. Solchenfalls ist die Landeskommission berechtigt, über Verlangen eines unmittelbar Beteiligten den Zusammenlegungsplan ganz oder teilweise außer Kraft zu setzen. Ist eine Zusammenlegung dann noch möglich und wünschenswert, so kann die Landeskommission neuerliche Vorarbeiten und die Aufstellung eines neuen Planes verfügen.

Überdies sind gewisse Modifikationen des rechtskräftigen Planes möglich. Wurde der Wert einer Abfindung vor der Übergabe durch einen, wenn auch zufälligen Umstand vermindert, so kann der Beteiligte innerhalb 60 Tagen nach Vollstreckung des Zusammenlegungsplanes von den übrigen Genossen eine Ausgleichung begehren; diese hat in Grund und Boden zu erfolgen, falls die Verminderung den Grundbesitz betraf und die Änderung ohne erhebliche Beeinträchtigung der neuen Besitzgestaltung möglich ist.

Wurde ein Beteiligter durch Nichteinhaltung der Übergangsverfügungen oder auf andere Weise verkürzt, so kann er in der gleichen Frist von dem Schuldtragenden eine Vergütung beanspruchen. Binnen einem Jahre kann jeder Genosse Entschädigung für Rechen- oder Vermessungsfehler ansprechen.

9. Rechtsfolgen der Zusammenlegung.

Die wichtigste Rechtsfolge einer durchgeführten Kommassation ist, daß die Abfindung juristisch an die Stelle des abgefundenen Besitzes tritt, und zwar auch bezüglich der rechtlichen Verhältnisse zu dritten Personen; wenn nötig, gilt dies auch von den Geldausgleichungen. Hypotheken, Ausgedinge, persönliche Dienstbarkeiten, Scheindienstbarkeiten werden zwangsweise von dem alten Besitz auf den neuen grundbücherlich übertragen. Für Forderungen jedoch, die auf einem in die Kommassation einbezogenen, in agrarischer Gemeinschaft stehenden Grundstück haften, gelten die im 4. Kapitel angeführten Bestimmungen. Grunddienstbarkeiten, die ihr Objekt natürlich nicht wechseln können, fallen ohne

Entschädigung weg, sofern sie infolge einer Zusammenlegung oder der damit verbundenen Entwässerungs-, Bewässerungs- oder Weganlagen dem herrschenden Grundstücke entbehrlich werden; anderenfalls verbleiben sie auf dem dienstbaren Grundstücke. Dagegen tritt auch der Pächter in die Benutzung der dem Verpächter zugewiesenen Abfindungsgrundstücke; will er aber die Pacht unter diesen Bedingungen nicht fortsetzen, so kann er auch vor Ablauf der bedungenen Zeit kündigen.

Eine weitere Folge der Zusammenlegung ist, daß die kommassierten Grundstücke wider Willen des Besitzers in der Regel nicht einer abermaligen Zusammenlegung unterzogen werden dürfen. Ein neuerlicher Kommassationszwang findet nur statt, wenn die Zusammenlegung durch ein Landesgesetz behufs zweckmäßiger Ausführung der Bewässerung oder Entwässerung größerer Landstriche angeordnet wird (s. oben S. 33).

10. Die Kosten des Verfahrens.

Die Kosten des Verfahrens sind, falls die Zusammenlegung durchgeführt wird, teils von der Gesamtheit der Beteiligten, teils von den einzelnen Genossen, teils vom Staatsschatze zu tragen: 1. Die Entlohnung, Reisegebühren und Kanzleiauslagen der Lokalkommissäre und Staatsbeamten werden aus dem Staatsschatze bestritten. 2. Die Gesamtheit der Beteiligten hat für die erforderlichen Lokalitäten, Handlanger und leicht herzustellenden Requisiten zu sorgen. 3. Die Entlohnung der von Amts wegen verwendeten Fachmänner und des technischen Personals, die Kosten der Mappen, Schreibmaterialien u. dgl. haben die Beteiligten verhältnismäßig zu tragen. 4. Alle übrigen Kosten, insbesondere für die Rechtsvertretung, für Aktenstücke und Kopien, für entbehrliche Verhandlungen u. dgl. müssen von den betreffenden Beteiligten oder Schuldigen allein bestritten werden.

Die Aufteilung der sub 3. genannten Kosten erfolgt einerseits nach dem Werte, mit welchem der Einzelne an der Operation beteiligt ist, andererseits nach der Größe des Vorteiles, den jeder von der Kommassation hat.

Nach den meisten Landesgesetzen sind die beteiligten Grundbesitzer je nach dem Grade, in welchem die Zersplitterung ihres Grundbesitzes durch die Operation abnimmt, in drei Klassen einzuteilen. Jene, deren Gesamtgrundbesitz die größte Abnahme der Zersplitterung aufweist (1. Klasse), konkurrieren zu den Kosten im Verhältnisse des ganzen Wertes ihrer einbezogenen Grundstücke, jene der zweiten Klasse im Verhältnisse von 80 %, jene der dritten Klasse von 60 % dieses Wertes. Würde sich bei diesem Vorgange eine unverhältnismäßige Belastung einzelner unmittelbar Beteiligter, deren Gesamtgrundbesitz durch die Zusammenlegung nur eine unerhebliche Änderung erfahren hat, ergeben, so ist für diese einzelnen auch unter den Konkurrenzmaßstab der dritten Klasse bis zu einer den tatsächlichen Verhältnissen angemessenen Quote des Grundwertes herabzugehen. In Galizien trägt 15 Jahre lang nach Eintritt der Wirksamkeit des Zusammenlegungsgesetzes das Kronland den größten Teil der Kosten.

Falls der Zusammenlegungsplan in Ermangelung der erforderlichen Stimmenmehrheit von der Landeskommission nicht bestätigt wird, sind die Kosten für die Entlohnung der Fachmänner und des technischen Personales, für die Mappen und das Schreibmaterial u. dgl. in den meisten Ländern von denjenigen Beteiligten nach Maßgabe des Wertes ihrer Grundstücke zu tragen, welche um die Entsendung eines Lokalkommissärs gebeten oder den Zusammenlegungsplan verfaßt haben.

In Salzburg haben solchenfalls die Beteiligten nur die Hälfte der angeführten Kosten zu tragen, die andere Hälfte deckt das Land.

Der Lokalkommissär erhält vom Lande einen Fonds, aus dem Vorschüsse für die Kosten sowie für die Geldausgleichungen zu erteilen sind. Diese Vorschüsse sind, wenn der Zusammenlegungsplan nicht zur Ausführung kommt, binnen 30 Tagen nach Zustellung des Zahlungsauftrages zu erstatten. Wird die Zusammenlegung ausgeführt, so gelten diese Vorschüsse sowie das an den Landesfonds zu leistende Entgelt für das technische Personal als ein Darlehen des Landes, das zu verzinsen und in mehreren Jahresraten abzuzahlen ist. Insoweit diese Darlehen zu den bezeichneten Zwecken verwendet werden, haften sie auf den Abfindungsgrundstücken vor den Hypothekarforderungen, unmittelbar nach den landesfürstlichen Steuern und Abgaben und den Umlagen der Wassergenossenschaften. Doch soll der Bestand solcher Darlehensforderungen in den Grundbüchern „ersichtlich gemacht werden." Die gleiche Priorität genießen die dreijährigen Zinsenrückstände.

11. Gebühren. Strafen.

Für die Zusammenlegungen bestehen folgende Gebührenbegünstigungen:

Intabulierte Rechte Dritter werden gebührenfrei von dem früheren Besitzer auf das Abfindungsgrundstück übertragen, falls damit weder eine Änderung in der Person des Berechtigten noch im Umfang des Rechtes verbunden wird;

Vermögensübertragungen und Rechtserwerbungen auf Grund des Zusammenlegungsplanes sind während 15 Jahren nach Eintritt der Wirksamkeit des Gesetzes gebührenfrei; Eingaben, Protokolle, Beilagen, Rechtsurkunden, Erklärungen, Ausfertigungen, Erkenntnisse, Vergleiche, Legalisierungen, Vidimierungen sind im Zusammenlegungsverfahren, soweit hiervon kein anderer Gebrauch gemacht wird, von Stempeln und unmittelbaren Gebühren befreit.

Die agrarischen Behörden können die Übertretung der in Zusammenlegungsangelegenheiten erlassenen Verfügungen mit Geld bestrafen und auch sonst Ordnungsstrafen auferlegen.

Viertes Kapitel.

Die agrarischen Gemeinschaften.

Literatur: Schiff, Österreichs Agrarpolitik seit der Grundentlastung, 1. Bd. Derselbe, Die Gesetzgebung über agrarische Gemeinschaften (Geschichte der österreichischen Land- und Forstwirtschaft, 1. Band).

§ 16. Einleitung.

1. Objekt der Gesetzgebung. Formen der agrarischen Gemeinschaften.

Die agrarischen Gemeinschaften besitzen große Ähnlichkeit mit den im 5. Kapitel zu behandelnden Servituten. Hier wie dort liegen zumeist bäuerliche Nutzungsrechte, insbesondere an extensiven Kulturen (Wald, Weide, Alpe), vor. Während aber jene Dienstbarkeiten dingliche Privatrechte an einem fremden privaten Grundeigentum zu Gunsten einzelner oder mehrerer Grundstücke sind, beruhen die Nutzungsrechte bei den agrarischen Gemeinschaften teils auf eigentümlichen Miteigentumsverhältnissen, teils haben sie öffentlich-rechtlichen Charakter. Auch besteht hier stets eine Mehrheit nutzungsberechtigter Personen und damit eine gewisse Wirtschaftsgemeinschaft der letzteren.

Die juristische Verschiedenheit hat eine ganz verschiedenartige legislatorische Behandlung der beiden wirtschaftlich verwandten Materien zur Folge gehabt. Während die meisten Wald- und Weideservituten bereits abgelöst oder reguliert sind, ist mit den analogen Operationen hinsichtlich der agrarischen Gemeinschaften kaum der Anfang gemacht.

Die agrarischen Gemeinschaften weisen eine außerordentlich große Vielgestaltigkeit auf. Die Verschiedenheiten beziehen sich sowohl auf die Nutzungsrechte selbst — auf deren Subjekt und Objekt, deren Inhalt, Umfang und Maß, auf die Art ihrer Ausübung u. s. w. —, als auch darauf, wer Eigentümer der gemeinsam genutzten Realität ist, und wem die Verwaltung und Bewirtschaftung derselben zusteht.

Die Verschiedenheiten in Bezug auf die Nutzungsrechte selbst haben in erster Linie wirtschaftliche Bedeutung.

Objekte der Nutzungen sind zumeist extensiv bewirtschaftete Grundstücke, insbesondere die der Holzzucht oder der Weide dienenden; doch finden sich agrarische Gemeinschaften auch an Äckern und Wiesen.

Die Subjekte der Nutzungen sind zumeist nicht individuell, sondern kraft Herkommens und Gewohnheit generell bestimmt: die Berechtigung zur gemeinsamen Nutzung steht entweder allen Gemeindeangehörigen oder Gemeindemitgliedern oder bestimmten Klassen der letzteren zu; sie pflegt an den Besitz bestimmter Bauernhöfe, hie und da auch an die Zugehörigkeit zu bestimmten Familien geknüpft zu sein; doch gibt es auch frei veräußerliche Gemeinschaftsrechte, wie bei den „Interessentschaften" in Tirol. In vielen Gemeinden bestehen verschieden abgestufte Nutzungsrechte und demgemäß mehrere Klassen von Nutzungsberechtigten nebeneinander.

Das Maß der Nutzungen ist manchmal ziffernmäßig fixiert; in der Regel aber entscheidet darüber das Herkommen; dieses läßt meist den „Haus- und Gutsbedarf" maßgebend sein, d. h. nur solche Nutzungen sind gestattet, die unmittelbar dem Hausgebrauch oder der Wirtschaft des Genossen dienen. Dabei ist der Bezug von Nutzungen in der Regel nur subsidiär zulässig, d. h. die eigenen Erzeugnisse des Hofes werden von dem gesamten Haus- und Gutsbedarf in Abzug gebracht, und nur der ungedeckte Rest darf im Wege gemeinsamer Nutzung hereingebracht werden. Der Berechtigte darf ferner die Nutzungen meist nur unmittelbar für seine eigene Wirtschaft verwenden, nicht aber etwa sie an Dritte veräußern. Oft muß für den Nutzgenuß ein den Wert der Nutzung nicht erreichendes Entgelt geleistet werden.

Die Ausübung der Nutzung erfolgt gewöhnlich gleichzeitig seitens aller Nutzungsberechtigten durch Teilung des Ertrages. Nicht selten aber findet eine zeitliche Teilung statt: in einem Turnus abwechselnd benutzt jeder Berechtigte eine bestimmte Zeit lang, z. B. während eines Jahres, die Realität allein (Wechsel- oder Wandelgründe). Bei gleichzeitiger Ausübung nutzt meistens jeder Genosse das Gut in eigener Person, eventuell nach den Anweisungen der Organe der Gesamtheit (Auszeigung); vielfach ist aber auch das Gemeinschaftsgut unter die Genossen quoad usum unter Aufrechterhaltung des Gemeineigentums verteilt, wobei in manchen Gegenden sogar in einem gewissen beschränkten Umfange eine Vererbung des ausschließlichen Nutzgenusses an dem Teilstücke stattfindet (Vorarlberg).

Die Frage des Eigentums an der gemeinsam genutzten Realität ist von größter rechtlicher Tragweite.

Gemeindegut liegt vor, wenn das Grundeigentum einer politischen Gemeinde von allen Gemeindeangehörigen oder von gewissen Klassen derselben kraft ihrer Gemeindeangehörigkeit in natura genutzt wird; *Ortschafts- und Fraktionsgut*, wenn solchenfalls das Grundeigentum nicht der Gemeinde, sondern einem Gemeindeteil (Katastralgemeinde, Ortschaft, Fraktion) zusteht; auch *gemeinsames Eigentum mehrerer politischer Gemeinden oder mehrerer Gemeindeteile* kommt hie und da noch vor. *Genossenschaftsgut* ist die gemeinsam genutzte Realität, wenn sie der organisierten Gesamtheit der Nutzungsberechtigten (Genossenschaft mit Statut und Organen) gehört. Sehr verbreitet sind endlich die sogenannten *Gemeingründe* (Gemeinwälder, Gemeinweiden), die einer *unorganisierten* Gesamtheit von Nutzungsberechtigten gehören. Diese Gemeinschaften, die lokal die verschiedensten Namen[1] führen, kann man juristisch wohl nur als eine Art des Miteigentums auffassen, obgleich für das letztere Rechtssätze gelten — wie insbesondere der Teilungsanspruch jedes Genossen —, die der wirtschaftlichen Funktion dieser Gemeinschaften widerstreiten (s. unten S. 48).

Die Verwaltung und Bewirtschaftung der agrarischen Gemeinschaften ist sehr verschieden geregelt. Oft fehlt es überhaupt an jeder Verwaltung, ja an jedem Organ für eine solche, wie namentlich bei den wilden Gemeinschaften; regellos übt hier meist jeder Genosse sein Nutzungsrecht aus, ohne Rücksicht auf die anderen Genossen und auf den wirtschaftlichen Zustand der Realität. Manchmal werden aber auch solche Gemeingründe von den Gemeindeorganen verwaltet. Beim Genossenschaftsgute ist die Verwaltung und Bewirtschaftung im Genossenschaftsstatut geregelt. Die Verwaltung der Gemeindegüter obliegt den Gemeindebehörden. Dagegen ist die Verwaltung des Ortschafts- und Fraktionsgutes in den meisten Ländern nicht normiert, obgleich diese Besitzform viele Analogien zum Gemeindegute bietet und auch bei ihr die Nutzungen öffentlich-rechtlichen

---

[1] Nachbarschaft, Interessentschaft, Bauernschaft, Gesellschaft der Rustikalisten, Waldgemeinschaft, Kommunität u. dergl.

Charakter besitzen. Nur in wenigen Kronländern ist der Gemeindeteil (Ortschaft, Fraktion, Katastralgemeinde) als Subjekt von Vermögensrechten vom Gesetze anerkannt (s. unten S. 47).

2. Die geschichtliche Entwicklung.

Die große Mannigfaltigkeit der agrarischen Gemeinschaften ist nur historisch zu begreifen.

a) Ältere Zeit. Schon von alters her stand in Deutschland und in den deutschen Kolonisationsgebieten zumeist nur der intensiv genutzte Teil der Flur (Gärten, Äcker und Wiesen) in der Einzelnutzung der Dorfgenossen, während die Wälder, Alpen und Weiden, wessen Eigentum sie auch sein mochten, in der Regel von den Bauern gemeinsam genutzt wurden. Waren benachbarte große Grundherren im Besitze des Waldes und der Weide, so nahmen jene bäuerlichen Nutzungsrechte die Form von Servituten (s. 5. Kapitel) an; wo dagegen die Gemeinden sich in dem Besitz der extensiven Kulturen behauptet haben (Allmenden), entstanden agrarische Gemeinschaften. Die mannigfaltigen Formen der letzteren sind das Ergebnis eines jahrhundertelangen, auch heute noch nicht beendigten Kampfes zwischen den einzelnen Bevölkerungsklassen in der Gemeinde.

Ursprünglich waren sämtliche Dorfbewohner in der Gemeinde vollkommen gleichberechtigt; es gab nur vollberechtigte Genossen im Besitze einer Hube („Nachbarn", „Bauern"). Allmählich entstand aber neben den Hufbesitzern, die allein Anteil am Gemeindegut hatten, dafür aber auch für alle Gemeindebedürfnisse aufkommen mußten, eine teils ansässige, teils nicht ansässige, außerhalb der Gemeinde stehende Bevölkerung („Beisassen", „Ungenossen", „Arme"). Diese Häusler, Handwerker u. dgl. hatten keinen Anteil am Gemeinderegiment und an der Allmende, brauchten aber auch zu den Gemeindelasten nichts beizutragen und waren dem Flurzwang nicht unterworfen.

Je zahlreicher jedoch die Ungenossen wurden, um so dringender verlangten sie Anteil am Gemeindenutzen. Solange Wald- und Weideland noch reichlich vorhanden war, wurden ihnen Nutzungsrechte meistens zugestanden. Als aber infolge der Volkszunahme, der Ausdehnung des intensiven Anbaues, der Verbesserung der Verkehrsmittel die Waldprodukte und die Weide immer höheren ökonomischen Wert erlangten, entspann sich ein erbitterter Kampf. Die Beisassen wurden eine Zeit lang noch teilweise oder unter erschwerten Bedingungen zur Benutzung des Gemeindegutes zugelassen; schließlich aber wehrten sich die „altansässigen" Bauern gegen jeden neuen Eindringling. Da jedoch immer häufiger auch die Ungenossen zur Deckung der Gemeindebedürfnisse beitragen mußten, so wurde, wo diese Entwicklung stattfand, das Nutzungsrecht der „Rustikalisten" aus einem Korrelat für die ausschließliche Tragung der Gemeindelasten zu einem Privileg ohne Gegenleistung. Dadurch erhielt der Kampf um die Allmendnutzungen neue Nahrung. Sein Ausgang hing von den lokal verschieden gelagerten politischen und sozialen Machtverhältnissen in den einzelnen Gemeinden ab. Manchmal setzten die Ungenossen ihre Ansprüche durch und partizipierten an den allgemeinen Nutzungen gleich den Bauern; oder sie erlangten zwar nicht die volle Gleichberechtigung, aber doch irgend welche Nutzungen, wenn auch qualitativ oder quantitativ geringere; dann schlossen sie sich nicht selten wieder ebenso engherzig gegen spätere Ansiedler ab. Meist behaupteten aber die Bauern die Ausschließlichkeit ihres Nutzungsrechtes. Dabei blieb das Grundeigentum und die Verwaltung zunächst bei der Gemeinde. Vielfach verschafften sich aber die „Nachbarn" auch den physischen Besitz, und die Verwaltung, ja sogar das Eigentum am Gemeindegrunde; sei es, daß sie sich als eigene Korporation — Realgemeinde, Bürgergemeinde, Genossenschaft — konstituierten, sei es, daß sie eine ganz formlose Gemeinschaft ohne eigene Organe, ohne einheitliche Verwaltung bildeten.

Diese Entwicklung war in den einzelnen Kronländern, ja von Dorf zu Dorf verschieden, und sie änderte ihre Richtung je nach dem wechselnden Kräfteverhältnisse der Parteien. Selbst in derselben Gemeinde stimmen infolgedessen die Eigentums- und Nutzungsverhältnisse an den verschiedenen Teilen der Allmende oft nicht überein, es bestehen manchmal gleichzeitig nebeneinander verschiedene Arten, eine ganze Stufenleiter von agrarischen Gemeinschaften.

b) Die Gemeindegesetzgebung und die spätere Praxis. Von einschneidender Bedeutung für die Entwicklung waren die provisorische Gemeindeordnung des Jahres 1849 und die Gemeindegesetze der 60er Jahre. Bis zum Jahre 1849 hatten sich Gemeindenutzung und Gemeindelast in der Praxis zumeist doch noch gegenseitig bedingt. Der Gesetzgeber zerschnitt dieses rechtliche Band; er entkleidete die alte Realgemeinde ihrer öffentlich-rechtlichen Funktionen und übertrug diese auf die Gesamtheit der Bewohner eines territorial bestimmten Gebietes, auf die neue politische Ortsgemeinde. Während aber dadurch die Beitragspflicht zu den Gemeindelasten auf alle Steuerzahler ausgedehnt wurde, blieben die privilegierten Nutzungsrechte der Bauern bestehen; denn die „bisherige unangefochtene Übung" entscheidet über Recht und Maß der Teilnehmer an den Nutzungen des Gemeindegutes. Da jedoch nicht angeordnet ist, daß überall konstatiert werde, ob und was für eine unangefochtene Übung besteht, dauerte der Streit um die Nutzungen fort und wurde dadurch erst recht angefacht.

Aber auch die Frage nach dem Eigentum an dem gemeinsam genutzten Grunde ist durch jene Gesetze nicht geklärt, sondern noch verworrener geworden. Die neue Ortsgemeinde deckte sich territorial mit der alten Realgemeinde vielfach nicht, sondern die Gebiete mehrerer alten wurden zu einer neuen Gemeinde vereinigt. Nicht selten übernahm die letztere das gesamte Eigentum der ersteren; oft aber blieben die früheren Gemeinden — nunmehr bloße Gemeindeteile (Ortschaften, Fraktionen) — im Besitze der gemeinsam genutzten Realität. Aber auch wo das Gemeindeterritorium unverändert blieb, erhob sich die für das rechtliche Schicksal des bisherigen Gemeindegutes entscheidende Frage: ob die neue politische Gemeinde auch die privatrechtliche Persönlichkeit der alten Realgemeinde fortsetze oder nicht. Ging das Eigentum am Gemeindegute auf sie über? Oder blieb die Realgemeinde als privatrechtliche Korporation bestehen? Oder wurde das frühere Gemeindegut nunmehr Eigentum der Nutzungsberechtigten? Die Gesetze beantworten diese so wichtigen Fragen nicht, sondern enthalten diesbezüglich eine Antinomie, die aber aus überwiegenden Gründen dahin zu entscheiden ist, daß das frühere Gemeindegut diese Qualität in Zukunft behalten und Eigentum der neuen Gemeinde sein solle.

Die Praxis schwankte. In vielen Gegenden ging das bisherige Gemeindegut in den Besitz der neuen Gemeinden über, in vielen verblieb es den „Nachbarn"; erhielt sich solchenfalls die alte Organisation der Realgemeinde oder gaben sich die Genossen eine neue Organisation, so entstand Ortschafts-(Fraktions-) oder Genossenschaftsgut; vielfach aber nahm die Allmende den Charakter eines regellos benutzten, im Miteigentum der Bauern stehenden Gemeindegrundes an. Welche dieser Eventualitäten im einzelnen Fall tatsächlich eintrat, hing großenteils von der Tradition und den örtlichen Verhältnissen ab. Bald siegte das Streben der Bauern, sich das Eigentum zu sichern, bald das der Häusler, es der Ortsgemeinde zu reservieren; zum Teile war es geradezu Zufall, was mit dem alten Gemeindeeigentum geschah.

Insbesondere war in weitem Umfange das zufällige Moment entscheidend, ob im Grundbuche die „Gemeinde", ob die „Nachbarschaft" oder „die Bestifteten" u. dergl. zu Eigentum angeschrieben waren. Alle diese Bezeichnungen waren früher Synonyma gewesen; an den Eintragungen wurde aber, als die Gemeinde aufgehört hatte, mit den nutzungsberechtigten Bauern identisch zu sein, nichts geändert.

Oft sind auch heute noch die Eigentumsverhältnisse ganz unklar, und auch das Grundbuch gibt darüber nicht immer genügenden Aufschluß. Vielfach haben die Rustikalisten das Gemeindegut unter sich geteilt, ohne dafür die vorgeschriebene behördliche Bewilligung (s. unten S. 45) erlangt zu haben und die grundbücherliche Durchführung anzusuchen. Oder das Gemeindegut wird zwar geteilt und geht in den physischen Besitz der Nachbarn über, die Gemeinde bleibt aber im Grundbuche und Steuerkataster angeschrieben und trägt auch die Grundsteuer. Sind doch sogar in manchen Gegenden für Gemeinschaftsrealitäten gar keine Grundbuchseinlagen angefertigt worden! In vielen Fällen ist die Eintragung unklar. So wenn als Eigentümer „die Bauernhöfe" mit oder ohne Angabe der Hausnummern, „die Rustikalgüter", die „jeweiligen Eigentümer" der betreffenden Hausnummern, oder auch die jeweiligen Eigentümer der „bestifteten Häuser", die „Alt-Ansässigen", oder die Rustikalisten zu Händen der Gemeinde u. s. w. angeschrieben sind. Solche Eintragungen, welche die Unklarheit der Rechtsverhältnisse noch gesteigert haben, sind Versuche, die ökonomische und auch gewohnheitsmäßige Beziehung zwischen dem Anteil an der gemeinsamen Realität und dem Bauerngute auch rechtlich zu fixieren (s. unten § 17).

Der in Rede stehende Entwicklungsprozeß ist mit den Gemeindegesetzen noch nicht abgeschlossen. Später ist die Neuanlegung der Grundbücher von den Bauern in vielen Gegenden dazu benützt worden, um das Gemeindegut in Privateigentum der nutzungsberechtigten Genossen oder in Genossenschaftsbesitz zu verwandlen. Auch seither dauert die Verwandlung des Gemeindegutes in gemeinschaftliches Eigentum der Nutzungsberechtigten fort. Das Mittel hiezu sind meist Scheinprozesse der Rustikalisten gegen die Gemeinde, wobei letztere sich durch Bauern vertreten läßt, die an einem für die Gemeinde ungünstigen Ausgange interessiert sind.

3. Die ökonomischen Verhältnisse der agrarischen Gemeinschaften.

Die geschichtliche Entwicklung hat die Lage der meisten agrarischen Gemeinschaften außerordentlich ungünstig beeinflußt. Schon daß das Nutzungsrecht großenteils Kampfobjekt für die verschiedenen Klassen in der Gemeinde ist, muß zu unwirtschaftlichem Gebaren führen; desgleichen die Unklarheit der Rechtsverhältnisse und der Gegensatz zwischen der ökonomischen Funktion der Gemeinschaften und den für diese geltenden Rechtssätzen (s. unten § 17).

So befinden sich die gemeinschaftlich benutzten Grundstücke zumeist in einem derart vernachlässigten Zustande, daß eine geordnete Bewirtschaftung nicht möglich ist. Die gemeinschaftlichen Wälder werden schonungslos verwüstet, die gemeinschaftlichen Weiden und Alpen mit Vieh überstellt. Betriebsordnungen und Wirtschaftseinrichtungen fehlen großenteils, oder sie werden doch nicht eingehalten; gleiches gilt von den genossenschaftlichen Statuten. Keine Instanz sorgt für die pflegliche Behandlung der Kulturen und hält Übergriffe der einzelnen hintan. Die herrschende Willkür wird dadurch vermehrt, daß der Umfang der Nutzungsrechte meist weder ziffern- noch quotenmäßig fixiert ist. Am allgemeinsten treten diese traurigen Erscheinungen bei den vielen strittigen Gemeinschaften auf, ferner bei den Gemeingründen, die, in der Mitte zwischen Genossenschafts- und einfachem Miteigentum stehend, jedes Organes für Beschlußfassung, Bewirtschaftung, Beaufsichtigung entbehren und der regellosen Benutzung und Aussaugung durch die Berechtigten ausgeliefert sind.

Die ärgsten Verwüstungen finden sich im Karstgebiete. Hier standen einstmals die herrlichsten Wälder: gegenwärtig breitet sich daselbst eine öde und unfruchtbare Steinwüste aus. Als eine wichtige Ursache dieses beklagenswerten Zustandes ist die gemeinschaftliche, ungeregelte Nutzung durch die Bewohner anzusehen.

4. Motive des Gesetzgebers.

Die bei den agrarischen Gemeinschaften herrschende Rechtsunklarheit und Unwirtschaft machte Spezialnormen um so notwendiger, als die gemeinschaftlich genutzten Flächen weit über 30 000 km², mehr als 21 % der gesamten extensiven Kulturen Österreichs ausmachen. Der Staat hat ein eminentes Interesse daran, daß die Rechtsverhältnisse an einem so großen Areale nicht ungeklärt bleiben, daß die für diese Gemeinschaften geltenden Rechtssätze mit deren wirtschaftlicher Funktion in Einklang stehen, daß eine rationelle Bewirtschaftung Platz greife.

Für die Art des legislatorischen Eingriffes kommen verschiedenartige Erwägungen in Betracht.

Zunächst bildet das Gemeindegut einen wichtigen Bestandteil des Gemeindevermögens; seine Erhaltung ist daher meist im Interesse einer geordneten Gemeindewirtschaft wünschenswert. Die volkswirtschaftliche Bedeutung der agrarischen Gemeinschaften ist ferner lokal sehr verschieden. Die gemeinsamen Nutzungsrechte hindern in vielen Fällen den wirtschaftlichen Fortschritt, den Übergang zu intensiveren Betriebsformen; in vielen Gegenden sind sie hingegen ein unentbehrliches Hilfsmittel für die bäuerliche Viehzucht: dort ist die Beseitigung, hier die Aufrechterhaltung der Gemeinschaft anzustreben.

Im einzelnen ergeben sich folgende legislatorische Gesichtspunkte:

Für alle Arten agrarischer Gemeinschaften muß die Eigentumsfrage geklärt werden; speziell die unorganisierten Gemeinschaften sind als Genossenschaften mit Statuten und Organen zu konstituieren. Es muß ferner für alle Gemeinschaften der Bestand an Nutzungsrechten festgestellt und evident gehalten werden. Sodann muß die Möglichkeit geschaffen werden, die Gemeinschaften einerseits auch gegen den Willen einzelner Genossen aufrecht zu erhalten, sie aber andererseits auf Wunsch auch nur eines Teiles der Genossen gänzlich zu beseitigen, und zwar entweder durch Ablösung der Nutzungsrechte oder durch Teilung des gemeinsam genutzten Grundstückes. Der Teilungsanspruch jedes einzelnen Miteigentümers widerstreitet dem Wesen der Gemeinschaft ebensosehr, wie das unbedingte Recht jedes Genossen, sich der Teilung zu widersetzen. Die gegenseitige ökonomische Abhängigkeit der Interessen aller Genossen macht es vielmehr notwendig, daß ein näher präzisierter Teil der Interessenten befugt sei, je nach Umständen entweder die Aufhebung oder die Aufrechterhaltung der Gemeinschaft auch gegen den Willen der anderen Beteiligten zu erzwingen (Prinzip des relativen Zwanges). Speziell für Gemeindegüter wäre die Teilung an die Genehmigung der Aufsichtsinstanz zu knüpfen.

Sämtliche aufrechterhaltenen Gemeinschaften müßten einer genauen Regulierung unterzogen werden. Es ist dabei der Umfang der Nutzungsrechte — wofür zumeist die Gewohnheit, das Herkommen, der „Haus- und Gutsbedarf" u. dgl. maßgebend sind — ziffermäßig genau zu fixieren und auch die Verwaltung wirsam zu organisieren.

Auf solche Weise können die großen Verschiedenheiten der Gemeinschaften berücksichtigt werden: diese sind dort zu beseitigen, wo die bloße Regulierung die Mißstände nicht beheben und die Privateigentümer den Boden besser kultivieren würden; die Gemeinschaft muß dagegen reguliert, dann aber auch gegen den Willen des einzelnen Genossen aufrecht erhalten werden, wenn die Teilung mehr schaden als nützen würde. Ob das eine oder andere zutrifft, hängt von den konkreten Verhältnissen des einzelnen Falles ab.

Dabei wird es von Bedeutung sein, ob es sich um Wald, Alpe, Weide, Wiese oder Felder handelt, ob die Erhaltung des Waldes im Interesse der Landeskultur oder nur aus ökonomischen Gründen oder gar nicht wünschenswert ist, ob eine Umwandlung der extensiven Kulturen in intensivere möglich und zweckmäßig ist, ob nach den konkreten Wirtschafts- und Verkehrsbedingungen die Naturalnutzungen für die Berechtigten unentbehrlich sind, oder ob sie durch eine Geldleistung ersetzt werden können, wobei wieder die Art der Nutzungen (Weide, Holzung, Streubezug u. s. w.), sowie der Kreis der nutzungsberechtigten Personen (alle Gemeindemitglieder, oder nur die Steuerzahler, die Ortsansässigen, die Bestifteten, die Mitglieder bestimmter Familien) von ausschlaggebender Bedeutung sind, u. s. w.

Im 18. Jahrhundert überwog die Ansicht, die Teilung speziell der gemeinsamen Hutweiden müsse eine Verbesserung der Kultivierung des Bodens herbeiführen. Deshalb wurde die Aufteilung der Gemeindeweiden und deren Umwandlung in Äcker und Wiesen bei Strafe des Verlustes imperativ vorgeschrieben. (Patente vom 5. November 1768, vom 24. März 1770, vom 14. März 1771, vom 4. Januar 1780, vom 17. April 1784.) Diesen Anordnungen wurde indessen nur zum geringen Teil Folge geleistet. Schon die Hofdekrete vom 14. Oktober 1808 und vom 12. Dezember 1811 tragen den Behörden auf, sich auf das Anraten der Teilung zu beschränken: die Gemeindegesetze haben sodann die Teilung verboten (s. unten S. 45).

Die Spezialnormen, denen die angeführten legislatorischen Ziele zum Teil zu Grunde liegen, haben eine bald sachlich, bald geographisch sehr beschränkte Geltung. So regeln die meisten Gemeindeordnungen lediglich das Gemeindegut, nur einige derselben überdies das Ortschafts- und Faktionsgut; singuläre Normen über agrarische Gemeinschaften sind ferner in den Grundbuchsgesetzen von Tirol und Vorarlberg enthalten (§ 17). Die Teilung und Regulierung der Gemeinschaften ist sodann Gegenstand zweier Reichs- und mehrerer Landesgesetze (§ 18). Endlich bestehen auch über die Bewirtschaftung von Gemeinde- und Gemeinschaftswäldern Spezialnormen, die jedoch erst im 3. Abschnitte zu behandeln sind.

Die folgende Darstellung charakterisiert einerseits den allgemeinen für agrarische Gemeinschaften herrschenden Rechtszustand, andererseits die Sondervorschriften für deren Regulierung und Teilung.

§ 17. Der allgemeine Rechtszustand.

Die einzelnen Formen der agrarischen Gemeinschaften (s. oben S. 40) sind juristisch ganz verschieden zu beurteilen.

1. Das Gemeindegut.

Im Sinne des a.b.G.B. sind Gemeindegut jene, im Eigentum der Gemeinde stehenden Sachen, die zwar nicht, wie beim öffentlichen Gute, zum Gebrauche jedermanns, aber doch „zum Gebrauche eines jeden Mitgliedes einer Gemeinde" dienen[1]. Im Sinne der Gemeindegesetze[2] sind Gemeindegut die im Eigentum der Gemeinde stehenden Liegenschaften, deren Naturalnutzungen nicht sämtlichen Gemeindemitgliedern, sondern bestimmten Klassen derselben zustehen[3]. Von diesem eigentlichen Gemeindegute (Sondergute) gelten ziemlich übereinstimmend folgende Normen:

a) Das Stammgut der Gemeinden ist ebenso wie das Stammvermögen ungeschmälert zu erhalten. Zu dessen Verteilung unter die Gemeindemitglieder ist in den meisten Ländern[4] ein Landesgesetz, in anderen[5] ein Landtagsbeschluß erforderlich.

In Görz und Gradiska ist[6], um die Teilung des Gemeindegutes zu erleichtern, der Landesausschuß ermächtigt, den Gemeinden während der Vertagung des Landtages die Teilung zu bewilligen und dafür die kaiserliche Sanktion zu erwirken.

Die Verteilung speziell von Gemeindewäldern ist verboten und kann nur in besonderen Fällen von der Landesstelle bewilligt werden[7].

Die Veräußerung, Verpfändung und bleibende Belastung des Gemeindegutes bedarf der Genehmigung der Bezirksvertretung resp. des Landesausschusses, in Schlesien der Landesvertretung[8]. Die Bewilligung der Teilung oder Veräußerung u. s. w. ist Sache des freien Ermessens.

b) Die Verwaltung des Gemeindegutes obliegt den Gemeindebehörden. Dem Gemeindeausschusse steht die Verfügung über das Stammgut der Gemeinde und die Bestimmung der Benutzungsart zu. Der Gemeindevorsteher führt die Aufsicht darüber. Allgemeine Normen über die Art der Bewirtschaftung fehlen[9].

c) Die Nutzungsrechte an dem Gemeindegute stehen einem bald weiteren, bald engeren Personenkreise zu. Zumeist sind aber nur Gemeindemitglieder[10], oft sogar nur Ge-

---

[1] § 288 a.b.G.B.

[2] Landesgesetze für Böhmen vom 16. April 1864 Nr. 7 L.G.B.; Bukowina vom 14. November 1863 Nr. 9 L.G.B. und vom 9. Dezember 1869 Nr. 2 L.G.B. ex 1870; Dalmatien vom 30. Juli 1864 Nr. 1 L.G.B. ex 1865; Galizien vom 12. August 1866 Nr. 19; Görz und Gradiska vom 7. April 1864 Nr. 8 und vom 2. März 1887 Nr. 15 L.G.B.; Istrien vom 10. Juli 1863 Nr. 13 L.G.B.; Kärnten vom 15. März 1864 Nr. 5 L.G.B.; Krain vom 17. Februar 1866 Nr. 2 L.G.B.; Mähren vom 15. März 1864 Nr. 4 L.G.B.; Niederösterreich vom 31. April 1864 Nr. 4 und vom 6. Mai 1888 Nr. 33 L.G.B.; Oberösterreich vom 28. April 1864 Nr. 6 L.G.B.; Salzburg vom 2. Mai 1864 Nr. 7 L.G.B.; Schlesien vom 15. November 1863 Nr. 17 L.G.B.; Steiermark vom 2. Mai 1864 Nr. 5 und vom 5. Mai 1882 Nr. 25 L.G.B.; Tirol vom 9. Januar 1866 Nr. 1 L.G.B.; Vorarlberg vom 22. April 1864 Nr. 22 L.G.B.

[3] Ob in Schlesien ein solches Gemeindegut rechtlich anerkannt ist, ist zweifelhaft (s. unten S. 46 Anmerkung 3).

[4] Görz und Gradiska, Istrien, Kärnten, Mähren, Oberösterreich, Salzburg, Schlesien, Tirol und Vorarlberg.

[5] Böhmen, Bukowina, Galizien, Krain, ausnahmsweise auch Steiermark; für Niederösterreich fehlt es an einer diesbezüglichen Vorschrift.

[6] Gesetz vom 2. März 1887 Nr. 15 L.G.B.

[7] Forstgesetz vom 3. Dezember 1852 Nr. 250 R.G.B. Die sonstigen Spezialgesetze für Gemeindewälder s. unten 3. Abschnitt.

[8] In Böhmen und Galizien auch die Verpachtung auf mehr als 12 resp. 6 Jahre oder anders als im Wege der öffentlichen Feilbietung, in Böhmen überdies die Entnahme eines größeren Holzertrages aus dem Gemeindewald, als die Systemisierung des Waldes gestattet, in Galizien die Vertauschung und Umgestaltung des Gemeindegutes.

[9] Die Normen über die Bewirtschaftung speziell der Gemeindewälder s. unten 3. Abschnitt.

[10] d. h. Personen, die entweder in der Gemeinde heimatberechtigt sind (Gemeindeangehörige) oder dort direkte Steuern zahlen (Gemeindegenossen).

meindeangehörige nutzungsberechtigt. Die sonstigen Voraussetzungen sind lokal sehr verschieden[1]. Jedenfalls aber stehen die Nutzungsrechte nicht individuell bestimmten Einzelpersonen, sondern generell bestimmten Personenklassen zu. Sie sind keine Privatrechte (Servituten), sondern subjektive öffentliche Rechte[2]. Für sie haben daher die zivilrechtlichen Grundsätze über den Erwerb, die Übertragung und das Erlöschen von Rechten keine Geltung; treten die gesetzlichen Voraussetzungen ein, so entstehen die Nutzungsrechte ohne Vorhandensein eines titulus und modus acquirendi; sie können weder durch Vereinbarung der Interessenten noch durch Beschluß der Gemeinde erworben, geändert oder auf Dritte übertragen werden; sie sind nicht ersitzbar, erlöschen nicht durch Verjährung, sondern nur durch Wegfall der Voraussetzungen ihres Bestandes. Ob bei Teilung des zur Nutzung berechtigten Anwesens auch die Nutzung verhältnismäßig auf die Trennstücke übergeht oder erlischt, hängt von der Übung (s. unten) ab; ebenso, ob die Nutzungen solchen Besitzungen zukommen, die erst später die übungsgemäße Größe erreicht haben. Für wegfallende Nutzungen wird keine Entschädigung geleistet. Die Nutzungsrechte sind nicht in die öffentlichen Bücher einzutragen; Streitigkeiten über die Nutzungen am Gemeindegute gehören zur Kompetenz nicht der Zivilgerichte, sondern der autonomen Behörden (Gemeindebehörden, Landesausschuß), die nach freiem Ermessen zu entscheiden haben, sofern das Gesetz nichts anderes bestimmt.

d) Über Subjekt und Maß der Nutzungsrechte entscheidet vorerst die „bisherige unangefochtene Übung"[3], soweit sie gegen kein Gesetz verstößt; bei Fehlen einer solchen der Gemeindeausschuß (Gemeinderat).

Als „bisherige unangefochtene Übung" ist nach der konstanten Praxis des Verwaltungsgerichtshofes diejenige zu verstehen, die zur Zeit des Eintrittes der Wirksamkeit der Gemeindeordnung unangefochten galt[4]. Da nicht vorgeschrieben ist, daß überall konstatiert werde, ob eine solche Übung und worin sie besteht, kommt dies erst im Falle eines Streites zur Entscheidung. Im Gegensatz zu den im Grundbuche enthaltenen dinglichen Privatrechten werden diese öffentlichen Nutzungsrechte nirgends aufgezeichnet und evident gehalten. Es muß daher gegenwärtig bei Streitigkeiten auf die heute nur noch schwer feststellbare Übung in den 60er Jahren des 19. Jahrhunderts zurückgegriffen werden, um zu entscheiden, ob alle oder nur gewisse, und welche Klassen der Gemeindeangehörigen nutzungsberechtigt sind, ob die Nutzungsrechte an den Besitz eines Hauses oder einer landwirtschaftlichen Realität eventuell von bestimmter Größe geknüpft ist, ob durch Zerteilung einer solchen Realität die Nutzungsrechte untergehen, ob alle Berechtigten gleich große Nutzungen beziehen, oder ob diesbezügliche Abstufungen stattfinden u. s. w.

---

[1] z. B. Besitz bestimmter Bauernhöfe, Besitz eines Minimums von Grundstücken, Realbesitz überhaupt, Leistung irgend einer direkten Steuer, Besitz eines Hauswesens u. s. w.

[2] So konsequent der Verwaltungsgerichtshof in zahlreichen Entscheidungen. Ebenso E. des O.G.H. vom 1. Mai 1890 Nr. 4799 (S. Nr. 13271). Anders Krainz, 3. Auflage, § 81. (Wo das Nutzungsrecht nur gewissen Mitgliedern zukommt, den anderen fehlt, besteht zwar wahres Gemeindeeigentum, die Nutzungsrechte müssen aber als Servituten angesehen werden.) Die im Texte vertretene Auffassung schließt natürlich nicht aus, daß am Gemeindegute neben öffentlich-rechtlichen Nutzungen auch privatrechtliche Servituten, z. B. auf Grund eines Vertrages, entstehen (E. des O.G.H. vom 11. April 1889 Nr. 2647, S. Nr. 12677).

[3] Einige Gemeindeordnungen setzen statt „unangefochtene" „gültige" Übung. In Schlesien fehlt es gänzlich an einer solchen Bestimmung: es ist hier gar nicht auf die bisherige Übung verwiesen, sondern nur vorgeschrieben, daß kein Gemeindeglied einen größeren Nutzen ziehen darf, als zur Deckung seines Bedarfes notwendig ist (s. unten S. 47). Daraus schließt das E. des V.G.H. vom 7. April 1900 Z. 2421 (S. Nr. 14038), daß es in Schlesien Gemeindegut mit ausschließlichen Nutzungsrechten bestimmter Klassen überhaupt nicht gebe: hier sei nur Gemeindegut im Sinne des a.b.G.B. (s. oben S. 45) anerkannt, das zum Gebrauche eines jeden Mitgliedes der Gemeinde dient: daher konnten privilegierte Nutzungen am Gemeindegute höchstens aus einem privatrechtlichen Titel, nicht aus einem öffentlich-rechtlichen geltend gemacht werden.

[4] Einzelnen Entscheidungen des V.G.H. liegt die Ansicht zu Grunde, daß als Gemeindegut nur solche Grundstücke in Betracht kommen können, welche schon zur Zeit des Inkrafttretens der Gemeindeordnung in Gemeindeeigentum gestanden hatten, so daß ein späteres Entstehen von Gemeindegut ausgeschlossen wäre. Dies wird damit motiviert, daß bei späterem Erwerbe der Grundstücke eine unangefochtene Übung (sc. zur Zeit des Eintritts der Wirksamkeit der Gemeindeordnung) undenkbar sei (z. B. E. des V.G.H. vom 21. Januar 1897 Z. 457 S. Nr. 10302).

Für die „unangefochtene Übung" besteht in den meisten Kronländern eine Schranke: sofern nicht spezielle Rechtstitel eine Ausnahme begründen, darf niemand daraus einen größeren Nutzen ziehen, als zur Deckung seines Haus- und Gutsbedarfes notwendig ist[1]. Darüber hinausgehende Bezüge sollen sofort eingestellt werden; daher insbesondere dann, wenn die Naturalbezüge für das betreffende Gut z. B. infolge einer Wirtschaftsänderung überflüssig werden. Ob die Nutzungen am Gemeindegute nur subsidiär sind, ob also bei der Berechnung des Haus- und Gutsbedarfes die Bezüge aus dem eigenen Grundbesitze des Gemeindemitgliedes in Abzug zu bringen sind, ist nicht entschieden; die Übung ist verschieden.

Fehlt es an einer „unangefochtenen Übung", so hat der Gemeindeausschuß die Teilnahme an den Nutzungen mit der eben erwähnten Beschränkung zu regeln[2]. Er kann dabei die Teilnahme von der Entrichtung eines Einkaufsgeldes abhängig machen.

Nutzungen, die nach der Deckung aller Ansprüche erübrigen, fließen in die Gemeindekasse. Von der früheren Verpflichtung der nutzungsberechtigten Genossen, alle Gemeindelasten zu tragen (s. oben S. 41 f.), hat sich in den meisten Ländern als ein kleiner Rest die Vorschrift erhalten, daß die mit dem Besitze und mit der Benützung des Gemeindegutes verbundenen Steuern, Abgaben, Aufsichts- und Kulturkosten von den Teilnehmern verhältnismäßig zu tragen sind, sofern die in die Gemeindekasse fließenden Nutzungen nicht dafür hinreichen[3].

Die Art der Ausübung der Nutzungsrechte haben die Gemeindebehörden zu regeln, ohne diesbezüglich an die unangefochtene Übung gebunden zu sein.

2. Das Ortschafts-(Fraktions-)Gut.

Die meisten Gemeindeordnungen ignorieren das Ortschaftsgut; in einigen Ländern sind indessen eigene Ortschafts-(Fraktions-)Organe gesetzlich anerkannt, denen auch die Verfügung über den Besitz der Gemeindeteile und über dessen Verwaltung zusteht.

In Böhmen gibt es für Ortschaften, die eigenes Vermögen besitzen, Ortsvertretungen, Ortsausschüsse, Ortsräte und Ortsvorsteher: in Dalmatien für Gemeindefraktionen Ortsrichter und Konvokate; in Görz und Gradiska für die einzelnen Steuergemeinden Verwaltungsräte und Gemeindeagenten; in Krain für die ein Vermögen besitzenden Unterabteilungen und Ortschaften eigene Verwaltungsorgane mit einem Obmanne. In Oberösterreich bleiben die „Vermögenschaften jener Gemeinden, welche infolge des Gesetzes vom 17. März 1849 mit anderen in eine Ortsgemeinde vereinigt wurden, dann ganzer Klassen oder einzelner Glieder einer Ortsgemeinde" in getrennter Verwaltung: diese steht in der Regel dem Gemeindeausschusse zu, doch können die Teilnehmer an einem solchen Sondervermögen auch die Einsetzung einer selbständigen Verwaltung begehren.

Das Ortschaftsgut ist Eigentum des Gemeindeteiles als einer juristischen Person, und zwar auch dann, wenn die Gemeindeorgane im Namen und für Rechnung der Ortschaft die Verwaltung führen. Die Nutzungsrechte haben hier dieselbe juristische Natur wie beim Gemeindegute; die für dieses angeführten Rechtssätze gelten auch für das Ortschaftsgut.

3. Gemeinsames Eigentum mehrerer Gemeinden oder Gemeindeteile.

Hier ist das Verhältnis der Gemeinden untereinander zivilrechtliches Miteigentum, das Verhältnis der Gemeinden zu den nutzungsberechtigten Genossen ist dasselbe, wie bei dem einfachen Gemeindegute.

---

[1] Diese Bestimmung fehlt in Galizien.

[2] Dabei ist er aber nach E. des V.G.H. vom 10. Juni 1897 Z. 199 (S. Nr. 12362) nicht berechtigt, die Nutzungen bloß einer bestimmten Klasse von Gemeindemitgliedern zuzusprechen, da nach der Ansicht dieses Gerichtes der § 9 (resp. 8 oder 10) der Gemeindeordnungen bestimmt, daß die Gemeindemitglieder gleichmäßig (dies Wort fehlt jedoch in den Gesetzen) an Pflichten und Rechten der Gemeinde teilzunehmen haben. Nach dieser Auffassung würde immer dann, wenn eine „unangefochtene Übung" nicht besteht, kein Sondergut, sondern Gemeindegut im Sinne des a.b.G.B. vorliegen.

[3] Diese Bestimmung fehlt in Schlesien und Tirol.

4. Das Genossenschaftsgut.

Ist die gemeinschaftlich genutzte Realität Eigentum einer Korporation [1], so entscheiden Statut oder Genossenschaftsorgane über die Nutzungsrechte. Insbesondere darüber, wem die Nutzungen gebühren, welches deren Ausmaß ist, ob und unter welchen Voraussetzungen die Grundstücke geteilt und veräußert werden können, wem die Verwaltung zusteht, wie die Genossenschaftsorgane eingesetzt werden, welches deren Befugnis ist u. s. w. Die Nutzungsrechte der Genossen sind nicht als Prädialservituten zu konstruieren, überhaupt nicht als dingliche Rechte, sondern — ähnlich dem Stimmen- und Wahlrechte — als persönliche Rechte, als Ausfluß der Mitgliedschaft an der Korporation. Auch diese Nutzungsrechte gehören deshalb nicht in das Grundbuch; sie sind nur unter den im Statute enthaltenen Voraussetzungen übertragbar und teilbar und können statutenmäßig (z. B. durch Beschluß der Generalversammlung) auch gegen den Willen des einzelnen Genossenschafters modifiziert, eingeschränkt oder aufgehoben werden.

5. Unorganisierte agrarische Gemeinschaften.

Die formlosen Agrargemeinschaften (Gemeinwälder, Gemeinweiden, Nachbarschaften, Interessentschaften, Rustikalgemeinschaften, vielfach auch Waldgenossenschaften, Alpgenossenschaften u. dergl. genannt) bieten juristische Schwierigkeiten.

Schon über die primäre Frage des Eigentums gibt das Grundbuch häufig keine oder unklare Auskunft. Ist das Eigentum „der Nachbarschaft", „der Interessentschaft", „den Bestifteten" u. dergl. zugeschrieben (s. oben S. 42), muß erst noch die Natur dieses Rechtssubjektes festgestellt werden.

Das Rechtsverhältnis läßt sich, ohne seinem Wesen Gewalt anzutun, unter keine der Kategorien unseres Zivilrechtes subsumieren. Nach diesem gibt es nur zwei Möglichkeiten: die gemeinsam genutzte Realität ist entweder Miteigentum der Anteilberechtigten oder Alleineigentum einer juristischen Person. Die letztere Auffassung ist für die formlosen Gemeinschaften unmöglich, da es ihnen an Statuten und an Organen für Vertretung, Beschlußfassung und Verwaltung fehlt. So bleibt nur die erste Alternative des Miteigentums übrig [2], obgleich sich die Gemeinschaft nicht auf eine zufällige Ereignung, auf ein Gesetz, auf eine letzte Willenserklärung oder auf einen Vertrag gründet (§ 825 a.b.G.B.). Die formlosen Gemeinschaften unterliegen demnach den allgemeinen Normen über Miteigentum.

Die rechtlichen Konsequenzen davon widersprechen allerdings der ökonomischen Funktion der agrarischen Gemeinschaften und der allgemeinen, jahrhundertealten Übung. Denn nach dem a.b.G.B. kann jeder Teilhaber einer gemeinsamen Sache seinen Anteil oder „die Nutzungen davon willkürlich und unabhängig verpfänden, vermachen oder sonst veräußern" (§ 829 a.b.G.B.), also insbesondere auch teilen. „Die gemeinschaftlichen Nutzungen und Lasten werden nach Verhältnis der Anteile ausgemessen. Im Zweifel wird jeder Anteil gleich groß angesehen" (§ 839 a.b.G.B.). Über „die ordentliche Verwaltung und Benützung des Hauptstammes entscheidet die Mehrheit der Stimmen, welche nicht nach den Personen, sondern nach Verhältnis der Anteile gezählt werden". Jeder einzelne Miteigentümer kann für seine Person unbedingt die Aufhebung der Gemeinschaft durch Feilbietung oder Naturalteilung verlangen; nur nicht zur Unzeit und zum Nachteile der Übrigen (§ 830). Nur für solche Gemeinschaften, die durch Ablösung von Servituten entstanden sind, ist die Waldteilung von der Bewilligung der politischen Behörde abhängig (s. 5. Kapitel).

---

[1] Wann dies der Fall ist, ist quaestio facti. Oft ist die Entscheidung schwierig. Maßgebend ist wohl, ob eigene Organe für Beschlußfassung und Ausführung vorhanden sind. Schwerlich dürfte es angehen, gleichzeitig Eigentum der Genossenschaft als einer moralischen Person und Miteigentum der Genossen anzunehmen, wie dies der O.G.H. tut (z. B. E. vom 28. November 1900 Nr. 15614 [S. Nr. 1201]).

[2] So auch E. des V.G.H. vom 10. Januar 1901 (B. Nr. 390) in einem Falle, in dem sogar ein von den Genossen gewählter Wirtschaftsausschuß vorhanden ist; ferner E. des O.G.H. vom 3. September 1867 Nr. 7351 (S. Nr. 2862).

Nach alter Gewohnheit sind dagegen die fraglichen Nutzungsrechte untrennbar mit dem Besitze bestimmter Höfe oder Grundstücke verbunden und nur mit diesen auf andere Personen übertragbar; auch gelten sie in der Regel für unteilbar. Sie stehen ferner auch hinsichtlich ihres Umfanges und ihrer Ausübung praktisch in engster Beziehung zu den Bauernhöfen; denn die wirtschaftlichen Bedürfnisse des Stammgutes sind zumeist auch hier übungsgemäß entscheidend dafür, wie viele Nutzungen der Genosse beziehen darf, und der Bezug fällt weg, sobald er für den „Haus- und Gutsbedarf" entbehrlich wird. Nach allgemeiner Rechtsübung fehlt weiter auch die Möglichkeit, durch Majoritätsbeschluß die Art der Benützung des Gemeinschaftsgutes zu ändern; dieses darf vielmehr nur in der hergebrachten Weise, nur unmittelbar durch die Anteilsberechtigten und nur zu Gunsten der berechtigten Höfe genutzt werden.

In der Praxis hat man sich vielfach dadurch zu helfen gesucht, daß man im Grundbuch als Eigentümer der gemeinsamen Realität die jeweiligen Besitzer der Stammansässigkeiten oder der Hausnummern oder auch diese Bauerngüter selbst anschrieb, wobei manchmal auch in den Einlagen der letzteren eingetragen ist, daß mit dem Hofe ein Anteilsrecht an dem gemeinsamen Grunde verbunden ist. Die juristische Bedeutung solcher Eintragungen ist zweifelhaft. Richtig dürfte die Ansicht sein, daß dadurch ein Pertinenzverhältnis nach § 294 a.b.G.B. begründet wird, so daß im Zweifel das Miteigentumsrecht das rechtliche Schicksal des Eigentumes der Stammrealität teilt, aber jederzeit auch von der letzteren getrennt werden kann [1]. Nur der Pfandgläubiger der Hauptrealität kann gegen die Trennung Einspruch erheben.

Weitergehend ist die Ansicht, daß durch solche Eintragungen das Miteigentum zu einem Realrechte wird, das ebensowenig wie die Realservituten von dem Gute, mit dem es verbunden ist, abgelöst werden kann [2]. Diese Auffassung entspräche zwar besser als die erste der ökonomischen Funktion der Gemeindegründe, verstößt aber gegen die Freiteilbarkeit. Eine dritte Meinung will nicht einmal ein Pertinenzverhältnis gelten lassen [3].

In zwei Kronländern sind diese Widersprüche zwischen Recht und Leben durch zivilrechtliche Sondernormen wenigstens teilweise behoben.

In Tirol soll bei Liegenschaften, deren Miteigentumsanteile als Realrechte zu geschlossenen Höfen gehören, das Eigentum zu Gunsten der jeweiligen, nicht namentlich bezeichneten Eigentümer jener Höfe eingetragen werden [4]; eine Form der Eintragung, die hier infolge des Bestiftungszwanges vorgeschrieben werden konnte.

In Vorarlberg ist in Ansehung von Gemeinschaftsalpen und -weiden die Bestimmung des § 830 des a.b.G.B. über die Befugnis jedes Teilhabers, die Aufhebung der Gemeinschaft zu verlangen, aufgehoben, sofern das Gegenteil nicht in den Statuten oder Verträgen der Gemeinschaft ausdrücklich bestimmt ist [5]. Damit ist wenigstens in diesem Ländchen einer jahrhundertelangen Rechtsübung Rechnung getragen.

In den übrigen Ländern sind die angeführten allgemeinen Rechtssätze unverändert in Geltung. Doch ist die Gesetzgebung bemüht gewesen, durch eigene Normen über die Teilung und Regulierung der agrarischen Gemeinschaften auf die Beseitigung eines Teiles der bestehenden Übelstände und auf Erreichung der aus ihnen folgenden legislatorischen Ziele hinzuwirken.

---

[1] So E. des O.G.H. vom 28. Oktober 1890 Nr. 12221 (S. Nr. 13449), vom 6. Februar 1894 Nr. 582 (S. Nr. 15007).

[2] So E. des O.G.H. vom 17. Juli 1890 Nr. 7356 (S. Nr. 13347), Plenarentscheidung vom 14. März 1893 Nr. 2890 (S. Nr. 14636), vom 4. April 1900 Nr. 4329 (S. N. F. Nr. 955), vom 28. November 1900 Nr. 15614 (S. N. F. Nr. 1201). Das Argument, § 485 a.b.G.B. beziehe sich nicht nur auf Servituten, sondern auf alle Realrechte, ist nicht schlüssig, da die Streitfrage eben die Frage betrifft, ob hier ein Realrecht vorliegt, und ob ein solches gegen die Freiteilbarkeitsgesetze (s. oben S. 14 f.) durch private Willenserklärung geschaffen werden kann. Das zweite Argument — es sei ein Pertinenzverhältnis, ergo sei Abtrennung ausgeschlossen, — ist merkwürdig.

[3] So E. des O.G.H. vom 15. Dezember 1887 Nr. 10883 (S. Nr. 11886).

[4] Grundbuchsgesetz vom 7. März 1897 Nr. 9 L.G.B.

[5] Artikel IX des R.G. vom 1. März 1900 Nr. 44 R.G.B.

§ 18. Die Beseitigung und Regulierung der gemeinschaftlichen Besitz- und Benützungsrechte.

Für alle agrarischen Gemeinschaften, bei denen die Subjekte des Nutzungsrechtes nicht zugleich auch Eigentümer der genutzten Realität sind, — also insbesondere für das Gemeinde- und für das Ortschaftsgut, sowie für den gemeinsamen Besitz mehrerer Gemeinden (Ortschaften), — kommen zwei Stadien der Auseinandersetzung in Betracht: einerseits zwischen der Gemeinde (Ortschaft) und der Gesamtheit der Nutzungsberechtigten oder zwischen mehreren Gemeinden; andererseits zwischen den Nutzungsberechtigten untereinander. Werden bloß die erstgenannten Verhältnisse geregelt oder durch Teilung aufgehoben (Generalregulierung, Generalteilung), so bleibt immer noch die Gemeinsamkeit der Nutzungen aufrecht; erst auf diese letztere Gemeinschaft bezieht sich eine zweite Art von Operation: die Spezialregulierungen oder Spezialteilungen. Sind hingegen die Nutzungsberechtigten selbst im Besitze der genutzten Liegenschaft, dann entfällt die Möglichkeit von Generalteilungen und -regulierungen und es können lediglich Spezialoperationen in Frage kommen.

Es sind daher beim Gemeindegute folgende Operationen möglich:

1. Bloß Generalregulierung: das Verhältnis zwischen der Gemeinde und der Gesamtheit nutzungsberechtigter Personen wird geregelt.
2. Bloß Spezialregulierung: es wird nur das Verhältnis zwischen den Nutzungsberechtigten untereinander geregelt.
3. Generalregulierung verbunden mit Spezialregulierung (s. 1 u. 2).
4. Bloß Generalteilung: die Gemeinde scheidet aus der Gemeinschaft aus, diese wird von den Nutzungsberechtigten fortgesetzt.
5. Generalteilung mit Spezialregulierung (s. 4 u. 2).
6. Generalteilung mit Spezialteilung: gänzliche Aufhebung des Gemeinschaftsverhältnisses.

Steht die gemeinsam genutzte Realität im Miteigentum der Berechtigten, so kann, außer der Operation 2, nur Spezialteilung stattfinden.

Überdies ist es auch nicht ausgeschlossen, daß die Gemeinschaft nur hinsichtlich eines Teiles der Genossen aufgehoben, von den anderen dagegen fortgesetzt wird. Dadurch ergeben sich dann weitere Kombinationen zwischen Spezialteilung (mit oder ohne Generalteilung) und Spezialregulierung.

Außer den oben erwähnten Fällen der Generalteilung und -regulierung nennen die hier in Betracht kommenden Gesetze noch einen weiteren; er betrifft gemeinschaftliche Besitz- und Benützungsrechte zwischen gewesenen Obrigkeiten und Gemeinden oder ehemaligen Untertanen. Diese Kategorie agrarischer Gemeinschaften hat indessen gegenwärtig kaum noch praktische Bedeutung.

Die österreichischen Kronländer teilen sich hinsichtlich der Beseitigung und Regulierung agrarischer Gemeinschaften in drei Gruppen: in den meisten Ländern gilt auch heute noch das kaiserliche Patent vom 5. Juli 1853 Nr. 130 R.G.B.; für Dalmatien, wo dieses Patent niemals Geltung erlangte, wurden eigene Gesetze über die Teilung kulturfähiger Gemeindegründe erlassen; in Kärnten, Krain, Mähren, Niederösterreich und Schlesien ist dieses Patent außer Kraft und das Reichsgesetz vom 7. Juni 1883 Nr. 94 R.G.B. in Wirksamkeit getreten.

A. Das Servitutenpatent.

Nach dem Servitutenpatente[1] ist die Beseitigung der „gemeinschaftlichen Besitz- und Benutzungsrechte auf Grund und Boden" möglich, wenn sie a) zwischen gewesenen Obrigkeiten und Gemeinden sowie ehemaligen Untertanen oder b) zwischen zwei oder mehreren Gemeinden bestehen. Während aber die Behörden hinsichtlich der Servituten von Amts wegen einzuschreiten hatten (s. unten 5. Kapitel), ist die Amtshandlung hinsichtlich der Gemeinschaften „nur auf Anlangen eines interessierten Teiles (Provokation) vorzunehmen."

Gestattet sind nur Provokationen zur Generalteilung und Generalregulierung, und auch das nur für die relativ seltenen Fälle des gemeinsamen Eigentums mehrerer Ge-

[1] Kaiserliches Patent vom 5. Juli 1853 Nr. 130 R.G.B.

meinden oder eines Gemeinschaftsverhältnisses zwischen einer früheren Obrigkeit und entweder der Gemeinde oder den Untertanen. Dagegen fallen die Gemeindegüter nicht unter diese Norm, d. h. gerade die verbreitetste Art der für Generalteilungen in Betracht kommenden agrarischen Gemeinschaften.

Die Provokation kann von einer Gemeinde, resp. von der ehemaligen Obrigkeit oder von den ehemaligen Untertanen ausgehen. Ob das Begehren schon eines einzelnen „ehemaligen Untertans" genügt, oder ob es von der Majorität oder von allen Berechtigten ausgehen muß, ist im Gesetze nicht gesagt.

Erfolgt eine Provokation, so wird ganz nach dem im 5. Kapitel dargestellten Verfahren vorgegangen. Die politische Bezirksbehörde hat alle Erhebungen durchzuführen, die Statthalterei oder Landesregierung fällt das Regulierungs- oder Teilungserkenntnis, die ordentlichen Gerichte haben über den Bestand der Rechte, über deren Umfang u. s. w. zu entscheiden.

Diese Normen sind niemals von großer praktischer Bedeutung gewesen.

B. Die Teilung der Gemeindegründe in Dalmatien.

In Dalmatien[1] hat der Gemeinderat das Recht, mit Genehmigung des Landesausschusses zu beschließen, daß das Stammgut der Gemeinde oder einer Gemeindefraktion, das bisher von den Gemeindemitgliedern gemeinsam benutzt worden war, unter diese aufgeteilt oder der Gemeinde als Stammvermögen zugewiesen werde. Gegen einen die Teilung ablehnenden Beschluß der Gemeinde kann an den Landesausschuß rekurriert werden. Bei der Statthalterei wird eine Landeskommission und überdies für jede Gemeinde, die einen solchen Beschluß faßt, eine Lokalkommission errichtet; der Gemeindevorstand entwirft den Teilungsplan, der nach Genehmigung durch die Lokalkommission öffentlich zur Einsicht aufzulegen ist; Einwendungen dagegen können in bestimmter Frist eingebracht werden. Die Landeskommission entscheidet endgültig über den Plan und die Einwendungen. Die Durchführung obliegt der Landeskommission.

Jedes Gemeindemitglied soll ein seinem Nutzungsrechte gleichwertiges Grundstück erhalten, nach Maßgabe des tatsächlichen Nutzungsverhältnisses in dem Jahre, das dem Teilungsbeschlusse vorausging. Ist auf diese Weise die Teilnahmeberechtigung nicht zu bestimmen, so stellt die Teilungskommission die Teilnahme nach den Bestimmungen der Gemeindeordnungen über die Nutzungen am Gemeindegute (s. oben S. 46) fest.

Der Staat verzichtet im Falle einer solchen Teilung auf jene Rechte, welche ihm aus dem Titel des Obereigentums auf die geteilten Grundstücke zustehen. Alle Eingaben, Urkunden, Verhandlungen und Besitzübertragungen aus solchen Anlässen sind innerhalb zehn Jahren seit Erlaß des Gesetzes stempel- und gebührenfrei[2].

C. Die Regulierungs- und Teilungsgesetze.

Das Reichsgesetz „betreffend die Teilung gemeinschaftlicher Grundstücke und die Regulierung der hierauf bezüglichen gemeinschaftlichen Benutzungs- und Verwaltungsrechte"[3] faßt sowohl die General- als auch die Spezialteilungen und -regulierungen ins Auge. Es ist ein Rahmengesetz, für das bisher ausführende Landesgesetze in Galizien[4], Kärnten[5], Krain[6], Mähren[7], Niederösterreich[8], Salzburg[9] und Schlesien[10] publiziert worden sind;

[1] Landesgesetze vom 27. Mai 1876 Nr. 43 und vom 9. Januar 1895 Nr. 5 L.G.B.
[2] Gesetz vom 27. Mai 1876 Nr. 115 R.G.B.
[3] Gesetz vom 7. Juli 1883 Nr. 94 R.G.B.
[4] Gesetz vom 9. Februar 1899 Nr. 20 ex 1900 L.G.B.
[5] Gesetze vom 5. Juli 1885 Nr. 23, vom 14. Februar 1891 Nr. 18 und vom 18. Mai 1896 L.G.B.
[6] Gesetze vom 26. Oktober 1887 Nr. 2 ex 1888, vom 3. September 1894 Nr. 27 und vom 18. Mai 1896 Nr. 30 L.G.B.
[7] Gesetz vom 13. Februar 1884 Nr. 31 L.G.B.
[8] Gesetze vom 3. Juni 1886 Nr. 39 und vom 18. Mai 1896 Nr. 49 L.G.B.
[9] Gesetz vom 11. Oktober 1892 Nr. 32 L.G.B.
[10] Gesetz vom 28. Dezember 1887 Nr. 13 ex 1888 L.G.B.

die Gesetze für Galizien und Salzburg sind aber derzeit noch nicht in Geltung, da die Durchführungsverordnungen für sie noch nicht erlassen sind (s. oben S. 31).

Das Reichsgesetz bestimmt das Objekt der Operationen und die Ausführungsbehörden, es regelt die Rückwirkung der Teilung auf bücherliche Rechte Dritter und enthält Normen über das Verfahren. Dagegen sind die wichtigsten materiell-rechtlichen Punkte durch Landesgesetze zu regeln, wie insbesondere: wann Teilung, wann bloße Regulierung stattfinden soll; ob man die Teilung nur in Verbindung mit einer Zusammenlegung der Grundstücke (s. oben S. 31) oder auch selbständig vornehmen darf; ob von Amts wegen oder nur über Verlangen vorzugehen ist; ob der behördlich aufgestellte Teilungs- oder Regulierungsplan einer Beschlußfassung durch die Genossen bedarf u. s. w. Erst die Landesgesetze enthalten somit die entscheidenden Normen über die Voraussetzungen für die Operationen und über die Art ihrer Vornahme. In der ersten Hinsicht bestehen nicht unbedeutende Verschiedenheiten; in der zweiten herrscht meist Übereinstimmung.

1. Das Objekt der Gesetzgebung.

Die Normen beziehen sich auf zwei Gruppen von agrarischen Gemeinschaften[1]: auf diejenigen, die schon unter das Patent vom Jahre 1853 fallen, und auf Grundstücke, „welche von allen oder von gewissen Mitgliedern einer Gemeinde, einer oder mehrerer Gemeindeabteilungen, Nachbarschaften oder ähnlicher agrarischer Gemeinschaften (Klassen der Bauern, Bestifteten, Singularisten u. dgl.) kraft ihrer persönlichen oder mit einem Besitze verbundenen Mitgliedschaft oder von den Mitberechtigten an den in einzelnen Ländern bestehenden Wechsel- oder Wandelgründen gemeinschaftlich oder wechselweise benutzt werden.“ Diese zweite Gruppe umfaßt das Gemeinde-, Ortschafts- und Fraktionsgut, die ungeregelten Gemeinschaften, zum Teil auch das Genossenschaftsgut. Diesen agrarischen Gemeinschaften werden jene Grundstücke gleichgestellt, die gelegentlich einer Servitutenablösung oder Generalteilung an eine Ortschaft, Gemeinde oder Gesamtheit von Berechtigten abgetreten wurden. Weiter zählen hierher: in Galizien, Niederösterreich und Schlesien Grundstücke, die früher einer gemeinsamen Benutzung unterlagen, später aber durch physische Teilung ohne behördliche Bewilligung oder grundbücherliche Durchführung in Einzelbesitz übergegangen sind[2]; in Galizien und Niederösterreich Liegenschaften, die den jeweiligen Besitzern gewisser Häuser nach ideellen Anteilen im Grundbuche zugeschrieben sind. Dagegen fallen Realitäten nicht unter das Gesetz, die zwar Stammvermögen der Gemeinde sind, aber nicht unmittelbar von den Gemeindemitgliedern genutzt, sondern zu Gunsten des Gemeindevermögens verwertet werden.

Die agrarischen Gemeinschaften können nach den folgenden Normen entweder geteilt oder reguliert werden. Unberührt bleibt die Singularteilung, d. h. die Abfindung eines oder mehrerer Mitberechtigten aus der Gemeinschaft; für den Teilungsanspruch jedes Miteigentümers gelten auch weiterhin die allgemeinen Normen (s. oben S. 48 f.) und die gerichtliche Kompetenz.

2. Die Voraussetzungen für die Vornahme von Teilungen und von Regulierungen.

Teilungen und Regulierungen dürfen in den meisten Ländern selbständig, ohne Verbindung mit der Zusammenlegung (s. oben S. 31) stattfinden; nur in Salzburg sind

---

[1] Es sei bemerkt, daß die Gesetze den Ausdruck „agrarische Gemeinschaft“ enger fassen, als es hier geschieht; sie verstehen darunter lediglich das Verhältnis mehrerer nutzungsberechtigter Personen (Rustikalisten u. s. w.) zueinander, dagegen weder das Verhältnis der Nutzungsberechtigten zu der grundbesitzenden Gemeinde, noch das zwischen zwei Gemeinden. Gleichwohl betreffen die Gesetze auch diese zweite Art von agrarischen Gemeinschaften in unserem weiteren Sinne.

[2] In Kärnten gilt eine ähnliche Vorschrift nur für solche Grundstücke, die infolge der Grundlastenablösung einer Ortschaft, Gemeinde oder Gesamtheit der Berechtigten überlassen wurden.

die Operationen an die Voraussetzung geknüpft, daß die Grundstücke gleichzeitig kommassiert werden; die Teilung oder Regulierung erfolgt diesfalls von Amts wegen[1].

Grundsätzlich ist die Einleitung von Teilungen und Regulierungen durch ein Begehren (Provokation) der Interessenten bedingt[2].

Doch steht auch den politischen, autonomen und agrarischen Behörden ein gewisser Einfluß darauf zu, ob eine Operation ausgeführt werden soll, und zwar teils in negativer, teils in positiver Richtung: die Vornahme einer begehrten Teilung kann aus bestimmten Gründen behördlich verweigert werden, und es können unter Umständen Regulierungen und Teilungen statt von den Beteiligten von der Behörde provoziert werden. Nur ausnahmsweise ordnet das Gesetz unmittelbar an, daß solche Operationen von Amts wegen, also unabhängig vom Willen der Parteien und der Behörden, vorzunehmen sind.

Die Provokation hat bei Generalteilungen durch eine der beiden Parteien zu erfolgen. Provoziert die Gemeinde, so ist ein vom Landesausschuß bestätigter Gemeindeausschußbeschluß[3] erforderlich, der keiner Bestätigung durch ein Landesgesetz oder einen Landtagsbeschluß (s. oben S. 45) bedarf[4]. Will eine Gesamtheit nutzungsberechtigter Personen provozieren, so muß dies in der Regel von der Hälfte, in Krain von einem Drittel, in Kärnten von einem Viertel der Beteiligten geschehen.

In Galizien muß die Provokation beim Gemeindegute von ²/₃, sonst von der Hälfte der Berechtigten ausgehen; ist jedoch die Größe der Anteile der einzelnen Berechtigten grundbücherlich ersichtlich, so genügt das Begehren von einem Drittel der Beteiligten, falls diese mehr als die Hälfte der Anteile besitzen. Einer Bestätigung durch den Landesausschuß bedarf in Galizien jede Provokation zu einer Generalteilung des Gemeindegutes, auch wenn sie durch die Nutzungsberechtigten erfolgt.

Für die Provokation von Spezialteilungen und Regulierungen gelten die nämlichen Voraussetzungen wie für die von Generalteilungen. Doch genügt in Kärnten schon das Verlangen des zehnten Teiles der Nachbarn, und es fällt in Galizien die angeführte Erschwerung der Provokation beim Gemeindegute weg.

Das Teilungs- oder Regulierungsbegehren ist bei der Landeskommission einzubringen; ist es von einer geringeren als der vorgeschriebenen Anzahl Beteiligter ausgegangen, so bleiben diese durch sechs Monate[5] für den Fall daran gebunden, daß in dieser Frist die erforderliche Anzahl erreicht wird[6].

Die Provokation bindet sämtliche Beteiligte, auch wenn sie nur von einem Teile der Interessenten ausgeht. Die Provokanten selbst sind gebunden, da die eingeleitete Operation durchgeführt werden muß, selbst wenn sämtliche Beteiligte deren Sistierung verlangen sollten; den anderen Genossen wird direkt gegen ihren Willen die Teilung oder Regulierung aufgezwungen.

Noch weniger als den einzelnen Teilgenossen steht solchen Personen ein Einspruchsrecht zu, welche ein bücherlich eingetragenes jus in re aliena an dem der Operation unterzogenen Grundstücke, an einem darauf haftenden Nutzungsrechte oder an jenem Grundstücke haben, mit dessen Besitz dieses Nutzungsrecht verbunden ist. Solche Personen können zwar behufs Wahrung dieser Rechte an dem Verfahren teilnehmen, es aber durch ihren Einspruch nicht hindern; denn da sich selbst der Eigentümer einen Zwang zur Teilung oder Regulierung gefallen lassen muß, so kann auch Personen, die ihre Rechte vom Eigentum ableiten, ein Hinderungsrecht nicht zukommen. Doch ist dafür gesorgt, daß sie dadurch

---

[1] Gleichwohl enthält das Landesgesetz für Salzburg auch Bestimmungen für Teilungen und Regulierungen ohne Verbindung mit einer Zusammenlegung. Der Zeitpunkt, in welchem diese Normen in Wirksamkeit treten, ist jedoch einer besonderen gesetzlichen Verfügung vorbehalten.

[2] Nach dem Gesetze vom 5. Juli 1885 Nr. 23 L.G.B. sollten in Kärnten sämtliche agrarische Gemeinschaften von Amts wegen, also unabhängig von einer Provokation seitens der Beteiligten, reguliert werden, sofern nicht die Teilung verlangt wird. Erst eine Novelle vom 21. Februar 1900 Nr. 14 L.G.B. bindet auch hier die Regulierung an eine Provokation.

[3] In Galizien erfolgt die Bestätigung durch den Bezirksausschuß, im Berufungsfall durch den Landesausschuß.

[4] Nur in Galizien ist auch hier ein Landtagsbeschluß nötig.

[5] Galizien: 1 Jahr.

[6] Diese Bestimmung fehlt in Kärnten.

keinen Schaden leiden (s. unten S. 57), und es haben die Behörden ihre Interessen von Amts wegen wahrzunehmen.

Von dem Willen der Teilgenossen resp. eines Teiles derselben hängt, mit gewissen Ausnahmen, lediglich ab, ob die Operation, nicht aber, wie sie durchzuführen ist: der Plan für die Teilung oder Regulierung wird von den Behörden ausgearbeitet und unterliegt keiner weiteren Beschlußfassung durch die Interessenten.

Eine Ablehnung eines gesetzmäßigen Teilungsbegehrens darf nur ausnahmsweise durch die Landeskommission für agrarische Operationen erfolgen, wenn die pflegliche Behandlung und zweckmäßige Bewirtschaftung der einzelnen Teilstücke gefährdet würde; eine Vorschrift, die in Kärnten für alle Arten von Grundstücken, in den anderen Kronländern bloß für Wälder gilt. In Mähren, Salzburg und Schlesien kann das Teilungsbegehren auch dann abgewiesen werden, wenn die zu teilenden Grundstücke landwirtschaftliche (s. oben S. 32) sind und anzunehmen ist, daß deren Zusammenlegung bald stattfinden und das Ergebnis der Teilung wieder stören werden.

Provokation durch den Landesausschuß. Der Landesausschuß ist befugt, namens der Gemeinde oder Gemeindeabteilung die Generalteilung oder Regulierung zu begehren; in Galizien, Kärnten und Niederösterreich kann er ganz allgemein Generalteilungen und Regulierungen, in Kärnten und Niederösterreich überdies Spezialteilungen provozieren.

Von Amts wegen, unabhängig vom Willen der Parteien, sind Teilungen und Regulierungen vorzunehmen, wenn gemeinschaftliche Grundstücke in eine Zusammenlegung einbezogen werden. In der Regel sind solche Grundstücke gelegentlich der Kommassation zu teilen; doch hat im Interesse einer pfleglichen Behandlung und zweckmäßigen Bewirtschaftung von Wäldern, oder falls bei anderen Grundstücken für die Aufrechterhaltung der Gemeinschaft besondere wirtschaftliche Gründe sprechen, statt der Teilung die Regulierung von Amts wegen zu treten.

In Salzburg gestattet das gegenwärtige Gesetz überhaupt nur diese Art von Teilungen und Regulierungen (s. oben S. 53 f.). In Galizien darf das Gemeindegut auch gelegentlich einer Zusammenlegung nur über Antrag des Landesausschusses auf Grund eines Landtagsbeschlusses geteilt werden.

Auch findet Regulierung der Gemeinschaft von Amts wegen statt: bei Generalteilungen, wenn die weitere Spezialteilung nicht begehrt, die Gemeinschaft also fortgesetzt wird; unabhängig von einer Generalteilung, wenn die politische Landesbehörde erkennt, daß die Regulierung bei Waldgrundstücken aus forstwirtschaftlichen oder forstpolizeilichen Gründen notwendig ist, oder daß bei anderen Grundstücken die ungeregelte Benutzung ein öffentliches Interesse gefährdet.

In Kärnten ist überdies die Regulierung von Amts wegen vorgeschrieben, wenn einem Teilungsbegehren nicht stattgegeben wird (s. oben), wenn nur eine partielle Teilung Platz greift, oder wenn nach einer provisorischen Regelung (s. unten S. 58 f.) innerhalb 10 Jahren weder die Teilung noch die Regulierung provoziert worden ist.

3. Umfang der Teilung oder Regulierung.

Die Teilung oder Regulierung erstreckt sich im allgemeinen auf das ganze gemeinschaftlich besessene oder benutzte Grundstück und nur auf dieses. Doch gibt es davon einige Abweichungen.

In Kärnten, Krain, Mähren, Salzburg und Schlesien sind auch nicht gemeinschaftliche Liegenschaften und selbst Mobilien der Gemeinden, Ortschaften oder Gemeinschaften einzubeziehen, sofern sie für die Benutzung der gemeinschaftlichen Grundstücke dienen oder aus der Veräußerung, einer anderweitigen Verwendung oder Ertragsüberschüssen der gemeinschaftlichen Grundstücke herstammen; in Galizien und Niederösterreich erstrecken sich die Teilungen und Regulierungen auf den sonstigen beweglichen und unbeweglichen Besitz der agrarischen Gemeinschaften in engerem Sinne. In allen Kronländern kann ferner über Verlangen eines Teilgenossen auch ein diesem gehörendes Grundstück in die Teilung einbezogen werden, wenn dies der befriedigenden Auseinandersetzung förderlich ist.

Umgekehrt können Teile von gemeinschaftlichen Grundstücken von der Teilung ausgeschlossen werden, wenn sie ihrer Lage nach einer besonders großen Gefahr der Beschädigung (Überschwemmung, Rutschung u. s. w.) ausgesetzt sind, oder wenn auf ihnen besonders hohe oder schwer bestimmbare Lasten haften. Durch die Ausscheidung solcher Grundstücke wird die Ausführung der Teilung erleichtert.

4. Die Teilgenossen.

Der Kreis der Personen, die an dem Verfahren unmittelbar partizipieren, ist nicht überall ganz gleich normiert. Übereinstimmend gewähren folgende Momente Anspruch, als Teilgenosse behandelt zu werden: der physische Besitz des gemeinschaftlichen Grundstückes; der Besitz eines Nutzungsrechtes auf Grund der Zugehörigkeit zur nutzungsberechtigten Gemeinschaft der ehemaligen Untertanen, der Gemeinde- oder Klassenmitglieder; der tatsächliche Bezug der nach Deckung der Nutzungsrechte verbleibenden Ertragsüberschüsse. Hat also die Gemeinde den physischen Besitz am Gemeindegute verloren (s. oben S. 42 f.) und bezieht sie keine Ertragsüberschüsse, so ist sie hienach nicht Teilgenosse. In Galizien, Niederösterreich und Schlesien gilt jedoch eine solche Gemeinde dann als unmittelbar beteiligt, wenn sie im Grundbuche als Eigentümer oder, bei Fehlen einer Grundbuchseinlage (s. oben S. 42 f.), im Grundsteuerkataster als Steuerträger erscheint. In der Regel gebührt diesfalls der Gemeinde in Galizien bei der Teilung der zehnte Teil des Grundstückes, bei der Regulierung der zehnte Teil der Nutzungen. In Niederösterreich und Schlesien ist das Anteilsrecht der Gemeinde in einem solchen Falle dem Unterschiede zwischen dem bloßen Nutzungseigentume und dem freien Eigentume gleichzuhalten und in der Regel mit dem fünften Teile sämtlicher Anteilsrechte zu bemessen.

5. Der Inhalt der Regulierungen.

Die Regulierung umfaßt die genaue Fixierung der Nutzungsrechte, die Ordnung der Verwaltung und die Feststellung der etwa zu entrichtenden Gegenleistungen, eventuell die Ausführung gemeinsamer wirtschaftlicher Anlagen.

Die Regulierung der Nutzungsrechte kann entweder durch Feststellung von Quoten erfolgen, nach denen die periodische Gesamtnutzung unter die Berechtigten zu teilen ist, oder derart, daß die einzelnen Nutzungsrechte selbst ziffernmäßig nach Umfang, Ort und Art der Ausübung, nach Zeit, Dauer und Maß des Genusses fixiert werden. Jeder Genosse hat Anspruch: im ersteren Falle auf Zuerkennung einer solchen Quote, welche dem Verhältnisse des bisherigen Rechtes zu den Rechten der anderen entspricht; im zweiten Falle auf die ungeschmälerte Belassung seiner bisherigen Nutzungen, wobei diese jedoch zur Wahrung der dauernden Ertragsfähigkeit des Bodens verhältnismäßig herabgesetzt werden können. Müßten hiebei einzelne Genossen unverhältnismäßig beeinträchtigt werden, so sind sie auf Kosten der Gesamtheit zu entschädigen.

Für Wälder, deren pflegliche Behandlung aus öffentlichen Rücksichten besonders wünschenswert ist, müssen ein Wirtschaftsplan oder ein summarisches technisches Programm und eine Waldordnung aufgestellt werden. Eingehende Normen bezwecken die Wahrung der nachhaltigen Ertragsfähigkeit der Waldgrundstücke. Sofern die Nachhaltigkeit durch übermäßige Nutzungen oder aus einem anderen Grunde zerstört ist, muß der Wirtschaftsplan auf deren Wiederherstellung Bedacht nehmen.

Für die Feststellung der einzelnen Nutzungsrechte sind in erster Linie das gütliche Übereinkommen, sodann Urkunden, behördliche Erkenntnisse, der rechtmäßige Besitzstand oder endlich die tatsächliche statthafte Ausübung in den letzten zehn Jahren entscheidend. Als Maßstab für die „Statthaftigkeit" der Übung gilt in der Regel „der Haus- und Gutsbedarf", für dessen Bemessung spezielle Kriterien aufgestellt sind.

Hinsichtlich der Weide und der Streu ist im Zweifel als Familienbedarf eine Kuh ortsüblicher Rasse anzusehen, überdies, falls ein Teilgenosse Grundstücke, die zur Erzeugung von Winterfutter geeignet sind, besitzt, jene Viehzahl, die mit dem Futterertrag dieser Grundstücke überwintert werden kann; hinsichtlich des Nutzholzes soll der Bedarf für die Erhaltung des Wohnhauses und der Wirtschaftsgebäude der einzelnen Teilgenossen bei ortsüblicher Bauart entscheidend sein, hinsichtlich des Brennholzes und Torfes der ortsübliche Bedarf für den Haushalt einer Familie.

Die Verwaltungsrechte sind zu regulieren, sofern die Verwaltung nicht schon durch die Gemeindeordnung oder andere Vorschriften geregelt ist; doch können besondere Vorkehrungen zur angemessenen Verwaltung als notwendig erkannt werden. Die Regulierung erfolgt durch Aufstellung eines Verwaltungsstatutes. Dabei kann bestimmt werden, daß die ordentliche Verwaltung einem durch die Genossen zu wählenden oder von der politischen Behörde zu bestellenden Verwalter zusteht, und daß bei wichtigen Veränderungen, welche zur Erhaltung oder besseren Benutzung des Grundstückes vorgeschlagen werden sollten, die überstimmten Genossen sich dem Ausspruche eines Schiedsgerichtes oder einer Verwaltungsbehörde fügen müssen. Für gemeinschaftliche Waldungen, deren Erhaltung aus öffentlichen Gründen wünschenswert ist, soll ein Genosse bestellt werden, dem die Aufsicht über die Einhaltung des Wirtschaftsplanes oder des Programms und der Waldordnung obliegt.

Die Gegenleistungen, die Anteilsberechtigte für die Benutzung der gemeinschaftlichen Grundstücke an dritte Personen etwa zu entrichten haben, sind auf der letzteren Verlangen gleichzeitig zu ordnen und zu fixieren.

Gemeinsame Anlagen, die zur gesicherten Ausübung der regulierten Rechte notwendig sind, müssen zugleich mit der Regulierung durchgeführt werden, wobei jedoch über das Maß der tatsächlichen Notwendigkeit nicht hinauszugehen und namentlich an bereits bestehenden Wegen, Gräben, Bächen und Brücken nur das Unentbehrlichste zu ändern ist. Zu den Kosten dieser Anlagen haben die Genossen im Verhältnisse ihrer Anteilsrechte beizutragen. Nach den gleichen Grundsätzen ist auch die Verpflichtung zur künftigen ordentlichen Erhaltung dieser Anlagen zu regeln.

6. Der Inhalt der Teilungen.

Der Teilungsakt umfaßt die Abfindung der einzelnen Genossen, die Sorge für die Zugänglichkeit der Teilstücke, die Herstellung gemeinsamer Anlagen, die Ablösung der Gegenleistungen und die Wahrung der bücherlichen Rechte dritter Personen.

Jeder Teilgenosse hat Anspruch auf Abfindung aus den in der Teilung einbezogenen Realitäten oder Mobilien (s. oben S. 54) nach Maßgabe des Wertes seines Anteiles. Doch können unerhebliche Verschiedenheiten in Geld ausgeglichen werden.

Die zu teilende Fläche kann sich durch wirtschaftliche Anlagen, die auf dem Grunde hergestellt werden (Wege, Gräben u. dgl.), sowie dadurch vermindern, daß Gegenleistungen für die Ausübung der Nutzungsrechte mit Boden abgelöst werden. Umgekehrt wird die Fläche vergrößert, wenn Wege, Gräben oder sonstige Anlagen infolge der Operation wegfallen. Derartige Änderungen des Teilungsobjektes treffen in der Regel alle Beteiligten proportional; wenn aber Anlagen die wirtschaftliche Benutzbarkeit nur bestimmter Abfindungsstücke erhöhen, so ist die erforderliche Grundfläche nur auf Rechnung der letzteren zu beschaffen.

Um die Abfindungsgrundstücke zu bemessen, müssen zunächst die Anteilsrechte festgestellt werden (s. oben S. 55). Sodann sind sowohl die Anteilsrechte der einzelnen Teilgenossen, als auch die zu teilenden Realitäten zu bewerten. Die Bewertung der Grundstücke erfolgt entweder durch ein behördlich zu genehmigendes Einverständnis der Genossen oder durch eine Entscheidung des Lokalkommissärs auf Grund des Gutachtens von Sachverständigen. Für die Bewertung durch Sachverständige gelten die oben S. 34 angeführten Normen.

Hinsichtlich der Bewertung der Anteilsrechte ist es zweifelhaft, in welcher Weise die nuda proprietas der Gemeinde an dem von den Gemeindegenossen genutzten Gemeindegute einzuschätzen ist; ganz wertlos ist sie nämlich nicht, da freiwerdende Nutzungen in die Gemeindekasse fließen. Es fehlt indessen eine Norm für die Bewertung des physischen

Besitzes der Gemeinde am Gemeindegute. Hinsichtlich des Tabularbesitzes der Gemeinde s. oben S. 55.

Zugleich mit der Teilung müssen auch die auf den Anteilrechten etwa haftenden Verpflichtungen zu Gegenleistungen, insbesondere zu periodischen Abgaben, beseitigt werden.

Alle jene gemeinsamen Anlagen sind herzustellen, welche zur Herbeiführung einer tunlichst servitutsfreien Zugänglichkeit und zweckmäßigen Benutzbarkeit der Teilstücke erforderlich sind; doch soll dabei über das oben S. 56 angegebene Maß nicht hinausgegangen werden. Zu den Kosten für die Herstellung der wirtschaftlichen Anlagen haben die Genossen in dem Verhältnisse der Werte beizutragen, mit welchen sie an der Teilung partizipieren; nach demselben Verhältnisse ist auch die für die gemeinsame Anlage etwa notwendige Bodenfläche — wenn sie nicht durch die entfallenden Wege u. dergl. gedeckt wird — beizustellen.

Dienstbarkeiten sind zu errichten, wenn ein Teilstück sonst nicht zweckmäßig benutzt werden könnte. Das Servitutsverhältnis ist bei der Bewertung des zu belastenden Grundstücks zu berücksichtigen.

Dingliche Rechte dritter Personen dürfen durch die Teilung keinen Schaden erleiden. Dies zu verhindern bezwecken folgende Normen:

Dingliche Tabularrechte an den zu teilenden Grundstücken werden auf die Teilstücke übertragen; nur Dienstbarkeiten, die gelegentlich einer Teilung dem herrschenden Grundstücke entbehrlich werden, entfallen ohne Entschädigung. Bücherlich intabulierte Rechte an den Nutzungsrechten werden auf die Abfindungen übertragen, die an die Stelle der Nutzungsrechte treten.

Ziffernmäßig bestimmte Hypotheken auf dem zu teilenden Grundstücke müssen in der Regel von allen Teilgenossen nach Verhältnis ihrer Anteilsrechte dem Gläubiger sofort zurückgezahlt werden; dieser darf die Annahme der Zahlung selbst vor der Fälligkeit nicht verweigern. Eine Ausnahme findet statt, wenn ein Teil des Grundstückes der Gemeinschaft selbst (Gemeinde u. s. w.) zugewiesen wird; solchenfalls bleibt auf diesem Teilgrundstücke derjenige Schuldbetrag intabuliert, der 2/3 des 20fachen Katastralreinertrages desselben nicht übersteigt. Betreffs ziffernmäßig unbestimmter Forderungen soll die Behörde ein Übereinkommen über eine ziffernmäßige Fixierung anstreben; kommt ein solches nicht zu stande, so ist die Forderung als Simultanhaftung auf alle Teilstücke zu verweisen. Auf Forderungen von Anstalten, die nach ihren Statuten nur gegen eine größere Sicherheit Darlehen geben dürfen, finden diese Normen nur insoweit Anwendung, als hiedurch die statutarische Sicherheit nicht berührt wird.

7. Die Behörden.

Für die Teilungen und Regulierungen sind die oben S. 35 angeführten Behörden für agrarische Operationen — Lokalkommissäre, Landeskommission und Ministerialkommission — zuständig. Ein Ausschuß der Beteiligten (s. oben S. 35) fehlt hier. Dagegen kann der Landesausschuß zu Operationen, an denen eine Gemeinde oder Gemeindeabteilung unmittelbar interessiert ist, einen Delegierten entsenden.

Die Kompetenz der Behörden ist hier ähnlich, wie für die Zusammenlegungen. Sie erstreckt sich nicht nur auf das eigentliche Teilungs- und Regulierungsverfahren, sondern auch auf zivilrechtliche Fragen, nämlich auf Streitigkeiten der Teilgenossen über Besitz und Eigentum an den gemeinschaftlichen Grundstücken und über Gegenleistungen für die Benutzung solcher Grundstücke. Hingegen bleibt für die Frage des Eigentumes oder Besitzes an der nutzungsberechtigten Stammrealität das Zivilgericht zuständig. Auch wasser- und forstrechtliche Entscheidungen können die agrarischen Behörden für Zwecke der Teilung und Regulierung fällen, nicht aber Entscheidungen in Eisenbahn-, Straßen- oder Bauangelegenheiten.

8. Das Verfahren bei der Regulierung oder Teilung.

Das normale Teilungs- und Regulierungsverfahren gliedert sich nach erfolgter Provokation in drei Hauptabschnitte: Vorarbeiten bis zur Herstellung der Liste der Beteiligten, Verfassung des Registers der Anteilsrechte, endlich Aufstellung und Durchführung des Teilungs- und Regulierungsplanes.

1. Ist eine Teilung oder Regulierung rechtsgültig provoziert worden, so sind auf Veranlassung des Lokalkommissärs die Grenzen der gemeinschaftlichen Grundstücke zu begehen. Zugleich hat der Lokalkommissär alle an der Teilung oder Regulierung unmittelbar Beteiligten tunlichst vollständig und genau festzustellen. Die so aufgestellte Liste der Beteiligten ist zur allgemeinen Einsicht aufzulegen. Gegen sie können innerhalb einer bestimmten Frist Einwendungen eingebracht werden, über die instanzmäßig entschieden wird.

2. Ist die Liste der Beteiligten rechtskräftig, so werden die Anteilsrechte der einzelnen Beteiligten erhoben. Es folgt bei der Regulierung die Feststellung der Ertragsfähigkeit der Realität, bei der Teilung die Bewertung der Anteilsrechte und des gemeinschaftlichen Grundstückes. Hierauf werden die Ansprüche dritter Personen auf Gegenleistungen erhoben und bewertet. Die Ergebnisse all dieser Erhebungen sind in dem Register der Anteilsrechte zur allgemeinen Einsicht aufzulegen. Jeder Beteiligte ist berechtigt, gegen die darin enthaltenen Feststellungen von Rechten oder Werten, sowie gegen sonstige Daten Beschwerde einzubringen, worüber instanzmäßig zu entscheiden ist.

3. Sodann hat der Lokalkommissär bei Teilungen die Abfindungen für jeden Teilgenossen zu bestimmen, bei Regulierungen die innerhalb der nachhaltigen Ertragsfähigkeit zulässige, zweckmäßigste Art der gemeinsamen Benutzung zu regeln, über die künftige Verwaltung zu verhandeln, eventuell ein Verwaltungsstatut aufzustellen. Für beide Arten von Operationen müssen ferner Bestimmungen über die durchzuführenden wirtschaftlichen Anlagen, über die Tragung der Kosten dafür, über die notwendigen Servituten, über die Regulierung resp. Ablösung der etwa vorhandenen Gegenleistungen, über die Geldausgleichungen getroffen werden. Diese Momente bilden den Inhalt des Teilungs- (Abfindungs-) oder Regulierungsplanes. Bei der Ermittelung der einzelnen Abfindungen in Grund und Boden sind die Wünsche der unmittelbar Beteiligten soweit zu berücksichtigen, als dies ohne Verletzung der gesetzlichen Vorschriften oder Beeinträchtigung überwiegender öffentlicher Interessen tunlich ist[1].

Der Lokalkommissär legt den Abfindungsplan in den Gemeinden, in welchen die Teilung zu erfolgen hat, zur Einsicht aller Beteiligten öffentlich auf, steckt ihn an Ort und Stelle ab und erläutert ihn den Beteiligten. Diese können ihre Einwendungen binnen 30 Tagen zur instanzmäßigen Entscheidung anmelden. Auf Grund der letzteren hat sodann der Lokalkommissär eventuell den Plan abzuändern und dessen endgültige Bestätigung, sowie die für den Vollzug desselben nötigen Weisungen von der Landeskommission einzuholen. Eine Beschlußfassung der Beteiligten über den Abfindungsplan findet nicht statt. Ähnlich ist das Verfahren hinsichtlich des Regulierungsplanes. Endlich wird der Abschluß des Teilungs- oder Regulierungsverfahrens von der Landeskommission entsprechend kundgemacht.

Der rechtskräftige Teilungs- oder Regulierungsplan muß — eventuell selbst gegen den Willen sämtlicher Beteiligten — vollzogen werden. Dabei gelangen die oben S. 37 angeführten Normen sinngemäß zur Anwendung. Auch die dort angeführten Fälle der Sistierung oder Modifizierung des rechtskräftigen Planes gelten für die Teilung und Regulierung der Gemeinschaften.

Gewisse Vereinfachungen des skizzierten außerordentlich komplizierten Verfahrens sind unter Umständen gestattet. So kann die Auflegung der Liste der Beteiligten als selbständiger Akt entfallen und mit der Auflegung des Registers der Anteilsrechte verbunden werden. Bei Teilungen oder Regulierungen, an denen nur wenige Personen beteiligt und öffentliche Interessen nicht berührt sind, darf, wenn die Liste der Beteiligten aufgelegt wurde, die Auflegung des Registers der Anteilsrechte durch dessen Zusendung an die Beteiligten ersetzt werden. Überdies kann in Galizien und Kärnten das Verfahren über die Liste der Beteiligten und über das Register der Anteilsrechte entfallen, wenn hinsichtlich der Vollständigkeit der Anzahl der Beteiligten kein gegründeter Zweifel obwaltet und die Anteilsrechte entweder grundbücherlich oder durch ein Übereinkommen geregelt sind.

Das Bedürfnis, provisorische Vorkehrungen zu ermöglichen, ergab sich aus

[1] In Kärnten kommt noch folgende Norm hinzu: War das zu teilende Grundstück bei der Servitutenablösung (s. 5. Kapitel) an eine agrarische Gemeinschaft abgetreten worden und ohne behördliche Bewilligung physisch geteilt worden, so sollen bei Bestimmung der Abfindungsgrundstücke die tatsächlichen Verhältnisse möglichst berücksichtigt werden.

dem außerordentlich langsamen Fortschreiten der Teilungs- und Regulierungsaktion und aus der Notwendigkeit, raschestens der weiteren Verminderung des Gemeindegutes (s. oben S. 42), der Verwüstung der agrarischen Gemeinschaften (s. oben S. 43) Einhalt zu gebieten.

In Kärnten[1] kann deshalb die Landeskommission die Verwaltung und Ausübung der Nutzungsrechte auch ohne vorherige Einleitung des Teilungs- oder Regulierungsverfahrens durch ein provisorisches Erkenntnis regeln, ein Verwaltungsstatut vorschreiben und die Bezüge einzelner oder aller Nutzungen kürzen oder sogar ganz einstellen. Voraussetzung dafür ist, das dies zur Wahrung der nachhaltigen Ertragsfähigkeit, zur pfleglichen Behandlung und zweckmäßigen Bewirtschaftung geboten erscheint, und daß ein Antrag von einem Drittel der Nutzungsberechtigten, von dem Landesausschusse oder von der Landesregierung gestellt wird. Bei Gefahr im Verzuge kann der Vorsitzende der Landeskommission auch ohne jeden Antrag die Nutzungen auf bestimmte Zeit beschränken oder sogar ganz einstellen.

9. Die Kosten des Verfahrens.

Die Kosten des Verfahrens treffen, ganz ähnlich wie bei den Zusammenlegungen (s. oben S. 38), teils die Gesamtheit der Beteiligten, teils die einzelnen Genossen, teils den Staatsschatz. Die Gebühren für den vom Landesausschusse bestellten Delegierten fallen der Gemeinde (Gemeindeabteilung) zur Last. Die Verteilung der die Gesamtheit der Genossen treffenden Kosten erfolgt hier lediglich im Verhältnis der Werte, mit dem die einzelnen an der Operation beteiligt sind.

Zur vorschußweisen Bestreitung der die Genossen treffenden Kosten erhält der Lokalkommissär aus dem Landesfonds einen Geldverlag. Die daraus geleisteten Vorschüsse sind von den zur Tragung der Kosten Verpflichteten binnen 30 Tagen nach Zustellung des Zahlungsauftrages zu erstatten.

In Mähren, Salzburg und Schlesien gelten diese Normen nur für solche Teilungen oder Regulierungen, die selbständig vorgenommen werden. Stehen dagegen diese Operationen in Verbindung mit Zusammenlegungen, so kommen die für die letzteren geltenden Kostenvorschriften (s. oben S. 38) auch für die Teilung oder Regulierung in Anwendung.

In Galizien hat das Land einen großen Teil der Auslagen durch 15 Jahre von Beginn der Wirksamkeit des Gesetzes zu decken.

10. Gebühren. Strafen.

Für die Teilung und Regulierung bestehen analoge Gebührenbegünstigungen wie für die Zusammenlegungen (s. oben S. 40).

Die Übertretung der Bestimmungen eines genehmigten Regulierungsplanes ist von den politischen Behörden, insofern nicht eine nach anderen Gesetzen strafbare Handlung vorliegt, mit Geld bis zu 20 fl. oder mit Arrest bis zu vier Tagen zu ahnden. Eine Strafe von 1—5 fl. ist von der politischen Behörde über denjenigen zu verhängen, der die ihm übertragene Aufsicht über die Einhaltung des Wirtschaftsplanes oder Programmes und der Waldordnung (s. oben S. 55) außer acht läßt. Endlich sind die Behörden für agrarische Operationen befugt, Geldstrafen bis zum Betrage von 100 fl. auf die Übertretung der im Rahmen der Gesetze erlassenen Verfügungen, sowie Ordnungsstrafen bis zum gleichen Betrage festzustellen und aufzuerlegen.

Fünftes Kapitel.

Die privatrechtlichen Forst- und Weidenutzungsrechte.

Literatur: Schiff, Österreichs Agrarpolitik seit der Grundentlastung. Derselbe, Die Regulierung und Ablösung der Wald- und Weideservituten. (Jubiläumswerk über die Geschichte der Land- und Forstwirtschaft, 1. Halbband.)

[1] Gesetz vom 14. Februar 1891 Nr. 18 L.G.B.

§ 19. Einleitung.

Von der Grundentlastung unberührt blieben solche privatrechtliche, von der Untertänigkeit unabhängige Bodenlasten, bei denen die Bauern die Berechtigten, die Guts- oder Grundherren die Verpflichteten waren; insbesondere die den Bauern sehr allgemein kraft Herkommens oder spezieller Rechtstitel zustehenden Nutzungsrechte an herrschaftlichem Wald-, Weide- und Alpenboden [1]. Es sind dies zumeist eigentliche Servituten, hie und da auch Reallasten oder prekaristische Verhältnisse [2], ungemein mannigfaltig hinsichtlich der berechtigten Subjekte, der belasteten Objekte, des Inhaltes, Umfanges und des Entgeltes der Ausübung.

In vielen Gegenden, z. B. im ganzen Herzogtum Salzburg, besaßen alle oder doch die meisten Bauern das Recht, sich aus den herrschaftlichen Forsten ihren Bedarf an Holz und Streu zu holen, ihr Vieh in die Wälder, auf die Weiden und Alpen der Grundherren zu treiben. Die Verbreitung dieser Wald- und Weideservituten ist auch jetzt noch, trotz der erfolgten Ablösungsaktion (s. unten), eine sehr große; erstrecken sie sich doch gegenwärtig auf mehr als 1½ Millionen ha, d. h. auf etwa 15 % des gesamten Waldstandes; um die Mitte des Jahrhunderts war ihre Ausdehnung noch viel größer. In manchen Gegenden (Salzburg) sind auch gegenwärtig noch die meisten Bauern „eingeforstet“.

Ein Eingriff in die bestehenden Servitutsverhältnisse war um die Mitte des 19. Jahrhunderts ein unabweisbares wirtschaftliches und soziales Bedürfnis. Zwischen den Bauern und den Herrschaften bestand infolge der gänzlichen Unklarheit der Rechtsverhältnisse heftiger Streit nicht bloß über den Inhalt, den Umfang und selbst den Bestand der Servituten, sondern schließlich in unzähligen Fällen auch über das Grundeigentum selbst [3]; darunter litten die Kulturen selbst, da jede Partei ihr vermeintliches Recht voll auszuüben bestrebt war. Zwar sucht das a.b.G.B. und später das Forstgesetz (s. unten) die Befugnisse der Berechtigten für die wichtigsten Servitutenarten abstrakt zu präzisieren. Dies reichte aber nicht aus, um den heftigen Servitutenkampf zu beseitigen; besonders da der Inhalt der Servitutsrechte zumeist nicht ziffernmäßig fixiert war, sondern gewöhnlich auf den „Haus- und Gutsbedarf“ lautete, was von beiden Seiten Anlaß zu zahllosen Übergriffen und Mißbräuchen gab, denen nur durch eine genaue behördliche Fixierung und Regelung jedes einzelnen Falles ein Riegel vorgeschoben werden konnte.

Allein trotz der eingehendsten Regelung muß der Berechtigte in der Servitutsausübung vielfach von dem Grundeigentümer abhängig bleiben; dieser vermag Nutzungen zu stören, sie durch Anweisungen an ungünstigen Orten oder zu unpassender Zeit, durch Anlegung von Schonflächen, die nicht beweidet werden dürfen u. dergl. praktisch wertlos zu machen. Aber auch der Eigentümer des belasteten Gutes ist durch die Servituten in seiner wirtschaftlichen Freiheit beschränkt; denn er darf die Bewirtschaftung nicht derart ändern, daß die Servitutsnutzungen unmöglich würden, selbst wenn dadurch der Wald oder die Weide einer rationelleren, intensiveren Kultur zugeführt würde. Die Servituten verhindern oft zugleich den wirtschaftlichen Fortschritt auch bei den berechtigten Bauern; so erschweren die Streubezugsrechte und die Weidedienstbarkeiten eine rationelle Düngerwirtschaft und die Einführung der Stallfütterung; der unentgeltliche Bezug von Holz und Streu verleitet die Bauern zu einer sorglosen Wirtschaft mit diesen Gütern.

Die angeführten, allgemeinen Momente zu Gunsten einer Ablösung der Nutzungsrechte treffen indessen weder immer noch überall zu. Ihre Stärke hängt von lokalen Umständen, von Inhalt und Größe der Nutzungen ab, von dem Kulturzustande und den natürlichen Eigenschaften der belasteten Grundstücke u. s. f.

Sodann gibt es aber auch soziale und wirtschaftliche Gründe *gegen* die Be-

---

[1] Die mit diesen Privatrechten sehr ähnlichen öffentlich-rechtlichen Nutzungen am Gemeindegute sind im vorigen Kapitel behandelt.

[2] Im folgenden sind der Kürze halber alle diese Nutzungsrechte nach ihrer häufigsten Form „Servituten“ in einem weiteren Sinne genannt.

[3] So betrafen die Prozesse um den Waldbesitz zu jener Zeit in dem kleinen Lande Salzburg 260000 Joch (mehr als ⅓ der gesamten Wald- und Weidefläche), in Kärnten 40000 Joch (über die Hälfte aller Staatsforste), in Tirol 203000 ha (ein Fünftel des Waldlandes) u. s. w.

seitigung der Nutzungsrechte. Die Servitutsbezüge können für die Berechtigten viel wertvoller sein, als die Entlastung des Bodens für den Verpflichteten, so daß eine Ablösung ohne Schädigung eines Teiles gar nicht durchführbar ist. Die bäuerliche Viehwirtschaft beruht in Gebirgsgegenden vielfach auf den Naturalnutzungen in den herrschaftlichen Wäldern und Alpen; Geldablösungen müßten hier die Bauern arg benachteiligen, und Ablösung mit so viel Boden, daß dieser die nämlichen Nutzungen liefert, wie bisher die Nutzungsrechte, ist oft technisch oder ökonomisch unmöglich. Haben doch solche Grundstücke in der Regel einen höheren Verkehrswert als der zum landesüblichen Zinsfuß kapitalisierte Geldwert der Servitutsbezüge, weil im freien Verkehr Grundstücke, insbesondere aber Wälder relativ überzahlt werden, d. h. der Käufer sich mit einer niedrigeren als der für sonstige Kapitalsanlagen herrschenden Verzinsung begnügt.

So waren hier die legislatorischen Probleme, sollte den sozialen und ökonomischen Bedürfnissen Rechnung getragen und nach beiden Seiten hin Gerechtigkeit geübt werden, schwieriger und komplizierter, als bei der Beseitigung der Urbariallasten; denn wollte der Gesetzgeber sachgemäß verfahren, so durfte er nicht, wie bei der Bauernbefreiung, durchgreifende Rechtssätze, sondern nur gewisse allgemeine Prinzipien aufstellen, über deren Anwendung erst nach Abwägung aller Umstände des einzelnen Falles zu entscheiden war.

Diesen Motiven entsprang das Patent vom 5. Juli 1853 Nr. 130 R.G.B., „wodurch die Bestimmungen über die Regulierung und Ablösung der Holz-, Weide- und Forstprodukten-Bezugsrechte festgesetzt werden". Diese „Grundlastenablösung und -Regulierung", eine wichtige Ergänzung der Grundentlastung, ist seit einigen Jahrzehnten zwar zum größten Teile vollendet; gleichwohl besitzen diese Normen mit gewissen Modifikationen auch heute noch eine beschränkte praktische Bedeutung.

§ 20. **Der Rechtszustand im allgemeinen.**

Für die privatrechtlichen Weide- und Forstnutzungsrechte gelten nebst den allgemeinen Normen des a.b.G.B., insbesondere denen über Dienstbarkeiten, noch eigene Spezialnormen.

1. Die Begründung von Servituten.

Für die von Amts wegen abzulösenden und zu regulierenden Arten von Nutzungsrechten (s. unten S. 62 f.) sind die sonst geltenden Sätze über Entstehung von Privatrechten modifiziert[1]: für Weiderechte auf fremdem Boden, ferner Dienstbarkeiten jeder Art[2] an fremdem Waldboden ist Ersitzung ausgeschlossen; Verträge über solche Servituten müssen schriftlich abgeschlossen sein, und es ist die Erwerbung solcher Rechte an die Bedingung geknüpft, „daß die eingeräumte Dienstbarkeit von der Behörde mit den Landeskulturrücksichten vereinbar erkannt und dessen Ausübung zugelassen werde." Eine Vereinbarung, daß eine solche Dienstbarkeit unablösbar sein soll, ist unwirksam.

2. Inhalt und Ausübung der Nutzungsrechte.

1. Vom *Weiderecht* ist unreines, ungesundes und fremdes Vieh stets ausgeschlossen. Durch das Weiderecht darf der „vermöge politischer Bestimmungen geordnete Wirtschaftsbetrieb" nicht verhindert oder erschwert werden[3]. Bei Mangel eines Übereinkommens und einer Ersitzung erstreckt sich das Weiderecht, soweit keine öffentlich-rechtliche Beschränkung entgegensteht, im Zweifel „auf jede Gattung von Zug-, Rind- und Schafvieh, aber nicht auf Schweine und Federvieh"; in waldigen Gegenden auch nicht auf

---

[1] § 43 des Patentes vom 5. Juli 1853 Nr. 130 R.G.B.

[2] Nach dem klaren Wortlaute des Gesetzes gehören hierher ausnahmslos alle Servituten an Waldboden, also auch Weldwegerechte. So auch E. des O.G.H. vom 4. Januar 1894 Nr. 15263 (S. Nr. 14975) und vom 9. November 1897 Nr. 13461 (S. Nr. 16142). Das Gegenteil behauptet E. vom 20. Dezember 1888 Nr. 13754 (S. 13074).

[3] a.b.G.B. § 498 u. 501.

Ziegen. Die Viehzahl soll zunächst nach dem Trieb der ersten 3 Jahre bestimmt werden; ist dies nicht möglich, „ist teils auf den Umfang, teils auf die Beschaffenheit der Weide billige Rücksicht zu nehmen und dem Berechtigten wenigstens nicht gestattet, daß er mehr Vieh auf der fremden Weide halte, als er mit dem auf dem herrschenden Grunde erzeugten Futter durchwintern kann [1]."

Die Triftzeit wird nach dem unangefochtenen Gebrauch bestimmt, soweit dadurch nicht „der vermöge politischer Bestimmungen geordnete Wirtschaftsbetrieb erschwert wird" [2]. Wenn ein Schaden zu befürchten ist, muß der Servitutenberechtigte das Vieh von einem Hirten hüten lassen.

Speziell die Waldweide darf in den zur Verjüngung bestimmten Waldteilen (Schonungsflächen, Hegeorten) nicht ausgeübt werden, in welchen das Vieh dem Holznachwuchs verderblich wäre. Das Vieh ist von solchen Flächen abzuhalten und soll möglichst gemeinsam weiden. Im allgemeinen darf in den Wald nicht mehr Vieh getrieben werden, als dort die erforderliche Nahrung findet. Die Schonungsflächen sollen beim Hochwalde mindestens 1/6, sonst mindestens 1/5 der gesamten Waldfläche betragen [3].

2. Auch die Forstproduktenrechte erstrecken sich in der Regel nur auf den Hausbedarf, Verkauf des Bezogenen ist verboten [4]. Die Waldbesitzer haben den Berechtigten die Holz- oder Streugebühr nach vorheriger Anmeldung zur angemessenen Zeit anzuweisen, Zeit und Ort der Anweisung durch den Gemeindevorsteher bekannt zu geben [5]. Wo es die Schonung des Nachwuchses erheischt, muß die Holzgewinnung im Herbste oder bei Schnee erfolgen [6]. Wird Holz im Frühjahr oder Sommer gewonnen, muß es vor Beginn des nächsten Frühjahres aus dem Walde geschafft werden. Streu darf höchstens jedes dritte Jahr auf derselben Stelle gewonnen werden, und zwar Boden- und Aststreu nicht gleichzeitig. Um die Verletzung des Bodens und der Baumpflanzen zu vermeiden, darf man die Bodenstreu nur mit hölzernen Rechen sammeln, als Streu benützte Gewächse nur mit Schonung der Holzpflanzen abschneiden, Aststreu zunächst nur in den Fällungsorten gewinnen. Eingehende Normen beschränken insbesondere die für den Baumwuchs sehr schädliche Aststreu [7].

Die gewonnenen Produkte müssen auf den vom Waldbesitzer zu bezeichnenden Wegen oder Riesen aus dem Walde geschafft werden. Der Waldbesitzer kann verlangen, daß das gewonnene Holz vor der Wegschaffung von ihm markiert wird, und daß der Berechtigte sich über die ihm zu verabfolgenden Produkte Anweisezettel ausstellen läßt, die beim Bezug vorzuzeigen sind.

3. Die Kompetenz zur Entscheidung aller Streitigkeiten über die Ausübung der Forstservituten stehen den politischen Behörden zu. Nur Streitigkeiten über den Bestand dieser Rechte gehören vor den ordentlichen Richter.

§ 21. Die Ablösung und Regulierung der Servituten [8].

1. Das Objekt der Gesetzgebung. Deren Zwangscharakter.

a) Bezüglich der praktisch wichtigsten Nutzungsrechte haben die Behörden von Amts wegen, unabhängig von einem Antrage, ja selbst vom Willen der Parteien, einzuschreiten und die Regellosigkeit der Ausübung durch Ablösung oder Regulierung des Nutzungsrechtes zu beseitigen. Dieser Zwang zur Ablösung oder Regulierung trifft:

---

1 §§ 499 u. 500 a.b.G.B.
2 § 501 a.b.G.B.
3 § 10 Forstgesetz.
4 §§ 484, 503 a.b.G.B.
5 §§ 14 u. 15 Forstgesetz.
6 § 16 Forstgesetz.
7 § 12 Forstgesetz.
8 Gesetz vom 5. Juli 1853 Nr. 130 R.G.B. In Ausführung und Ergänzung dieses Gesetzes wurden die Ministerialverordnungen vom 3. September 1855 Nr. 161, vom 6. März 1857 Nr. 48 und vom 31. Oktober 1857 Nr. 218, die kaiserliche Verordnung vom 10. November 1858 Nr. 227 R.G.B. und die Ministerialverordnung vom 17. März 1860 Nr. 128 R.G.B. erlassen. Das Gesetz gilt nicht für Dalmatien.

alle Realservituten an Wald oder zur Waldkultur bestimmten Boden, also insbesondere alle Holzungsrechte und Bezugsrechte von Holz und sonstigen Forstprodukten in und aus fremdem Walde; aber auch Wegerechte u. s. w.;

ferner sämtliche Weiderechte auf fremdem Boden, vorausgesetzt, daß sie zeitlich unbegrenzt und unwiderruflich sind. Selbst widerrufliche Rechte dieser Art sind aber nach dem Patente zu behandeln, wenn sie in Wäldern verliehen wurden, die dem Landesfürsten kraft seines Hoheitsrechtes zustehen.

In Galizien[1] ist die zwangsweise Ablösung oder Regulierung auf die Bezüge von Gras, Schilf oder anderen Pflanzen, die auf fremden Teichen oder an deren Rändern wachsen, und auf alle Bezüge von Holz aus fremden, zur Waldkultur nicht bestimmten Gründen ausgedehnt.

Dem Ablösungs- oder Regulierungszwang muß sich, wie der Grundeigentümer, so auch der Fideikommiß- oder Lehensanwärter und der Hypothekargläubiger fügen.

b) Nur über Verlangen eines interessierten Teiles können reguliert oder abgelöst werden: alle sonstigen Feldservituten, wenn zwischen dienstbarem und herrschendem Gute das obrigkeitliche und untertänige Verhältnis bestanden hat; ferner gemeinschaftliche Besitz- und Nutzungsrechte an Boden zwischen gewesenen Obrigkeiten und Gemeinden, sowie ehemaligen Untertanen oder zwischen zwei oder mehreren Gemeinden[2].

Die kaiserliche Verordnung vom 10. November 1858 hat überdies gewisse landesfürstliche, auf dem bäuerlichen Besitze bestehende Reservatrechte in Oberösterreich, Salzburg, Steiermark und Tirol ohne Entschädigung aufgehoben, andere Reservatrechte dieser Art den Normen des Servitutenpatentes unterworfen, während das allgemeine Reservat der Holzüberschüsse für Bergbauzwecke, sowie gewisse spezielle Reservate der Kompetenz der Ablösungskommissionen entzogen wurden.

Die Ablösungs- und Regulierungsaktion wurde in den 60er und 70er Jahren größtenteils durchgeführt. Gleichwohl sind auch gegenwärtig hie und da noch Regulierungen und Ablösungen nach dem Patente von 1853 vorzunehmen. Denn für gewisse Nutzungsrechte ist die Tätigkeit der Behörden an eine Provokation durch die Beteiligten gebunden, und es besteht dafür keine Präklusivfrist; sodann können Nutzungsrechte, die der Regulierung oder Ablösung unterliegen, auch nachträglich, wenngleich nur unter erschwerten Voraussetzungen (s. oben S. 61), neu entstehen; weiter sind nicht alle älteren Rechte zur Kenntnis der Behörden gelangt, da das Verfahren auf Anmeldungen der Beteiligten beruht, ohne daß die Nichtanmeldung unter eine Sanktion gestellt ist. Nur in einigen Kronländern bestimmten spätere Gesetze[3] einen Präklusivtermin, dessen Versäumung für die schuldige Partei jedoch nur die Tragung der Kosten des Verfahrens zur Folge hat. Endlich können auch bereits regulierte Nutzungsrechte nachträglich abgelöst werden, wenn die spätere Ablösung schon gelegentlich der Regulierung vorgesehen war.

2. Ablösung oder Regulierung?

Ablösung und Regulierung sind alternativ vorgeschrieben; erstere besteht in der Aufhebung des Nutzungsrechtes gegen Ersatz in Geld oder Grundstücken, letztere in der Feststellung des Rechtes „in allen seinen Beziehungen". Welches dieser beiden Mittel angewendet werden soll, hat die Behörde im einzelnen Falle nach den im Gesetze enthaltenen Grundsätzen zu entscheiden; doch können sich die beiden Parteien auch auf eine der beiden Operationen einigen. Als Regel ist die Ablösung gedacht; davon aber sind einige so weittragende Ausnahmen statuiert, daß sich in manchen Ländern das Verhältnis umgekehrt hat und der größte Teil der Nutzungsrechte reguliert worden ist.

Regulierung hat dann einzutreten, wenn die Parteien sich darauf einigen; wenn die

[1] Gesetz vom 26. April 1871 Nr. 18 L.G.B.

[2] Diese letztere Bestimmung ist im Kapitel 4 besprochen.

[3] Gesetze für Böhmen vom 28. Januar 1869 Nr. 16 L.G.B.; Bukowina vom 17. August 1872 Nr. 15 L.G.B.; Galizien vom 25. Dezember 1869 Nr. 12 und vom 13. Oktober 1871 Nr. 31 L.G.B.; Görz-Gradiska vom 13. April 1874 Nr. 12 L.G.B.; Istrien vom 14. Januar 1873 Nr. 5 L.G.B.; Kärnten vom 17. Februar 1866 Nr. 6 L.G.B.; Krain vom 3. Februar 1881 Nr. 5 L.G.B.; Oberösterreich vom 21. März 1866 Nr. 6 L.G.B.; Tirol vom 1. August 1880 Nr. 31 L.G.B.

Ablösung überwiegend nachteilig für die Landeskultur wäre (z. B. bei Wohlfahrtswäldern, durch deren Abholzung die klimatischen oder Wasserverhältnisse der Gegend verschlechtert würden); endlich wenn sonst der übliche Hauptwirtschaftsbetrieb des berechtigten oder verpflichteten Gutes „auf unersetzliche Weise" gefährdet würde. Hierbei ist nicht auf den individuellen Wirtschaftsbetrieb des Einzelnen zu sehen, sondern auf den für Güter der betreffenden Größe lokal üblichen Betrieb; es genügt ferner für den Eintritt dieser Norm nicht, daß dieser Wirtschaftsbetrieb durch den Wegfall der Naturalnutzung arg geschädigt wird, sondern er muß auf unersetzliche Weise gefährdet sein.

Hinsichtlich der Art des Ablösungsmittels — Geld oder Grund und Boden — hat, von unbedeutenden Ausnahmsfällen abgesehen, der Verpflichtete die freie Wahl. Ohne seine Zustimmung darf also in der Regel auf Abtretung von Boden nicht erkannt werden. Somit kann, falls die Geldablösung den Hauptwirtschaftsbetrieb des Berechtigten gefährden würde, der Verpflichtete die Regulierung dadurch erzwingen, daß er die Abtretung von Boden ablehnt. Auch ist die Abtretung von Boden nur soweit zulässig, als noch eine zweckentsprechende Wirtschaft möglich ist.

3. Der Inhalt der Regulierung und der Ablösung.

Für beide Operationen sind festzustellen: die Beschaffenheit und der Umfang des Nutzungsrechtes, das zu Grunde liegende Rechtsverhältnis, die dienenden Grundstücke, die berechtigten und verpflichteten Personen, die Tatsachen, durch welche Art, Dauer und Maß der Ausübung bestimmt werden, die Gegenleistungen der Bezugsberechtigten an den Verpflichteten, endlich die Verhältnisse, welche dafür entscheidend sind, ob Ablösung oder Regulierung zu erfolgen habe, und ob mit Geld oder Abtretung von Boden abzulösen sei.

a) Die Regulierung besteht in der Feststellung des Nutzungsrechtes rücksichtlich seines Umfanges, des Ortes und der Art der Ausübung, der Zeit, der Dauer und des Maßes des Genusses, „dergestalt, daß hierdurch die möglichste Entlastung des Bodens erreicht wird". Holzungs- und Holzbezugsrechte sind auf eine bestimmte jährliche oder periodische Holzabgabe zu fixieren; beim Weiderechte muß die Gattung und Anzahl des Viehes, die Triftzeit, das Maß des Genusses und die mit der Nutzung allenfalls verbundenen Dienstbarkeiten (Viehtrieb, Viehtränke u. s. w.) klargestellt werden; bei der Weide auf Waldboden weiter die Größe der jährlich anzuweisenden Waldfläche, die der Beweidung unterliegenden Waldteile, die Zeit und die Art der Anweisung der Weideplätze. Reicht der Bodenertrag für die ermittelten Gebühren aller Nutzungsberechtigten nicht hin, so müssen diese sich einen verhältnismäßigen Abzug gefallen lassen.

Bei der Regulierung sind auch die etwaigen Gegenleistungen der Nutzungsberechtigten zu fixieren; bestehen sie aus Arbeiten, so sind diese in jährliche Geldabgaben umzuwandeln und über Verlangen des Verpflichteten von der ermittelten Nutzungsgebühr abzuziehen.

Die Regulierung ist definitiv: regulierte Servituten können nachträglich ohne Zustimmung beider Teile weder neuerlich reguliert, noch abgelöst werden. Auch dann nicht, wenn jene Umstände gänzlich weggefallen sind, wegen deren die Servitut seinerzeit nicht abgelöst werden konnte. Nur wenn schon zur Zeit der Regulierung feststeht, daß zwar gegenwärtig die Ablösbarkeit nicht gegeben ist, daß sie aber künftig oder bei Änderung des Hauptwirtschaftsbetriebes eintreten wird, soll gleichzeitig festgestellt werden, wann oder bei welchen Änderungen die Ablösung vorzunehmen ist.

b) Auch für die Ablösung muß die Nutzung vorerst reguliert werden; der so festgestellte Naturalertrag ist dann in Geld abzuschätzen. Zunächst ist der zur Ausübung der Servitut erforderliche Aufwand von der Jahresnutzung abzuziehen; für die Bewertung der restlichen, reinen Jahresschuldigkeit sind die Lokaldurchschnittspreise der Jahre 1836 bis 1845 maßgebend, und zwar ohne Rücksicht darauf, in welchem Zeitpunkte die Ablösung tatsächlich stattfindet. Von dem ermittelten Jahresgeldwerte der Nutzung ist der Wert der etwa gebührenden Gegenleistung abzuziehen; das 20fache des Restes ist das Ablösungskapital, das der Verpflichtete nach seiner Wahl in Geld, in Grundentlastungsobligationen oder in Grundstücken berichtigen kann.

Für die Bewertung des zum Ablösungsäquivalent bestimmten Grundes ist nicht, wie für die Bewertung des Nutzungsrechtes, der Naturalertrag, sondern der Verkehrswert maßgebend. Die Bewertung hat nach der nachhaltigen Ertragsfähigkeit des Bodens, also nach dem Mittel des gegenwärtigen und künftig davon zu erwartenden durchschnittlichen Nutzertrages durch Übereinkunft oder durch Sachverständige zu erfolgen. Unvermeidliche Verschiedenheiten zwischen dem Werte des Nutzungsrechtes und des Ablösungsgrundstückes sind durch Geld auszugleichen.

Durch die Abtretung erlöschen die Hypotheken des belasteten Grundes hinsichtlich des abgetretenen Stückes, das zu einem Teil des berechtigten Gutes wird. Die Interessen der an dem letzteren dinglich berechtigten Personen müssen auch bei der Geldablösung gewahrt werden. Wald soll aus Rücksichten der Landeskultur in der Regel nur ortschafts- oder gemeindeweise oder an die Gesamtheit der Berechtigten abgetreten werden. Solche Wälder sind in forstpolizeilicher Beziehung den Gemeindewäldern gleichgestellt, dürfen also wie diese ohne besondere behördliche Bewilligung nicht geteilt werden.

Die angeführten Grundsätze für die Regulierungen und Ablösungen wurden nachträglich [1] für die besonders stark belasteten Staatsforste Salzburgs und des Salzkammergutes wegen des Widerstandes der bäuerlichen Bevölkerung gegen einzelne ihr schädliche Bestimmungen wesentlich modifiziert. Insbesondere wurde hier die äußerst nachteilige Vorschrift beseitigt, daß die Bewertung der Bezugsrechte nach den viel niedrigeren Preisen der Jahre 1836—1845 geschehen muß, und es wurden an deren Stelle die jeweils zur Zeit der Ablösung herrschenden Preise gesetzt.

4. Die Behörden.

Als Durchführungsorgane wurden eigene Kommissionen in zwei Instanzen geschaffen: Lokal- und Landeskommissionen; jene als erhebende und instruierende, diese als entscheidende Behörden; deren Kompetenz beschränkte sich jedoch nicht auf das administrative Verfahren (s. unten), sondern umfaßte auch die sonst den Zivilgerichten vorbehaltene Entscheidung über den Bestand strittiger Privatrechte, sofern eine solche Entscheidung für die Operation notwendig war. Gegen die Entscheidungen der Landeskommissionen konnte an das Ministerium des Inneren rekurriert werden.

In den meisten Kronländern sind in den 80er und 90er Jahren diese „Grundlastenablösungs- und Regulierungsbehörden" aufgelöst und ist die Entscheidung strittiger und die Feststellung nicht strittiger Nutzungsrechte den Gerichten, die sonstige verwaltungsrechtliche Kompetenz den politischen Behörden übertragen worden [2]. Die letzteren haben die noch erforderlichen Regulierungen und Ablösungen nach den Bestimmungen des Patentes vom Jahre 1853 vorzunehmen.

5. Das Verfahren bei Regulierungen und Ablösungen.

Durch ein Edikt sind alle Beteiligten zur Anmeldung der dem Patente unterliegenden Rechte aufzufordern. Die angemeldeten oder sonst der Landeskommission bekannt gewordenen abzulösenden oder zu regulierenden Rechtsverhältnisse werden zur Vornahme der Erhebungen der Lokalkommission zugewiesen; diese hat darüber eine Verhandlung durchzuführen und dann die Schlußfassung der Landeskommission einzuholen. Die Lokalkommission hat alle rechtlichen und tatsächlichen Verhältnisse, welche für die Entscheidung der Landes-

---

[1] Erlässe des Staatsministeriums vom 10. August und 11. September 1863.

[2] Landesgesetze: Böhmen vom 12. April 1886 Nr. 36 L.G.B.; Bukowina vom 14. August 1893 Nr. 23 L.G.B.; Galizien vom 24. März 1895 Nr. 20 L.G.B.; Salzburg vom 29. Januar 1890 Nr. 11 L.G.B.: ferner Landesgesetze vom 8. Januar 1889 für Görz und Gradiska Nr. 5 L.G.B.; Istrien Nr. 6 L.G.B; Krain Nr. 7 L.G.B.; Mähren Nr. 10 L.G.B.; Niederösterreich Nr. 8 L.G.B.; Oberösterreich Nr. 4 L.G.B.; Schlesien Nr. 11 L.G.B.; Steiermark Nr. 6 L.G.B.; Tirol Nr. 4 L.G.B.; Triest Nr. 4 L.G.B.; Vorarlberg Nr. 7 L.G.B. Nur in Kärnten besteht auch heute noch die „Grundlasten-Ablösungs- und Regulierungs-Landeskommission"; sie ist hier zwar mit der Landesregierung vereinigt, besitzt aber immer noch die ursprüngliche, zum Teile richterliche Kompetenz.

kommission relevant sind, von Amts wegen zu erheben. Wenn die Subjekte des Rechtsverhältnisses aus der Anmeldung oder Provokation nicht zu entnehmen sind, müssen sie eruiert werden; eventuell können sie auch durch öffentliches Edikt zu den Verhandlungen mit dem Beisatze vorgeladen werden, daß ihr Nichterscheinen einem Verzichte auf die ihnen zustehenden Rechte werde gleichgehalten werden.

Das ganze Verfahren teilt sich in drei Teile: die Erhebung und Feststellung aller faktischen und rechtlichen Verhältnisse der Berechtigung und ihrer Ablösbarkeit oder bloßen Regulierbarkeit; die Erhebung und Feststellung aller näheren Modalitäten des Ablösungs- oder Regulierungserkenntnisses; die Vollstreckung und Durchführung der festgestellten Regulierungen oder Ablösungen.

Für die Erhebung der tatsächlichen und rechtlichen Verhältnisse sind zunächst die übereinstimmenden Erklärungen der zu vernehmenden Parteien maßgebend. Streitige Punkte sowie überhaupt der ganze Ablösungs- oder Regulierungsakt sollen tunlichst durch gütliches Übereinkommen festgestellt werden. Kommt ein solches Übereinkommen nicht zu stande, so haben die Behörden auf Grund der etwa vorhandenen Urkunden oder behördlichen Erkenntnisse, in deren Ermangelung auf Grund des erhobenen rechtmäßigen Besitzstandes zu entscheiden. Ist zwar der Bestand des Nutzungsrechtes und dessen Ausübung außer Zweifel gesetzt, läßt sich aber das Maß der Nutzungen und das Verhältnis der Teilnahme auf die eben angegebene Art nicht feststellen, so soll das durchschnittliche Ergebnis der faktischen Ausübung in den Nutzungsjahren 1836 bis einschließlich 1845 maßgebend sein. Fehlen aus dieser Periode die für einen Durchschnitt genügenden Nachweisungen, oder war das Nutzungsrecht nicht jährlich auszuüben, so ist das gebührende Maß der Nutzung durch Sachverständige auf einen jährlichen oder periodischen Betrag auszumitteln.

Dabei zieht aber das Gesetz für die Berücksichtigung der faktischen Ausübung gewisse Grenzen. Zu Gunsten des Belasteten wirkt die Bestimmung, daß die Ausübung des Rechtes dem Berechtigten nicht zu gute gerechnet werden dürfe, inwieweit sie vertragswidrig ist oder sie, wenngleich dem Vertrage gemäß, die gesetzlichen Bestimmungen überschritten hat. Dagegen bleiben vertrags- oder gesetzwidrige Verhinderungen der Ausübung der Servitut nicht außer Betracht, sondern nur zeitweilige Verminderungen, welche durch die Unzulänglichkeit der Erträgnisse des belasteten Grundes oder durch Unglücksfälle im Viehstande des Nutzungsberechtigten herbeigeführt wurden. Die Entscheidung über die Frage, ob Ablösung oder Regulierung stattfinden, ob mit Geld oder Boden abgelöst werden soll, die Vornahme der Regulierung oder Ablösung erfolgen durch administrative Erkenntnisse oder genehmigte Vergleiche, sie haben die Rechtswirkung gerichtlicher Erkenntnisse und Vergleiche und sind vom Zivilrichter zu vollstrecken.

In dringenden Fällen ist, bis die Regulierung oder Ablösung in Wirksamkeit tritt, ein den Umständen angemessenes Provisorium zu treffen.

Zweiter Abschnitt.

Das landwirtschaftliche Meliorationsrecht.

Literatur: Schiff, Österreichs Agrarpolitik seit der Grundentlastung, 1. Band, und die dort angeführten Schriften: ferner der Abschnitt „Wasserbau und Meliorationswesen“ in dem Jubiläumswerk über die Geschichte der österreichischen Land- und Forstwirtschaft und ihrer Industrien 1848—1898, 3. Band, insbesondere von Starkenfels, Gesetzliche Grundlagen des Wasserbau- und Meliorationswesens, Schey, Allgemeine Darstellung des Wasserbaues, Friedrich, Landwirtschaftliches Meliorationswesen.

§ 22. Einleitung.

Eine Reihe von Gesetzen stellt sich die Aufgabe, die Meliorationstätigkeit auf landwirtschaftlichem Gebiete dadurch zu befördern, daß die speziellen Hindernisse beseitigt werden, die aus dem besonderen Wesen der landwirtschaftlichen Meliorationen entspringen.

Landwirtschaftliche Meliorationen sind Kapitals- und Arbeitsaufwendungen, welche die dauernde — physikalische, chemische und kulturelle — Beschaffenheit des Bodens derart verändern, daß dessen Ertragsfähigkeit gesteigert und die Vorbedingungen für den regelmäßigen landwirtschaftlichen Betrieb verbessert werden.

Allerdings verfolgen zum Teil auch schon die im vorigen Abschnitte behandelten Normen in letzter Linie das nämliche Ziel; aber sie wollen diesen Zweck doch nur auf indirektem Wege dadurch erreichen, daß sie solche Besitz- und Nutzungsformen begünstigen, von denen eine Verbesserung des Bodens und seiner Kultur zu erwarten ist. Nunmehr handelt es sich dagegen um Normen, welche direkt darauf abzielen, die Vornahme von dauernden Bodenverbesserungen zu erleichtern, die Hindernisse der letzteren zu beseitigen.

Von den im dritten Abschnitte zu behandelnden Betriebsverbesserungen unterscheiden sich die Bodenverbesserungen hauptsächlich durch die Dauer ihrer Wirkung, die sich nicht in einer oder in einigen wenigen Betriebsperioden erschöpft. Freilich dauern auch die Meliorationen nicht ewig, so daß hier die Grenze nicht ganz scharf zu ziehen ist.

Unter den Begriff der landwirtschaftlichen Meliorationen fällt eine große Anzahl von technisch sehr verschiedenartigen Maßregeln. Für das österreichische Meliorationsrecht kommen indessen im wesentlichen nur zwei Gruppen von Meliorationsarten in Betracht: die rationelle Regelung des Verhältnisses von Wasser und Land, insbesondere durch Wasserbauten (kulturtechnische Arbeiten, 1. Kapitel), und die Aufforstung öder Flächen (2. Kapitel, § 27). Eine eigentümliche Verbindung beider Arten von Maßregeln sind die Wildbachverbauungen (§ 28).

Von dem richtigen Verhältnis zwischen Wasser und Land hängt großenteils die Ertragsfähigkeit des Bodens ab. Das Wasser kann je nach der Menge, der Zeit und den Umständen seines Auftretens der Bodenkultur schädlich oder nützlich sein; im ersten Falle muß es von den Grundstücken abgehalten oder entfernt — Uferschutz, Überschwemmungsschutz, Entwässerungen —, im zweiten in geeigneter Menge dem Boden zugeführt werden — Bewässerungen. Der Uferschutz soll die mechanische Einwirkung der Strömung auf die Flußufer — Abbruch, Abspülung — beseitigen oder vermindern. Die Bekämpfung der Überschwemmungen geschieht durch Zurückhaltung des Wassers, Bindung des Bodens, Verringerung des Gerölles und Geschiebes im Flußgebiet, durch Eindämmung des Wasserlaufes, Beschleunigung des Wasserabflusses aus dem Rezipienten mittels Durchstiches, Flußregulierungen u. dergl. Um den Boden von einem Übermaß von Grundwasser zu befreien, muß ein ganzes System von offenen Gräben oder von Drainröhren gelegt werden. Bewässerungen zum Zweck der Düngung oder der Befeuchtung erfordern die Zuleitung des Wassers, die Verteilung desselben über das Grundstück und die Wiederableitung durch Entwässerungskanäle oder Drains.

Im engsten Zusammenhang mit den angeführten kulturtechnischen Maßregeln steht die Aufforstung kahler Flächen; denn der Wald ist der beste Regulator für die Wasserverhältnisse eines Gebietes, und er übt auch sonst einen wohltätigen Einfluß auf das Klima des Landstriches aus.

Nach all diesen Meliorationen besteht in Österreich ein außerordentlich großes Bedürfnis; am richtigen Orte rationell durchgeführt, steigern sie nicht nur die Produktivität des Bodens und dessen Rohertrag, sondern auch den Reinertrag des landwirtschaftlichen Betriebes nach Abzug der Verzinsung für die Kapitalsaufwendung, und zwar deshalb, weil die Anlagekosten viel niedriger sind als der dadurch geschaffene Mehrwert des Bodens. Indessen läßt sich der wirkliche Eintritt dieser günstigen Folgen im einzelnen Fall nicht mit voller Bestimmtheit, sondern nur mit einer größeren oder geringeren Wahrscheinlichkeit voraussagen, die allerdings der Gewißheit nicht selten nahe kommt. Als die sichersten Bodenverbesserungen gelten die Bewässerungs- und Entwässerungsanlagen.

Trotz der großen privatwirtschaftlichen und volkswirtschaftlichen Vorteile der Meliorationen werden sie doch in der Mehrzahl der Fälle unterlassen. Dies ist auf eine Reihe von Hindernissen zurückzuführen, deren Bekämpfung zum Teil der Verwaltung, zum Teil aber auch der Gesetzgebung obliegt.

Schon aus der technischen Natur der angegebenen Meliorationen entspringt eines der Hindernisse: in der Regel lassen sich diese Bodenverbesserungen nicht isoliert auf einem einzelnen Grundstücke ausführen, sondern sie erfordern, ebenso wie die Kommassation, um rationell vorgenommen zu werden, die Einbeziehung des gesamten Grundbesitzes einer Gemeinde oder doch eines Flurabschnittes. Wird nun die individuelle Freiheit des einzelnen Eigentümers nicht wenigstens bis zu einem gewissen Grade eingeschränkt, so kann jeder indolente, böswillige oder unverständige Grundbesitzer eine Maßregel hindern, die allen — auch ihm selbst — von Vorteil wäre; ein Hindernis, das infolge des bei unserem Bauernstande weitverbreiteten Mangels an technischer Bildung und an Unternehmungsgeist doppelt schwer wiegt. Sodann stehen den Wasserbauten häufig subjektive Privatrechte — Grundeigentum, dingliche Rechte, ältere Wasserbenutzungsrechte — entgegen, die nur im Wege der Gesetzgebung beseitigt werden können. Endlich erfordert die Deckung der

Kosten der Meliorationsarbeiten besondere Vorkehrungen nicht nur administrativen, sondern auch legislativen Charakters.

Erstes Kapitel.

Kulturtechnische Maßregeln.

Literatur: s. oben S. 66, ferner Peyrer, Wasserrecht; Rauda, Wasserrecht; Graf Alberti de Poya, Für die Reform des österreichischen Wasserrechtes; ferner Schiff, Zur Frage der Organisation des landwirtschaftlichen Kredites in Deutschland und Österreich.

Normen zur Beseitigung der den landwirtschaftlichen Wasserbauten entgegenstehenden Hindernisse finden sich vornehmlich in dem Reichsgesetze, betreffend die der Reichsgesetzgebung vorbehaltenen Bestimmungen des Wasserrechtes [1], und in den Landesgesetzen über die Benutzung, Leitung und Abwehr der Gewässer [2], ferner in dem Reichsgesetze, betreffend die Förderung der Landeskultur auf dem Gebiete des Wasserbaues [3], endlich in dem Reichsgesetze über die zum Zwecke der Bodenverbesserung aufgenommenen Darlehen (Meliorationsdarlehen) [4]. Die Bestimmungen dieser Gesetze kommen hier nur insofern in Betracht, als sie die landwirtschaftlichen Meliorationen betreffen; im übrigen muß auf die Darstellung des Wasserrechtes verwiesen werden.

§ 23. Zwang zur Vornahme von kulturtechnischen Maßregeln. Wassergenossenschaften.

1. Absoluter oder relativer Zwang.

Für Flußregulierungen bestehen allgemeine Vorschriften über deren Vornahme. Die Regulierung derjenigen Flüsse in Böhmen, Mähren, Schlesien, Galizien und Niederösterreich ist gesetzlich angeordnet [5], die mit den zu erbauenden Kanälen und Kanalisierungen ein einheitliches Gewässernetz bilden und für die Wasserstraße besondere Bedeutung besitzen. Diese Flußregulierungen sind spätestens gleichzeitig mit dem Kanalbau zu beginnen [6]. Auch alle anderen Flußregulierungen sind „tunlichst rasch vorzubereiten" und „ehestens in Angriff zu nehmen".

Ein absoluter direkter Zwang gegen die Interessenten, um diese zu kulturtechnischen Maßregeln zu veranlassen, ist in Österreich nur in Ausnahmefällen statuiert.

Ein solcher Fall besteht bei der Teilung agrarischer Gemeinschaften (s. oben S. 56): haben die Genossen eine solche Teilung beantragt, so sind, unabhängig vom Willen der Beteiligten, mit dieser Teilung auch alle Meliorationen zu verbinden, die zu einer zweckmäßigen Bewirtschaftung erforderlich sind. Ferner können durch ein Spezialgesetz Wassergenossenschaften zwangsweise ohne Einwilligung der Beteiligten ins Leben gerufen werden, wenn Ortschaften und Fluren wiederkehrenden Überschwemmungen oder anderen Wasserbeschädigungen ausgesetzt sind.

Im übrigen aber obliegt weder den Wasserberechtigten noch den Uferbesitzern eine

[1] Gesetz vom 30. Mai 1869 Nr. 93 R.G.B.

[2] Landesgesetze vom 28. August 1870: Böhmen Nr. 71, Görz und Gradiska Nr. 41, Istrien Nr. 52, Kärnten Nr. 46, Mähren Nr. 65, Niederösterreich Nr. 56, Oberösterreich Nr. 32, Salzburg Nr. 32, Schlesien Nr. 51, Tirol Nr. 64, Triest Nr. 44, Vorarlberg Nr. 65 L.G.B.; ferner Landesgesetze für Bukowina vom 6. März 1873 Nr. 22 L.G.B., Dalmatien vom 9. März 1873 Nr. 32 und vom 24. April 1887 Nr. 26 L.G.B., Galizien vom 14. März 1875 Nr. 38 und vom 10. Juni 1892 Nr. 43 L.G.B., Krain vom 15. Mai 1872 Nr. 16 L.G.B., Salzburg vom 12. November 1896 Nr. 37 L.G.B., Steiermark vom 18. Januar 1872 Nr. 8 L.G.B.

[3] Gesetz vom 30. Juni 1884 Nr. 116 R.G.B.

[4] Gesetz vom 6. Juli 1896 Nr. 144 R.G.B.

[5] Gesetz vom 11. Juni 1901 Nr. 66 R.G.B.

[6] Ausführende Landesgesetze für Böhmen vom 13. Februar 1903 Nr. 31 L.G.B., Galizien vom 18. September 1901 Nr. 103 L.G.B., Mähren vom 10. Februar 1903 Nr. 27 L.G.B.

Verpflichtung zu Wasserbauten. Doch besteht für diese fehlende Verpflichtung ein wenn auch ungenügendes Surrogat: wenn aus Reichs- oder aus Landesmitteln Bauten zum Zweck der Benutzung, Leitung oder Abwehr der Gewässer unternommen werden, so können die Grundbesitzer, welche davon durch Zuwendung eines Vorteils oder Abwendung eines Nachteils erheblichen Nutzen haben, zu einer angemessenen Beitragsleistung verhalten werden. Die Landesgesetzgebung kann also in der Regel zwar die Beteiligten nicht zwingen, eine Melioration vorzunehmen, wohl aber kann sie die Durchführung bestimmter Wasserbauten auf Landeskosten anordnen und die Interessenten zu Beiträgen verhalten. Ob der Bau den fraglichen Personen in erheblichem Maße nützt und welcher Beitrag „angemessen" ist, hat zunächst die politische Behörde zu ermitteln; doch können die Beteiligten dagegen die gerichtliche Entscheidung anrufen. Schon die Feststellung im Verwaltungswege genügt indessen, um von dem Uferbesitzer provisorische Beiträge auf Rechnung der gerichtlich zu bestimmenden Leistungen einzuheben, und zwar nötigenfalls im Wege der politischen Exekution.

Ein relativer Zwang zur Vornahme von Meliorationen besteht in Österreich in einem viel weiteren Umfange. Es ist nicht ganz dem freien Belieben jedes einzelnen Grundbesitzers anheimgestellt, ob er sich an einem Meliorationsunternehmen beteiligen will oder nicht; ist die Einbeziehung eines Grundstückes für die Durchführung einer Bodenverbesserung notwendig, so kann der Besitzer gegen seinen Willen gezwungen werden, an einer Wassergenossenschaft zur Durchführung der Bodenverbesserung teilzunehmen (s. auch oben S. 33).

2. Bildung und Auflösung von Wassergenossenschaften.

Wassergenossenschaften können gebildet werden: zum Zwecke der Ausführung, Erhaltung und Ausnützung der Wasserbauten, zum Schutze des Grundeigentums, zur Regulierung eines Gewässers, zur Entwässerung oder Bewässerung von Grundstücken; und zwar entweder durch freie Übereinkunft aller Beteiligten (freie Genossenschaften) oder auf Grund von Mehrheitsbeschlüssen durch behördliche Verfügung (Zwangsgenossenschaften).

Die Voraussetzungen für die Bildung von Zwangsgenossenschaften sind: unzweifelhafter Nutzen der beabsichtigten Anlage für die Beteiligten; Zustimmung von 2/3 der Beteiligten bei Bewässerungen [1], der Hälfte der Beteiligten bei sonstigen Anlagen; Unmöglichkeit zweckmäßiger Ausführung ohne Einbeziehung der Besitzungen der Widersprechenden.

Die Stimmen werden nicht nach Köpfen, sondern bei Entwässerungen und Bewässerungen nach der Fläche der einzubeziehenden, bei Schutz- und Regulierungsbauten nach dem Werte [2] der zu schützenden Grundstücke berechnet. Stimmenenthaltung gilt in den meisten Ländern als Ablehnung, nur in Galizien, Niederösterreich, Mähren und Steiermark als Zustimmung. Ein Grundstück, dessen Benutzungsweise dadurch für den Besitzer minder vorteilhaft werden würde, darf nicht gegen dessen Willen einbezogen werden.

Die Bildung der Zwangsgenossenschaft erfolgt durch das behördliche Erkenntnis, daß die widersprechenden Beteiligten zum Eintritt in die Genossenschaft verpflichtet sind.

Jeder Beteiligte sowie jede Gemeinde ist berechtigt, einen diesbezüglichen Antrag bei der politischen Behörde zu stellen. Diese bestimmt, welche Liegenschaften als beteiligt anzusehen sind; sie prüft das Projekt und den Kostenvoranschlag, nimmt daran die etwa erforderlichen Abänderungen vor und setzt den Umfang des Unternehmens fest. Hierauf ermittelt sie das Verhältnis der dafür und der dagegen abgegebenen Stimmen und untersucht das Vorhandensein der oben angeführten Voraussetzungen. Treffen diese zu, so hat sie, falls eine behördliche Bewilligung des Unternehmens noch nicht vorliegt, eine kommissionelle Verhandlung darüber durchzuführen und bei Fällung des diesbezüglichen Erkenntnisses zugleich über die Verpflichtung zum Eintritt in die Genossenschaft zu entscheiden.

---

[1] Nur in der Bukowina genügt auch für diese Anlagen die einfache Majorität.
[2] Dabei ist die zu erwartende Erhebung des Wertes durch das Unternehmen einzurechnen.

Die Auflösung einer Wassergenossenschaft kann durch die Genossenschafter selbst nach Erfüllung ihrer Verbindlichkeit erfolgen. Dazu ist ein Beschluß erforderlich, der den oben genannten Bedingungen entspricht.

3. Mitgliedschaft.

Mitglieder der Genossenschaften sind zunächst die Besitzer der durch das behördliche Erkenntnis einbezogenen Grundstücke. Die Eigentümer von benachbarten Grundstücken haben jedoch einen Anspruch auf nachträglichen Eintritt, wenn für diese Grundstücke der durch die Genossenschaft angestrebte Zweck dadurch am besten zu erreichen ist und die Ausdehnung der Anlage ohne Nachteil für die Genossen geschehen kann.

Einzelne Grundstücke können aus dem genossenschaftlichen Verbande mit Zustimmung aller übrigen Mitglieder stets ausgeschieden werden, gegen deren Willen aber nur dann, wenn der angestrebte Zweck für das Grundstück innerhalb einer angemessenen Frist nach Beendigung der Anlage nicht eingetreten ist. Gezwungene Mitglieder der Genossenschaft können solchenfalls die geleisteten Beiträge zurückfordern.

Die Mitgliedschaft ist ein Realrecht, das an den Besitz des einbezogenen Grundstückes geknüpft ist; durch den Erwerb der Liegenschaften wird ipso jure auch die Mitgliedschaft erworben. Ebenso sind die Genossenschaftsverpflichtungen Reallasten, die auf den einbezogenen Grundstücken haften. Sie genießen bis zum Betrage der dreijährigen Rückstände ein gesetzliches Pfandprivileg (s. unten § 25 III) und erlöschen nur mit dem Ausscheiden des Grundstückes aus der Genossenschaft oder mit deren Auflösung.

4. Organisation der Wassergenossenschaften. Kosten.

Jede Wassergenossenschaft muß ein Statut, einen Ausschuß für die Verwaltung und einen Obmann für die Vertretung nach außen besitzen.

Die Statuten werden von der Genossenschaft mittelst einfacher Stimmenmehrheit beschlossen[1] und sind der politischen Behörde vorzulegen. Der Ausschuß wird in gleicher Weise von den Mitgliedern der Genossenschaft gewählt; der Obmann von den Ausschußmitgliedern mit nach Köpfen berechneter Stimmenmehrheit.

Für die Verteilung der Kosten sind in erster Linie die Statuten, sodann gütliches Übereinkommen maßgebend. In Ermangelung eines solchen hat die politische Behörde auf Grund des Befundes von Sachverständigen zu entscheiden. Dabei soll bei Entwässerungs- und Bewässerungsanlagen der einbezogene Flächeninhalt zu Grunde gelegt werden; sind aber die Vorteile aus der Anlage für die einzelnen Grundstücke stark verschieden, so werden die letzteren in Klassen mit größeren oder kleineren Beiträgen eingeteilt; bei Wasserschutzbauten soll die Kostenverteilung nach dem Verhältnis des erlangten Vorteils, nach dem Grade der zu besteigenden Gefahr oder nach dem Werte der Liegenschaften und Anlagen erfolgen.

Rückständige Beiträge können in politischen Zwangswegen hereingebracht werden.

§ 24. **Beseitigung entgegenstehender subjektiver Rechte.**

Subjektive Rechte, welche wünschenswerte kulturtechnische Arbeiten zu hindern vermögen, sind namentlich das Grundeigentum, dingliche Rechte an dem Boden und bestehende Wasserbenutzungsrechte.

1. Enteignung.

Bei Bewässerungen und Entwässerungen ist es häufig nötig, das Wasser über oder unter fremde Grundstücke zu- oder abzuleiten. Um die nutzbringende Verwendung des

[1] Über die Berechnung der Stimmen s. oben.

Wassers zu befördern oder dessen schädliche Wirkungen zu beseitigen, können deshalb gegen angemessene Entschädigung Servituten auf den Grundstücken der Zwischenlieger zwangsweise bestellt werden; doch hat der letztere die facultas alternativa, statt dessen eine entsprechende Grundfläche gegen Entschädigung abzutreten. Auch besteht ein allgemeines Enteignungsrecht zu Gunsten von Wasserbauten im öffentlichen Interesse.

2. Zerteilung von Liegenschaften.

Die Ausführung der Bewässerungs- oder Entwässerungsanlagen, der Schutz- oder Regulierungsbauten und der dafür erforderlichen Werkanlagen ist häufig davon abhängig, daß einzelne Parzellen eines Grundbuchkörpers lastenfrei abgetrennt und für die Meliorationsanlage verwendet werden. Eine solche lastenfreie Abtrennung ist in der Regel an die Zustimmung der an dem Grundbuchkörper dinglich berechtigten Personen gebunden, so daß ohne solche Zustimmung bei grundbücherlicher Abtrennung alle Lasten simultan auch auf das Trennstück übertragen werden müssen.

Um die lastenfreie Abtrennung für kulturtechnische Zwecke zu erleichtern, kann, wenn die Verwendung der Parzellen für die gedachten Zwecke amtlich bestätigt wird, das Abtrennungsgesuch im Grundbuche angemerkt und eine Tagfahrt zur Entgegennahme der Einsprüche der Tabulargläubiger angeordnet werden. Die Abtrennung kann trotz eines etwa erhobenen Einspruches vom Gericht bewilligt werden, wenn das Trennstück nicht mehr als 50 fl. wert ist und aus der Abtrennung den Tabulargläubigern offenbar kein Nachteil droht[1].

Die für dieses Verfahren erforderlichen Eingaben und deren Beilagen, Protokolle, Erkenntnisse und Ausfertigungen sind stempelfrei.

Die lastenfreie grundbücherliche Zerteilung von Liegenschaften nach dem Gesetz vom 6. Februar 1869 Nr. 18 R.G.B. (s. oben S. 14 f.) hat zur Voraussetzung: 1. daß ein Tausch von Grundstücken beabsichtigt ist; 2. daß es sich um landwirtschaftliche Kulturen handelt; 3. daß eine bessere Bewirtschaftung der Besitzungen der Tauschenden bewirkt wird; 4. daß die Forderung, wegen welcher Einspruch erhoben wird, nicht gefährdet wird.

Das Verfahren ist etwas verschieden je nachdem, ob gleichzeitig nur um eine oder um mehrere Grundabtrennungen nachgesucht wird.

Im ersteren Falle hat das Gericht alle Tabulargläubiger zu einer Tagfahrt einzuladen, bei welcher jeder Gläubiger gegen die Abtrennung Einspruch erheben kann, wenn er glaubt, daß der Wert des Trennstückes 50 fl. übersteigt, oder daß durch die Abtrennung sein bücherliches Recht gefährdet wird; wer keinen Einspruch erhebt, gilt als zustimmend. Das Gericht hat nach gepflogenen Erhebungen über den Einspruch zu entscheiden und trotz eines solchen die Abtrennung zu bewilligen, wenn der Wert des Trennstückes den Betrag von 50 fl. nicht übersteigt und „aus der Abtrennung dem betreffenden Tabulargläubiger mit Rücksicht auf den, nach geschehener Trennung und in Beachtung der Wirkungen derselben sich ergebenden Wert des erübrigenden Grundbuchskörpers und auf den Stand der bücherlichen Lasten offenbar kein Nachteil droht“. Der Einspruch kann auch durch Bezahlung der Schulden, selbst wenn sie noch nicht fällig sein sollten, beseitigt werden.

Werden gleichzeitig mehrere Trennungen für die nämliche Wasseranlage angesucht, so werden die Tabulargläubiger von der Tagfahrt nicht individuell, sondern durch ein Edikt verständigt. Darüber, ob der Wert der einzelnen Trennstücke den Betrag von 50 fl. übersteigt, hat in diesem Falle das Gericht, auch wenn kein Einspruch erhoben worden ist, von Amts wegen zu entscheiden.

3. Das Verhältnis zu Stauanlagen.

Stauanlagen erhöhen das Niveau des Oberwassers, verursachen in den höheren Teilen des Flußgebietes oft Versumpfungen und Überschwemmungen und können das Funktionieren der dort befindlichen Entwässerungsanlagen verhindern. Sind die letzteren im öffentlichen Interesse gelegen, so kann das Stauwerk enteignet werden.

Ferner ist in privaten Gewässern jede Wasserbenutzung untersagt, durch welche eine Rückstau, Überschwemmung und Versumpfung fremder Grundstücke verursacht wird.

---

[1] Gesetz vom 11. Mai 1894 Nr. 126 R.G.B.

An privaten und öffentlichen Gewässern bedarf jede beabsichtigte Anlage, die den Wasserlauf oder die Höhe des Wasserstandes beeinflussen kann, einer behördlichen Bewilligung, wobei auch die Interessen des Grundbesitzes und der bereits bestehenden Wasseranlagen wahrzunehmen sind.

Die Frage, was zu geschehen habe, wenn bereits vorhandene Stauwerke Rückstauungen, Versumpfungen oder Beschädigungen fremden Eigentums zur Folge haben, ist nicht einheitlich entschieden. In den meisten Ländern[1] kann solchenfalls der Stauwerksbesitzer zur Tieferlegung und Abänderung seines Werkes nur dann gezwungen werden, wenn ihm dadurch nicht ein überwiegender Nachteil verursacht wird; in Böhmen, Krain und Oberösterreich nur dann, wenn die Betriebskraft des Werkes dadurch nicht sinkt; in Steiermark nur dann, wenn beide Bedingungen erfüllt sind. Hingegen verpflichten die Landesgesetze von Galizien, Kärnten, Niederösterreich, Tirol und Triest den Werkbesitzer unbedingt zur Vornahme oder Gestattung derjenigen Maßregeln, die zur Beseitigung der Beschädigungen fremden Eigentums erforderlich sind[2].

Auch die Fragen, wem die Kosten der Abänderung eines schädlichen Stauwerkes zur Last fallen, und ob dem Werkbesitzer für die durch die Änderung verursachten Nachteile eine Entschädigung gebührt, sind in den Landesgesetzen verschieden beantwortet.

4. Verhältnis zu älteren Wasserbenutzungsrechten.

Ältere Wasserbenutzungsrechte können sehr häufig geplante Meliorationen unmöglich machen, auch wenn diese eine viel größere wirtschaftliche Bedeutung besitzen, als jene. Darum ist die Verwendung des Wassers zu Bodenverbesserungen trotz bereits bestehender Wasserbenutzungsrechte unter Umständen gestattet.

Wasser, welches tatsächlich unbenutzt bleibt oder doch nicht voll ausgenützt wird, kann von dritten Personen zu anderen Zwecken verwendet werden. Bei öffentlichen Gewässern geht das erworbene Benutzungsrecht von vorneherein nicht weiter als der tatsächliche Bedarf. Auch bei privaten Gewässern muß aber der Besitzer das Wasser, soweit er es nicht benötigt und innerhalb einer bestimmten Frist nicht benutzt, Anderen gegen angemessene Entschädigung überlassen.

Tatsächlich benutztes Wasser kann dem Wasserberechtigten zu Gunsten einer neuen kulturtechnischen Unternehmung behördlich entzogen werden[3]. Voraussetzung dafür ist: daß eine Bewässerung oder Entwässerung von Grundstücken ohne gänzliche oder teilweise Entziehung eines zu anderen Zwecken rechtmäßig benutzten öffentlichen Gewässers nicht oder nur mit unverhältnismäßigem Aufwand erzielt werden kann, und daß dem geplanten Unternehmen eine höhere wirtschaftliche Bedeutung zukommt, als der älteren Wasserbenutzung. Solchenfalls kann im Verwaltungswege zu Gunsten einer Wassergenossenschaft auch die gänzliche Entziehung des Wassers gegen Schadloshaltung des Wasserberechtigten ausgesprochen werden, zu Gunsten einzelner Grundbesitzer dagegen nur die teilweise Entziehung des Wassers und auch eine solche nur dann, wenn gleichzeitig auf deren Kosten die Vorrichtungen zur Wasserbenutzung so geändert werden, daß der frühere Nutzeffekt ungeschmälert erhalten bleibt.

§ 25. Die Finanzierung kulturtechnischer Unternehmungen.

Bei einer rationellen Melioration werden zwar die Kosten durch die Erhöhung des Reinertrages nicht nur hereingebracht, sondern übertroffen; gleichwohl macht die Aufbringung des erforderlichen Baukapitals zumeist große Schwierigkeiten, und zahlreiche vorteilhafte Meliorationen müssen aus Kapitalsmangel unterbleiben.

---

[1] Bukowina, Dalmatien, Görz und Gradiska, Istrien, Mähren, Salzburg, Schlesien und Vorarlberg.

[2] In Kärnten hat der Werkbesitzer die Wahl, statt dessen Ersatz für den entstandenen Schaden zu leisten.

[3] Gesetz vom 30. Juni 1884 Nr. 116 R.G.B.

Eine Reihe von Normen sucht die Finanzierung von Meliorationsunternehmungen zu erleichtern. Hieher gehört die Beitragspflicht der Grundbesitzer zu Wasserbauten, die aus Reichs- oder Landesmitteln unternommen werden (s. oben S. 69); ferner die Bestimmung, daß bei Flußregulierungen der gewonnene Grund demjenigen gehört, der die Kosten der Unternehmung trägt, wobei den Anrainern das Recht zusteht, den Grund, falls dieser für die Unternehmung nicht mehr notwendig ist, gegen Entgelt einzulösen.

Wichtiger sind die Maßregeln, welche die Beseitigung der Hindernisse für die Aufnahme von Meliorationsdarlehen bezwecken. Verschuldete Grundbesitzer können vielfach, auch für eine sehr vorteilhafte Meliorationsanlage, keinen Kredit finden. Um gleichwohl die volkswirtschaftlich so wichtigen Bodenverbesserungen zu ermöglichen, sind besondere Vorkehrungen getroffen worden.

I. Der staatliche Meliorationsfonds.

Von den Mitteln zur Beförderung des Meliorationskredites gehören einige nicht zum Agrarrechte, sondern zur Landwirtschaftspflege, wie die Gewährung von Subventionen und Darlehen aus öffentlichen Mitteln, die Einrichtung spezieller Meliorationskreditinstitute u. s. w. Doch sei hier der staatliche Meliorationsfonds kurz erwähnt, da Normen über dessen Verwendung gesetzlich festgelegt sind [1].

Dieser Fonds ist durch jährliche staatliche Beiträge gebildet. Der ursprünglich durch die Gesetze vom 30. Juni 1884 Nr. 116 und vom 31. Mai 1889 Nr. 96 R.G.B. festgesetzte Betrag von 1 Million Kronen jährlich wurde durch spätere Novellen (Gesetz vom 14. August 1891 Nr. 129, kaiserliche Verordnungen vom 1. Juli 1898 Nr. 121, vom 9. Juli 1899 Nr. 160, vom 28. Juni 1900 Nr. 102, vom 29. Dezember 1900 Nr. 232, Gesetz vom 24. Januar 1902 Nr. 28 R.G.B.) sukzessive bis zu jährlich 4 Millionen gesteigert: im ganzen sind seit der Gründung 32 Millionen Kronen in den Fonds geflossen.

Der Meliorationsfonds soll Unternehmungen zum Schutze des Grundeigentums gegen Wasserverheerungen oder zur Erhöhung des Reinertrages der Grundstücke durch Bewässerung oder Entwässerung finanziell fördern. Voraussetzungen dafür sind: 1. ein öffentliches Interesse an dem Unternehmen; 2. ein Landesgesetz [2], welches das Unternehmen anordnet; 3. es muß a) entweder ein Landesunternehmen sein, wobei die Beitragsleistung der Anrainer (s. oben S. 69) höchstens 30 % des Erfordernisses ausmachen darf, oder b) ein Bezirks-, Gemeinde- oder Genossenschaftsunternehmen, das aus Landesmitteln gefördert wird, und zwar bei Schutzbauten gegen Wasserverheerungen durch eine Subvention von wenigstens 30 % des Erfordernisses, bei Entwässerungen oder Bewässerungen durch eine Subvention von wenigstens 20 % oder durch ein höchstens 4 %iges in Raten rückzahlbares Darlehen von mindestens 30 % des Voranschlages; 4. die Ausführung und der Kostenvoranschlag müssen mit der Regierung vereinbart sein; 5. dieser muß ein angemessener Einfluß auf den Gang des Unternehmens zustehen; 6. die Erhaltung der Anlagen muß gesichert sein.

Unter diesen Voraussetzungen können aus dem Meliorationsfonds gewährt werden: 1. für Landesunternehmungen Subventionen bis zu 30 % des Erfordernisses; 2. für Unternehmungen, die aus Landesmitteln bloß gefördert werden, Subventionen oder Darlehen in der vom Lande bewilligten Höhe. Ausnahmsweise kann auch dem Lande ein Darlehen bis zu 50 % derjenigen Summe gewährt werden, welche das Land selbst zu tragen hat. Endlich können höchstens 4 %ige in fünf Jahren rückzahlbare Darlehen ausnahmsweise auch an Wassergenossenschaften erteilt werden, welche Teilschuldverschreibungen

---

[1] Eine Reihe von Kronländern hat gleichfalls eigene Fonds für die Gewährung von Subventionen oder Darlehen zu Zwecken der Bodenverbesserung geschaffen, aber keine allgemeinen Rechtsnormen dafür aufgestellt.

[2] Die zahlreichen, auf Grund dieser Bestimmungen erlassenen Landesgesetze, durch welche die Vornahme einzelner Wasserbauten angeordnet wird, sind materiell Verwaltungsmaßregeln, die hier nicht dargestellt werden.

ausgegeben haben, wenn elementare Ereignisse im Genossenschaftsgebiete die Zahlungsfähigkeit der Genossenschaft vorübergehend beeinträchtigen.

Wird ein Unternehmen aus dem Meliorationsfonds unterstützt, so müssen auf Wunsch der Regierung bei der Ausführung Sträflinge verwendet werden.

II. Die Finanzierung der Flußregulierungen.

Die Durchführung der notwendigen Flußregulierungen ist durch das Gesetz vom 11. Juni 1901 angeordnet (s. oben S. 68). Für die Beitragsleistungen der Kronländer haben „die bei solchen Maßnahmen bisher üblichen Gesichtspunkte Anwendung zu finden" (s. oben sub I). Soweit die Kosten nicht durch Beiträge der Länder, der Interessenten oder der Meliorationsfonds gedeckt werden, sind sie im Wege einer Anleihe zu beschaffen. In den Jahren 1904 bis 1912 dürfen 7 500 000 Kronen für Regulierungen aufgenommen werden. Nach den auf S. 68 zitierten Landesgesetzen tragen die Länder 40 %, der Staat 60 % der Kosten.

III. Das Meliorationskreditrecht.

Der staatliche Meliorationsfonds kann nur eine beschränkte Anzahl von Unternehmungen von besonders großer allgemeiner Bedeutung finanzieren. Für alle anderen Meliorationen muß die Krediterlangung auf andere Weise ermöglicht werden. Zu diesem Zwecke ist das sonst im Hypothekenrecht geltende Prioritätsprinzip zu Gunsten des Meliorationskredites durchbrochen. Eine solche scheinbare Bevorzugung des Meliorationsgläubigers kann bei entsprechenden Vorsichten ohne Ungerechtigkeit statuiert werden, weil eine rationelle Melioration den Wert des Pfandobjektes um mehr erhöht, als die Kosten der Unternehmung betragen. Ohne die älteren Hypothekarrechte zu verkürzen, erlangt man daher für die Meliorationsforderung ein genügendes Sicherstellungsmittel, wenn der durch die Bodenverbesserung erzielte Mehrwert von dem früheren Bodenwerte getrennt und für die Befriedigung des Meliorationsgläubigers reserviert wird.

Die Durchbrechung des Prioritätsprinzips mußte verschiedene Formen annehmen, je nachdem es sich um Einzel- oder um genossenschaftliche Meliorationen handelt. Bei der Einzelmelioration kann der Gläubiger direkt ein Pfandprivileg an dem zu verbessernden Grunde erhalten; bei genossenschaftlichen Meliorationen besteht dagegen ein direktes Rechtsverhältnis der Grundbesitzer nur zu der Genossenschaft, es können daher lediglich die Umlagen der letzteren pfandrechtlich privilegiert werden. Indirekt erhöht dies aber auch die Sicherheit des Gläubigers der Genossenschaft, da die Beitragspflicht der Mitglieder die ökonomische Basis für den Kredit der Genossenschaften bildet. Die Sicherheit dieses Kredites kann durch weitere Rechtsnormen erhöht werden, welche eine engere rechtliche Beziehung zwischen den Forderungen dritter Personen gegen die Genossenschaft und den Forderungen dieser gegen ihre Mitglieder herstellen.

1. Wassergenossenschaften.

a) Die Leistungen aus dem Genossenschaftsverhältnisse haften als Grundlasten auf dem Boden, und die dreijährigen Rückstände genießen ein gesetzliches, privilegiertes Pfandrecht an den Grundstücken (s. oben S. 70) unmittelbar hinter den landesfürstlichen Steuern und öffentlichen Abgaben, ohne daß eine bücherliche Einverleibung notwendig ist. Dieses Pfandprivileg besteht nicht bloß für Zwangsgenossenschaften, sondern auch für die durch freie Übereinkunft der Beteiligten gebildeten; es ist davon unabhängig, ob die Melioration wirklich vorgenommen, ob sie rationell durchgeführt wurde, ob sie dem einzelnen Grundstücke von Vorteil gewesen ist.

b) Für die wichtigsten und häufigsten Arten der Krediterlangung — nämlich für die Aufnahme von Anlehen durch Ausgabe von Teilschuldverschreibungen und für die Aufnahme von Darlehen aus dem staatlichen Meliorationsfonds, beim Lande oder bei einem öffentlichen Kreditinstitute — ist die Genossenschaft als selbständiges Mittelglied hinsichtlich der Verzinsung und Rückzahlung des Meliorationskredites großenteils beseitigt, und es ist eine direkte rechtliche Beziehung zwischen den Gläubigern der Genossenschaft und den Mitgliedern derselben, resp. deren Grundbesitz hergestellt[1]. Für die genannten Genossenschaftsschulden erfolgt die Einhebung der Beiträge durch die Steuerämter in derselben Weise wie die der landesfürstlichen Steuern, und zwar ohne Ansuchen oder auch nur Einwilligung des Genossenschaftsvorstandes. Die Beträge führt das Steueramt direkt an die Gläubiger der Genossenschaft bis zum Belaufe der nächstfälligen Schuldigkeit ab; der Vorstand der Genossenschaft hat zu diesem Zwecke dem Steueramte die nötigen Ausweise zu liefern. Sobald ferner ein Genossenschaftsmitglied länger als ein Jahr mit seinem Beitrage im Rückstande bleibt, hat das Steueramt die bücherliche Einverleibung auf den Liegenschaften des Säumigen zu veranlassen. Das Steueramt kann sogar Umlagen auf die in die Genossenschaft einbezogenen Grundstücke an Stelle des Genossenschaftsvorstandes ausschreiben, falls dieser es unterläßt, für die Erfüllung der Verbindlichkeiten der Genossenschaft entsprechend vorzusorgen. Auf diese Weise ist die Genossenschaft praktisch größtenteils ausgeschaltet, und es sind die Genossenschaftsgläubiger von dem guten Willen und der Umsicht der Genossenschaftsorgane in hohem Grade unabhängig geworden.

2. Einzelmeliorationen[2].

Unter bestimmten Voraussetzungen genießen die 3jährigen Rentenrückstände eines Meliorationsdarlehens den Vorrang vor allen anderen Tabularhaftungen an dem zu verbessernden Grundstücke mit Ausnahme der landesfürstlichen Steuern und öffentlichen Abgaben, der Umlagen der Wassergenossenschaften, der Kommassations- und Gemeinheitsteilungskosten.

Die Begünstigung besteht nur für die relativ sichersten Arten der Bodenverbesserungen, die Bewässerungen und Entwässerungen (s. oben S. 67); da ferner die Priorität nur durch den erzielten Mehrwert des verpfändeten Grundstückes gerechtfertigt werden kann, ist sie davon abhängig, daß nach fachmännischer Prüfung ein die Kosten übersteigender landwirtschaftlicher Nutzen zu erwarten ist. Das Darlehen muß weiter in der für Meliorationen zweckmäßigsten Form gegeben sein, d. h. als Amortisationsrente aus einem unter öffentlicher Verwaltung stehenden Fonds oder von einem zur öffentlichen Rechnungslegung verpflichteten Kreditinstitute, und es muß als „Meliorationsrente" grundbücherlich eingetragen werden. Im Interesse der älteren Pfandgläubiger ist die Höhe der Darlehnssumme limitiert: einerseits durch die Meliorationskosten, andererseits durch das Zehnfache des Katastralreinertrages der Grundstücke zuzüglich der Hälfte des zu erwartenden Wertzuwachses. Im Interesse des Grundbesitzers muß das Darlehen von seiten des Gläubigers unkündbar, von seiten des Schuldners halbjährig kündbar sein, darf der Zinsfuß nicht über 4%, die Amortisationsquote nicht weniger als 3% betragen. Doch kann vereinbart werden, daß während der ersten 3 Jahre nur Verzinsung ohne Amortisation stattfinde. Der Gläubiger kann sich den Rücktritt für den Fall vorbehalten, daß mit den Arbeiten nicht innerhalb einer bestimmten Frist begonnen oder daß deren planmäßige Durchführung noch vor Beginn der Arbeiten durch Naturereignisse unmöglich gemacht wurde. Die Nützlichkeit der Unternehmung, die Höhe der erforderlichen Kosten und der zu erwartende Wertzuwachs sind im Verwaltungswege festzustellen.

Der Anspruch auf Auszahlung des bewilligten Meliorationsdarlehens ist an das Eigentum des Grundstückes rechtlich gebunden; desgleichen die Pflicht zur planmäßigen Verwendung des gewährten Kredites und zur Instandhaltung der Meliorationsanlagen während der Dauer der Rentenpflicht.

Ein juristisches Novum für das österreichische Recht ist es, daß ein solches Meliorationsdarlehen den Charakter einer Grundschuld hat: für rückständige Meliorationsrenten kann lediglich in das verpfändete Grundstück, nicht aber in das sonstige Vermögen des Grundbesitzers Exekution geführt werden.

---

[1] Gesetz vom 30. Juni 1884 Nr. 116 R.G.B.
[2] Gesetz vom 6. Juli 1896 Nr. 144 R.G.B.

Um den Eintritt des Meliorationserfolges zu sichern, darf die Auszahlung des Darlehens nur nach Maßgabe des Fortschreitens der Meliorationsarbeiten erfolgen, müssen die Beträge ausschließlich zur Ausführung des bestimmten Unternehmens verwendet, die Arbeiten planmäßig ohne Verzögerung ausgeführt und die Anlagen in gutem Zustande erhalten werden. Die Erfüllung dieser Verpflichtungen ist durch eigene Organe zu überwachen. Unterläßt oder verzögert der Grundbesitzer oder Pächter den Beginn oder die Fortführung der Arbeiten oder vernachlässigt er die Erhaltung der Anlagen, so kann das Gericht die Zwangsverwaltung zu dem Zweck bewilligen, damit die Arbeiten vollzogen oder die erforderlichen Wiederherstellungen und Ausbesserungen auf Kosten des Grundeigentümers ausgeführt werden.

Das Pfandprivileg für das Meliorationsdarlehen ist rechtlich von der Verwirklichung der erwarteten Bodenverbesserung unabhängig; es besteht auch dann, wenn die Unternehmung trotz der erwähnten Vorsichten mißlingt und kein Wertzuwachs eintritt. Nur in zwei Fällen ist dieser Grundsatz gemildert: 1. wenn bei der Zwangsversteigerung die 3jährigen Rentenrückstände den tatsächlich erzielten Mehrwert überschreiten[1], ist das Vorzugsrechts auf den tatsächlich eingetretenen Wertzuwachs beschränkt; 2. wenn während der Arbeiten Naturereignisse den erwarteten Nutzen erheblich schmälern, werden die Meliorationsarbeiten eingestellt, und der Darlehensgeber hat gegen halbjährige Kündigung einen Anspruch auf Rückersatz der bereits ausbezahlten Darlehensraten. Die Priorität für diesen Anspruch geht nur so weit, als der tatsächlich eingetretene Wertzuwachs reicht; für den vom Vorzugsrechte ausgeschlossenen Teil der Darlehenssumme ist die bücherliche Rangordnung nach der Zeit der Eintragung der Rente in das Grundbuch maßgebend.

IV. Gebührenbegünstigungen.

Zur Beförderung von Meliorationen sind folgende Gebührenbegünstigungen eingeführt:

Unternehmungen, für welche Unterstützungen aus dem Meliorationsfonds gewährt werden (s. oben S. 73) genießen Stempel- und Gebührenfreiheit für die Eingaben, Amtshandlungen, Verträge und sonstige Urkunden zur Beschaffung der Geldmittel, zur Evidenzhaltung oder Bestätigung der Beiträge der Genossen und der von der Genossenschaft geleisteten Zahlungen, für Amtshandlungen zur Einbringung der Beiträge für Rechtsgeschäfte und Urkunden in betreff der Grundeinlösungen;

wenn Länder, Bezirke, Gemeinden oder Wassergenossenschaften Meliorationen ohne Beihilfe aus dem Meliorationsfonds unternehmen, kann die Regierung ihnen Stempel- und Gebührenfreiheit gewähren[2];

für Schuldscheine und Verträge über Meliorationsdarlehen gegen wiederkehrende Renten sind Empfangsbestätigungen über Renten und Sicherstellungen der Renten stempel- und gebührenfrei[3].

Anhang. Die Organisation des kulturtechnischen Dienstes.

Für die Förderung der Bodenverbesserungen ist die entsprechende Organisation eines speziellen kulturtechnischen Dienstes von höchster Wichtigkeit. Diese Behörden haben die Aufgabe, Meliorationen anzuregen, bei der Landbevölkerung aufklärend zu wirken, Pläne, Gutachten, Voranschläge auszuarbeiten, bei der Bildung von Genossenschaften, der Beschaffung des Meliorationskapitals zu intervenieren, die Meliorationsarbeiten selbst durchzuführen oder doch zu überwachen, die Erhaltung der Anlagen zu kontrollieren u. s. w.

Im Ackerbauministerium sind zu diesem Zwecke Landeskulturinspektoren und ein technischer Konsulent aktiviert. Eigene kulturtechnische Bureaus bestehen in einigen Kronländern.

---

[1] Bei der vom Gesetz ins Auge gefaßten 7%igen Annuität heißt das: wenn der Wertzuwachs nicht einmal 21% der Kosten beträgt.

[2] Gesetz vom 30. Juni 1884 Nr. 116.

[3] Gesetz vom 6. Juni 1896 Nr. 144.

Zweites Kapitel.

Sonstige Meliorationen.

§ 26. Aufforstung öder Flächen.

Auch im Laufe des normalen forstwirtschaftlichen Betriebes wird es häufig notwendig, abgeholzte Flächen wieder aufzuforsten; es sind dies Kulturarbeiten, die man kaum noch zu den Meliorationen zählen kann, und die deshalb nicht hier, sondern im dritten Abschnitte zu besprechen sind. Wenn dagegen im Interesse der allgemeinen Landeskultur, zur Verbesserung der klimatischen und der Wasserverhältnisse eines Gebietes weitere Strecken für die Forstkultur neu oder wieder gewonnen werden sollen, liegt eine Melioration vor. Dieses Ziel läßt sich oft nicht ohne Beschränkung der individuellen Verfügungsfreiheit des Eigentümers oder des Nutzungsberechtigten erreichen.

Der trostlose Zustand der Landeskultur im Karstgebiete ließ energische Maßregeln zu deren Verbesserung als unbedingt geboten erscheinen. Weite Landstriche, die nach Lage, Klima und Bodenbeschaffenheit der Garten Österreichs sein könnten, bieten heute das Bild einer öden, von der Bora durchstürmten Steinwüste. Die Ursachen dieser bis in die neueste Zeit zunehmenden Verschlechterung der Landeskultur sind mannigfache; nicht am wenigsten aber rühren die Verwüstungen daher, daß die Wälder im Gemeineigentum standen und um die Wette von allen „Genossen" geplündert wurden (s. oben S. 43), die den von Holzpflanzen entblößten Boden schließlich durch Ausreißen der Bodenwurzeln und durch Eintreiben großer Ziegenheerden auch noch jedes Nachwuchses beraubten.

a) In Dalmatien ist die Teilung von Gemeindegütern erleichtert (s. oben S. 51); die Teilungskommission kann die Aufforstung der zu teilenden kultivierten Gründe im allgemeinen Interesse verfügen[1]. Die Aufforstungspflicht obliegt dem jeweiligen Besitzer. Dieser hat binnen Jahresfrist einen Aufforstungsplan der politischen Behörde zur Genehmigung vorzulegen, widrigenfalls diese Behörde einen Plan auf Kosten des Grundbesitzers von Amts wegen festzustellen hat. Die Einhaltung des Planes soll streng überwacht werden[2].

b) In Görz und Gradiska[3], Istrien[4], Krain[5] und Triest[6], sind eigene Karstaufforstungskommissionen aus Delegierten der Staatsbehörden und des Landesausschusses, aus dem Landesforstinspektor und aus Vertrauensmännern der Gemeinde gebildet. Die Kommission hat jene Parzellen — Waldgründe, Hutweiden oder unproduktive Flächen — festzustellen, die zur Bekämpfung der „elementaren und gemeinschädlichen Übelstände der Karstregion" aufgeforstet werden müssen. Diese Parzellen sind in einem besonderen Kataster zu verzeichnen und innerhalb einer bestimmten Frist der Aufforstung als Hoch- oder Mittelwälder zuzuführen. Das aufzuforstende Grundstück kann, falls dagegen keine Bedenken bestehen, im Eigentume seines Besitzers gelassen werden; die Aufforstungskommission hat diesfalls mit dem Eigentümer eine Vereinbarung über die Art der Aufforstung und der Waldbehandlung, über die Sicherung der Kulturen, eventuell auch über die Unterstützungen aus dem Aufforstungsfonds abzuschließen. Kommt jedoch eine solche Vereinbarung nicht zu stande, oder bestehen Zweifel gegen die fachgemäße Ausführung der Aufforstung seitens der Grundbesitzer oder gegen die forstgemäße Erhaltung der aufgeforsteten Grundflächen, so soll die Aufforstungskommission den Ankauf des Grundstückes und die vertragsmäßige Ablösung der etwa vorhandenen kulturhinderlichen Nutzungsrechte aus dem Aufforstungsfonds anstreben. Gelingt dieser Ankauf oder die Ablösung nicht, so kann die

---

[1] Gesetz vom 27. Mai 1876 Nr. 115 R.G.B.

[2] Landesgesetz vom 9. November 1880 Nr. 2 L.G.B. ex 1881.

[3] Gesetz vom 9. Dezember 1883 Nr. 13 L.G.B. ex 1884 und vom 9. November 1886 Nr. 3 L.G.B. ex 1887.

[4] Gesetz vom 7. Mai 1886 Nr. 32 L.G.B. ex 1887 und Gesetz vom 26. August 1892 Nr. 13 L.G.B. ex 1893.

[5] Gesetz vom 9. März 1885 Nr. 12 L.G.B.

[6] Gesetz vom 27. Dezember 1881 Nr. 5 ex 1882.

Enteignung der Grundstücke oder der Rechte zu Gunsten des Aufforstungsfonds verlangt werden. Gleiches gilt, wenn die Vereinbarung über die Aufforstung nicht eingehalten wird.

Zur Erfüllung dieser Aufgaben ist in jedem der Kronländer ein eigener, von der Aufforstungskommission verwalteter Aufforstungsfonds aus Staats- und Landesmitteln gebildet. Der Staat stellt überdies die erforderlichen Pflanzen aus seinen Baumschulen unentgeltlich bei. Vereinbarungen der Aufforstungskommission mit Grundbesitzern und Nutzungsberechtigten über die Art der Aufforstung und die hierbei zu gewährenden Unterstützungen, ferner Verträge und Vergleiche über Grunderwerbungen und die Ablösung der Nutzungsrechte durch den Aufforstungsfonds sind stempelfrei [1].

c) Ähnliche Bestimmungen gelten für einige Gebiete Mährens [2].

§ 27. Die Wildbachverbauungen.

Literatur: s. oben S. 66, ferner Wang, Die Wildbachverbauung im Jubiläumswerke über die Geschichte der Land- und Forstwirtschaft und ihrer Industrien, IV. Band.

Die zunehmende Entwaldung unserer Gebirge hat in den letzten Jahren eine große Zahl neuer Wildbäche entstehen lassen und die Gefährlichkeit der alten sehr gesteigert. Eine Reihe furchtbarer Wasserkatastrophen gab den letzten Anstoß zur gesetzlichen Normierung der Wildbachverbauungen [3]; diese umfassen ein ganzes System kulturtechnischer Arbeiten — Bachregulierungen, Entwässerungen, Herstellung von Ausschalungen, von Grundschwellen, Wehren, Talsperren u. s. w. —, verbunden mit Aufforstungen und Berasungen, Hegelegungen und Anordnungen über die Art der Bodenbenutzung und der Bringung der Produkte.

Alle diese miteinander zusammenhängenden Maßregeln, die den Boden binden, das Wasser zurückhalten und den plötzlichen Wasserablauf verhindern oder doch unschädlich machen sollen, sind häufig nur durchführbar, wenn die Freiheit der Grundbesitzer und Nutzungsberechtigten beschränkt wird. Solche Beschränkungen können im Interesse von behördlich geprüften und genehmigten Wildbachverbauungen statuiert werden.

Der Besitzer eines im Arbeitsfelde (Wildbachverbauungsgebiete) gelegenen Grundstückes muß solchenfalls dulden, daß auf seinem Boden alle Bauten und Vorkehrungen — wie Entwässerungen, Aufforstungen, Berasungen, Hegelegungen, Wehren, Talsperren — angeordnet werden, sofern diese Maßregeln erforderlich sind, um eine tunlichst unschädliche Ableitung des Gebirgswassers zu sichern. Der Grundeigentümer ist verpflichtet, den Anordnungen über die künftige Benützung des Grundstückes und über die Bringung der Produkte nachzukommen. Wird dadurch der Reinertrag des Grundstückes dauernd vermindert oder entgeht damit dem Berechtigten eine Nutzung, so ist dafür Entschädigung zu leisten. Bestehen jedoch begründete Zweifel darüber, daß der für das Unternehmen erforderliche Zustand des Grundstückes vollständig und rechtzeitig hergestellt und nachhaltig aufrechterhalten werden wird, so soll das Grundstück enteignet werden. Gleiches gilt von Nutzungsrechten dritter Personen auf Grundstücken des Arbeitsfeldes, sofern sie mit dem Zustande, in dem das Grundstück erhalten werden soll, nicht gut vereinbar sind. Bei Feststellung der Entschädigung ist nicht nur auf den Wert des enteigneten Grundstückes, sondern auch auf die Verminderung des Wertes, welchen der etwa zurückbleibende Teil des Grundbesitzes erleidet, Rücksicht zu nehmen.

Damit für eine Wildbachverbauung diese Normen in Kraft treten, muß der Unternehmer — sei dies der Staat, ein Land, ein Bezirk, eine Gemeinde oder sonst ein Interessent, — dem Ministerium ein Generalprojekt einreichen; erkennt der Ackerbauminister, daß das Unternehmen von öffentlicher Nützlichkeit ist, und daß das Generalprojekt sich zur weiteren Verhandlung eignet, so hat der Unternehmer der politischen Behörde ein Detailprojekt vorzulegen; in diesem sollen die Abgrenzung des Arbeitsfeldes, die zu treffenden Vorkehrungen und die Grundstücke angeführt sein, hinsichtlich deren Beschränkungen der Grundbesitzer oder die Enteignung in Aussicht genommen ist. Das Projekt wird in den Gemeinden durch 30 Tage zur allgemeinen Einsicht aufgelegt und von Fachmännern

---

[1] Gesetze vom 6. Juni 1882 Nr. 71, 7. März 1885 Nr. 29 u. 1. Juni 1890 Nr. 98 R.G.B.
[2] Gesetz vom 12. Oktober 1896 Nr. 52 L.G.B. ex 1897.
[3] Gesetz vom 30. Juni 1884 Nr. 117 R.G.B.

den Interessenten erläutert; hierauf erfolgt eine kommissionelle Verhandlung mit den Interessenten, bei welcher alle für die Entscheidung wesentlichen Momente festgestellt und die von den Interessenten etwa erhobenen Einwendungen erörtert werden. Die Entscheidung über das Projekt trifft die politische Landesbehörde, in zweiter Instanz das Ackerbauministerium. Wer dessen Entscheidung über die Entschädigung nicht akzeptieren will, kann binnen dreißig Tagen den Rechtsweg betreten.

Die Durchführung obliegt den politischen Behörden, doch können auch eigene Lokal- und Landeskommissionen für diesen Zweck errichtet werden.. Wird das Unternehmen nicht von der Staatsverwaltung selbst ausgeführt, so hat die politische Landesbehörde durch geeignete Organe die nötige Aufsicht ausüben zu lassen, damit das Unternehmen in der den Vorschriften des Gesetzes und dem genehmigten Projekt entsprechenden Form ausgeführt werde.

Zur Projektierung und Leitung von Unternehmungen, welche die unschädliche Ableitung von Gebirgswässern bezwecken, kann der Ackerbauminister, auch wenn das Unternehmen nicht vom Staate beabsichtigt und ausgeführt wird, die Verwendung von Organen der k. k. forsttechnischen Abteilung von Wildbachverbauungen zugestehen; doch sind in der Regel die dadurch verursachten Kosten dem Staatsschatze zu ersetzen [1].

Strafdrohungen sollen die hergestellten Wildbachverbauungen gegen Beschädigungen schützen: wer die Anlagen im Arbeitsfeld beschädigt oder die Anordnungen über die Behandlung und Benutzung der Grundstücke und über die Bringung der Produkte übertritt, wird von den politischen Behörden zu 5—200 Gulden oder mit Arrest bis zu 40 Tagen bestraft; bei erheblichem Schaden kann die Strafe bis zu 500 Gulden resp. 3 Monaten erhöht werden.

Die Finanzierung der Wildbachverbauungen kann auch aus dem Meliorationsfonds (s. oben S. 73) unterstützt werden, wobei der staatliche, nicht rückzahlbare Betrag bis zu 50 Prozent erhöht werden darf.

Dritter Abschnitt.

Das land- und forstwirtschaftliche Betriebsrecht.

Literatur: Schiff, Österreichs Agrarpolitik seit der Grundentlastung; derselbe, Überblick über die Gesetzgebung der österreichischen Kronländer auf dem Gebiet der Land- und Forstwirtschaft, Jagd und Fischerei 1896—1901 (Zeitschrift für Volkswirtschaft, Socialpolitik und Verwaltung, 1902).

Erstes Kapitel.

Der landwirtschaftliche Betrieb.

§ 28. Einleitung.

Die individuelle Freiheit und Selbstverantwortlichkeit des Unternehmens sind in der Landwirtschaft fast vollständig verwirklicht. Abgesehen von der fiskalischen Ausnahme des Tabakbaues (§ 32), und soweit nicht privatrechtliche Verpflichtungen vorliegen, steht es prinzipiell im Belieben des Eigentümers oder Pächters, ob und wie er den Boden bebaut. Für die Landwirtschaft ist kein Befähigungsnachweis, auch keine behördliche Anmeldung vorgeschrieben wie für den Gewerbebetrieb; für die Ausübung der Landwirtschaft gibt es auch kein Minimum an Bodenfläche, wie für die Ausübung der Jagd (s. 2. Hauptteil); der Besitzer landwirtschaftlichen Bodens ist auch nicht, wie der Waldbesitzer (s. unten 2. Kapitel) zur Erhaltung der Kulturen oder zu einer bestimmten Betriebsführung verpflichtet. Er kann die Bewirtschaftung selbst führen oder sie anderen überlassen. Doch begünstigt die Gesetzgebung den Eigenbetrieb von Bauerngütern durch ein Privileg hinsichtlich des Militärdienstes: Besitzer von ererbten Landwirtschaften sind, wenn sie auf diesen den ordentlichen Wohnsitz haben und die Bewirtschaftung selbst besorgen, und wenn das Grund-

---

[1] Gesetz vom 7. Februar 1888 Nr. 17 R.G.B.

erträgnis zur selbständigen Erhaltung einer Familie von fünf Personen ausreicht, ohne das Vierfache eines solchen Ertrages zu überschreiten, nicht in die Linie sondern in die Ersatzreserve einzuteilen[1], haben also statt der dreijährigen Präsenzdienstpflicht nur eine achtwöchentliche Ausbildung.

Es bestehen jedoch auch hinsichtlich des Landwirtschaftsbetriebes einige Ausnahmen vom liberalen Wirtschaftsprinzip.

Nur unvollkommen ist dieses Prinzip in gewisser Hinsicht bezüglich des Arbeitsverhältnisses der landwirtschaftlichen Dienstboten verwirklicht, während dasselbe sich andererseits gerade bei den Landarbeitern in anderer Hinsicht sogar weit schärfer entwickelt und behauptet hat, als bei den gewerblichen Arbeitern. Das Verhältnis von Unternehmer und Arbeiter ist in der Landwirtschaft wesentlich anders geregelt als in den anderen Produktionszweigen; die hierauf bezüglichen Spezialnormen bilden das landwirtschaftliche Arbeiterrecht (§ 29).

Auch in die landwirtschaftliche Betriebsführung selbst hat der Gesetzgeber in einigen Beziehungen mit zwingenden Vorschriften eingegriffen, und zwar zumeist dann, wenn bestimmte Handlungen oder Unterlassungen nicht bloß für das Subjekt selbst von Nutzen oder Schaden sind, sondern auch auf andere Wirtschaften Einfluß in günstigem oder ungünstigem Sinne ausüben. Die gebotenen oder verbotenen Handlungen sind naturgemäß verschieden, je nachdem um welchen Zweig der Landwirtschaft es sich handelt, so daß Spezialnormen für den Ackerbau (§ 30) den Weinbau (§ 31), die Viehzucht (§ 33) und die Bienenzucht (§ 34) unterschieden werden können.

Diese Normen wollen zumeist die Landwirtschaft gegen animalische oder vegetabilische Schädlinge schützen. Die Kulturpflanzen sind während ihrer ganzen, ziemlich langen Vegetationsperioden den Angriffen tierischer und vegetabilischer Schmarotzer ausgesetzt, die sich meist außerordentlich rasch und energisch fortpflanzen und gleich ansteckenden Krankheiten weiter verbreiten. Die Unterlassung von Gegenmaßregeln schädigt deshalb nicht nur den Landmann selbst, sondern kann die Nachbarschaft, ja einen ganzen Landstrich gefährden; besonders, da eine rasche Tilgung durch die Kleinheit und Verborgenheit der Schädlinge meist sehr erschwert ist. Die Bevölkerung ist aber gegenwärtig weder so aufgeklärt noch so tatkräftig, daß man von ihrem freien Willen eine erfolgreiche Abwehr erwarten könnte; Polizeivorschriften befehlen darum die Vernichtung der Schädlinge oder verbieten Handlungen, die zu deren Verbreitung beitragen würden.

Zu dieser agrarischen Sanitätspolizei kommt eine spezielle agrarische Sicherheitspolizei, die eine einheitliche für sämtliche Zweige der Landwirtschaft sein kann (§ 35).

§ 29. Das Arbeitsverhältnis in der Landwirtschaft.

Literatur: Schullern von Schrattenhofen, Die Lohnarbeit in der österreichischen Landwirtschaft und ihre Verhältnisse (Zeitschrift für Volkswirtschaft, Sozialpolitik und Verwaltung, 1897); Morgenstern, Gesinderecht und Gesindewesen in Österreich (Mitteilungen des k. k. arbeitsstatistischen Amtes, 1902).

Während für die gewerblichen Arbeiter unter dem Druck ihrer politischen und ökonomischen Organisationen Arbeiterschutz- und Arbeiterversicherungsgesetze erlassen worden sind, haben diese Reformen in Österreich vor den Landarbeitern Halt gemacht, was teils aus den politischen Machtverhältnissen, teils aus den ökonomischen und sozialen Verhältnissen der Landarbeiter zu erklären ist.

Im Reichsrat und in den Landtagen sind die landwirtschaftlichen Arbeiter nicht vertreten, während Landwirte und Grundbesitzer viele, zum Teil die Majorität der Abgeordneten stellen. Ferner haben bei den Landarbeitern der Mangel an Klassenbewußtsein, die räumliche Entfernung voneinander und den Kulturzentren, endlich die starke Verbreitung der Naturallöhnung und der Hausgemeinschaft mit den Arbeitgebern die Bildung kräftiger Organisationen verhindert. Überdies hängt aber der landwirtschaftliche Betrieb viel mehr als der industrielle von veränderlichen natürlichen Faktoren (Jahreszeiten, Witterung u. s. w) ab; der Arbeitsbedarf ist starken periodischen Schwankungen unter-

[1] Wehrgesetz vom 11. April 1889 Nr. 41 R.G.B.

worfen, was die Fixierung einer einheitlichen Arbeitsdauer u. dergl. erschwert, besonders da die Einhaltung von Arbeiterschutzvorschriften in der Landwirtschaft nicht leicht zu kontrollieren wäre.

Die österreichische Gesetzgebung hat sich mit den Landarbeitern zumeist gar nicht befaßt; und wo dies für einzelne Arbeiterklassen doch geschah (Dienstboten), da bezweckte man nicht die Verbesserung der ökonomischen oder rechtlichen Stellung der Arbeiter, sondern die Stärkung der Position des Arbeitgebers.

1. Allgemeine Stellung der Landarbeiter. Der Arbeitsvertrag.

Für die Landarbeiter besteht weder ein Maximalarbeitstag, noch ein Anspruch auf Ruhepausen während der Arbeit; Sonntags- und Nachtarbeit sind unbeschränkt gestattet, ebenso Frauen- und Kinderarbeit; ein Minderjähriger von sieben Jahren kann sich nach § 246 a.b.G.B. auch ohne Einwilligung des Vaters, Vormundes oder Vormundschaftsgerichtes zu landwirtschaftlichen Diensten verdingen. Der Landwirt ist nicht verpflichtet, an Maschinen oder Werkzeugen Vorkehrungen zum Schutz der Gesundheit und der körperlichen Sicherheit seiner Arbeiter zu treffen; es ist ihm nicht verboten, gesundheitsschädliche Wohnräume seinen Arbeitern zu überlassen; er braucht Rücksichten auf die Sittlichkeit bei der Beschäftigung von jugendlichen oder weiblichen Arbeitern nicht zu nehmen; das Trucksystem ist ihm nicht untersagt; auch für landwirtschaftliche Großbetriebe ist keine Arbeiterordnung vorgeschrieben; es fehlt an einer dispositiven Norm über die Kündigungsfrist u. s. w.

Für den Arbeitsvertrag in der Landwirtschaft gilt somit, soweit nicht spezielle Abweichungen für landwirtschaftliche Dienstboten und für die Winzer in Steiermark bestehen (s. u.), das Prinzip des schrankenlosen Liberalismus und Individualismus. Für den Arbeitsvertrag in der Landwirtschaft sind, abgesehen von jenen besonderen Normen, ausschließlich die spärlichen Normen des 26. Hauptstückes des a.b.G.B. und der Wille der Parteien maßgebend.

Eine spezielle Sicherung der Lohnforderungen landwirtschaftlicher Arbeiter liegt darin, daß, wenn ein land- oder forstwirtschaftliches Grundstück exekutiv veräußert wird, die halbjährigen Lohnrückstände für Dienstboten und Tagelöhner aus dem Meistbote vor den Hypothekarschulden zu tilgen sind[1]. Ebenso sind Lohn, Kostgeld und andere Dienstbezüge der land- und forstwirtschaftlichen Arbeiter eines in Zwangsverwaltung befindlichen Grundstückes ohne weiteres aus den Erträgnissen zu berichtigen[2].

2. Arbeiterversicherung.

In die Unfallversicherung[3] sind nur jene land- und forstwirtschaftlichen Betriebe einbezogen, bei denen Dampfkessel oder solche Triebwerke in Verwendung kommen, die durch Elementarkraft oder durch Tiere bewegt werden. Ausgenommen sind Betriebe, in denen nur vorübergehend eine nicht zur Betriebsanlage gehörige Maschine benutzt wird. Überdies sind nur die durch die Maschine gefährdeten Personen versicherungspflichtig. Durch diese beiden Einschränkungen scheidet fast die ganze landwirtschaftliche Arbeiterschaft aus der Unfallversicherung aus.

Die Krankenversicherung der land- und forstwirtschaftlichen Arbeiter soll durch besondere Landesgesetze geregelt werden[4]. Da dies aber bisher — mit einer einzigen Ausnahme — noch nirgends geschehen ist, so sind die land- und forstwirtschaftlichen Arbeiter tatsächlich unversichert.

Doch haften die Unternehmer von unfallversicherungspflichtigen landwirtschaftlichen Betrieben für vierwöchentliche Verpflegungs- und Behandlungskosten infolge eines Unfalls. Dadurch soll offenbar für die vierwöchentliche Karenzzeit zwischen dem Unfall und dem Be-

---

[1] § 216 der Exekutionsordnung vom 27. Mai 1896 Nr. 79 R.G.B.
[2] § 120 daselbst.
[3] Gesetz vom 28. Dezember 1887 No. 1 R.G.B. ex 1888.
[4] Gesetz vom 30. März 1888 Nr. 33 R.G.B.

ginn der Unfallrente vorgesorgt werden. Das Gesetz geht indessen etwas weiter, da die Haftpflicht für sämtliche Arbeiter eines der Unfallversicherung unterliegenden Unternehmens nicht bloß für die versicherungspflichtigen Arbeiter gilt. Die land- und forstwirtschaftlichen Unternehmer sind übrigens berechtigt, mit ihren Arbeitern freiwillig einer Krankenkasse beizutreten.

Nur in Salzburg [1] bestehen obligatorisch „Dienstbotenkrankenkassen" zur Versicherung von häuslichen und landwirtschaftlichen Dienstboten und Tagelöhnern. Jede Gemeinde des Flachlandes hat grundsätzlich eine solche Kasse zu errichten, zu welcher der Arbeitgeber $^1/_4$, die Arbeiter $^3/_4$ beizutragen haben; der erkrankte Arbeiter hat Anspruch auf volle Behandlung und Verpflegung bis zur Genesung, jedoch nicht über 60 Tage.

3. Die landwirtschaftlichen Dienstboten im allgemeinen.

Unter den landwirtschaftlichen Arbeitern haben die landwirtschaftlichen Dienstboten eine eigentümliche rechtliche Stellung. Es sind das Landarbeiter, die sich für längere Zeit zu untergeordneten Arbeiten verdungen haben und der Hausgemeinschaft des Unternehmers angehören, von ihm insbesondere Wohnung und Kost erhalten [2]. Diese Form des Arbeitsverhältnisses besitzt gegenwärtig noch, namentlich bei den kleinen und mittleren Betrieben, eine sehr große Verbreitung. Vielfach hat sich die landwirtschaftliche Arbeit von der Verrichtung häuslicher und persönlicher Dienste noch nicht völlig geschieden, obgleich dieser Differenzierungsprozeß fortschreitet. Die Gesetzgebung aller Kronländer hat indessen dieses landwirtschaftliche Gesinde mit den häuslichen Dienstboten im Prinzipe rechtlich auf eine Stufe gestellt. Die Dienstbotenordnungen [3] gelten durchaus wie für die häuslichen so auch für die landwirtschaftlichen Dienstboten; diese sind daher den nämlichen, zum Teil sogar noch größeren Beschränkungen (s. unten) unterworfen, als jene.

An privat- oder öffentlich-rechtlichen Beschränkungen, die nur für die (landwirtschaftlichen und häuslichen) Dienstboten, aber weder für andere Landarbeiter, noch auch für gewerbliche Arbeiter gelten, wären insbesondere zu erwähnen [4]:

a) Form des Vertragsabschlusses. Sofern die Arbeit nicht sofort angetreten wird, ist nach den meisten Gesetzen das Geben und Nehmen einer Drangabe für die Gültigkeit erforderlich (in Dalmatien Abschluß vor zwei Zeugen, in Kärnten entweder Drangabe oder Schriftlichkeit oder vor zwei Zeugen oder vor dem Gemeindeamt). Die zulässige Höhe der Drangabe ist zumeist gesetzlich fixiert. Für die Änderung der gesetzlich normierten Vertragsdauer ist zumeist Schriftlichkeit oder Abschluß des Vertrages vor der kompetenten Behörde vorgeschrieben (in Niederösterreich und Mähren Eintragung ins Dienstbotenbuch).

b) Inhalt der Vereinbarungen. Bedingungen über die Art und Menge der Kost, ferner das Ausbedingen von Kleidung und Wäschestücken, „die nur zum Putz dienen oder den Verhältnissen der dienenden Klassen unangemessen sind", sind nach den meisten Gesetzen unerlaubt.

c) Verpflichtungen des Arbeiters. Nicht nur rein ökonomische Leistungen, sondern auch die Erfüllung ethischer Postulate schreiben die Gesetze dem Arbeiter vor; insbesondere ist dieser

---

[1] Gesetz vom 6. Dezember 1901 Nr. 5 ex 1902 L.G.B.

[2] Der Begriff des „Gesindes" ist gesetzlich nicht definiert.

[3] Böhmen: Gesetz vom 7. April 1866 Nr. 11 L.G.B. Bukowina: Erlaß des Landespräsidenten vom 25. November 1857 Nr. 48 L.G.B. II. Abteilung. Dalmatien: Statthaltereiverordnung vom 1. April 1856 Nr. 10 L.G.B. II. Abteilung. Galizien: Statthaltereiverordnung vom 11. März 1855 Nr. 8 L.G.B. II. Abteilung; Statthaltereiverordnung vom 1. Juli 1857 Nr. 12 L.G.B. II. Abteilung S.; Verordnung der galizischen Statthalterei vom 20. März 1872 Nr. 48 L.G.B. Kärnten: Gesetze vom 2. April 1863 Nr. 1, vom 19. März 1874 Nr. 14, vom 16. Juni 1894 Nr. 16, vom 29. April 1898 Nr. 13 und vom 6. Dezember 1902 Nr. 25 L.G.B. Krain: Statthaltereiverordnung vom 18. März 1858 Nr. 6 L.G.B. II. Abteilung. Küstenland: Kundmachung der Statthalterei vom 10. Juli 1857 Nr. 7 L.G.B. II. Abteilung. Mähren: Gesetz vom 2. Mai 1886 Nr. 53 L.G.B. Niederösterreich: Gesetz vom 22. Januar 1877 Nr. 6 L.G.B. Oberösterreich: Gesetz vom 1. März 1874 Nr. 3 L.G.B. Salzburg: Landespräsidialverordnung vom 1. April 1856 Nr. 10 L.G.B. II. Abteilung; Gesetze vom 14. September 1876 Nr. 31, vom 22. Februar 1886 Nr. 20 und vom 6. Dezember 1901 Nr. 5 ex 1902 L.G.B. Schlesien: Gesetze vom 25. März 1867 Nr. 12 und vom 22. September 1899 Nr. 59 L.G.B. Steiermark: Gesetz vom 27. Juni 1895 Nr. 84 L.G.B. Tirol: Gesetz vom 22. Januar 1879 Nr. 13 L.G.B. Vorarlberg: Statthaltereierlaß vom 14. März 1857 Nr. 6 L.G.B. II. Abteilung.

[4] Im einzelnen weichen die Dienstbotenordnungen nicht unerheblich voneinander ab.

dem Arbeitgeber zu Gehorsam, Fleiß, Treue, Ehrerbietung, Aufmerksamkeit und Wahrhaftigkeit (in Böhmen auch zu Ordnung und Reinlichkeit) verpflichtet.

Der Arbeiter muß außer den vertragsmäßig übernommenen auch andere Arbeiten verrichten, wenn diese dringend erforderlich sind. Er muß auch an Sonn- und Feiertagen die gewöhnlichen häuslichen Arbeiten und solche Arbeiten verrichten, welche ohne Gefahr nicht verschoben werden können. Er darf sich ohne Erlaubnis von Haus nicht entfernen, gegen das Verbot Besuch nicht annehmen, niemanden bei sich übernachten lassen, seine fahrende Habe nur im Haus des Arbeitgebers aufbewahren, muß sich die Durchsuchung seiner Koffer und dergleichen gefallen lassen, er ist der Hausordnung und der hausherrlichen Gewalt des Unternehmers unterworfen; der letztere hat nach den meisten Gesetzen das Recht, Ermahnungen und Verweise zu erteilen und „sonstige mildere Zurechtweisungsmittel sowie strengere Mittel der häuslichen Züchtigung“ „auf eine mäßige und der Gesundheit des Dienstboten nicht schädliche Weise“ anzuwenden.

d) Verpflichtungen des Arbeitgebers. Die Lohnzahlung hat bei ganzjähriger Vertragsdauer vierteljährig, sonst monatlich im nachhinein zu erfolgen; bei Erkrankung des Arbeiters hat der Arbeitgeber ihn 2—4 Wochen entweder zu Haus zu verpflegen, oder in einer Heilanstalt oder einem anderen Ort unterzubringen. Er darf ihm nicht mehr oder schwerere Arbeiten aufbürden, als der Arbeiter nach seinen Kräften zu leisten vermag. Die Kost muß gesund und hinreichend, die bedungenen Kleider und Wäsche den Verhältnissen der dienenden Klasse angepaßt sein. Der Arbeitgeber hat den Arbeiter zu einem sittlichen Betragen in und außer dem Hause und zum Besuch des Gottesdienstes zu verhalten.

e) Schutz des Arbeitgebers. Der Arbeitgeber hat das Recht, bei jeder gröberen Vertragverletzung Schadenersatz und sofortige Aufhebung des Vertrages zu verlangen. Strafbar sind: der Nichteintritt des Arbeiters in den Dienst, die Annahme der Drangabe von mehreren Arbeitgebern, das eigenmächtige Verlassen der Arbeit vor Ablauf der Vertragsdauer, schlechte, träge, unwillige Arbeit oder unangemessenes Betragen, um den Arbeitgeber zur Entlassung zu zwingen (in Steiermark auch ohne diese Absicht). Auch das obligatorische Dienstbotenbuch ist ein Schutz des Arbeitgebers. Der Arbeiter kann bei ungerechtfertigter Weigerung, in den Dienst zu treten, mit Anwendung von Zwangsmaßregeln dazu verhalten werden; ebenso zur Rückkehr in den Dienst, wenn er diesen vorzeitig, eigenmächtig verlassen hat, wobei die Gendarmerie Beihülfe zu leisten hat.

f) Schutz des Arbeiters. Wenn der Arbeitgeber den Arbeiter zu Unsittlichkeiten verführen oder verleiten will oder ihn vor solchen Zumutungen von Hausgenossen nicht schützt, kann bei der Behörde die Aufhebung des Vertrages begehrt werden. Die Ausstellung eines wahrheitswidrigen Zeugnisses durch einen Arbeitgeber ist strafbar.

g) Polizeiliche Überwachung. Die Behörde hat über Zucht und Sittlichkeit der landwirtschaftlichen Dienstboten zu wachen. Die Unterlassung der An- oder Abmeldung und die Aufnahme eines solchen Arbeiters ohne Dienstbotenbuch ist strafbar.

h) Kompetenz. Gesindebehörde ist im allgemeinen der Gemeindevorstand, in autonomen Städten der Stadt- oder Gemeinderat, in Wien, Triest, Lemberg, Krakau, Prag und Przemysl die Polizeidirektion, in Galizien und der Bukowina auch der Vorsteher der Gutsgebiete. Die Kompetenz der Gesindebehörden umfaßt 1. die polizeiliche Strafgerichtsbarkeit (diese steht aber den Vorstehern der Gutsgebiete nicht zu), 2. die Zivilgerichtsbarkeit in Streitigkeiten zwischen Dienstgebern und Dienstboten aus dem Dienstverhältnis oder Lohnvertrag während des Bestandes des Dienstverhältnisses oder in wenigstens 30 Tagen vom Tage der Beendigung desselben. Nach Ablauf dieser Frist steht die Zivilgerichtsbarkeit ohne Rücksicht auf die Höhe des strittigen Gegenstandes den Bezirksgerichten zu.

i) Gebührenbegünstigung. Stempelfrei sind in Dienstbotensachen alle Eingaben, Protokolle, Amtshandlungen, Ausfertigungen, Vergleiche vor den Polizeibehörden, ferner Bestätigungen der Dienstboten über das Angeld, endlich die Dienstbotenbücher und die darin eingetragenen Zeugnisse[1].

4. Spezialnormen für landwirtschaftliche Dienstboten.

Folgende Sondervorschriften betreffen lediglich landwirtschaftliche, nicht auch häusliche Dienstboten:

In allen Kronländern gilt der Arbeitsvertrag mit landwirtschaftlichen Dienstboten im Zweifel als für ein Jahr abgeschlossen, was der allgemeinen Verkehrssitte und der Eigentümlichkeit der landwirtschaftlichen Gesindearbeit entspricht.

In einigen Kronländern hat die starke Abwanderung der ländlichen Bevölkerung in die Stadt und der dadurch hervorgerufene Mangel an landwirtschaftlichen Arbeitskräften zu Sondergesetzen geführt, welche zwar die tieferliegenden allgemeinen ökonomischen und sozialen Ursachen der Landflucht unberührt lassen, ja sie sogar noch verstärken, dem einzelnen

[1] Gesetz vom 13. Juni 1896 Nr. 95 R.G.B.

Arbeiter aber den Kontraktbruch erschweren, den Landwirten die Verfügung über die gedungenen Arbeitskräfte sichern und ihnen überdies zu bestimmten Zeiten eine möglichst große Auswahl an „Händen" verschaffen wollen.

In Steiermark, Kärnten und Schlesien ist für landwirtschaftliche Dienstboten nebst dem Dienstbotenbuch noch ein weiteres Dokument vorgeschrieben, das in Steiermark Leihkaufkarte, in Kärnten Leihkaufschein, in Schlesien Entlassungsschein heißt. In den beiden ersteren Ländern ist es eine von der Gemeindebehörde ausgestellte Legitimation zum Abschlusse des landwirtschaftlichen Dienstvertrages, in Schlesien eine private, aber amtlich kontrollierte Bestätigung des letzten Arbeitgebers über die Kündigung des Dienstvertrages. In Kärnten wird sie für das nächste Jahr, in Steiermark für die ganze Dienstzeit ausgestellt; der Entlassungsschein in Schlesien gilt natürlich nur für den nächsten Dienstwechsel. Die Benutzung dieser Urkunde ist für alle landwirtschaftlichen Dienstboten obligatorisch [1].

Die in Rede stehenden Urkunden haben den Zweck, wiederholte Verdingung und Entweichung von landwirtschaftlichen Dienstboten zu verhindern; sie sollen auch die Einhaltung der Termine für den Vertragsabschluß (s. unten) sichern. Jeder landwirtschaftliche Dienstbote ist daher verpflichtet, diese Urkunde beim Abschluß des Dienstvertrages ohne gleichzeitigen Dienstantritt dem Arbeitgeber zu übergeben. Der letztere ist verpflichtet, sie zu übernehmen. Verträge ohne Übergabe der Urkunde sind strafbar und nichtig.

In Steiermark ist der Arbeitgeber ferner strafbar: wenn er nach der „Verleihkaufung" die Leihkaufkarte beim Dienstboten läßt und dadurch der Wiederholung der Verdingung Vorschub leistet; in Schlesien, wenn er in einem Entlassungsschein absichtlich oder fahrlässig unwahre Tatsachen bestätigt, oder wenn er die Ausstellung eines solchen Scheines verweigert oder verzögert; ferner, wenn ein Arbeiter sich beim Vertragsabschluß des Entlassungsscheines eines anderen Dienstboten bedient, oder wenn er seinen Entlassungsschein einer dritten Person zu diesem Zwecke überläßt.

In Steiermark, Kärnten, Mähren und Schlesien ist ferner die Zeit des Vertragsabschlusses für das nächste Jahr beschränkt; Verträge, die in Steiermark und Kärnten vor Michaelis (29. September), in Mähren vor dem 1. Oktober, in Schlesien vor dem 1. November für das nächste Jahr eingegangen werden, sind nichtig und strafbar.

Der Termin für den Eintritt des Arbeiters in den Dienst ist in mehreren Ländern kalendermäßig, und zwar zumeist auf den 1. Januar, fixiert. In diesen Ländern ist als Austrittstermin der 31. Dezember festgesetzt.

Die Kündigungsfrist ist in einigen Kronländern für landwirtschaftliche Dienstboten von zwei auf sechs Wochen verlängert.

Die Lohnzahlung soll, wenn nichts anderes vereinbart wurde, in einigen Ländern progressiv stattfinden, so daß am Ende der ersten Quartale eine geringere, am Ende der späteren Quartale eine größere Quote des Jahrlohnes zur Auszahlung gelangt. Einesteils kommt darin die größere Arbeitsleistung in den späteren Quartalen, vor allem während der Ernte (3. Quartal), zum Ausdruck, es liegt darin aber auch ein Zurückhaltungsrecht des Arbeitgebers, um den Arbeiter an vorzeitigem Austritt aus dem Dienste zu hindern; und zwar sollen in den vier Quartalen nacheinander ausgezahlt werden: in Nieder-, Oberöstereich und Steiermark 10, 25, 40 und 25 % des Jahrlohnes; in Böhmen 20, 25, 30 und 25 %, in Schlesien 20, 20. 20 und 40 %.

In Niederösterreich wird die Haftpflicht des Arbeitgebers für Krankheit der Dienstboten von zwei Wochen für häusliches Gesinde auf vier Wochen für landwirtschaftliches ausgedehnt.

5. Spezialnormen für Winzer in Steiermark.

Besondere Normen gelten für die Winzer in Steiermark [2]. Es sind das landwirt-

[1] In Kärnten mit Ausnahme der aus einem Lande Zureisenden, die noch nicht in der Landwirtschaft bedienstet gewesen, und derjenigen, die den Dienst während des Jahres rechtmäßig verlassen haben; in Schlesien mit Ausnahme derjenigen, die nicht unmittelbar aus einem landwirtschaftlichen Dienst in den anderen landwirtschaftlichen Dienst treten wollen.

[2] Gesetze vom 2. Mai 1886 Nr. 26 und vom 1. Juni 1898 Nr. 51.

schaftliche Arbeiter, welche gegen einen gewissen Jahreslohn in Geld oder Naturalien zur Bebauung bestimmter Weingärten aufgenommen werden, aber nicht im Haushalte des Dienstherrn leben, sondern einen eigenen Hausstand führen; vielfach verpflichtet sich auch der Winzer zur Beistellung von Hilfsarbeitern und Haustieren. Obgleich sich diese Winzer begrifflich von dem Gesinde wesentlich unterscheiden, ist ihre Rechtslage der eines landwirtschaftlichen Dienstboten ganz ähnlich: die Aufnahme erfolgt in der Regel auf ein Jahr, das mit 1. November beginnt; in der Zeit vom 15. bis 31. August kann aufgekündigt werden; jeder Winzer hat sich mit einem Winzerbuch zu versehen, für welches analoge Bestimmungen gelten, wie für die Dienstbotenbücher; die Gültigkeit des Vertragsabschlusses ist von der Behändigung einer Darangabe abhängig, welche den Betrag von 5 fl. nicht übersteigen darf; wer einen bereits verdungenen Winzer aufnimmt, ist strafbar. Doch besteht hier keine Verpflichtung des Dienstherrn zur Tragung der Krankheitskosten.

Ganz eigentümlich ist die Vorschrift, daß, wenn bei Aufnahme des Winzers keine besonderen Bestimmungen über gegenseitige Rechte und Pflichten festgesetzt werden, der neu eintretende Winzer den Dienst unter denselben Bedingungen übernimmt, unter welchen ihn sein Vorgänger besorgt hat.

§ 30. Der Schutz des Ackerbaus gegen Schädlinge.

1. Die Vertilgung kulturschädlicher Pflanzen.

Gewisse Arten von kulturschädlichen Pflanzen, insbesondere die Kleeseide, die Disteln, der Sauerdorn und der Kreuzdorn, ferner in Weinbergen die Peronospora, besitzen eine weite Verbreitung und können durch isolierte Maßregeln einzelner Landwirte nicht vertilgt werden. Es ist deshalb in den meisten Ländern die Ausrottung einzelner der genannten Pflanzenarten jedem Eigentümer, Besitzer, Nutznießer, Pächter (Verwalter) eines Grundstückes zur Pflicht gemacht [1]. Die Vertilgung muß erfolgen, bevor die Pflanze zu blühen oder zu reifen beginnt. Der Gemeindevorsteher hat die Befolgung dieser Vorschrift zu überwachen und nach fruchtloser Aufforderung die Vernichtung der schädlichen Pflanzen auf Kosten des Säumigen vornehmen zu lassen. Dieser ist überdies vom Gemeindevorsteher mit Geld, im Nichteinbringungsfalle mit Arrest zu bestrafen. Die Gemeinden werden von den politischen Behörden, in Böhmen von den Bezirksausschüssen, überwacht; kommen sie ihren Verpflichtungen nicht nach, so können sie mit Ordnungsstrafen belegt werden.

In Krain kann der Landespräsident nach Anhörung von Sachverständigen und mit Zustimmung des Landesausschusses die Beseitigung auch anderer Unkräuter (außer Kleeseide) verfügen, wenn diese durch die Verbreitungsfähigkeit ihres Samens Nutzpflanzen schädlich sind, und wenn sie in einer Gegend in einer für die Bodenkultur gemeingefährlichen Weise auftreten. Gleiches gilt von solchen Pflanzen, die, ohne Nutzpflanzen zu sein, verbreitungsfähigen schädlichen Pilzen als Träger dienen.

In Dalmatien hat beim Auftreten der Peronospora in einem Gemeindegebiete die Gemeindeverwaltung zu entscheiden, ob die Eigentümer und Kolonen in ihren Weingärten innerhalb eines bestimmten Termines in einer gleichförmig festgesetzten Weise Vorkehrungen zu treffen haben.

In Oberösterreich, Krain, Küstenland, Tirol, Vorarlberg, Schlesien und Salzburg sind bisher keine Vorschriften zur Vertilgung des Unkrautes erlassen worden.

2. Die Bekämpfung der Insekten.

Hinsichtlich der schädlichen Insektenarten bestehen in fast allen Kronländern ähnliche Vertilgungsvorschriften, wie hinsichtlich der schädlichen Pflanzen. Nur in Oberösterreich und Galizien fehlt es derzeit noch an derartigen Normen; in Dalmatien [2] ist vorerst nur

---

[1] Landesgesetze: Böhmen vom 13. Oktober 1880 Nr. 78 und vom 16. Mai 1898 Nr. 37 L.G.B.; Bukowina vom 5. Juni 1896 Nr. 24 L.G.B.; Dalmatien vom 7. Juni 1891 Nr. 19 L.G.B.; Galizien vom 17. Februar 1885 Nr. 41 L.G.B.; Krain vom 11. Februar 1883 Nr. 10 L.G.B.; Mähren vom 9. Dezember 1883 Nr. 2 ex 1885 L.G.B.; Niederösterreich vom 2. Januar 1883 Nr. 31 L.G.B.; Steiermark vom 9. Januar 1882 Nr. 10 L.G.B.

[2] Gesetz vom 18. März 1887 Nr. 19 L.G.B.

die Tilgung bestimmter Käferarten ins Auge gefaßt; hier hat die Gemeindevertretung zu entscheiden, ob auf dem Gebiete einer Gemeindefraktion, wo sich der stahlblaue Rebenstecher gezeigt hat, die Weinbauer dessen Ausrottung innerhalb eines bestimmten Termines vorzunehmen haben.

In den übrigen Ländern[1] sind die Besitzer, Pächter und Nutznießer landwirtschaftlicher Grundstücke verpflichtet, innerhalb einer vom Gesetz oder vom Gemeindevorstand normierten Frist die eingesponnenen Raupen, Insekteneier und Puppen, sowie die sonstigen schädlichen Insekten und deren Raupen, Larven und Puppen von ihren Kulturen, Zäunen u. s. w. zu entfernen und zu vertilgen. Sie müssen ferner die Maikäfer während ihrer ganzen Flugzeit von den Obst- und Zierbäumen, Ziergesträuchen und allen Bäumen täglich, insbesondere in den frühen Morgenstunden, abschütteln und vertilgen; sie müssen die bei dem Aufbrechen des Bodens hinter dem Pflug, der Haue oder Schaufel hervorkommenden Engerlinge auflesen und töten. Der Gemeindevorsteher hat die Befolgung dieser Vorschriften zu überwachen, er kann zu diesem Zwecke auch bestimmte Personen mit der Aufsicht betrauen. Unterläßt ein Landwirt die Erfüllung seiner Obliegenheiten, so soll die Vertilgung der Insekten durch die Gemeinde auf Kosten des Säumigen veranlaßt werden. Dieser verfällt überdies einer Geldstrafe.

Der Gemeindevorsteher kann in einigen Ländern zur Beseitigung einer augenblicklichen Gefahr die Leistung von allgemein notwendiger Arbeit verlangen, die dann meist nach der Grundsteuer repartiert wird. Reichen zur Abwehr die eigenen Kräfte der Gemeinde nicht aus, so muß die Anzeige an die politische Behörde gemacht werden. Diese hat auch die Durchführung der Gesetze seitens der Gemeindeorgane zu überwachen.

Um die Bevölkerung zum Einsammeln der Maikäfer und Engerlinge aufzumuntern, schreiben einige Landesgesetze vor, daß für jeden abgelieferten Metzen eine bestimmte Vergütung geleistet werden soll, deren Höhe jährlich vom Statthalter im Einvernehmen mit dem Landesausschuß festgestellt wird. In Tirol hat sogar die Gemeindevertretung zu bestimmen, welche Quantitäten von Maikäfern jeder Besitzer oder Pächter einzuliefern hat.

3. Die Bekämpfung der Feldmäuse.

Das massenhafte Auftreten der für die Kulturpflanzen äußerst verderblichen Feldmäuse in den letzten Jahren und die Erfahrung, daß der einzelne Landwirt dagegen völlig wehrlos ist, und daß diese Plage mit Erfolg nicht auf einzelnen Grundstücken, selbst nicht in ganzen Gemeinden bekämpft werden kann, bestimmten die niederösterreichische Gesetzgebung zur Erlassung spezieller Vorschriften[2]. Sobald in einer Gemeinde Feldmäuse verheerend auftreten, muß rascheftens konstatiert werden, ob das Übel auch andere Gemeinden desselben oder benachbarter politischer Bezirke ergriffen hat. Mit Beihilfe und unter Intervention des Landesausschusses werden sodann die Vertilgungsmaßregeln unternommen, wobei alle Grundbesitzer und Pächter verhältnismäßig zu den Kosten beizutragen und die erforderlichen Arbeitskräfte beizustellen haben, auch das Betreten ihrer Grundstücke gestatten müssen.

Ähnliche, wenn auch nicht so weitgehende Vorschriften sind für Böhmen, Galizien und Schlesien im Verordnungswege erlassen worden[3].

4. Die Bekämpfung des Wildes.

Auch die wilden Tiere, und zwar nicht nur die Raubtiere, sondern auch die jagdbaren

---

[1] Gesetze vom 30. April 1870 für Böhmen Nr. 38, Bukowina Nr. 22, Görz und Gradiska Nr. 34, Mähren Nr. 37, Schlesien Nr. 33, Vorarlberg Nr. 40 L.G.B., ferner für Istrien vom 2. September 1870 Nr. 45 und vom 30. Juni 1886 Nr. 8 L.G.B., Kärnten vom 30. November 1870 Nr. 55 L.G.B., Krain vom 17. Juni 1870 Nr. 21 L.G.B., Niederösterreich vom 10. Dezember 1868 Nr. 4 L.G.B. ex 1869 und vom 26. August 1899 Nr. 72 L.G.B., Salzburg vom 18. Januar 1872 Nr. 8 L.G.B. und vom 6. Juli 1876 Nr. 27 L.G.B., Steiermark vom 10. Dezember 1868 Nr. 5 L.G.B. ex 1869, Tirol vom 16. Mai 1874 Nr. 34 L.G.B., Triest vom 14. April 1885 Nr. 14 L.G.B.

[2] Gesetz vom 30. Juni 1898 Nr. 44 L.G.B.

[3] Verordnungen: Böhmen vom 16. März 1896 Nr. 20 L.G.B., Galizien vom 17. April 1896 Nr. 20 L.G.B., Schlesien vom 21. Februar 1892 Nr. 20 L.G.B.

Tiere, sind für die landwirtschaftlichen Kulturen zumeist außerordentlich schädlich. Sie kommen indessen für die österreichische Gesetzgebung in erster Linie nicht als Schädlinge der Landwirtschaft, sondern als Objekte der Jagd in Betracht. Infolgedessen ist die Vertilgung des Wildes, auch dort wo dieses schädlich ist, nicht nur nicht vorgeschrieben, sondern durch eigene Schonvorschriften für gewisse Zeiten sogar verboten. Doch können in den meisten Ländern gegen das allzustarke Anwachsen des Wildstandes Gegenmaßregeln durch die politische Behörde angeordnet werden. Näheres hierüber s. im 2. Hauptteil.

5. Der Schutz insektenfressender Tiere.

In dem Kampfe gegen die kulturschädlichen Insekten und Mäuse hat der Landwirt wertvolle Bundesgenossen in einigen Tiergattungen, die — wie insbesondere die Singvögel, der Igel, der Maulwurf, der Dachs, die Fledermaus — sich ausschließlich oder hauptsächlich von Insekten oder Mäusen nähren.

In sämtlichen Kronländern sucht darum die Gesetzgebung die für die Bodenkultur nützlichen Vogelarten, zum Teile auch die genannten anderen Tiere gegen Verfolgung zu sichern. Überdies werden in diesen Gesetzen gewisse auf den Massenfang berechnete Fangmittel verboten (Lockvögel, Deck- und Stecknetze u. dergl.).

Doch gehen diese Gesetze in dem Schutz, den sie den für die Bodenkultur nützlichen Tieren angedeihen lassen, sehr verschieden weit.

Am stärksten ist der Vogelschutz in Steiermark[1], wo jeder Vogelfang, mit Ausnahme des der Jagd vorbehaltenen Federwildes, verboten ist; dann in Kärnten[2] und Galizien[3], wo der Fang und das Töten bloß der unbedingt schädlichen Vogelarten (Raubvögel) gestattet ist.

Etwas schwächer ist der Schutz in Böhmen[4], Görz und Gradiska[5], Niederösterreich[6], Triest[7] und Salzburg[8]. In diesen Ländern sind drei Gruppen von Vogelarten zu unterscheiden:

Raubvögel können jederzeit erlegt werden;

Vögel, welche sich teilweise von Insekten nähren, dürfen in der Brutzeit nicht verfolgt werden, außerhalb derselben kann dazu die politische Behörde mit Zustimmung des Grundbesitzers die Bewilligung erteilen;

Vögel, deren Nahrung ausschließlich oder überwiegend aus Kerbtieren besteht, dürfen überhaupt nicht gefangen, getötet oder feilgeboten werden.

Noch weniger sind die Vögel in der Bukowina[9], in Krain[10], Mähren[11], Oberösterreich[12], Schlesien[13], Vorarlberg[14] geschützt. Hier ist für das Töten der oben an zweiter Stelle angeführten Kategorie von Vögeln nur die Zustimmung des Grundbesitzers ohne behördliche Bewilligung erforderlich; und hinsichtlich der absolut nützlichen Vögel kann die politische Behörde mit Zustimmung des Grundbesitzers außerhalb der Brutzeit das Tötungs- und Fangverbot für bestimmte Personen außer Kraft setzen.

Istrien[15] und Tirol[16] stehen zwischen den beiden zuletzt betrachteten Gruppen von

---

[1] Gesetz vom 10. Dezember 1868 Nr. 6 ex 1869 L.G.B.
[2] Gesetz vom 30. November 1870 Nr. 54 und vom 28. März 1883 Nr. 11 L.G.B.
[3] Gesetz vom 21. Dezember 1874 Nr. 10 ex 1875 L.G.B.
[4] Gesetz vom 30. April 1870 Nr. 39 und vom 9. Januar 1882 Nr. 9 L.G.B.
[5] Gesetz vom 11. September 1892 Nr. 26 L.G.B.
[6] Gesetz vom 28. August 1889 Nr. 27.
[7] Gesetz vom 28. August 1892 Nr. 25 L.G.B.
[8] Gesetz vom 31. Juli 1888 Nr. 29 und vom 26. August 1899 Nr. 20 L.G.B.
[9] Gesetz vom 30. April 1870 L.G.B. Nr. 23.
[10] Gesetz vom 17. Juni 1870 L.G.B. Nr. 20.
[11] Gesetz vom 30. April 1870 L.G.B. Nr. 36.
[12] Gesetz vom 30. April 1870 L.G.B. Nr. 24 und vom 6. Februar 1890 Nr. 6.
[13] Gesetz vom 30. April 1870 L.G.B. Nr. 34.
[14] Gesetz vom 30. April 1870 L.G.B. Nr. 39.
[15] Gesetz vom 2. September 1870 Nr. 46 L.G.B.
[16] Gesetz vom 18. Juni 1899 Nr. 34 L.G.B.

Kronländern in der Mitte, indem alle nicht schädlichen Vogelarten außerhalb der Brutzeit mit Bewilligung der politischen Behörde gefangen werden dürfen.

Überall, wo der Vogelfang an eine behördliche Bewilligung gebunden ist, soll diese nur erteilt werden, wenn „dies mit Rücksicht auf die Bodenkultur zulässig ist."

In Dalmatien[1] sind auch die nützlichen Vögel lediglich während der Brutzeit geschützt; außerhalb der letzteren können sie ohne behördliche Bewilligung ganz frei gefangen und getötet werden.

Die Durchführung der älteren Vogelschutzgesetze ist den Gemeindebehörden, die der späteren den politischen Behörden anvertraut. Übertretungen sind mit Geld zu strafen; überdies werden Fangwerkzeuge und gefangene Tiere konfisziert.

Auf dem Gebiet des Vogelschutzes besteht ein Bedürfnis nach internationaler Regelung; denn das beste inländische Vogelschutzgesetz muß unwirksam bleiben, wenn die Zugvögel im Süden, wo sie bei der Bevölkerung als besonderer Leckerbissen gelten, schonungslos verfolgt werden dürfen. Diesem Bedürfnis suchten Österreich und Italien in einer Konvention vom 5. November 1871 Rechnung zu tragen, in welcher sich die beiden Staaten verpflichten, im Wege der Gesetzgebung ein bestimmtes Minimum von Vorschriften zum Schutze von nützlichen Vögeln zu erlassen.

§ 31. Der Weinbau. (Die Bekämpfung der Reblaus.)

Literatur s. oben S. 79, ferner insbesondere Marchet, Die Reblausgesetzgebung Österreichs, Wien 1896.

Die energischesten Maßregeln waren notwendig, um den Weinbau gegen die aus Amerika eingeschleppte Reblaus zu schützen. In Österreich nimmt diese Seuche trotz der Gegenmaßregeln immer noch zu; nur Böhmen ist bisher von ihr verschont geblieben.

Die Aufgaben der Gesetzgebung auf diesem Gebiete sind dreifache: es gilt die Verschleppung der Reblaus in noch nicht infizierte Gegenden zu hindern, die Seuche dort, wo sie auftritt, zu bekämpfen, endlich die wirtschaftlichen Folgen für die betroffenen Landwirte zu mildern.

1. Verkehrsbeschränkungen.

Um der Verschleppung innerhalb des Staates vorzubeugen, besteht für jeden Weingartenbesitzer die Pflicht der sofortigen Anzeige, sobald ihm Symptome für das Vorhandensein der Reblaus bekannt werden. Der Gemeindevorsteher hat unverzüglich ein vorläufiges Ausfuhrverbot für Reben und sonstige Reblausträger zu erlassen. Es erfolgt sodann über Auftrag der politischen Behörden eine Durchforschung der Pflanzungen und ihrer Umgebung durch Sachverständige; ergibt sich dabei das Vorkommen der Reblaus, so wird das Ausfuhrverbot bestätigt, eventuell auch noch erweitert. Die Übertretung dieses Verbotes wird mit Geld bis zu 300 fl., bei Uneinbringlichkeit mit Arrest bis zu zwei Monaten bestraft[2]. Von dem Ausführungsverbote können aber Ausnahmen für den Verkehr mit bereits verseuchten Orten bewilligt werden[3].

Gegen die Verschleppung über die Staatsgrenzen wurde eine internationale Konvention[4] abgeschlossen, worin sich die Vertragsstaaten verpflichten, die Weinberge zu überwachen, die Reblaus möglichst auszurotten, die angesteckte Bodenfläche festzustellen und den Transport und die Verpackung von Rebpflanzen so zu regeln, daß die Verschleppung des Übels verhütet wird. Insbesondere sind ausgerissene Weinstöcke und Rebholz vom internationalen Verkehr ausgeschlossen, Schnittlinge dürfen nur mit Bewilligung und unter Aufsicht und nur nach erfolgter Desinfizierung eingeführt werden. Infizierte oder verdächtige Gegenstände müssen sofort samt der Verpackung verbrannt werden.

---

[1] Gesetze vom 20. Dezember 1874 Nr. 5 ex 1875 und vom 14. Januar 1895 Nr. 6 L.G.B.
[2] Gesetz vom 3. April 1875 Nr. 61 R.G.B.
[3] Gesetz vom 15. Juni 1890 Nr. 142 R.G.B.
[4] Vertrag vom 3. November 1881 Nr. 105 R.G.B. ex 1882.

2. Bekämpfung der Seuche.

Die Bekämpfung im verseuchten Gebiete erfolgte zuerst durch Rodung. Wenn die voraussichtlichen Kosten den wahrscheinlichen Nutzen nicht übersteigen, kann die Landesbehörde mit Zustimmung des Landesausschusses, ohne eine solche das Ministerium, die gänzliche Vernichtung der infizierten Pflanzungen anordnen und verfügen, daß die Gründe dem Weinbau entzogen bleiben müssen (Extinktionsverfahren). Für den dadurch bewirkten Schaden und für die Kosten gebührt dem an der Verseuchung schuldlosen Grundbesitzer unter bestimmten Voraussetzungen eine Entschädigung, zu der alle Weinbergbesitzer des Landes beizutragen haben [1].

Zu dem bloßen Kulturverfahren — Bekämpfung der Reblaus durch Schwefelkohlenstoff — können die Grundbesitzer wider ihren Willen nicht gezwungen werden [1].

Das einzige gegen die Reblaus wirksame Mittel, die Anwendung amerikanischer Reben, hat der Gesetzgeber nur indirekt durch eine Steuerbegünstigung zu befördern gesucht. Werden nämlich in einer verseuchten Gemeinde Grundstücke von mindestens $^1/_4$ ha neu der Weinkultur gewidmet, so tritt bei Verwendung einheimischer Reben eine 6jährige, bei Verwendung amerikanischer Reben eine 10jährige Grundsteuerfreiheit ein [2].

Die Durchführung der Gesetze obliegt dem Ackerbauministerium und eigenen Reblauskommissionen bei den politischen Landesstellen. Überdies sind nach Bedarf Bezirks- und Lokalkommissionen zu bestellen, insbesondere um die Weingärten zu durchforschen und verdächtige Symptome sofort anzuzeigen.

In allen Weinbau treibenden Gemeinden sind Lokalkommissionen gebildet, die aus dem Bürgermeister und mehreren dazu berufenen Weinbauern bestehen. Sie haben den Kulturzustand der Weingärten, die Befolgung der Reblausvorschriften, die Herkunft der eingeführten Reben ständig zu überwachen, die Bevölkerung zu belehren u. s. w.

3. Steuer- und Gebühren-Begünstigungen, unverzinsliche Darlehen.

Zur Milderung der wirtschaftlichen Folgen für die Besitzer der phylloxerierten Weingärten hat die Gesetzgebung diesen einerseits Steuerbegünstigungen, andererseits unverzinsliche Darlehen, endlich gewisse Gebührenbefreiungen vorgesehen:

a) Steuerbegünstigungen wegen Reblausschaden bestehen:

α) für Weinpflanzungen, die selbst verlaust sind oder in der Nähe von solchen gelegen sind und über behördliche Anordnung oder freiwillig zerstört und mit neuen Reben wieder hergestellt worden ist [3];

β) für verlauste Weingärten, die vom Besitzer freiwillig dem Weinbau entzogen werden [4];

γ) wenn durch die Reblaus bei Grundparzellen bis zu 4 ha mindestens der vierte Teil des Naturalerträgnisses, bei größeren Parzellen aber das Erträgnis von wenigstens 1 ha vernichtet werden [5];

δ) für Grundstücke, welche bisher keine Weingärten waren und mit Reben bepflanzt werden, wenn sie entweder in verlausten Gegenden oder in sandigen Gebieten gelegen sind [6].

b) Unverzinsliche Darlehen. Tritt die Reblaus in verheerender Weise auf, so daß die Grundbesitzer in eine Notlage geraten, so kann der Ackerbauminister zum Zwecke der Wiederherstellung der zerstörten Weingärten, oder damit an Stelle der zerstörten andere Kulturflächen dem Weinbau zugeführt werden, unverzinsliche Darlehen verteilen. Vorausgesetzt ist eine mindestens gleiche Unterstützung aus Landesmitteln [7].

c) Gebührenbegünstigungen:

α) Eingaben, Urkunden, Verhandlungen in Angelegenheiten der Maßregeln gegen Verbreitung der Reblaus sind stempel- und gebührenfrei [8];

---

[1] Gesetze vom 3. April 1875 Nr. 61 und vom 27. Juni 1885 Nr. 3 ex 1886 R.G.B.

[2] Gesetz vom 26. Juni 1894 Nr. 138 R.G.B.

[3] Gesetz vom 15. Juni 1890 Nr. 143 R.G.B.

[4] Gesetz vom 27. Juni 1885 Nr. 3 ex 1886 R.G.B.

[5] Gesetze vom 3. Oktober 1891 Nr. 150 R.G.B., vom 26. Juni 1894 Nr. 139 R.G.B. und vom 12. Juli 1896 Nr. 118 R.G.B.

[6] Gesetz vom 26. Juni 1894 Nr. 138 R.G.B.

[7] Gesetz vom 28. März 1892 Nr. 61 und vom 23. August 1895 Nr. 138 R.G.B.

[8] Gesetz vom 3. April 1875 Nr. 61 R.G.B.

β) ebenso Eingaben, Rechtsurkunden und grundbücherliche Eintragungen bezüglich der Verteilung von Vorschüssen zur Wiederherstellung der durch die Reblaus zerstörten Weingärten [1];

γ) für Schuldscheine und Löschungsurkunden von Weingartenbesitzern über Darlehen und Subventionen von Bezirken, Gemeinden, Sparkassen, Anstalten u. s. w. zur Wiederherstellung der zerstörten Weingärten ist nur ein geringer Stempel zu entrichten; die übrigen Rechtsurkunden, Eingaben und Eintragungen sind stempelfrei [1];

δ) für Darlehen und Subventionen zwecks Wiederherstellung zerstörter Weingärten können Gebührenerleichterungen gewährt werden [2].

§ 32. Der Tabakbau.

Den stärksten Einschränkungen ist der Tabakbau unterworfen, aber nicht aus ökonomischen, sondern aus fiskalischen Rücksichten. Tabak ist Gegenstand eines staatlichen Monopols [3]. Deshalb darf er nur in den von der Verwaltung zugelassenen Gebieten [4] und auch da nur von Personen gebaut werden, welche hiezu die amtliche Bewilligung erhalten haben. Tabakbaulizenzen werden nur für ein Jahr, einen bestimmten Pflanzer und eine bestimmte Fläche (Galizien und Bukowina) oder eine bestimmte Pflanzenzahl (Tirol, Dalmatien) gegeben. Der Anbau steht unter staatlicher Kontrolle; die ganze Tabakernte muß der Staatsverwaltung gegen Vergütung abgetreten werden.

Verbotswidriger Tabakbau und Vorenthaltung der Tabakernte sind nach dem Gefällsstrafgesetze vom 11. Juli 1835 zu bestrafen.

§ 33. Die Viehzucht.

I. Die Bekämpfung der Viehseuchen.

Die häuslichen Nutztiere sind Angriffen von Schädlingen ausgesetzt, die namentlich durch die Selbstbewegung der verseuchten Tiere außerordentlich rasch verbreitet werden können. Abwehrmaßregeln sind aber hier nicht nur wegen der Ansteckungsgefahr für fremdes Vieh, sondern auch deshalb notwendig, weil vielfach die Menschen gefährdet werden, welche das Fleisch und die Milch der kranken Tiere genießen. Wie bei der Bekämpfung der Reblaus handelt es sich auch hier darum, einerseits die Weiterverbreitung der Seuche durch Verkehrsbeschränkungen hintanzuhalten, andererseits die Seuche dort, wo sie ausgebrochen ist, zu ersticken. Nebst diesen repressiven Maßregeln ist es aber auch Aufgabe der Gesetzgebung, im Wege der Prophylaxe den Ausbruch von Tierseuchen zu verhüten [5]. Zu diesem Zwecke sind die Viehbesitzer einer Reihe von Beschränkungen unterworfen worden [6]. Die Grundzüge dieser Normen sind für alle ansteckenden Tierkrankheiten ähnliche [7].

1. Verkehrsbeschränkungen.

Haustiere, welche ansteckenden Krankheiten unterworfen sind, dürfen nur mit einem Viehpasse eingeführt werden, der den unverdächtigen Abgang vom Aufenthaltsorte bestätigt.

---

[1] Gesetz vom 3. Oktober 1891 Nr. 150 R.G.B.

[2] Gesetz vom 16. Juni 1894 Nr. 127 R.G.B.

[3] Zoll- und Monopolsordnung vom 11. Juli 1835.

[4] Solche Gebiete sind in Galizien, der Bukowina, Südtirol und Dalmatien.

[5] Die Normen über das Veterinärpersonal, die Veterinärgewerbe, über Viehmärkte, über den Viehverkehr mit dem Auslande, die Vieh- und Fleischbeschau u. s. w. können hier nicht behandelt werden, sondern bleiben der Darstellung des Veterinär- und des Sanitätsrechtes als Zweige des Verwaltungsrechtes vorbehalten.

[6] Gesetze vom 29. Februar 1880, betreffend die Abwehr und Tilgung ansteckender Tierkrankheiten Nr. 35 R.G.B., und betreffend die Abwehr und Tilgung der Rinderpest Nr. 37 R.G.B., vom 17. August 1892 Nr. 142 R.G.B., betreffend die Abwehr und Tilgung der Lungenseuche der Rinder, vom 19. Juli 1879 Nr. 108 R.G.B., betreffend die Verpflichtung der Desinfektion bei Viehtransporten und Eisenbahnen und Schiffen; ferner die Ministerialverordnung vom 10. April 1885 Nr. 54 R.G.B. (Rauschbrand der Rinder und Rotlauf der Schweine), die Verordnungen vom 2. Mai 1899 Nr. 81 R.G.B. vom 15. September 1900 Nr. 154 R.G.B. (Schweinepest) und vom 29. März 1903 Nr. 73 R.G.B. (Geflügelcholera), Gesetz vom 24. Mai 1882 Nr. 51 R.G.B. (Strafsanktion).

[7] Speziell für die Rinderpest gelten indessen wesentlich verschärfte Bestimmungen.

Kranke oder verdächtige Tiere sind von der Einfuhr ausgeschlossen; desgleichen kann für gesundes Vieh die Einfuhr aus verseuchten Gebieten verboten oder beschränkt werden.

Auch für den Verkehr im Inland müssen für die wichtigsten Viehgattungen Pässe beigebracht werden, wenn das Vieh zu Tierschauen, Märkten, Auktionen gebracht, mit Eisenbahnen oder Schiffen befördert wird. Triebherden, Eisenbahn- und Schiffstransporte müssen tierärztlich untersucht werden.

Seuchenkranke oder krankheitsverdächtige Tiere dürfen nicht in Verkehr gebracht werden. Um die Verschleppung von Tierkrankheiten von Staat zu Staat zu verhindern, ist eine Reihe von Viehseuchenübereinkommen mit auswärtigen Staaten abgeschlossen worden.

2. Tilgungsmaßregeln.

Nimmt ein Viehbesitzer oder Viehhüter Symptome einer ansteckenden Krankheit wahr, so ist er verpflichtet, hievon sofort die Behörde zu verständigen, welche die vorläufige Absonderung, die Stallsperre und die Untersuchung durch eine Seuchenkommission veranlaßt. Zum Zwecke der Feststellung der Seuchen können verdächtige Tiere getötet werden.

Zur Lokalisierung und Tilgung der Seuche kann die Behörde anordnen: Absonderung, Bewachung und polizeiliche Beobachtung der Tiere, Stallsperre, Weidesperre, Ortssperre, Flursperre, Verbot von Märkten, Auktionen, Tierschauen; unschädliche Beseitiguug oder Desinfektion der Objekte, welche die Ansteckung verbreiten könnten, zwangsweise tierärztliche Behandlung u. s. w. Diese Maßregeln sind bei den verschiedenen Tierkrankheiten in verschiedenem Umfange anzuwenden. Überdies können oder müssen die kranken oder verdächtigen Tiere behördlich getötet, der Ansteckungsgefahr unterliegende Tiere zwangsweise geimpft werden.

1. Zu töten sind:

Bei der Lungenseuche der Rinder: kranke, krankheitsverdächtige und ansteckungsverdächtige Tiere.

Bei der Rotzkrankheit: die kranken Tiere, ferner krankheitsverdächtige Tiere, wenn der Besitzer die Überwachungskosten nach Ablauf von 6 Wochen nicht tragen will. Auch kann die politische Behörde oder die Ortsbehörde die Tötung von seuchenverdächtigen Tieren unter Voraussetzungen anordnen.

Bei Räude: die in hohem Grade räudigen, unheilbaren Tiere.

Bei Wutkrankheiten: Tiere, bei welchen die Wut ausgebrochen, Hunde und Katzen, die mit wutkranken Tieren in Berührung gekommen sind, krankheitsverdächtige Tiere, wenn sie nicht vollkommen sicher verwahrt werden können.

Bei Rinderpest: alle pestkranken und alle Tiere, welche mit solchen unmittelbar oder mittelbar in Berührung waren.

Bei der Schweinepest: die kranken, pestverdächtigen und ansteckungsverdächtigen Tiere.

Wann ein zur Tötung berechtigender Ansteckungsverdacht vorliegt, ist für die verschiedenen Krankheiten gesetzlich normiert.

2. Zwangsimpfung findet bei festgestellter Pocken- oder Blatternseuche der Schafe bezüglich der gefährdeten aber noch seuchenfreien Stücke statt.

3. Ersatz für getötete Tiere.

Der Viehbesitzer hat in der Regel nur bei Tötung eines Tieres zur Feststellung des Vorhandenseins der Seuche, ferner bei Tötung eines gesunden Tieres wegen Verdacht der Rotzkrankheit Anspruch auf Ersatz des gemeinen Wertes aus dem Staatsschatze, nicht aber bei Tötung wegen Erkrankung oder wegen eines gerechtfertigten Krankheitsverdachtes; denn casum sentit dominus. Diese Regelung muß die Viehbesitzer dazu verleiten, die Krankheitssymptome möglichst lange zu verheimlichen. Darum ist wenigstens bei den verderblichsten Krankheiten — Lungenseuche der Rinder, Rinderpest und Schweinepest — dem Viehbesitzer ein Ersatzanspruch wegen eines jeden gekeulten Tieres eingeräumt, also auch bei Tötungen wegen Krankheit oder gerechtfertigten Verdachtes. Voraussetzung ist, daß die Anzeige rechtzeitig erstattet wurde, und daß kein Verschulden des Besitzers vorliegt; überdies darf die Seuche nicht vor Ablauf einer gesetzlich bestimmten Frist seit Einfuhr des Viehes ausgebrochen sein.

Gegenstand des Ersatzanspruches ist in der Regel der volle gemeine Wert des Tieres.

Dieser wird durch eine dreigliedrige Schätzungskommission bestimmt; stimmen die Bewertungen der drei Schätzmänner nicht überein, so gilt der Durchschnitt.

Bei der Lungenseuche werden nur 95 % des so bestimmten Wertes ersetzt. Für die Schweinepest bestehen eigene Bewertungsvorschriften, und es wird nur für pestfreie Tiere der volle Wert gewährt, für pestkranke dagegen nur die Hälfte. Der Erlös für die getöteten Tiere und für die verwertbaren Teile derselben gebührt, wenn die Ersatzpflicht des Staates eintritt, dem Staatsschatz, sonst in der Regel dem Grundbesitzer.

4. Kosten, Strafen.

Die Kosten der Seuchenbekämpfung trägt zum größten Teile der Staat. Nur in untergeordnetem Maße werden Gemeinden und Viehbesitzer mit herangezogen.

Als Sanktion für die gesetzlichen Vorschriften besteht eine Reihe verschieden abgestufter Strafandrohungen. Die Nichterfüllung der gesetzlichen Vorschriften ist zum Teile als Übertretung, zum Teile als Vergehen zu bestrafen.

II. Die Hebung der Viehzucht.

Für die Viehzucht hat sich die Rechtsordnung nicht mit Vorschriften der Seuchenpolizei begnügt. Es erscheint untunlich, die Art der Nachzucht von Pferden und Rindern ganz dem Ermessen des einzelnen Landwirtes zu überlassen. Einerseits muß die Verwendung untauglicher Tiere zur Nachzucht verhindert, andererseits dafür gesorgt werden, daß den Landwirten taugliche Zuchttiere in genügender Anzahl zur Verfügung stehen. Dabei handelt es sich vorwiegend um die für das Zuchtergebnis maßgebenden männlichen Tiere.

1. Beschränkungen hinsichtlich der Nachzucht.

Jeder Landwirt hat die volle Freiheit, auf seinem Boden anzubauen was er will, und er kann hiebei jeden ihm passend scheinenden Samen verwenden; hingegen ist er in der Verwendung männlicher Zuchttiere rechtlich beschränkt. Dies ist notwendig, um die Viehzucht, die sich in vielen Gebieten immer mehr zu dem wichtigsten Zweige der Landwirtschaft entwickelt, zu heben und die Viehrassen zu verbessern; denn die Züchtung eines tüchtigen Schlages in einer Gegend setzt voraus, daß durch mehrere Generationen konsequent das nämliche Zuchtziel verfolgt werde, was ohne einen gewissen Zwang kaum erreichbar ist. Überdies können die kleineren Landwirte meist keinen eigenen Hengst oder Stier halten und hängen dann hinsichtlich der Nachzucht von dem in der Nachbarschaft befindlichen Zuchttiere ab. Sie sind ferner meist gar nicht im stande zu beurteilen, ob ein Hengst oder Stier zur Zucht geeignet ist. Endlich ist an der Züchtung tüchtiger Pferderassen der Staat auch vom militärischen Standpunkte aus stark interessiert. Aus den angeführten Gründen dürfen zur Nachzucht mit fremdem, zum Teile sogar mit eigenem Vieh nur solche Hengste oder Stiere verwendet werden, die durch eigens hiefür bestellte Kommissionen als zuchttauglich erklärt werden.

a) **Zuchthengste** dürfen nur dann lizenziert werden, wenn sie gesund, mit keinem Erbfehler belastet, zuchttauglich und den vorherrschenden Rassen und Schlägen entsprechend sind. Die Lizenzierung gilt nur für eine Deckungsperiode, muß also alljährlich wiederholt werden[1]. Der Hengstbesitzer ist verpflichtet, für jede gedeckte Stute dem Eigentümer einen Deckzettel auszustellen und über die belegten Stuten ein Deckregister zu führen. Er kann sich von dem Stutenbesitzer eine Deckgebühr ausbedingen. Der Lizenzierungszwang besteht in Böhmen, Kärnten, Küstenland, Schlesien und Vorarlberg[2] nur für die gegen Entgelt zur Beschälung verwendeten Hengste, in den anderen Kronländern[3] für alle Hengste, welche — entgeltlich oder unentgeltlich — fremde Stuten decken.

---

[1] In Galizien und der Bukowina kann die Lizenz für 1—3 Jahre erteilt werden.

[2] Ministerialverordnungen vom 25. April 1855 Nr. 79, vom 3. Februar 1866 Nr. 18, vom 15. Mai 1874 Nr. 76 und vom 9. November 1875 Nr. 139 R.G.B.

[3] Gesetze, betreffend die Verwendung von Privathengsten zum Beschälen: Bukowina vom

In diesen Ländern ist auch das gemeinschaftliche Weiden von Hengsten und Stuten verboten. Jede Übertretung dieser Vorschriften ist durch die politische Behörde zu bestrafen. Hinsichtlich der Strafbestimmungen weichen die einzelnen Kronländer voneinander ab. Strafbar ist die Verwendung eines nicht lizenzierten Hengstes für fremde Stuten nicht nur bei dem Besitzer des Hengstes, sondern auch bei dem der Stuten.

Für Pferdezuchtangelegenheiten bestehen bei dem Ackerbauministerium eine Zentralpferdezuchtkommission, bei den politischen Landesstellen Pferdezucht-Komitees, -Vereine, -Sektionen oder Delegierte.

Die Körungskommissionen, die in den einzelnen Ländern verschieden zusammengesetzt sind, werden für 1—4 Jahre ernannt. Die Körung findet an bestimmten Tagen und Orten öffentlich statt. Die Kommission entscheidet mit Stimmenmehrheit, ohne daß eine Berufung möglich wäre. Das Beschälgeschäft darf nur an behördlich bestimmten Plätzen ausgeübt werden. Das Herumziehen mit Hengsten zum Zwecke des Belegens ist verboten. Jeder private Beschälhengst ist während der Deckzeit tierärztlich zu untersuchen; die Kosten dieser Untersuchung hat nach den Verordnungen der Hengstbesitzer, nach den Landesgesetzen der Staat zu tragen.

b) Für Zuchtstiere gelten zumeist ähnliche Normen[1]. Hienach dürfen nur lizenzierte Stiere zur Nachzucht mit fremden Kühen — sei es unentgeltlich, sei es gegen Entgelt — verwendet werden[2]. In Böhmen und Vorarlberg erstreckt sich diese Vorschrift auch auf die Nachzucht mit dem eigenen Vieh des Stierbesitzers. Für die Lizenzierung werden eigene Kommissionen für ganze Gerichtsbezirke, in Vorarlberg für jede Gemeinde, gebildet. Lizenziert sollen nur solche Stiere werden, die gesund, von kräftigem Körperbau, zur Nachzucht geeignet sind und ein bestimmtes Alter erreicht haben; nach mehreren Gesetzen muß der Stier überdies dem in der Gegend vorhandenen Viehschlage und der herrschenden Zuchtrichtung entsprechen. Die Lizenzierung gilt in der Regel für ein Jahr.

Die Viehzüchter sind im Interesse eines guten Züchtungserfolges noch anderen Beschränkungen unterworfen: die Zahl der Sprünge-Stiere ist limitiert — der unmittelbare Nachsprung, die gemeinsame Weide von Stieren und weiblichen Zuchttieren, die vorzeitige Deckung der Kälber untersagt u. dgl. Die Stierbesitzer haben für jede erfolgte Deckung dem Kuhbesitzer einen Sprungzettel zu erfolgen und Sprungregister über belegte Kühe zu führen.

Die Handhabung der Gesetze obliegt den Tierzuchtkommissionen, zum Teile auch den Gemeinden. Übertretungen der angeführten Normen sind teils von den politischen Behörden, teils von den Gemeinden zu bestrafen.

In Dalmatien, Görz und Gradiska, Istrien, Oberösterreich, Salzburg und Triest besteht derzeit noch kein Lizenzierungszwang.

5. März 1886 Nr. 11 L.G.B., Dalmatien vom 18. März 1887 Nr. 23 L.G.B., Galizien vom 8. Dezember 1881 Nr. 71 und vom 2. Mai 1889 Nr. 46 L.G.B., Krain vom 18. Februar 1885 Nr. 13 L.G.B., Mähren vom 14. Dezember 1883 Nr. 21 ex 1884 L.G.B., Oberösterreich vom 23. November 1883 Nr. 27 L.G.B., Niederösterreich vom 17. Januar 1885 Nr. 27 L.G.B., Salzburg vom 10. März 1885 Nr. 10 L.G.B., Steiermark vom 18. Oktober 1883 Nr. 20 und vom 14. Januar 1890 Nr. 17 L.G.B., Tirol vom 15. September 1883 Nr. 30 L.G.B.

[1] Landesgesetze: Böhmen vom 21. April 1887 Nr. 32 L.G.B., Bukowina vom 13. Juni 1895 Nr. 19 L.G.B., Galizien vom 20. Juli 1892 Nr. 51 und vom 16. Februar 1902 Nr. 26 L.G.B., Kärnten vom 26. Oktober 1902 Nr. 20 L.G.B., Krain vom 11. August 1890 Nr. 4 ex 1891 und vom 21. Mai 1902 Nr. 15 L.G.B., Mähren vom 16. Dezember 1888 Nr. 5 L.G.B. ex 1889, Niederösterreich vom 13. Juli 1894 Nr. 52, vom 11. September 1898 Nr. 56 L.G.B., Schlesien vom 15. November 1901 Nr. 47 L.G.B., Steiermark vom 17. April 1896 Nr. 41 L.G.B., Tirol vom 14. Januar 1896 Nr. 10 L.G.B., Vorarlberg vom 27. Juli 1890 Nr. 19 und vom 14. April 1896 Nr. 28 L.G.B. Das Gesetz für Salzburg vom 18. November 1896 Nr. 38 L.G.B. enthält keine positiven Normen, sondern im wesentlichen nur Belehrungen und Ermunterungen.

[2] In einigen Ländern gelten Stiere unter bestimmten Voraussetzungen auch ohne Vorführung vor die Kommission als lizenziert.

2. Sorge für taugliche männliche Zuchttiere.

Zu den besprochenen negativen Vorschriften müssen noch positive Vorkehrungen treten, um den Landwirten, insbesondere auch den kleinen, eine rationelle Zucht zu ermöglichen.

a) Die Pferdezucht liegt aus militärischen Gründen hauptsächlich in den Händen des Staates; es bestehen zu diesem Zwecke Staatsgestüte, Staatshengstendepots und Beschälstationen. Durch Hinausgabe der erforderlichen Anzahl von Staatshengsten in Privatpflege oder zur Miete ist das vorhandene Bedürfnis nach männlichem Zuchtmaterial zum größten Teile befriedigt.

b) Bei der Rinderzucht mußte die Staatsgewalt aus volkswirtschaftlichen Gründen eingreifen; denn eine genügende Anzahl tauglicher Stiere ist die wichtigste Bedingung für eine rationelle Zucht und bei Stiermangel muß die Viehzucht namentlich bei der bäuerlichen Bevölkerung zurückgehen. Für diese muß aber die Lizenzierungspflicht den Stiermangel verschärfen; denn die kleinen Landwirte dürfen den Stier des benachbarten Grundbesitzers nicht mehr benutzen, falls dieser wegen der Kosten und Unbequemlichkeiten die Körung unterläßt. Zwar könnten die Bauern gemeinsam einen Stier halten, solche Stiergenossenschaften kommen aber selten zu stande.

Darum ist in den meisten Ländern vorgeschrieben[1], daß in jeder Gemeinde das Verhältnis zwischen einerseits den faselbaren Kühen und Kälbern, andererseits den zuchttauglichen lizenzierten Stieren ein bestimmtes Maximum (meist 100 : 1) nicht überschreiten darf. Die Gemeinde hat die Pflicht, die etwa fehlenden Stiere anzuschaffen und zu erhalten; sie muß für geräumige und gesunde Ställe, hinreichendes und gutes Futter und Auslaufplätze sorgen. Sollte eine Gemeinde dieser Verpflichtung nicht nachkommen, so hat der Landesausschuß selbst die Zuchttiere auf deren Kosten anzuschaffen. Die Auslagen können durch Sprungtaxen oder durch Umlage auf alle, keine Zuchttiere haltenden Rindviehbesitzer nach der Zahl der weiblichen Tiere hereingebracht werden. Unter Umständen können auch mehrere Gemeinden sich zur gemeinsamen Haltung von Stieren vereinigen.

Weil die Gemeinde als solche keine wirtschaftliche oder gar landwirtschaftliche, sondern eine politische Körperschaft ist, so ist in Vorarlberg die Anschaffung und Haltung von Zuchtstieren der Gesamtheit der Viehhalter einer Gemeinde übertragen.

Die oben erwähnten Tierzuchtskommissionen haben über die Durchführung auch dieser Bestimmungen zu wachen.

§ 34. **Die Bienenzucht.**

Literatur: Beck, Das Bienenrecht in Österreich, Wien 1883.

In mehrfacher Richtung besteht ein Bedürfnis nach speziellen Normen für die Bienenzucht. Diese ist zu fördern, weil sie unmittelbar eine wichtige Rolle im Haushalte des Landwirtes spielen kann, und weil indirekt die Bienen als Vermittler der Befruchtung vieler Pflanzen für die Landwirtschaft große Bedeutung besitzen. Andererseits sind aber wegen der Gefährdung von Menschen und Tieren sicherheitspolizeiliche Vorschriften notwendig. Ferner kann man diese Haustiere wegen ihrer großen Beweglichkeit nicht innerhalb bestimmter Kulturen halten oder die Beweidung der Felder den eigenen Bienen reservieren. Auch gehen die Bienen bei schlechtem Blütenstand auf Raub aus, dringen in fremde Bienenkörbe ein und schleppen den dort befindlichen Honig fort. Eigene Normen sind weiter für die sogenannte Wanderbienenweide nötig; wenn ganze Bienenschwärme zu bestimmten Jahreszeiten mangels Nahrung in ihrer Heimat in eine andere Gegend mit

---

[1] S. die oben S. 93 angeführten Gesetze; Bestimmungen dieser Art fehlen in Böhmen, Dalmatien, Görz und Gradiska, Istrien, Niederösterreich und Triest. In Kärnten hat der Gemeindeausschuß, wenn nach seinem Ermessen die erforderliche Anzahl fähiger Privatstiere nicht vorhanden ist, einen Stierhaltungsausschuß einzusetzen. Dieser soll die nötigen Stiere ankaufen und wegen deren Haltung eine Vereinbarung mit einem Viehzüchter in der Gemeinde treffen.

reichlicher Weide gebracht werden, ist dies, so lange die Weide ausreicht, nicht nur für den Bienenzüchter, sondern auch für den Grundbesitzer wegen der stärkeren Befruchtung der Pflanzen vorteilhaft. Sobald aber die fremden Bienen nicht mehr genügend Nahrung finden, werden die einheimischen Bienenzüchter geschädigt; auch leidet der Obst- und Weinbau, da die hungrigen Bienen die Früchte benagen.

1. Reichsgesetzliche Normen.

Häusliche Bienenschwärme sind kein Gegenstand des freien Tierfanges; „vielmehr hat der Eigentümer das Recht, sie auf fremdem Grunde zu verfolgen; doch soll er dem Grundbesitzer den ihm etwa verursachten Schaden ersetzen". Falls der Eigentümer des Mutterstockes den Schwarm durch zwei Tage nicht verfolgt, kann diesen „auf gemeinem Grunde jedermann, auf dem seinigen der Grundeigentümer für sich nehmen und behalten"[1]. Es besteht also zu Gunsten der Bienenverfolgung eine gesetzliche Beschränkung des Grundeigentums, ferner für häusliche Bienenschwärme eine eigentümliche Art des Eigentumsverlustes durch Nichtverfolgung während zweier Tage; endlich sind die verfolgten Bienenschwärme zwar für eine res nullius, aber doch für eine anspruchige Sache erklärt, die nur der Grundeigentümer und bloß auf Gemeingrund jedermann okkupieren kann.

2. Landesgesetzliche Normen.

In Niederösterreich und Mähren[2] ist dem Eigentümer von Bienenstöcken gestattet, diese „auch auf die Weide, z. B. auf die am Ende des Sommers blühenden Heidefelder ohne Hindernis des Grundeigentümers zu führen; doch ist dieser Gebrauch ohne allen Schaden des Eigentümers des Grundes zu pflegen, und demselben für den unschädlichen Gebrauch ein billiges, jedoch 2 kr. für den Stock nicht überschreitendes Weidegeld abzureichen." Das Aufstellen von Bienenstöcken auf fremdem Boden bildet daher keine Besitzstörung, und der Grundeigentümer muß sich eine solche Aufstellung auch gegen seinen Willen gefallen lassen[3].

In Görz und Gradiska[4] bestehen sicherheitspolizeiliche Beschränkungen in der Aufstellung von Bienen[5]. Da ferner eine zu große Anzahl Bienenstöcke bei beschränkter Weidegelegenheit leicht zu Konflikten und zu Schädigungen der Bienenzucht oder der Landwirtschaft führen kann, ist der Gemeindevorsteher berechtigt, die Zahl der Bienenstöcke zu beschränken. Der Gemeindevorsteher kann über Verlangen der Landwirte die Einfuhr fremder Bienen (Wanderbienen) verbieten, wenn wegen mangelhafter Weidegelegenheit der Weinbau oder die Obstzucht durch die Bienen Schaden leiden könnte; er darf auch die gänzliche oder teilweise Entfernung der bereits eingeführten Bienen verfügen, wenn nachträglich durch Zerstörung der zur Bienenweide nötigen Blüten eine solche Gefahr entsteht oder der Schaden bereits eingetreten ist. Im Interesse der Gemeindefinanzen kann für Aufstellung von fremden Bienen im Gemeindegebiet eine Gebühr bis zu 8 kr pro Stock eingehoben werden. Eigene Normen regeln das Verfahren, wenn der Verdacht vorliegt, daß Raubbienen abgefangen oder getötet werden.

Ähnliche Bestimmungen gelten in Kärnten[6].

---

[1] § 384 a.b.G.B.

[2] Patent vom 8. April 1775 P.G.S. Nr. 1680.

[3] E. des Obersten Gerichtshofes vom 18. November 1885 Z. 13084 (S. Nr. 10794).

[4] Gesetz vom 18. Juni 1879 Nr. 13 L.G.B.

[5] Nicht näher als 10 m von öffentlichen Wegen, fremden Häusern, Ställen u. s. w.; es sei denn, daß der Ausflug wenigstens 3 m über diesen Örtlichkeiten ist, oder daß ein wenigstens 3 m hohes, dichtes Scheidemittel vorhanden ist. Speziell für Wanderbienen sind für die Aufstellung Minimalentfernungen von den einheimischen oder von den früher eingeführten fremden Bienen normiert.

[6] Gesetz vom 24. Februar 1885 Nr. 12 L.G.B.

§ 35. Der Feldschutz.

Die Betriebsmittel der Land- und Forstwirtschaft sind in viel höherem Grade, als die meisten anderen Rechtsobjekte, boshaften oder doch schuldbaren Verletzungen durch dritte Personen ausgesetzt; der Wirtschaftsbetrieb im Freien, dessen Ausdehnung auf eine größere Fläche, die lange Dauer des Produktionsprozesses erschweren es dem Landwirt, seine Produktionsinstrumente und die Produkte, also Grund und Boden, Werkzeuge, Geräte, Vieh, Pflanzen u. s. w., vor Beschädigungen zu schützen; ebenso reichen die Organe der allgemeinen Sicherheitspolizei in der Regel nicht aus, um der Landwirtschaft genügenden Schutz gegen Eigentumsverletzungen zu gewähren, wozu überdies spezielle Eignung und große Personen-, Sach- und Ortskenntnisse erforderlich sind.

Aus diesen Gründen ist die Landwirtschaft eines erhöhten strafrechtlichen, zivilrechtlichen und polizeilichen Schutzes teilhaftig geworden.

1. Strafbarkeit des Felddiebstahls.

Unter gewöhnlichen Verhältnissen setzt das Verbrechen des Diebstahls voraus, daß das Gestohlene mehr als 25 fl. wert sei; werden jedoch Früchte auf dem Felde oder von Bäumen, Vieh auf der Weide oder vom Trieb, Ackergeräte vom Felde gestohlen, so qualifiziert sich die Tat schon bei einem Werte von nur 5 fl. als Verbrechen[1]. Der Felddiebstahl steht damit auf einer Stufe mit dem Einbruch.

2. Pfändung von Vieh.

Besonders häufig werden Kulturen dadurch beschädigt, daß fremdes Vieh auf ihnen weidet. Der Grundeigentümer darf solchenfalls so viele Stücke Vieh selbst pfänden, als zu seiner Entschädigung hinreicht. Doch muß er binnen 8 Tagen sich mit dem Eigentümer abfinden oder ihn klagen, widrigenfalls das gepfändete Vieh zurückstellen[2]. Erfolgt die Beschädigung durch das Vieh am Feldgut (s. unten), so hat auch der Feldhüter das Recht, die Pfändung an Stelle des Grundbesitzers vorzunehmen, falls das Vieh nicht zur Gemeindeherde gehört. Die Feldwache hat das gepfändete Vieh sofort dem Gemeindevorstande zu übergeben, der dann die weitere Verhandlung wegen Ersatzleistung einleitet. In einigen Ländern darf das Wachorgan, falls die Pfändung nicht möglich ist, unter gewissen Bedingungen das schädigende Tier töten[3].

3. Feldschutz in engerem Sinne.

Die Feldschutzgesetze gehen in der Sorge für die Sicherheit der landwirtschaftlichen Betriebsmittel noch viel weiter, als das allgemeine Strafgesetz und das a.b.G.B. Es sind diesbezüglich in Oberösterreich, Niederösterreich, Salzburg, Steiermark und Tirol die Ministerialverordnung vom 30. Januar 1860 Nr. 28 R.G.B.; in den anderen Ländern hingegen eigene Landesgesetze[4] in Kraft.

---

[1] § 175 Strafgesetz.

[2] §§ 1321, 1322 a.b.G.B.

[3] Am weitesten geht in dieser Beziehung das Gesetz in Dalmatien: Ziegen, Schweine, Hunde und Federvieh dürfen getötet werden, falls die Pfändung nicht möglich ist; in Böhmen und Galizien darf der Feldhüter Federvieh, in Mähren, falls der Feldhüter gleichzeitig zu dem Jagd- oder Forstschutzpersonal gehört, Tauben und Haushühner erschießen.

[4] Landesgesetze: Böhmen vom 12. Oktober 1875 Nr. 76 L.G.B., Bukowina vom 5. August 1875 Nr. 21 L.G.B., Dalmatien vom 13. Februar 1882 Nr. 18 L.G.B., Galizien vom 17. Juli 1876 Nr. 28 L.G.B. und vom 10. Juni 1892 Nr. 44 L.G.B., Görz und Gradiska vom 18. März 1876 Nr. 11 L.G.B., Istrien vom 28. Mai 1876 Nr. 18 und vom 30. Juni 1886 Nr. 9 L.G.B., Kärnten vom 28. März 1875 Nr. 22 L.G.B., Krain vom 17. Januar 1875 Nr. 8 L.G.B., Mähren vom 13. Januar 1875 Nr. 12 L.G.B. und vom 22. April 1894 Nr. 51 L.G.B., Schlesien vom 30. Juni 1875 Nr. 21 L.G.B., Tirol vom 29. Dezember 1902 Nr. 13 ex 1903 L.G.B., Triest vom 20. März 1882 Nr. 13 L.G.B., Vorarlberg vom 28. März 1875 Nr. 18 und vom 13. Oktober 1880 Nr. 44 L.G.B.

Überdies ist ein reziprokes Vorgehen bei Forst-, Weide- und Feldfreveln an den Grenzen von Dalmatien mit Kroatien-Slavonien [1] und mit Bosnien und der Herzegowina [2] vereinbart, und es bestehen Übereinkommen mit Preußen [3], Bayern [4] und Sachsen [5], um Feld-, Forst- und Jagdfrevel an den Grenzen zu verhindern.

Als besonders geschütztes „Feldgut" gelten die landwirtschaftlichen Grundstücke, ferner alle sonstigen Gegenstände, die mit dem Betriebe der Landwirtschaft in unmittelbarem oder mittelbarem Zusammenhange stehen, insolange sie sich auf offenem Feld befinden, wie Bäume, Pflanzungen, Bienenstöcke, Preßhäuser, Obstdörren, Zäune, Wasseranlagen, Früchte, Vieh, Gerätschaften, Maschinen, Dünger u. s. w. „Feldfrevel" ist jede nicht unter das allgemeine Strafgesetz fallende Beschädigung des Feldgutes, nach den Landesgesetzen überdies jede Übertretung eines von der politischen Behörde zum Schutze des Feldgutes erlassenen Verbotes; außerdem zählen die Landesgesetze eine Reihe von Handlungen auf, die verboten und als Feldfrevel anzusehen sind, obgleich sie an sich noch keine Verletzung des Feldgutes darstellen, sondern nur die Möglichkeit einer solchen Verletzung in sich schließen.

Ein Teil der in Rede stehenden Handlungen ist nur bei kulposer Verübung Feldfrevel, während bei doloser Verübung Strafbarkeit nach dem allgemeinen Strafgesetze eintritt (Diebstahl, Körperbeschädigung u. s. w.). Dagegen kann gleichzeitig Feldverletzung und Besitzstörung vorliegen, falls sich der Täter den Besitz eines Grundstückes oder eines Rechtes anmaßt [6].

Der Feldfrevler ist über Verlangen des Beschädigten oder Anzeige eines Feldschutzorgans strafbar und zum Ersatz des Schadens verpflichtet.

Nach den meisten Feldschutzgesetzen sind insbesondere folgende Handlungen, wenn unbefugt oder eigenmächtig auf fremdem Grunde oder an fremden Kulturen begangen, verboten und strafbar:

Gehen, Lagern, Reiten und Fahren in Gärten, Äckern, Wiesen und auf als abgesperrt bezeichneten Grundstücken; Betreten von Wegen, welche zur Zeit des Reifens von Früchten über Verfügung des Gemeindevorstehers abgesperrt und als verboten bezeichnet sind; Beseitigen von Einfriedungen, Öffnen der Sperrvorrichtungen, deren Beseitigung, Unkenntlichmachen der Verbotstafeln oder Warnungszeichen; Eröffnung von Fußstegen oder Feldwegen; Beschädigung gemeinschaftlicher Feldwege oder Fußstege, Verrückung oder Beseitigung der Grenzzeichen, Abackerung von fremdem Grunde; Abbrechen oder Abschneiden von Stämmen, Ästen, Zweigen, Blüten oder Früchten, Abstreifen von Laub, Beschädigung von Bäumen oder Sträuchern, Ausreißen von Baumpfählen; Abschneiden oder Abreißen von Pflanzen, Abschneiden oder Abreißen von Gras an Wegen oder Feldrainen; Aufsammeln oder Graben von Knochen, Hadern oder Düngerstoffen, Graben von Erde, Sand, Schotter, Steinen, Aufsammeln von Laub und abgefallenen Früchten; Ablagern oder Werfen von Steinen, Schutt, Scherben, Unrat oder Unkraut; Gebrauch fremder Heustadeln, Feldhütten oder auf dem Felde belassener Geräte und Werkzeuge, Verstecken, Verschleppen oder Beschädigen der letzteren; Umwerfen oder Auseinanderstreuen von Erd- oder Düngerhaufen, Frucht- oder Streuhaufen, Heu-, Stroh- und Fruchtschobern, Beschädigen der am Felde befindlichen Vorrichtungen zum Trocknen des Futters; Abbrennen von Torfmooren und Grasflächen; Treiben, Hüten oder Weiden von Vieh; Nachlese.

Weiter ist unbedingt verboten: das Belassen von Vieh außerhalb geschlossener Plätze ohne Aufsicht; das Weiden von Vieh außerhalb eingefriedeter Plätze ohne Aufsicht eines geeigneten Hüters; das Weiden zur Nachtzeit auf Grundstücken, von denen das Vieh austreten kann; der Auftrieb des Viehes zur und der Eintrieb von der Weide bei Nacht.

Um Beschädigungen des Feldgutes zu verhindern, kann der Gemeindeausschuß in den meisten Ländern, in denen der Weinbau eine größere Rolle spielt, für Gegenden, welche zum größten Teile aus zusammenhängenden Weingärten verschiedener Besitzer bestehen, im Einverständnis mit den letzteren verbieten, daß mit der Weinlese vor einem bestimmten Tage begonnen wird; eine Ausnahme hiezu kann bewilligt werden, wenn der Besitzer die Kosten der besonderen Überwachung bestreitet.

In Böhmen kommt noch das Verbot der Strickweide, der Bleiche auf fremdem Boden hinzu; in Dalmatien das des Jagens auf privaten Grundstücken ohne ausdrückliche Zustimmung des Besitzers; in Galizien das des Einmähens in fremde Gründe, des Anmachens von Feuer auf fremdem Grunde, der Beschädigung von Leinwand auf der Bleiche u. s. w.

---

[1] Kundmachung der dalmatinischen Statthalterei vom 7. Januar 1902 Nr. 3 L.G.B.
[2] Kundmachung der dalmatinischen Statthalterei vom 11. Oktober 1889 Nr. 13 L.G.B.
[3] Hofkanzleidekrete vom 28. April 1842 Nr. 54 und vom 8. Februar 1848 Nr. 12 P.G.S.
[4] Hofkanzleidekret vom 14. Mai 1844 Nr. 64 P.G.S.
[5] Ministerialerklärung vom 2. Oktober 1852 Nr. 176 R.G.B.
[6] E. des O.G.H. vom 1. März 1882 Nr. 2198 (S. Nr. 8905) und vom 27. Juni 1882 Nr. 7051 (S. Nr. 9039).

Da die Ziegen für die landwirtschaftlichen Kulturen[1] besonders schädlich sind, so ist die Haltung dieser Tiere in einigen Ländern durch eigene Gesetze stark beschränkt worden.

In Istrien[2] ist das Halten von Ziegen, sowie das Eintreiben von Ziegen aus einem anderen Lande gänzlich untersagt. Nur ausnahmsweise kann die politische Behörde die Ziegenhaltung gestatten, wenn die beabsichtigte Ziegenhaltung mit keiner Gefährdung der Waldkultur überhaupt oder fremder landwirtschaftlicher Kulturen verbunden ist. Solche Bewilligungen sind stets mit dem Vorbehalte des Widerrufes und in der Regel nur für eine Ziege im gesamten Haushalte zu erteilen; nur unter besonders berücksichtigungswürdigen Verhältnissen können für einen größeren Haushalt mehrere Ziegen gestattet werden.

In Görz und Gradiska[3] ist das Halten von Ziegen in der Regel nur auf eigenem Grund gestattet. Der Durchtrieb der Ziegen auf öffentlichen Straßen und Gemeindewegen ist durchaus untersagt. Von den Gemeindeweiden sind die Ziegen durchgehends ausgeschlossen. Jeder Ziegeneigentümer, dessen Ziege auf öffentlichem oder auf Gemeindegute betreten wird, ist strafbar.

Auch das Ausreißen, das Feilhalten und der Verkauf bewurzelter Edelweißpflanzen ist in einigen Ländern verboten und unter Strafe gestellt[4].

Die Strafe soll in der Regel Geld bis zu 40 fl. oder Arrest bis zu 8 Tagen sein. Nach den meisten Landesgesetzen kann die Geldstrafe statt in eine Arreststrafe auch in „Arbeitstage zu gemeinnützigen Zwecken" umgewandelt werden[5], wobei in der Regel der ortsübliche Tagelohn als Maßstab dient[6]. Die Landgesetze enthalten für eine Reihe von bestimmten Feldfreveln einen direkten Straftarif, insbesondere für das unbefugte Weiden von Vieh, für das unbefugte Gehen, Lagern, Reiten und Fahren u. s. w. Strafbar ist nicht nur der Täter, sondern auch der Auftraggeber, wenn Kinder, Dienstleute oder Hirten infolge mangelhaften Auftrages oder Unfähigkeit, den Auftrag zu vollziehen, einen Feldfrevel begehen. Feldfrevel verjähren, wenn der Frevler binnen drei Monaten nicht in Untersuchung gezogen worden ist.

Die Verpflichtung zum Schadenersatz ist von einem Verschulden des Schädigenden unabhängig. Ebenso haftet der Viehbesitzer ohne Rücksicht auf ein Verschulden für jeden Feldschaden, den sein Vieh verursacht. Nach der Ministerialverordnung des Jahres 1860 kann der Beschädigte, wenn der Ersatzpflichtige nicht zahlen kann, verlangen, daß die Ersatzsumme in Arbeitstage umgewandelt werde, wobei der in der Gemeinde des Beschädigten übliche Tagelohn zum Maßstabe zu dienen hat; zur Leistung dieser Arbeitstage kann der Ersatzpflichtige durch fortgesetzte Arreststrafen mit Fasten gezwungen werden. Diese unser Rechtsgefühl verletzende Norm ist in die Landesgesetze über Feldschutz nicht übergegangen.

Eine Besonderheit gilt in Dalmatien: werden Feldgüter durch Personen oder Tiere beschädigt und wird der Täter oder der Eigentümer des Viehes innerhalb 8 Tagen nicht ermittelt, so haftet für den Schaden die Gemeindefraktion, wo die Beschädigung stattfand, vorbehaltlich ihres Regreßrechtes gegen den Täter oder an dem angehaltenen Vieh.

Kompetenz. Über Feldfrevel hat der Gemeindevorstand[7] mit zwei Gemeinderäten, jedoch bloß auf Grund eines Antrages des Beschädigten oder einer Anzeige eines Wachorganes zu entscheiden; und zwar sowohl hinsichtlich der Strafe, als auch hinsichtlich des Schadenersatzes; letzteres jedoch nur in Dalmatien, Niederösterreich, Oberösterreich, Salzburg, Steiermark und Tirol unbedingt, in den übrigen Ländern bloß dann, wenn der Schaden auf nicht mehr als 15 fl. geschätzt wird, oder wenn bei höherer Bewertung die letztere vom Beklagten nicht bestritten wird. Anderenfalls kann der Ausspruch über den Schaden-

---

[1] Hinsichtlich der Beschränkungen der Ziegenweide in Waldkulturen s. unten 2. Kapitel.
[2] Gesetze vom 11. November 1883 Nr. 11 L.G.B. ex 1884 und vom 30. Juni 1886 Nr. 11 L.G.B.
[3] Kundmachung der küstenländischen Statthalterei vom 13. Juli 1844 Z. 7507, durch Erlaß des Ackerbauministeriums vom 24. Juni 1871 Z. 9590 republiziert.
[4] Gesetze für Görz und Gradiska vom 26. Mai 1896 Nr. 19 L.G.B., Salzburg vom 17. April 1886 Nr. 18 L.G.B., Tirol vom 7. August 1892 Nr. 24 L.G.B.
[5] In Böhmen fehlt diese Vorschrift.
[6] In Schlesien fehlt die letztere Bestimmung, in Triest wird ein Arbeitstag 5 fl. gleichgestellt.
[7] nicht der Gutsvorsteher in Galizien und in der Bukowina.

ersatz nur bis zum Höchstbetrag von 15 fl. durch die Gemeinde erfolgen, bezüglich eines Mehrbetrages ist der Beschädigte auf den Rechtsweg zu verweisen. Wird der Feldfrevler wegen Verjährung oder aus einem anderen Grunde nicht bestraft, so gehört die Schadenersatzklage vor den Zivilrichter.

Die Schätzung des Schadens soll in erster Linie von dem beeideten Wachpersonale erfolgen; nur bei einem Schätzwerte von mehr als 5 fl. sind eigene Schätzleute zu verwenden. Die Berufung gegen die Entscheidung der Gemeindebehörde geht an die politische Behörde.

4. Feldschutzorgane.

a) Bestellung. Damit die angeführten Feldschutznormen nicht toter Buchstabe bleiben, sondern wirklich durchgeführt werden, ist ein eigenes Wachpersonal nötig.

In dieser Beziehung zerfällt Österreich in zwei Rechtsgebiete. In Niederösterreich, Oberösterreich, Salzburg und Steiermark [1], ferner in Dalmatien [2] sind die Gemeinden nur berechtigt, Feldhüter zu bestellen, und das gleiche Recht haben die Besitzer größerer Güter, in der Regel von mindestens 50 ha [3]. In den anderen Ländern [4] ist in der Regel jede Gemeinde [5] verpflichtet, für die in ihrem Gebiete gelegenen, zum Feldgute gehörigen Grundstücke ein beeidetes Feldschutzpersonal in entsprechender Anzahl zu bestellen; die Kosten sind hier von den Besitzern der überwachten Grundstücke verhältnismäßig [6] zu tragen. Das Recht der größeren Grundbesitzer zur Bestellung eigener Feldwächter besteht auch hier.

Die bestellten Feldwachen sind über Wunsch des Bestellers bei Vorhandensein der gesetzlichen Bedingungen zu beeiden, nach den Landesgesetzen auch zu bestätigen. Der beeidete Feldhüter erhält eine schriftliche Bestätigung zu seiner Legitimation. Die Voraussetzungen für die Beeidigung sind in den einzelnen Ländern nicht ganz gleichmäßig normiert [7].

Im allgemeinen ist Zurücklegung des 20. Lebensjahres, Kenntnis der Rechte und Pflichten einer öffentlichen Wache, in einigen Ländern auch Staatsbürgerschaft erforderlich. Die ersten beiden Voraussetzungen können in den meisten Ländern durch die Ablegung der Prüfung für Forstwirte und für den Forstschutz, für Jagd und Jagdschutzdienste ersetzt werden. Zu verweigern ist die Bestätigung und Beeidigung wegen Mangels der physischen Eignung oder der Vertrauenswürdigkeit [8].

Bei Eintritt eines Ausschließungsgrundes erlischt die Eigenschaft der Personen als öffentliche Wache von selbst.

b) Amtliche Stellung des Wachpersonals [9]. Das beeidete Feldschutzpersonal — mag es in öffentlichem oder privatem Dienste stehen — wird in Aus-

---

[1] Verordnungen der Ministerien des Innern und der Justiz vom 30. Januar 1860 Nr. 28 R.G.B.

[2] Gesetz vom 13. Februar 1882 Nr. 18 L.G.B.

[3] in Dalmatien 15 ha. Hier hat die Gemeinde das Bestellungsrecht nur auf die Dauer der Reife und Ernte der Bodenprodukte. Doch hat hier die Statthalterei im Einverständnis mit dem Landesausschusse das Recht, falls die Gemeinden trotz der eingetretenen Notwendigkeit kein Feldschutzpersonal bestellen, die Bestellung anzuordnen.

[4] Siehe die oben S. 96 zitierten Feldschutzgesetze.

[5] ebenso der Besitzer eines Gutsgebietes.

[6] in Böhmen, Galizien und Istrien nach der Grundsteuer, in der Bukowina, Kärnten, Mähren, Schlesien und Vorarlberg nach der Fläche, in Görz und Gradiska und Krain „verhältnismäßig nach Maßgabe der Gemeindeordnung".

[7] Die Ministerialverordnung vom 30. Januar 1860 gilt diesbezüglich noch für Steiermark und Tirol. S. ferner die oben S. 96 angeführten Landesgesetze, sowie die Landesgesetze für: Galizien vom 4. September 1892 Nr. 74 L.G.B., Istrien vom 30. November 1901 Nr. 10 ex 1902 L.G.B., Görz und Gradiska vom 15. Februar 1896 Nr. 10 L.G.B., Mähren vom 1. Mai 1896 Nr. 53 L.G.B., Niederösterreich vom 22. November 1901 Nr. 90 L.G.B., Oberösterreich vom 11. Februar 1891 Nr. 11 L.G.B., Salzburg vom 6. März 1899 Nr. 8 L.G.B., Vorarlberg vom 14. Februar 1891 Nr. 18 L.G.B. Diese Gesetze betreffen nicht ausschließlich das Feldschutzpersonal, sondern zum Teil auch das Wachpersonal zum Schutze der Landeskultur im allgemeinen, also insbesondere auch die Organe des Forst-, Jagd-, Fischerei-, Wasserrechts-, Bergbauschutzes.

[8] In einigen Ländern sind die Voraussetzungen noch näher präzisiert.

[9] Für Niederösterreich, Oberösterreich, Salzburg, Tirol und Steiermark: Ministerialverordnung

führung des Dienstes, und wenn es das vorgeschriebene Dienstkleid oder Dienstzeichen trägt[1], als öffentliche Zivilwache angesehen und genießt die diesem zukommenden Rechte, insbesondere den erhöhten strafrechtlichen Schutz (§§ 68, 70 ff., 81 ff., 312 ff. Strafgesetz).

Über die äußere Kennzeichnung der zum Schutze der Kulturen bestellten und beeideten Wachorgane sind eigene Gesetze erlassen[2].

Im Dienste sind die Feldwachen berechtigt, ein Seitengewehr — in Dalmatien eine Feuerwaffe —, verpflichtet, das Dienstzeichen zu tragen. Die Verletzung dieser Pflicht ist strafbar. Ebenso sind Personen zu strafen, welche unbefugt das Dienstzeichen tragen.

Den dienstlichen Aufforderungen der Feldwachen hat jedermann Folge zu leisten. Die Wachorgane können unter bestimmten Voraussetzungen Personen in Verwahrung nehmen und ihnen corpora delicti abnehmen, haben aber beide sofort der zur Übernahme derselben berufenen Behörde zu übergeben. Flieht die zu verhaftende Person, so kann sie verfolgt und auch außerhalb des Aufsichtsgebietes verhaftet werden. Die Voraussetzungen für Verhaftung und Abnahme von Gegenständen sind nicht ganz gleich normiert.

Nach der Verordnung des Jahres 1860 darf im Falle der Betretung bei Verübung eines Felddiebstahls oder Feldfrevels eine Person festgenommen werden, wenn sie unbekannt ist oder keinen festen Wohnsitz hat, sonst nur wenn sie sich dem Feldwächter widersetzt, ihn beschimpft oder sich an ihm vergreift.

Nach dem Gesetze vom Jahre 1872 kann Verhaftung erfolgen: 1. wenn der bei Verübung einer strafbaren Handlung an den Gegenständen seiner Beaufsichtigung Betretene a) dem Wachmanne unbekannt ist oder b) innerhalb der Gemeinde oder der Gemeinden, in welchen sein Aufsichtsgebiet liegt, keinen Wohnsitz hat oder c) sich seiner dienstlichen Aufforderung widersetzt, ihn beschimpft oder sich an ihm vergreift oder d) einen bedeutenden Schaden verursacht oder mit besonderer Bosheit gehandelt hat. 2. Wenn ein Unbekannter auf fremdem Grund und Boden oder in der Nähe von Gegenständen der Beaufsichtigung des Wachmannes unter Umständen getroffen wird, welche den dringenden Verdacht erregen, daß er eine strafbare Handlung an den erwähnten Gegenständen verübt oder zu verüben versucht habe.

Nach der Verordnung des Jahres 1860 können den bei Verübung eines Felddiebstahls oder eines Feldfrevels Betretenen die entwendeten Gegenstände sowie die zur Verübung verwendeten Werkzeuge abgenommen werden; ferner den eines Feldfrevels dringend verdächtigen, auf fremdem Grunde betretenen Personen die gewöhnlich zur Gewinnung von Bodenprodukten verwendeten Werkzeuge, falls sie deren Mitnahme nicht zu rechtfertigen vermögen.

Nach dem Gesetze vom Jahre 1872 können abgenommen werden: den auf frischer Tat betretenen Personen die von der strafbaren Handlung herrührenden und zu deren Verübung bestimmten Sachen: Personen, welche dringend verdächtig erscheinen, eine strafbare Handlung an den Gegenständen der Beaufsichtigung verübt zu haben oder vorzubereiten, diejenigen Sachen, welche allem Anscheine nach von Verübung einer solchen strafbaren Handlung herrühren oder hiezu bestimmt sind, falls die Mitnahme dieser Gegenstände nicht gerechtfertigt wird.

Zweites Kapitel.

Der forstwirtschaftliche Betrieb.

Literatur: s. oben S. 79, ferner Marchet, Die forstliche Gesetzgebung (Jubiläumswerk über die Geschichte der Land- und Forstwirtschaft, 1848—1898, IV. Band).

Viel weiter, als in der Landwirtschaft im engeren Sinne ist in der Forstwirtschaft die individuelle wirtschaftliche Freiheit durch allgemeine Rechtsnormen eingeschränkt. Kaum ein anderer Produktionszweig bedarf so sehr der gesetzlichen Regelung; denn weniger als

---

vom 30. Januar 1860 Nr. 28 R.G.B., für die anderen Länder Gesetz vom 16. Juni 1872 Nr. 84 R.G.B. Dieses Gesetz gilt nicht bloß für das Feldschutzpersonal, sondern für alle zum Schutze der Landkulturen bestellten öffentlichen Wachen.

[1] Diese zweite Bedingung gilt nur nach dem Gesetze vom Jahre 1872, nicht nach der Verordnung vom Jahre 1860.

[2] Böhmen vom 21. Februar 1885 Nr. 41 L.G.B., Istrien vom 30. November 1901 Nr. 10 ex 1902. Ferner Gesetze vom 29. Mai 1887 für: die Bukowina Nr. 17, Dalmatien Nr. 28, Galizien Nr. 42, Görz und Gradiska Nr. 23, Istrien Nr. 21, Kärnten Nr. 26, Krain Nr. 28, Mähren Nr. 75, Niederösterreich Nr. 42, Oberösterreich Nr. 18, Salzburg Nr. 16, Schlesien Nr. 21, Steiermark Nr. 39, Tirol Nr. 31, Vorarlberg Nr. 32 L.G.B.

bei anderen ökonomischen Gütern ist schrankenloses Privateigentum beim Walde mit dessen wirtschaftlichen Funktionen vereinbar, darf das Selbstinteresse der Individuen die Wirtschaftsführung beliebig bestimmen. Langsamer als sonst geht im Walde die Produktion vor sich, erst nach einigen Menschenaltern werden die Erzeugnisse erntereif; eine rationelle Waldwirtschaft verlangt daher größte wirtschaftliche Einsicht, weitesten ökonomischen Blick, aber auch größte Selbstbeherrschung; denn die erst heranreifenden Pflanzen können auch vor Beendigung der Produktionsperiode schon verwertet, in selbständige ökonomische Güter verwandelt werden; und es ist äußerlich oft gar nicht erkennbar, ob eine reguläre Waldnutzung vorliegt oder bereits das Holzkapital angegriffen und verzehrt wird, da beides durch die nämlichen äußeren Handlungen erfolgt. Die Verlockung, gegenwärtig in der Form des Fruchtgenusses Raubwirtschaft auf Kosten der Zukunft zu treiben, ist hier besonders groß.

Endlich schadet die unwirtschaftliche Waldbehandlung nicht bloß dem Besitzer selbst, sondern oft auch der Nachbarschaft, ja einem ganzen Landstrich; da der Wald zu den Faktoren gehört, welche das Klima eines Landes, seine Temperatur-, Niederschlags- und Wasserverhältnisse sehr wesentlich bestimmen, so ist die ganze Volkswirtschaft an einer entsprechenden Forstkultur stark interessiert.

§ 36. Reichsgesetzliche Normen [1].

Sowohl Waldbesitzer, als dritte nutzungsberechtigte Personen sind einschneidenden Beschränkungen unterworfen, welche die Erhaltung des Waldstandes und eine rationelle Waldkultur sichern sollen. Die Schaffung von Waldkulturen auf Boden, der früher nicht forstwirtschaftlich benutzt war, liegt außerhalb der Zwecke des Forstgesetzes [2].

1. Walderhaltung.

Ohne Bewilligung der politischen Behörde darf kein Waldgrund [3] der Holzzucht entzogen und zu anderen Zwecken verwendet werden. Die eigenmächtige Verwendung des Waldgrundes zu anderen Zwecken ist strafbar. Die betreffenden Waldteile sind in angemessener Frist wieder aufzuforsten. Auch sonst sind frisch abgetriebene Waldteile in der Regel binnen fünf Jahren wieder mit Holz in Bestand zu bringen. Von den alten Blößen ist jährlich der sovielte Teil aufzuforsten, als die Umtriebszeit Jahre enthält.

Nach dem Gesetze vom 12. Juli 1896 Nr. 121 R.G.B. können Grundstücke, welche im Grundsteuerkataster als Waldung eingetragen waren, auch ohne Bewilligung der politischen Behörde und ungeachtet eines ergangenen Aufforstungsauftrages in jene Kultur überstellt worden, in welche sie nach der tatsächlichen Benützung gehören, wenn sie im vorausgegangenen Kataster-Operate einer anderen Kulturgattung zugeschrieben waren.

Kein Wald darf verwüstet, d. h. so behandelt werden, daß die fernere Holzzucht dadurch gefährdet oder gänzlich unmöglich gemacht wird. Ist die Holzzucht gefährdet, so kann die Wiederaufforstung erzwungen werden.

2. Nachbarschutz und Bannwälder.

Noch stärker beschränkt sind die Besitzer bestimmter Arten von Wäldern im Interesse der benachbarten Grundstücke, zur Hintanhaltung von Bodengefährdungen und zur Sicherung von Menschen und Eigentum.

a) Jede Waldbehandlung, welche nachbarlichen Wald der Gefahr einer Wind-

[1] Forstgesetz vom 3. Dezember 1852 Nr. 250 R.G.B., für Dalmatien mit dem kaiserlichen Patent vom 27. März 1858 Nr. 55 R.G.B. erlassen.

[2] Siehe über derartige Bestrebungen oben S. 77 f.

[3] Nach E. des Verwaltungsgerichtshofes vom 3. Oktober 1899 Z. 7915 (S. Nr. 13183) wäre darunter ausschließlich der Waldgrund zur Zeit des Inkrafttretens des Forstgesetzes zu verstehen.

beschädigung aussetzt, ist verboten. Wo eine solche Gefahr durch Schlägerung entstehen könnte, muß ein Windmantel stehen bleiben.

b) Auf Boden, der bei gänzlicher Bloßlegung in breiten Flächen leicht fliegend wird, weiter in schroffer sehr hoher Lage soll der Wald lediglich in schmalen Streifen oder mittelst allmählicher Durchhauung abgeholzt und sogleich wieder in Bestand gebracht werden. Auch dürfen Hochwälder des oberen Randes der Waldvegetation nur im Plenterhieb bewirtschaftet werden. Endlich muß an den Ufern größerer Gewässer und an gebirgigen Abhängen, wo Abrutschungen zu befürchten sind, die Holzzucht mit Rücksicht auf Hintanhaltung der Bodengefährdung betrieben, und es darf daselbst das Stockroden und Wurzelausgraben nur insofern gestattet werden, als die hiedurch verursachten Aufrisse gegen jede weitere Ausdehnung sogleich versichert werden. Für die hier aufgezählten Schutzwälder wird demnach unabhängig von einer behördlichen Entscheidung durch das Gesetz selbst die Wirtschaftsweise vorgeschrieben.

c) Ein behördliches Erkenntnis kann Wälder „in Bann legen", wenn die Sicherheit von Personen und Sachen, der Schutz gegen Lawinen, Felsabstürze, Steinschläge u. s. w. eine besondere Behandlungsweise dringend erfordern. Die Behörde schreibt die Behandlung solcher Bannwälder vor und stellt sie sicher. Dabei können die Besitzer noch mehr beschränkt werden als hinsichtlich der Schutzwälder vorgesehen ist[1]. Die mit der Bewirtschaftung solcher Wälder betrauten Personen sind eigens zu beeiden und für die Verwirklichung der besonderen Anlagen verantwortlich zu machen. Ein Anspruch auf Entschädigung entsteht durch die bloße Bannlegung an sich noch nicht.

3. Einforstungen (Servituten).

Besondere Beschränkungen gelten für Servitutenwälder. Dritte nutzberechtigte Personen haben meist noch weniger Interesse an dauernder Erhaltung und pfleglicher Behandlung des Forstes als der Eigentümer. Die aus diesem Grunde bestehenden Normen über die Ausübung der Walddienstbarkeiten sind schon oben S. 61 f. erwähnt worden. Andererseits hängt aber von der Art der Bewirtschaftung und Behandlung des dienenden Forstes auch die Möglichkeit der Servitutenbezüge wesentlich ab. Deshalb müssen Servitutswälder nicht bloß erhalten, sondern auch in angemessener Betriebsweise nachhaltig bewirtschaftet werden. Auf Verlangen eines Teiles ist von der politischen Behörde ein Wirtschaftsplan zu verfassen, der Art und Größe der Nutzungen regelt.

4. Bringung der Waldprodukte.

Nicht selten können die Waldprodukte nicht oder nur mit unverhältnismäßigen Kosten aus dem Walde geschafft und weiter befördert werden, ohne einen fremden Grundbesitz zu berühren. Das Forstgesetz legt jedem Grundbesitzer die Pflicht auf, solchenfalls die Bringung über seinen Boden zu gestatten. Dies soll jedoch auf die mindest schädliche Weise geschehen, und der Grundeigentümer hat Anspruch auf vollen Schadenersatz. Sodann kann die Holztrift leicht zu Beschädigungen der Ufer, zu Gefährdung von Gebäuden u. dgl. führen; die Holztrift und die Errichtung von Triftbauten ist daher an eine behördliche Bewilligung geknüpft.

5. Waldbrände, Insekten.

Diese für die Forste besonders großen Gefahren machen eigene Vorkehrungen nötig. Der Waldeigentümer und dessen Personal sind zu sofortiger Anzeige verpflichtet, sobald in einem Walde Insekten auftreten und zu befürchten ist, daß auch benachbarte Wälder von dem Übel ergriffen werden. Die politische Behörde hat die entsprechenden Bekämpfungs-

[1] z. B. durch Einstellung der Ausübung von Servituten, Ausführung von Schutzbauten, Regulierung der Gewässer, Aufforstung, Sistierung der Waldbenützung u. s. w.

maßregeln anzuordnen, zu denen auch alle gefährdeten Waldbesitzer beihelfen müssen, und sie ist auch zur Verfügung von Zwangsmaßregeln befugt. Verschuldete Waldbrände sind, auch wenn das allgemeine Strafgesetz nicht anwendbar ist, mit Strafe bedroht. Es besteht eine allgemeine Pflicht zur Löschung und zur Anzeige von Waldbränden.

6. Forstschutz und Viehpfändung. Forstorgane.

Das Holz im Walde genießt einen erhöhten strafrechtlichen Schutz: Diebstahl an Holz in eingefriedeten Waldungen oder mit beträchtlicher Schädigung der Waldung gilt schon dann als Verbrechen, wenn er mehr als 5 fl. beträgt[1].

Überdies zählt das Forstgesetz eine ganze Reihe von Handlungen auf, die, ohne Zustimmung des Waldbesitzers oder gegen die festgesetzten Bedingungen ausgeübt, als Forstfrevel anzusehen und zu bestrafen sind, falls sie keine nach dem Strafgesetze zu ahndende Handlung darstellen.

So insbesondere: das Sammeln von Raff und Klaubholz; jede Verletzung stehender Bäume oder Stangenhölzer (Anhacken, Anschlagen, Entrinden u. s. w.); die Zueignung von Rinde am Boden liegender Bäume, die Entblößung von Baumwurzeln, das Stockroden, die Wegnahme von Gipfeln, Ästen, Zweigen, das Abstreifen von Laub; das Sammeln von Baumsäften, Waldfrüchten, Schwämmen u. s. w.; die Gewinnung von Bodenstreu; die Zueignung von Erde, Steinen, die Wegnahme von Rasen, Kräutern u. s. w.; das Verbleiben im Walde gegen Weisung des Forstpersonals; die Bildung neuer oder die Benützung von außer Gebrauch gesetzten Wegen; die Anlage von Erdriesen; die Ableitung von Wässern in nachbarliche Waldungen; die Anlage von Kohlenstätten und jede anderweitige Benützung des Waldbodens; der unberechtigte Vieheintrieb in fremde Wälder, die Benützung der Waldweiden in anderen Orten und in einer anderen Zeit, als die erteilte Bewilligung.

Wie die genannten Handlungen gelten auch die Übertretungen der Eingeforsteten, das Unterlassen der Anzeige oder des Löschens eines Feuers u. s. w. als Forstfrevel.

Der Waldeigentümer hat das oben S. 96 besprochene Viehpfändungsrecht. Das Tötungsrecht geht hier weiter, als bei Schädigung in Feldern: kann die Pfändung von Ziegen, Schafen, Schweinen und Federvieh nicht erfolgen, so ist es gestattet, sie zu erschießen. Die Pfändung kann auch durch das Forstpersonal erfolgen.

Für Wälder von hinreichender Größe müssen die Eigentümer sachkundige Wirtschaftsführer (Forstwirte) anstellen, die von der Behörde als hiezu befähigt anerkannt sind. Welche Wälder als hinreichend groß anzusehen sind, haben die politischen Landesstellen nach den besonderen Verhältnissen entweder generell durch eine allgemeine Verordnung oder fallweise nach freiem Ermessen festzusetzen.

Im übrigen hat die politische Behörde die Pflicht, sämtliche Forste ihres Bezirkes zu überwachen.

Dem Forstverwaltungspersonal ist ein angemessenes Schutz- und Aufsichtspersonal nach Maßgabe des landesüblichen Gebrauches beizugeben. Auch die politische Behörde kann darauf einen gewissen Einfluß ausüben. Das Forstschutzpersonal ist, wenn es von Staat oder Gemeinde aufgestellt ist, jedenfalls, wenn es dagegen von privaten Waldbesitzern angestellt, über deren Ersuchen von der politischen Behörde zu beeiden.

Die amtliche Stellung des beeideten Forstschutzpersonals ist eine ganz ähnliche wie die des Feldschutzpersonals (s. oben S. 99). Die Forstgesetze enthalten diesbezüglich analoge Bestimmungen, wie die Ministerialverordnung vom Jahre 1860[2]. Die Forstschutzorgane haben die Verpflichtung, jeden außer den öffentlichen Wegen im Forste Betretenen, wenn sein Aufenthalt im Forste zu Besorgnissen für die öffentliche Sicherheit oder das Waldeigentum Anlaß gibt, aus dem Forste hinauszuweisen. Auch die Erfordernisse für die Beeidigung zum Forstschutzdienste[3] sind ganz ähnlich, wie die oben S. 99 angeführten.

---

[1] § 174 Strafgesetz.

[2] Das Reichsgesetz vom 16. Juni 1872 (s. oben S. 100) gilt nur für das auf Grund von Landesgesetzen bestellte Schutzpersonal, daher nicht für die Forstschutzorgane.

[3] Ministerialverordnung vom 1. Juli 1857 Nr. 124 R.G.B., ferner die oben S. 99 Anm. 7 und 9 zitierten Gesetze, welche auch für den Forstschutzdienst gelten.

Die internationalen Übereinkommen über Feldfrevel gelten in gleicher Weise auch für Forstfrevel (s. oben S. 97).

7. Strafe und Schadenersatz.

a) Die eigenmächtige Verwendung eines Waldgrundes zu anderen Zwecken, die unterlassene Aufforstung, die Waldverwüstung sind mit 1—5 fl. für je 60 Ar zu bestrafen; wurde die Holzzucht unmöglich gemacht, kann die Strafe bis 10 fl. für je 60 Ar erhöht worden. Übertretungen der Vorschriften über Schutzwälder, über Einforstungswälder durch die Waldbesitzer werden mit 20—200 fl. bestraft; Übertretungen der Triftvorschriften mit Arrest bis zu drei Monaten oder mit Geld bis zu 500 fl.; fahrlässige Verursachung eines Waldbrandes mit 5—40 fl. oder 1—8 Tagen Arrest, unterlassene Anzeige eines Waldbrandes mit 1—15 fl. oder 1—3 Tagen Arrest, Unterlassen der Anzeige von Insektenschaden mit 5—50 fl. Die Strafe für Feldfrevel ist bloßer Verweis, oder Arrest bis zu 40 Tagen oder Geld bis zu 50 fl.

Untersuchung und Strafe verjähren, wenn der Übertreter binnen sechs Monaten nicht in Untersuchung gezogen worden ist[1].

b) Jede strafbare Handlung gegen die Sicherheit des Waldeigentums verpflichtet zur Leistung des vollen Schadenersatzes. Für die Bemessung des Schadens sind detaillierte Vorschriften gegeben, auf Grund deren jede politische Behörde erster Instanz für ihren Bezirk, eventuell auch für einzelne Teile desselben, einen Schadenersatztarif im Einvernehmen mit Sachverständigen anzufertigen hat.

Kompetent für Strafe und Schadenersatz ist die politische Behörde.

§ 37. Landesgesetzliche Normen.

Eine Reihe forstrechtlicher Landesgesetze ist erlassen worden, weil zwar die Prinzipien des Forstgesetzes einer rationellen Forstpolitik entsprechen, die konkreten Normen aber die Verwirklichung jener Grundsätze nicht genügend sichern. Zu dieser bald erkannten Reformbedürftigkeit des Forstgesetzes kamen die starken Änderungen der wirtschaftlichen Verhältnisse. Infolge des Steigens der Holzpreise, der Erleichterung des Transportes durch Straßen und Eisenbahnen wurden die Holzbestände vielfach Gegenstand der Spekulation von notleidenden Landwirten oder kaufmännisch rechnenden Unternehmern, die mit dem vorhandenen Holzvorrat auf Kosten der Zukunft einen Gewinn machen wollen. In manchen Gegenden haben sich infolgedessen die Forstverhältnisse, insbesondere hinsichtlich der der Gemeinde- und Gemeinschaftswälder, sehr verschlechtert, wurden wertvolle und für die Landeskultur wichtige Forste verwüstet oder vernichtet, sind neue gefährliche Wildbäche entstanden (s. oben S. 78). Therapeutische Maßregeln, wie Gemeinschaftsregulierungen und -teilungen, Aufforstung und Wildbachverbauungen genügen dagegen nicht, es müssen auch prophylaktische hinzutreten, um der Verschlechterung des Klimas und der Verwilderung der Wasserläufe wirksam zu begegnen.

Diesem Bedürfnisse entsprangen einige Gesetze, die teils die Befolgungen des Forstgesetzes zu sichern, teils dieses zu ergänzen und fortzubilden, nicht aber es abzuändern oder aufzuheben bezwecken.

1. Walderhaltung.

Da es nicht genügt, die bereits erfolgten Waldverwüstungen zu bestrafen, sondern präventive Verwaltungsmaßregeln gegen gesetzwidrige Holzschläge notwendig sind, wurden in einigen Ländern die Normen über Waldverwüstung und Wiederaufforstung ergänzt und dabei, zum Teile über die Forstgesetze hinaus, die Forstwirte in ihrer Freiheit durch Verbote und Strafdrohungen beschränkt.

---

[1] Ministerialverordnung vom 3. Mai 1855 Nr. 84 L.G.B.

a) Im Küstenland ist mit gewissen Ausnahmen jeder Kahlhieb, d. h. die gänzliche Abstockung eines Waldes, gänzlich verboten [1].

b) In Vorarlberg unterliegt mit geringfügigen Ausnahmen jeder Bezug von Forstprodukten der Anmeldungspflicht bei der Forsttagsatzung und der Bewilligung durch die politische Behörde.

Alljährlich hat in jeder Gemeinde eine Forsttagsatzung stattzufinden, auf welcher die Gemeindevorstehung, die Gemeindeausschüsse und das Forstpersonal zu erscheinen haben, die Waldbesitzer erscheinen dürfen. Der Bedarf an Holzprodukten, und zwar aus Gemeinde- und aus Privatwäldern, ist dabei anzumelden und zu verhandeln. Hierauf erfolgt die Genehmigung durch die politische Behörde und die Auszeigung durch die Forsttechniker. Dies gilt hinsichtlich der Privatwälder sowohl für den voraussichtlichen Haus- und Gutsbedarf, als auch für den Bezug zu industriellen und sonstigen Zwecken. Zu Kahlschlägen in Hochwäldern ist die Bewilligung der politischen Behörde, zu Bezügen aus Schutz- und Bannwäldern vorläufige Anmeldung und Einholung der forstlichen Auszeige notwendig [2].

c) In Tirol [3] sind alle Bezüge aus Gemeinde- und Gemeinschaftswäldern, aus Schutz- und Bannwäldern, alle Kahlschläge in Hochwäldern bei der Forsttagsatzung anmeldungspflichtig. Ferner alle Bezüge aus Privatwäldern, sofern sie über den gewöhnlichen Haus- und Gutsbedarf hinausgehen oder zum Verkaufe geschehen. Die Anmeldungspflicht besteht nicht, wenn ein behördlich bewilligter Wirtschaftsplan besteht oder ein sachkundiger Wirtschaftsführer bestellt ist.

Zum Zwecke der Anmeldung finden Forsttagsatzungen statt; diese haben unter Berücksichtigung der nachhaltigen Bewirtschaftung und der Gefahren von Elementarschäden den Umfang und die Beschaffenheit des nachgesuchten Bezuges zu bestimmen. Bei Meinungsverschiedenheiten zwischen Forsttechniker und Gemeinde entscheidet die politische Behörde.

Bei allen Holzverkäufen aus Privat- oder Gemeindewäldern ist zur Sicherung der Aufforstung eine angemessene Kaution zu erlegen, die erst nach vollzogener Kultur zurückgestellt wird [4].

d) In Kärnten [5], Salzburg [6] und Steiermark [7], ist das Abbrennen des Krummholzes, das für die Bindung des Bodens in den höchsten Gebirgslagen besonders wichtig ist, unbedingt verboten. Der kahle Abtrieb von Krummholz ist in Kärnten unbedingt, in Salzburg in steilen Lagen und an der Vegetationsgrenze, in Steiermark auf Flächen von wenigstens 1/4 Hektar verboten.

In diesen Ländern ist ferner in gewissen Grenzen jeder beabsichtigte Holzschlag bei der politischen Behörde vorher anzumelden und darf nur nach vorheriger Genehmigung ausgeführt werden. In Kärnten und Steiermark gilt dies für jene Landesteile, in denen leicht verwitterbares Gestein oder Kalk vorherrschend die Unterlage der Wälder bildet, in Steiermark auch dort, wo ausgedehnte Waldblößen vorhanden sind, und es haben die politischen Behörden im Einverständnis mit dem Landesausschusse jene Gegenden festzustellen und kundzumachen. In Salzburg besteht eine solche Beschränkung nicht.

[1] Kundmachung der Statthalterei vom 4. März 1882 Nr. 9 und vom 24. Februar 1884 Nr. 6 L.G.B. Über die Gültigkeit dieser Verordnung s. nächste Anmerkung.

[2] Zweiter Teil der Waldordnung für Tirol und Vorarlberg vom 24. Dezember 1839 (Prov.G.S. XXVI Nr. 89), Statthaltereiverordnungen vom 29. September 1857 Nr. 35 L.G.B. II, vom 28. Dezember 1859 Nr. 88 L.G.B. II, vom 19. Oktober 1880 Nr. 49 L.G.B., vom 1. Mai 1885 Nr. 14 L.G.B. und vom 4. Mai 1887 Nr. 24 L.G.B. Die beiden letzten Verordnungen haben die Anmeldungspflichten, welche durch den noch gültigen 2. Teil der Waldordnung des Jahres 1839 bloß für Gemeindewälder statuiert waren, auch auf Privatwälder ausgedehnt. Nach E. des Verwaltungsgerichtshofes vom 20. März 1896 Z. 1171 (S. 4967) ist dies, als im Gesetz nicht begründet, ungültig.

[3] Gesetz vom 5. Juni 1897 Nr. 21 L.G.B.

[4] Verordnung der Statthalterei vom 11. November 1880 Nr. 53 L.G.B.

[5] Gesetz vom 1. März 1885 Nr. 13 L.G.B. und vom 4. Februar 1886 Nr. 7 L.G.B.

[6] Gesetz vom 7. August 1895 Nr. 28 und vom 11. Dezember 1899 Nr. 3 ex 1900 L.G.B.

[7] Gesetz vom 28. Juli 1898 Nr. 14 ex 1899 L.G.B.

Es unterliegen der Anmeldungspflicht: in Salzburg der Kahl- und der Plenterhieb und zwar in Schutz- und Bannwäldern unbedingt, in anderen Wäldern bei Überschreitung des gewöhnlichen Haus- und Gutsbedarfes, oder zum Zweck der Veräußerung; in Kärnten Kahlschläge von wenigstens 25 Hektar, in Steiermark solche von wenigstens 1 Hektar Fläche, wobei anstoßende kahlgelegte Flächen mit eingerechnet werden. Den Kahlhieben sind Plenterhiebe gleichgestellt, wenn mehr als die Hälfte der Stämme des Hauptbestandes entfernt werden.

Die Holzfällung ist zu untersagen, wenn forstgesetzliche Vorschriften entgegenstehen; weiter in Salzburg dann, wenn sonst das Gut nicht selbständig weiter bewirtschaftet werden könnte. In Steiermark kann die Behörde Kahlschläge, auch wenn sie dem Forstgesetze nicht widerstreiten, beschränken, wenn die zu rodende Waldfläche 4 % der Gesamtwaldfläche des Besitzers übersteigt.

Um die Wiederaufforstungen zu sichern, sollen die Behörden bei der Genehmigung für die Räumung und Wiederaufforstung Fristen normieren; sie können die Schlagbewilligung von einer Kaution für Einhaltung der Fristen abhängig machen.

2. Forstschutz.

a) In Ergänzung der Normen des Forstgesetzes sind in einigen Ländern bestimmte forstschädliche Handlungen untersagt.

So in Dalmatien das Ausgraben und Ausreißen von Wurzeln und Wurzelstöcken der Forstgewächse und der stehenden Bäume mit Ausnahme der Nadelhölzer, das Entrinden der Föhren in Gemeindewäldern ohne Bewilligung des Gemeindevorstandes und Bestätigung der politischen Behörde, ferner der Handel mit Wurzeln, Wurzelstöcken oder Föhrenrinden ohne Zertifikat der politischen Behörde[1]. Ähnliche Normen sind für das Küstenland erlassen[2]. In Kärnten ist die für den Baumwuchs äußerst schädliche Gewinnung von Harz und Terpentin in allen Waldungen an die Bewilligung der politischen Behörde gebunden[3]. In Krain dürfen Gipfeltriebknospen von noch nicht schlagbaren Föhren nicht gewonnen werden[4].

b) Die Ziegen- und Schafweide im Walde, die im Süden und Westen Österreichs viel zur Entwaldung und Verkarstung der Gebirge beigetragen hat und überall die Waldkultur außerordentlich schädigt, ist in verschiedenem Umfange eingeschränkt. Die allgemeinen Verbote der Ziegenhaltung und Ziegenweide, die oben S. 98 angeführt wurden, gelten natürlich auch für den Wald.

In Dalmatien kann das Weiden von Ziegen an bestimmten Plätzen der Gemeindewälder für eine gewisse Zeit ausgeschlossen werden. Die Gemeindevorstände haben die Plätze, für die das Verbot ausgesprochen werden soll, zu ermitteln und bei der politischen Behörde in Antrag zu bringen. Bei Saumsal der Gemeindevorstände können die politischen Behörden selbst die Plätze ermitteln und die Verbote erlassen[5].

In Istrien dürfen Grundstücke, die der Waldkultur zu erhalten sind, in keinem Falle zur Ziegenweide bestimmt werden[6].

In Tirol[7] besteht ein absolutes Weideverbot für Ziegen und Schafe in Bann- und Schutzwäldern, in Aufforstungen, Schonungsflächen und an der Vegetationsgrenze. Sonst kann die Ziegen- und Schafweide nur nach den Festsetzungen der Forsttagsatzung (s. oben S. 105) ausgeübt werden. Diese hat die zulässigen Weideplätze für Ziegen zu

---

[1] Gesetze vom 19. Februar 1873 Nr. 20 L.G.B. und vom 25. November 1884 Nr. 33 L.G.B.

[2] Kundmachungen der Statthalterei vom 4. März 1882 Nr. 9 und vom 24. Februar 1884 Nr. 6 L.G.B. Die Gültigkeit dieser Verordnungen dürfte ähnlichen Bedenken begegnen, wie die auf S. 105 angeführten.

[3] Gesetz vom 22. Mai 1888 Nr. 22 L.G.B.

[4] Kundmachung der Landesregierung vom 3. Mai 1883 Nr. 12 L.G.B.

[5] Gesetz vom 19. Februar 1873 Nr. 20 und vom 9. Januar 1882 Nr. 11 L.G.B.

[6] Gesetz vom 11. November 1883 Nr. 11 ex 1884 und vom 30. Juni 1886 Nr. 11 L.G.B.

[7] Statthaltereierlaß vom 19. November 1891 Nr. 43 L.G.B.

bestimmen und für jede Gemeinde die Zahl der Ziegen festzusetzen. Die Aufteilung dieser Zahl auf die Weideberechtigten erfolgt durch die Gemeindevorstehung. Wenn möglich soll die Ziegenweide gemeinsam geschehen. Ausgenommen von diesen Bestimmungen ist die Weide auf Hochalpen.

In Vorarlberg ist die Waldweide für Ziegen und Schafe an lockeren Bergabhängen, längs den Straßen, an Wegen und Zäunen in Blößen, Schlägen und jungen Waldungen gänzlich untersagt; in den übrigen Waldteilen kann sie mit Vorsicht und unter Einschränkungen gestattet werden. Wo sich solche ausnahmsweise Weideplätze finden, werden diese von den Forsttagsatzungen bestimmt; das weitere Verfahren ist ähnlich geordnet wie in Tirol. Doch soll in der Regel eine Auftriebberechtigung nur erhalten, wer nicht zwei Kühe überwintern kann[1].

3. Wildbachgebiete.

In den Wildbachgebieten sind erhöhte Vorsichtsmaßregeln notwendig, um die Pflanzendecke intakt zu erhalten, die Abschwemmung des Humus zu verhindern und die Gefahren zu vermeiden, die entstehen, wenn das Wasserbett bei plötzlich auftretendem Hochwasser durch Holzstämme u. dergl. verlegt ist. Da bei der Bringung der Waldprodukte die Rasendecke leicht beschädigt, der Boden aufgerissen oder doch gelockert werden kann, was die Gefährlichkeit der Wildbäche steigert, so ist in Kärnten[2], Salzburg[3] und Schlesien[4] nicht nur die Errichtung neuer, sondern auch die Benützung bestehender Bringungsanlagen von der Bewilligung der politischen Behörde abhängig; ferner sind Bringungsunternehmer und Grundbesitzer solidar verpflichtet, die durch die Holzbringung verursachten Bodenrisse auszufüllen und zu versichern, den gelockerten Boden zu befestigen, die beschädigte Rasendecke zur schnellen Vernarbung zu bringen.

Um die bei Hochwässern so gefährliche Anräumung der Wildbachgräben zu verhindern, müssen die in das Bachbett gelangten Stämme und Abfälle ohne Verzug aus dem Wasserbereich weggeschafft werden. In Kärnten und Salzburg hat jede Ortsgemeinde die Pflicht, in jedem Frühjahre die Wildbäche ihres Gebietes von Hölzern zu räumen. Auch muß sie wahrgenommene gefahrdrohende Zustände nach Tunlichkeit beseitigen. Wird die Räumung unterlassen, so kann die politische Behörde sie auf Gefahr und Kosten des Verpflichteten ausführen.

Die Räumung des Bachbettes bleibt eine halbe Maßregel, wenn die Bergabhänge, die in den Graben führen, nicht von geschlagenem Holze gereinigt sind, das, vom Hochwasser in das Bett geschwemmt, gleichfalls verheerende Wirkungen ausüben kann. Darum ist es verboten, ohne Bewilligung der Behörde Holz im Inundationsbereiche zu lagern oder daselbst Kohlstätten zu errichten, und es müssen die in das Wildbachgebiet einhängenden Schlagflächen sofort von Holz u. dergl. geräumt werden.

4. Gemeinde- und Gemeinschaftswälder.

Zur Bekämpfung der großen Übelstände, die bei den gemeinsam benutzten Wäldern herrschen (s. oben S. 43), bestehen eigene polizeiliche Normen für Gemeinde- und Gemeinschaftsforste.

a) In Tirol und Vorarlberg werden die Wälder der Gemeinden und Lokalstiftungen von den staatlichen Forstorganen bewirtschaftet. Dies gilt auch von den Teilwäldern, d. h. Gemeindewaldungen, welche unter die einzelnen Mitglieder zur Befriedigung ihres Haus- und Gutsbedarfes quoad usum ausgeteilt sind. Über die Forsttagsatzungen, in welchen alle beabsichtigten Nutzungen in Gemeindewäldern angemeldet werden müssen, s. oben S. 105.

[1] Statthaltereiverordnung vom 24. Februar 1855 Nr. 7 L.G.B.
[2] Gesetz vom 1. März 1885 Nr. 13 und vom 4. Februar 1886 Nr. 7 L.G.B.
[3] Gesetz vom 7. August 1895 Nr. 28 L.G.B.
[4] Gesetz vom 2. Mai 1886 Nr. 25 L.G.B.

b) In Istrien[1] war die Mißwirtschaft in den Gemeindewaldungen so groß, daß die Gemeinden geradezu unter Kuratel gestellt werden mußten. Die ökonomisch-technische Verwaltung der im Karst gelegenen Wälder ist den Gemeinden und Gemeindegenossenschaften entzogen und den staatlichen Forstorganen übertragen worden. Den Waldeigentümern verbleibt lediglich die kommerzielle Verwertung der gewonnenen Forstprodukte.

c) In Böhmen[2] und in der Bukowina[3] sind Gemeinden, Ortschaften und Ortschaftsteile verpflichtet, ihre Wälder nach vorher festgestellten Wirtschaftsplänen zu bewirtschaften; diese Wirtschaftspläne bedürfen der behördlichen Genehmigung und müssen auf die Erzielung tunlichst hoher nachhaltiger Nutzungen gerichtet sein. Jede beabsichtigte Holzfällung in einem Gemeindewalde muß der Behörde vorher angezeigt werden, die die Fällung zu verbieten hat, falls sie gegen die gesetzlichen Vorschriften oder gegen den Wirtschaftsplan verstößt. Ferner muß die Bewirtschaftung der in Rede stehenden Wälder einem befähigten Forstwirte übertragen sein. Die Beaufsichtigung der Waldwirtschaft der Gemeinden und Ortschaften obliegt in Böhmen dem Bezirksausschuß, in der Bukowina der politischen Behörde und den von dieser Behörde bestellten Forsttechnikern. Gemeinden, welche ihren Verpflichtungen hinsichtlich der Bewirtschaftung ihrer Wälder nicht nachkommen, werden straffällig; in Böhmen kann der Bezirksausschuß auf Kosten der Gemeinde dringende Maßnahmen durchführen oder selbst einen Waldsequester aufstellen. In der Bukowina ist die politische Behörde berechtigt, unter Umständen auf Kosten der Gemeinde die Bewirtschaftung und Beaufsichtigung des Gemeindewaldes dem forsttechnischen Personale der politischen Verwaltung zu übertragen, sowie die sonst noch erforderlichen Verfügungen zu treffen.

Hinsichtlich der Gemeinschaftswälder gelten in der Bukowina ähnliche Bestimmungen, wie für die Gemeindewälder[4]. Sofern keine entsprechenden Verwaltungseinrichtungen bestehen, haben sich die Berechtigten binnen einer angemessenen Frist zu einer Waldgenossenschaft zu vereinigen und der politischen Behörde ein Statut zur Genehmigung vorzulegen. Kommt ein behördlich genehmigtes Statut nicht zu stande, so wird zwangsweise eine Genossenschaft gebildet und ein Statut erlassen. Versäumen die Genossen, die Organe zur Besorgung der genossenschaftlichen Angelegenheiten und zur Vertretung nach außen zu bestellen, so hat die politische Behörde das Erforderliche zu verfügen.

5. Strafen.

Da Übertretungen des Forstgesetzes (Waldverwüstung, Verwandlung des Forstes in Kulturland u. s. w.) dem Täter meist einen weit höheren Gewinn abwerfen, als die darauf gesetzten niedrigen Geldstrafen, die in der Praxis lediglich als Aufschlag zu den Produktenkosten angesehen werden, so sind in Tirol[5], Kärnten[6], Salzburg[6] und Steiermark[6] die Strafsanktionen wesentlich verschärft worden.

Wenn in Tirol durch Übertretung der Vorschriften über die Waldbehandlung, über die Waldbenützung und über die Lagerung und Bringung der Forstprodukte, die Gefahr von Felsstürzen, Abrutschungen, Abschwemmungen, Lawinen oder Wasserschäden herbeigeführt oder vergrößert werden, so kann nebst den Strafen des Forstgesetzes zugleich auch auf den teilweisen oder gänzlichen Verfall der ordnungswidrig gewonnenen, gelagerten oder gebrachten Forstprodukte sowie auf Verlust der Bringungsbefugnis erkannt werden.

In Kärnten, Salzburg und Steiermark sind Übertretungen der Normen der Novellen zum Forstgesetze mit höheren Strafen bedroht: 5—200 fl. oder Arrest bis 40 Tagen, bei erheblichem Schaden oder einer bedeutenden Gefährdung der öffentlichen Interessen bis zu 500 fl. oder drei Monaten Arrest; auch kann auf den Verfall der

---

[1] Gesetze vom 24. Mai 1893 Nr. 34 und vom 21. August 1894 Nr. 21 L.G.B.
[2] Gesetz vom 14. Januar 1893 Nr. 11 L.G.B.
[3] Gesetz vom 2. Juli 1897 Nr. 15 L.G.B.
[4] Gesetz vom 2. Juli 1897 Nr. 16 L.G.B.
[5] Gesetz vom 29. März 1886 Nr. 22 L.G.B.
[6] Siehe die oben S. 105 zitierten Gesetze.

ordnungswidrig gewonnenen, gelagerten, oder gebrachten Produkte und sogar der Bringungsbefugnis erkannt werden.

Mit der Strafe ist auch der Ersatz des verursachten Schadens aufzuerlegen. Die Verjährung tritt sechs Monate nach der Begehung ein.

Vierter Abschnitt.

Rechtsnormen, betreffend die Organisation und Vertretung der agrarischen Interessen.

Erstes Kapitel.

Die Organisation der ökonomischen Interessen.

§ 38. Einleitung.

Die land- und forstwirtschaftliche Produktion ist, wie unsere ganze Volkswirtschaft, eine individualistische. Gleichwohl besteht in vielen einzelnen Beziehungen ein Bedürfnis nach Organisation, sei es auf autoritärer, sei es auf genossenschaftlicher Basis. Landwirtschaftlicher Unterricht, landwirtschaitliches Versuchs- und Kontrollwesen, Kredit und Versicherung sind nur in organisierter Form rationell. Aber auch der Einkauf von Saat, Dünger und Gerätschaften, die Benützung von Maschinen, der Verkauf der Produkte, oft auch deren Verarbeitung (bei Milch, Trauben u. s. w.) können vielfach mit Hilfe einer Organisation weit zweckmäßiger als in der Vereinzelung erfolgen. In manchen Richtungen haben Staat, Land und Gemeinde, in anderen Vereine und Genossenschaften eingegriffen und, soweit dem Bedürfnis nicht im Wege des freien Verkehrs entsprochen wurde, manche Anstalten geschaffen oder Einrichtungen getroffen, die ausschließlich oder doch mit für die Landwirtschaft bestimmt sind. Hierher gehören die Hochschule für Bodenkultur (Staat), die mittleren und niederen landwirtschaftlichen Schulen (Staat, Land, Vereine), die Wanderlehrer (Land), die landwirtschaftlichen Versuchs- und Kontrollanstalten (Staat, Land), die Vieh-, Hagel- und Brandschadenversicherungsanstalten (Land). In allen den genannten Fällen liegen indessen bloß Verwaltungsakte, aber keine Rechtsnormen vor. Das gilt auch von den meisten Kreditorganisationen, die überdies in der Regel keinen spezifisch landwirtschaftlichen Charakter haben. Zur Förderung einzelner Zweige des landwirtschaftlichen Betriebes haben sich ferner die Landwirte zu Vereinen und Genossenschaften zusammengeschlossen, welche die verschiedenartigsten Zwecke verfolgen (Belehrung, technische Förderung, gemeinsamer Einkauf oder Verkauf u. s. w.), und die den allgemeinen Rechtsnormen unterliegen. Auch besteht eine größere Anzahl von öffentlichen Fonds, die zur Förderung der Landkultur bestimmt sind; so der staatliche Meliorationsfonds (s. oben S. 73), ferner in mehreren Ländern Flußregulierungsfonds, Landeskulturfonds u. s. w. Doch sind für deren Errichtung und Verwendung zumeist nicht Rechtsnormen maßgebend.

Nur auf einem einzigen Gebiete, dem des Kredites, gibt es Einrichtungen, die ausschließlich den ökonomischen Interessen der Landwirtschaft dienen sollen und durch Sondernormen geregelt sind.

§ 39. Die Entwicklung der speziellen landwirtschaftlichen Kreditorganisation.

Literatur: Bodnařik, Geschichte und Statistik der mährischen Kontributionsfondsvorschußkassen. Schmid, Materalien zur Kenntnis des Personalkredites in den im Reichsrate vertretenen Königreichen und Ländern, mit besonderer Berücksichtigung der Verhältnisse der Kleingrundbesitzer und Kleingewerbetreibenden (Statistische Monatsschrift 1898).

Die bestehende Kreditorganisation ist nur zum kleinsten Teile rein agrarisch, und es gelten für sie zumeist auch keine speziellen Rechtssätze. Die Vorschußkassen und Raiffeisenvereine, die Sparkassen der Gemeinden, Bezirke und Vereine, die Gemeindedarlehnskassen in

Galizien sind rechtlich nicht speziell für die Landwirtschaft bestimmt, und sie unterliegen den allgemeinen Rechtsnormen. Einige Kronländer haben Hypothekenanstalten, Banken, Kommunalkreditanstalten errichtet; diese von Landesbeamten verwalteten, unter Haftung des Landes stehenden gemeinnützigen Institute dienen zwar großenteils, aber nicht ausschließlich der Landwirtschaft.

Hingegen sind solche spezifisch agrarische Krediteinrichtungen in Böhmen und Mähren aus den Kontributionsgetreidefonds und den Steuergeldfonds entstanden.

Kontributionsgetreidefonds waren zum Teile schon in der ersten Hälfte des 18. Jahrhunderts von den Grundherrschaften errichtet worden, um ihren Verpflichtungen zur Unterstützung der Untertanen in Notfällen nachzukommen. Später[1] wurde die Bildung solcher Fonds allen Grundherrschaften in Böhmen, Mähren und Schlesien zur Pflicht gemacht. Jeder Untertan hatte durch drei Jahre je den dritten Teil des Saatenbedarfes in den Schuttboden der Gemeinde abzuführen. Dieser Körnerfonds sollte eine Art Reserve für den Fall einer Mißernte bilden und alljährlich an sichere Untertanen gegen Verzinsung — anfangs von $12\frac{1}{2}$, später von $6\frac{1}{4}$ % — ausgeliehen werden.

Die Steuergeldfonds waren dadurch entstanden, daß die Obrigkeiten als Steuerbehörde von ihren Untertanen, und zwar unter ausdrücklicher Gutheißung der Regierung, in günstigen Jahren etwas mehr als die Steuerschuldigkeit einhoben und den Mehrbetrag auf ungünstige Zeiten aufsparten. Später traten an Stelle dieser Einnahmsquellen andere. Diese Steuergeldfonds waren verzinslich und sicher anzulegen und dienten zur Bestreitung verschiedener Verwaltungsauslagen, namentlich zur Erhaltung des Sanitätspersonales.

In Böhmen gingen die Steuergeldfonds in der zweiten Hälfte des 19. Jahrhunderts vielfach in Gemeindeeigentum über, oder sie wurden zu gemeinnützigen Zwecken verwendet[2]. Aus den Kontributionsgetreidefonds mußten die Körner verkauft und der Erlös mit den bereits bestehenden Geldfonds vereinigt werden, die schon früher durch Veräußerung der Getreideüberschüsse entstanden waren[3]. Diese vereinigten Geldfonds wurden, um den Landwirten die Erlangung von billigem Personalkredit zu erleichtern, in lokale Kontributionsvorschußkassen umgewandelt, deren Teilhaber die jeweiligen Besitzer der früher an den Getreidefonds beteiligten Ansässigkeiten im Verhältnisse der Ackerflächen waren, soweit nicht ein anderer Maßstab zu Recht bestand. Ebenso war der jährliche Reinertrag unter die Teilhaber zu verteilen[4]. Die Vorschußkassen hatten Hypothekarkredit und Personalkredit gegen angemessene Sicherheit zu gewähren, und zwar in erster Linie an Teilhaber, nur bei Abgang solcher an Kleingrund- oder Hausbesitzer. Da indessen die lokal zersplitterten Vorschußkassen eine bedeutende Wirksamkeit nicht entfalten konnten, wurden sie zwangsweise zu Bezirksvorschußkassen zusammengelegt[5]. Um deren Wirksamkeit weiter zu steigern, wurde die Grenze für die Geschäftstätigkeit immer mehr erweitert, wobei aber stets auf die Sicherheit der Einlagen Bedacht genommen werden mußte[6]. Zu der direkten Kreditgewährung ist schließlich auch die Vermittlung von Kredit- und Versicherungsgeschäften hinzugetreten[7].

In Mähren wurden die Körnerfonds gleichfalls obligatorisch in Geldfonds umgestaltet[8] und diese sowie die Steuergeldfonds zu Kontributionsvorschußkassen gemacht[9], die ähnlich organisiert wurden wie in Böhmen vor der Zusammenlegung zu Bezirksvorschußkassen.

---

[1] Patent vom 9. Juni 1788.
[2] Gesetze vom 7. Juli 1864 Nr. 26 und vom 20. Dezember 1881 Nr. 70 L.G.B.
[3] Gesetz vom 9. Juli 1863 Nr. 45 L.G.B.
[4] Gesetz vom 6. August 1864 Nr. 28 L.G.B.
[5] Gesetz vom 22. März 1882 Nr. 26 L.G.B.
[6] Gesetze vom 2. Februar 1885 Nr. 9, 18. März 1887 Nr. 21, 14. März 1890 Nr. 28, 7. Juni 1892 Nr. 32 und 30. Juni 1896 Nr. 56 L.G.B.
[7] Gesetz vom 26. April 1900 Nr. 32.
[8] Gesetz vom 15. August 1864 Nr. 32 L.G.B.
[9] Gesetz vom 15. August 1864 Nr. 33 L.G.B.

In Schlesien wurde zwar die Versilberung der Körnervorräte angeordnet [1], ohne daß sich jedoch Kreditinstitute daraus entwickelten; diese Fonds kommen also für das Folgende nicht in Betracht.

§ 40. Die landwirtschaftlichen Bezirksvorschußkassen in Böhmen.

Die landwirtschaftlichen Bezirksvorschußkassen sind Institute für das Gebiet einer Bezirksvertretung; ihr Zweck ist Förderung der landwirtschaftlichen Interessen des Kleingrundbesitzes durch Gewährung billigen Kredites, insbesondere Personalkredites, eventuell auch durch Befriedigung von sonstigen landwirtschaftlichen Bedürfnissen. Sie unterliegen nicht den allgemeinen Normen über Erwerbs- und Wirtschaftsgenossenschaften, sondern speziellen für sie erlassenen Gesetzen [2].

Der Bestand dieser Vorschußkassen ist obligatorisch; das Gesetz schreibt deren Errichtung vor, sofern sie in einzelnen Bezirken im Jahre 1896 noch nicht bestanden. Ihr Stammvermögen ist ungeschmälert zu erhalten, darf nicht geteilt oder aufgelassen werden. Dagegen ist eine Vermehrung des Stammvermögens auf verschiedene Weise, insbesondere auch durch Einbeziehung der Steuergeldfonds möglich.

Der Anteil an einer solchen Kasse ist ein Realrecht, das an den Besitz eines, die Teilnahme begründenden landwirtschaftlichen Grundstückes untrennbar gebunden ist. Bei Teilung von Ansässigkeiten werden auch die Anteile im Verhältnis der Grundsteuer geteilt. Für die Verbindlichkeiten der Vorschußkassen haften nur der Reservefonds und die Anteile der Mitglieder.

Im Verhältnisse der Anteile ist der jährliche Reingewinn, soweit keine andere Verfügung getroffen wird, zu verteilen. Doch dürfen auf diese Weise die Einlagen höchstens mit 1 % über den Einlagenzinsfuß verzinst werden.

Die an der Vorschußkasse beteiligten Landwirte haben allein Anspruch auf Darlehen; nur bei Abgang solcher Bewerber kann Kredit auch anderen im Bezirke der Vorschußkasse ansässigen Kleingrundbesitzern, eventuell auch Landgemeinden, gewährt werden.

Die Bezirksvorschußkassen können einerseits verzinsliche Geldeinlagen annehmen, andererseits verzinslichen Personalkredit, hypothekarisch sichergestellten Kautionskredit und Hypothekarkredit, unter Umständen auch Lombardkredit gewähren.

Bedingungen für die Annahme von verzinslichen Geldeinlagen von Teilnehmern und anderen Personen sind: Ermächtigung durch die Generalversammlung und Deckung der Einlagen durch das gesamte Vermögen der Vorschußkasse; Höchstbetrag der Einlagen ist in der Regel das 15fache des Stammvermögens, ausschließlich des Reservefonds.

Die Vorschußkasse kann gewähren: Personalkredit gegen Wechsel (höchstens 6 Monate) oder gegen Schuldscheine unter Bürgschaft einer zahlungsfähigen Person, Kautionskredit gegen Wechsel, höchstens für 10 Jahre; Hypothekarkredit nur auf landwirtschaftliche Realitäten gegen ¼jährige Kündigung und Rückzahlung von mindestens 1 % jährlich; die Gesamtsumme der Hypotheken darf das eigene Vermögen der Vorschußkasse und die Hälfte der Geldeinlagen nicht übersteigen. Die Hälfte des Stammvermögens muß für die sonstigen Kreditgeschäfte verfügbar bleiben.

Spekulative und Bankgeschäfte sind den Vorschußkassen untersagt. Sie können aber Geschäfte für die Landesbank und Hypothekenbank des Königreiches Böhmen, ferner Feuer-, Hagel- und Viehversicherungen, Kranken-, Invaliden- und Altersversorgungen bei einheimischen Versicherungsanstalten, Käufe und Verkäufe von Wertpapieren vermitteln. Zur Deckung von Verlusten ist ein Reservefonds nach bestimmten Normen zu bilden. Die Verwaltung steht der Generalversammlung der Delegierten, der Direktion und dem Revisionsausschuß zu. Die Mitglieder der Direktion und des Revisionsausschusses sind den Teilnehmern für den von ihnen verursachten Schaden verantwortlich. Die Aufsicht über die Bezirksvorschußkassen hat der Bezirksausschuß zu führen, in zweiter Instanz der Landesausschuß sowie die politischen Behörden.

[1] Gesetze vom 3. Juli 1863 Nr. 1 ex 1864, vom 30. November 1868 Nr. 38, vom 3. August 1869 Nr. 31 L.G.B.

[2] Gesetze vom 30. Juni 1896 Nr. 56 und vom 26. April 1900 Nr. 32 L.G.B.

Genaue gesetzliche Vorschriften regeln die Wahl der Delegierten, die Abhaltung der Generalversammlung, die derselben vorbehaltenen Gegenstände, die Beschlußfassung u. s. w., ferner die Zusammensetzung der Direktion, die Voraussetzungen für die Wählbarkeit, die Bestellung des Obmannes, die Art der Erledigung der Geschäfte, die Direktionssitzungen, die Wahl des Revisionsausschusses, die Befugnisse und Pflichten der Aufsichtsorgane.

§ 41. Die Kontributionsvorschußkassen in Mähren[1].

Aus den Kontributionsgetreidefonds und aus den Steuergeldsfonds (s. oben S. 110) sind für die einzelnen Gemeinden Vorschußkassen gebildet worden. Es sind dies Kreditinstitute „zur Unterstützung ihrer Teilhaber mit Gelddarlehen.“ Die Teilnahme ist ähnlich geregelt, wie bei den Bezirksvorschußkassen in Böhmen. Auch hier haben die Teilhaber vor anderen Darlehenswerbern den Vorzug. Im Gegensatze zu den böhmischen Vorschußkassen haben die mährischen vor allen den begehrten Hypothekarkredit und erst dann den Personalkredit zu befriedigen. Von den Teilnehmern können mehr als 6 % Zinsen nicht bedungen werden.

Personalkredit kann auf die Dauer von sechs Monaten gegen Wechsel oder Schuldscheine, Realkredit gegen Rückzahlung in Jahresraten von mindestens 10 % gewährt werden. Der Reingewinn ist an die Teilnehmer im Verhältnisse ihrer Anteile zu verteilen. Die Geschäfte besorgt ein gewählter Ausschuß und ein Vorstand. Die Aufsicht hat nebst den politischen Behörden der Landesausschuß zu führen, der insbesondere auch über die Erhaltung des Stammvermögens wachen soll.

Für Vorschußkassen, welche ein Vermögen von mehr als 20000 Gulden und mehr als 100 Teilhaber besitzen, gelten besondere Bestimmungen. Sie können Geldeinlagen von Teilhabern oder anderen Personen annehmen. Bedingung dafür ist die Zustimmung der absoluten Mehrheit der Teilhaber und die Genehmigung des Landesausschusses; die Summe der Geldeinlagen darf das Fünffache des Stammvermögens mit Ausschluß des Reservefonds nicht überschreiten. Sie dürfen von den Teilhabern, außer einem Beitrag zum Reservefonds und zur Regie, keine höheren Zinsen nehmen, als für die Einlagen gezahlt werden. Sie können Hypotheken nur auf landwirtschaftliche Realitäten gegen Rückzahlung in längstens 10 Jahren gewähren, Personalkredit nur gegen höchstens 1jährige Schuldscheine oder gegen höchstens sechsmonatliche Wechsel, eventuell unter Mithaftung eines zahlungsfähigen Bürgen. Falls sie eine Forderung gegen einen Exekuten haben, dürfen sie bei der Exekution von landwirtschaftlichen Realitäten bis zur Höhe des Schätzungswertes mitbieten, um den Besitz der landwirtschaftlichen Bevölkerung zu erhalten. Eine so erworbene Realität kann an einen Landwirt verpachtet, und sie ihm, wenn er sich bewährt hat, zum Selbstkostenpreis ins Eigentum überlassen werden.

Zweites Kapitel.

Die Organisation der landwirtschaftlichen Berufsinteressen.

Literatur: Nr. 711 der Beilagen des Abgeordnetenhauses 11. Session. Hainisch, Die geplante Agrarreform in Österreich (Brauns Archiv 1894). Sering, Die Entwürfe für eine neue Agrargesetzgebung in Österreich (Schmollers Jahrbuch 1894). Schiff, Landwirtschaftliche Berufsgenossenschaften und Rentengüter in Österreich (Zeitschrift für die gesamte Staatswissenschaft 1895). Ertl, Versuche einer Agrarreform (Jubiläumswerk über die Geschichte der Land- und Forstwirtschaft 1848—1898, 1. Bd.).

Der Wunsch, die ökonomischen und sozialen Interessen der Landwirte in Gesetzgebung und Verwaltung wirksam zu vertreten, wirtschaftliche Maßnahmen, welche allen oder vielen Landwirten zu gute kommen, zu befördern oder ins Leben zu rufen, hat seit langer Zeit

---

[1] Gesetze vom 23. März 1873 Nr. 30 u. 31, vom 8. November 1882 Nr. 141 und vom 15. März 1888 Nr. 57 L.G.B.

zu einer Organisation der landwirtschaftlichen Berufsinteressen geführt, die in verschiedener Form teils schon erfolgt ist, teils angestrebt wird.

Zuerst hat sich das Streben der Landwirte nach Zusammenschluß durch Bildung von landwirtschaftlichen Vereinen und Genossenschaften verwirklicht. Die ersteren unterstehen dem Vereinsgesetze und bezwecken die Verbreitung landwirtschaftlicher Bildung und Technik, Vermittlung des gemeinsamen An- und Verkaufes u. s. w., für die letzteren, die meistens bestimmte Zweige der Landwirtschaft betreffen (Molkerei, Ankauf, Verkauf, Flachsbau, Kellerei) gelten die allgemeinen Normen über Erwerbs- und Wirtschaftsgenossenschaften. In dieser Beziehung bestehen keine agrarrechtlichen Sonderbestimmungen. Der Beitritt zu diesen Körperschaften ist durchaus freiwillig und steht nicht nur Landwirten, sondern auch anderen Personen zu.

Doch sind insbesondere die landwirtschaftlichen Zentralvereine und Hauptgesellschaften, in welchen zumeist der Großgrundbesitz dominiert, von der Regierung vielfach durch Subventionen unterstützt und zur Abgabe von Gutachten in Fragen der Gesetzgebung und Verwaltung, zur Verteilung von Staatsprämien und zu anderen Verwaltungsaufgaben verwendet worden. Einen Einfluß auf die Leitung dieser Vereine hat die Regierung nur dadurch, daß nach einigen Statuten der Präsident, eventuell auch der Vizepräsident der kaiserlichen Bestätigung bedarf.

§ 42. Die Landeskulturräte und Bezirksgenossenschaften der Landwirte. Der Landwirtschaftsrat.

a) Um die Bedürfnisse nach geeigneteren Organen für staatliche Verwaltungsfunktionen und nach einer allgemeineren Vertretung der Interessen der gesamten Landwirtschaft zu erfüllen, bestehen in Böhmen[1], Tirol[2], Istrien[3], Oberösterreich[4], Dalmatien[5], Mähren[6] und in der Bukowina[7] Landeskulturräte.

Der Landeskulturrat ist eine Körperschaft, deren Mitglieder zum Teil von den Bezirksgenossenschaften oder landwirtschaftlichen Vereinen delegiert, zum Teil von der Regierung und Landverwaltung ernannt werden. Sie haben die Interessen der Landwirtschaft und ihrer Industrien zu pflegen, zu fördern und zu vertreten, an Regierung und Landesvertretung Gutachten abzugeben und Anträge zu stellen, Behörden sowie landwirtschaftliche Vereine und Genossenschaften bei allen Vorkehrungen zum Nutzen der Landwirtschaft zu unterstützen, bei der Durchführung von Maßregeln zur Förderung der Landeskultur mitzuwirken, die landwirtschaftliche Statistik zu pflegen u. dgl. m.

In Böhmen und Mähren besteht der Landeskulturrat aus einer böhmischen, einer deutschen Sektion und einem Zentralkollegium, in Tirol aus einer deutschen und einer italienischen Sektion. Der Landeskulturrat, resp. die Sektionen desselben bestellen selbständige Ausschüsse. Die Sektionsausschüsse können in Tirol auch gemeinsame Sitzungen abhalten. Die Regiekosten des Landeskulturrates werden von dem Kronlande bestritten. In Böhmen basiert der Landeskulturrat auf den landwirtschaftlichen Vereinen, in Mähren auf den landwirtschaftlichen Vereinen und Genossenschaften, in den übrigen Ländern auf den Bezirksgenossenschaften der Landwirte.

In Böhmen und Mähren entsenden die in einer Gemeinde befindlichen Vereine, welche statutenmäßig die Landkultur oder einen Zweig derselben oder eine landwirtschaftliche Industrie zu fördern haben, einen Delegierten in den Landeskulturrat, in Mähren außerdem die landwirtschaftlichen Genossenschaften, welche statutenmäßig ausschließlich die Landwirtschaft zu fördern haben. In den anderen Ländern gehören dem Landeskulturrate die Obmänner der im Gebiete gelegenen Bezirks-

[1] Gesetz vom 20. März 1891 Nr. 20 L.G.B.
[2] Gesetz vom 8. November 1881 Nr. 35 und vom 23. September 1884 Nr. 30 L.G.B.
[3] Gesetz vom 8. September 1884 Nr. 36 L.G.B.
[4] Gesetz vom 9. März 1886 Nr. 17 L.G.B.
[5] Gesetz vom 2. Mai 1886 Nr. 17 und vom 10. August 1892 Nr. 18 L.G.B.
[6] Gesetz vom 19. Mai 1897 Nr. 46 L.G.B.
[7] Gesetz vom 30. Juli 1900 Nr. 28 L.G.B.

genossenschaften an. Eventuell kann auch landwirtschaftlichen Vereinen das Recht erteilt werden, einen Delegierten in den Landeskulturrat zu entsenden.

In Galizien besteht die „Landeskommission für Landeskulturangelegenheiten", als beratendes Organ des Landesausschusses unter dem Vorsitz des Landmarschalls. Der Landesausschuß hat auch den entscheidenden Einfluß auf die Zusammensetzung dieser Kommission.

b) In der Bukowina, in Dalmatien, Istrien, Oberösterreich und Tirol können „Bezirksgenossenschaften der Landwirte" durch Verwaltungsakte errichtet werden[1]. Der Sprengel einer solchen Genossenschaft ist in Dalmatien in der Regel die Bezirkshauptmannschaft, in den anderen Ländern der Gerichtsbezirk.

Diese Bezirksgenossenschaften sind auf Grund des Gesetzes vom Jahre 1867 gebildete Vereine, die gewissen gesetzlichen Bedingungen entsprechen und infolgedessen als Interessenvertretung der Landwirte und Organe für die Förderung der Landkultur angesehen werden.

Jene Bedingungen sind: die Bildung der Genossenschaften hat auf Initiative der politischen Behörde zu erfolgen; Zweck des Vereines darf laut Statuten nur die Wahrnehmung, Förderung und Vertretung der allgemeinen Interessen der Landeskultur oder auch bestimmter Richtungen dieser Förderung sein; die Genossenschaft muß von einem auf 3 Jahre gewählten Ausschuß geleitet werden; zu den Obliegenheiten des Obmannes und des Ausschusses muß es gehören, die öffentliche Verwaltung bei Förderung der Landeskultur und Handhabung der Landeskulturgesetze zu unterziehen; der Obmann und sein Stellvertreter müssen von der Statthalterei bestätigt werden; die Zahl der Mitglieder muß ein gesetzlich fixiertes Minimum (50, 30) betragen; Mitglieder können nur die Eigentümer, Fruchtnießer, Pächter, Halbpächter eines landwirtschaftlichen oder forstwirtschaftlichen Anwesens im Bezirke sein; in Istrien sind auch Fruchtnießer, Pächter und Halbpächter ausgeschlossen.

Der Wirkungskreis ist sachlich ähnlich bestimmt, wie der des Landeskulturrates, aber örtlich auf den Bezirk beschränkt. Es steht den Bezirksgenossenschaften insbesondere die Mitwirkung zu: bei Feststellung der aus öffentlichen Mitteln zu gewährenden Subventionen; bei Unternehmungen, welche geeignet sind, die Kräftigung und Befestigung des landwirtschaftlichen Besitzes zu fördern und das landwirtschaftliche Genossenschaftswesen zu entwickeln; bei Förderung der landwirtschaftlichen Meliorationen und des landwirtschaftlichen Unterrichtes; ferner die Teilnahme am Landeskulturrate.

Die Kosten für Bestand und Wirksamkeit sind durch statutenmäßige Beiträge der Mitglieder oder sonstige Einnahmen aufzubringen.

c) Eine Art Schlußstein für die ganze Organisation soll der Landwirtschaftsrat[2], Sektion des Industrie- und Landwirtschaftsrates, bilden. Er ist dem Ackerbauministerium zur Beratung von Angelegenheiten der Land- und Forstwirtschaft und des Montanwesens beigegeben, um über Aufforderung oder spontan Gutachten abzugeben oder Anträge zu stellen. Jeder Landesausschuß entsendet einen Vertreter, 48 Mitglieder werden durch Landeskulturräte, fachliche Gesellschaften, Vereine oder Verbände gewählt, 24 vom Ackerbauminister ernannt. Den Vorsitz führt der Ackerbauminister. Der Landwirtschaftsrat wird vom Ackerbauminister nach Bedarf, mindestens einmal im Jahre einberufen.

§ 43. Die Berufsgenossenschaften der Landwirte.

Einen vollständigen und obligatorischen Zusammenschluß aller Landwirte bezweckt das Rahmengesetz vom 27. April 1902 Nr. 91 R.G.B., das in jedem Lande erst nach dem ausführenden Landesgesetz in Kraft tritt. Bisher sind solche Landesgesetze nicht erlassen worden.

In der Regel soll für jeden Gerichtsbezirk, sowie für das ganze Land je eine Berufsgenossenschaft (Bezirksgenossenschaft und Landesgenossenschaft) errichtet werden; doch können Abweichungen — insbesondere die Bildung von Gemeindegenossenschaften und von eigenen Berufsgenossenschaften für den Großgrundbesitz — angeordnet werden. Diese Genossenschaften unterstehen nicht den sonstigen Normen für Erwerbs- und Wirtschaftsgenossenschaften; sie sind juristische Personen, für deren Verbindlichkeit nur das Genossenschaftsvermögen haftet.

---

[1] Siehe die oben S. 113 zitierten Gesetze.

[2] Kundmachung vom 6. Juni 1848 Nr. 91 und vom 29. Dezember 1898 Nr. 4 ex 1899 R.G.B.

Die **Mitgliedschaft** zu beiden Arten von Genossenschaften ist obligatorisch für alle Eigentümer und Fruchtnießer von land- und forstwirtschaftlichen Liegenschaften, die nicht ausschließlich Annehmlichkeitszwecken gewidmet sind. Die Bestimmung, was als eine solche Liegenschaft anzusehen ist, obliegt der Landesgesetzgebung. Diese kann ein Minimum an Fläche für die Mitgliedschaft festsetzen und eigene Genossenschaften für den Großgrundbesitz anordnen. Die Mitgliedschaft kann vertragsmäßig oder kraft Landesgesetz auf die Pächter oder Halbpächter übertragen werden.

Als **Zweck** ist bezeichnet: die „Verbesserung der sittlichen und materiellen Verhältnisse der Landwirte durch Pflege des Gemeingeistes, gegenseitige Belehrung und Unterstützung, Erhaltung und Hebung des Standesbewußtseins, durch Vertretung der berufsständischen Interessen der Genossen sowie durch Förderung der wirtschaftlichen Interessen derselben." Das Gesetz zählt eine lange Reihe von Aufgaben der Genossenschaften [1] auf und gibt diesen das Recht, Gutachten und Anträge über Aufforderung oder aus eigener Initiative zu erstatten. Sie haben besonders bei den Maßnahmen zur Förderung der Landeskultur mitzuwirken.

Die **Kosten** sind durch Beiträge der Mitglieder zu decken, die in der Form von Zuschlägen zur staatlichen Grundsteuer eingehoben werden und die gesetzlichen Pfand- und Vorzugsrechte der letzteren genießen. Die Landesgesetze sollen die Höhe der ohne Genehmigung und der überhaupt zulässigen Zuschläge normieren. Unterlassen die Genossenschaften die Beiträge umzulegen, so hat dies die politische Behörde vorzunehmen.

Die **Genossenschaftsorgane** sind durch die Landesgesetze zu bestimmen. Ackerbauministerium und politische Behörde sind berechtigt, einen Vertreter in den Ausschuß der Landesgenossenschaft zu entsenden.

Das **Verhältnis zu den Landeskulturräten und Bezirksgenossenschaften** (s. oben S. 113 f.), wo solche bestehen, hat die Landesgesetzgebung zu regeln. Grundsätzlich sollen diese älteren Organisationen in die neueren übergeführt werden.

Die **Revision** der Geschäftsführung obliegt der Landesgenossenschaft und dem Landesausschuß, die **Oberaufsicht** der politischen Behörde. Den Berufsgenossenschaften kommt eine weitgehende Gebührenbegünstigung zu.

Drittes Kapitel.

Die politische Vertretung der agrarischen Interessen.

Die besonders große Wichtigkeit, die der österreichische Gesetzgeber dem landwirtschaftlichen Großgrundbesitz zuschreibt, hat dazu geführt, daß dieser agrarischen Klasse in gewissem Umfange eine Sonderstellung in der Verfassungs- und in der Verwaltungsorganisation eingeräumt worden ist. Durch das **privilegierte Wahlrecht** und durch das Institut **der Gutsgebiete** ist praktisch dem landwirtschaftlichen Großgrundbesitzer ein erhöhter Einfluß auf Gesetzgebung und Verwaltung rechtlich gewährleistet, wenn auch der Idee nach immer noch eine Vertretung von Staatsinteressen, allerdings durch eine bestimmte Interessentengruppe, vorliegt.

§ 44. Das Wahlrecht des landwirtschaftlichen Großgrundbesitzes.

Im folgenden kommen die Normen über das Wahlprivileg des Großgrundbesitzes in erster Linie nur insofern in Betracht, als sie juristisch Ausnahmsbestimmungen zu Gunsten

[1] Insbesondere die Vermittlung des Ankaufes von Bedarfsartikeln und des Verkaufes von Produkten, die Bildung und Förderung von Genossenschaften aller Art und von gemeinsamen wirtschaftlichen Unternehmungen, die Vermittlung des Hypothekarkredits und der Schuldenkonvertierungen, die Mitwirkung bei landwirtschaftlichen Börsen und Märkten, bei der Versicherung landwirtschaftlicher Arbeiter, bei der Schadenversicherung, bei Durchführung von landeskulturellen Gesetzen, die Förderung des landwirtschaftlichen Unterrichtes, die Besorgung der landwirtschaftlichen Statistik, Arbeitsvermittlung, Förderung der Grundzusammenlegung, der Meliorationen u. s. w.

einzelner Klassen des landwirtschaftlichen Grundbesitzes darstellen. Daneben sollen kurz auch die damit auf das engste verwandten Normen erwähnt werden, die zwar nicht rechtlich, aber faktisch fast ausschließlich dem landwirtschaftlichen Großgrundbesitz zu gute kommen.

1. Reichsratswahlrecht[1].

a) Die Wählerklasse des Großgrundbesitzes für den Reichsrat ist eine spezifische Vertretung der Interessen des landwirtschaftlichen Großgrundbesitzes. Denn hier ist das Wahlrecht nicht nur von den allgemeinen Erfordernissen für das Reichsratswahlrecht[2] und von dem Landtagswahlrecht in der Klasse des Großgrundbesitzes abhängig, sondern weiter davon, daß wenigstens 4/5 des von den Landtagswahlordnungen vorgeschriebenen Realsteuerminimums in Grundsteuern geleistet werden. Hierdurch ist das privilegierte Reichsratswahlrecht auch dort rechtlich dem landwirtschaftlichen Großgrundbesitz reserviert, wo das entsprechende Landtagswahlvorrecht auch nichtlandwirtschaftlichen Grundbesitzern zustehen kann, wenn diese das gesetzliche Mindestmaß an Realsteuern in der Form von Gebäudesteuern leisten (s. unten).

Von den fünf Wählerklassen des Abgeordnetenhauses beruhen zwei (Großgrundbesitz und Handelskammer) auf der Idee der Interessenvertretung, zwei (Stadt- und Landgemeinden) auf dem Gegensatze von Stadt und flachem Lande unter Zugrundelegung eines Steuerzensus; die fünfte Klasse ist eine Konzession an das Prinzip des allgemeinen Wahlrechtes. Von den 425 Abgeordneten entfallen 106 auf die Wählerklassen der Interessenvertretung; davon sind 85 (ohne den Abgeordneten der Höchstbesteuerten in Dalmatien 84) von dem Großgrundbesitz, 21 von den Handelskammern gewählt. Die Wählerklasse der Landgemeinden ist de jure keine spezielle Vertretung der agrarischen Interessen; zwar dominieren diese stark auf dem flachen Lande, und das gelangte bei den Wahlen naturgemäß auch zum Ausdruck; das ist aber lediglich ein faktisches, kein rechtliches Moment.

b) In Galizien und in der Bukowina besteht ein weiteres agrarisches Wahlprivileg für die Besitzer der Gutsgebiete (s. unten S. 117): reicht die Steuerleistung eines solchen Besitzers für das Wahlrecht als Großgrundbesitzer nicht aus, so gilt der Gutsherr in der Wählerklasse der Landesgemeinden ipso jure, ohne von den Urwählern dazu gewählt sein, als Wahlmann und hat damit also de jure ein ebenso starkes Wahlrecht, wie der von 500 Urwählern gewählte Wahlmann. Der agrarische Charakter dieser Normen folgt daraus, daß als Gutsgebiet nur landwirtschaftlicher Grundbesitz gelten kann.

2. Das Landtagswahlrecht[3].

a) In den meisten Kronländern genießt der Großgrundbesitz ein privilegiertes Landtagswahlrecht, das auch Voraussetzung für das privilegierte Reichsratswahlrecht ist. Nur in Böhmen, Kärnten, Krain und Salzburg ist das Wahlprivileg für den Landtag daran geknüpft, daß von land- und lehentäflichen Gütern ein Minimum an Grundsteuern[4] geleistet wird; hier liegt also rechtlich eine spezielle Interessenvertretung des landwirtschaftlichen Großgrundbesitzes vor. Eine solche ist auch in Schlesien in dem verstärkten Wahlprivileg einiger individuell bezeichneter, landwirtschaftlicher Großgrundbesitzer gegeben, die in einem eigenen Wahlkörper eine Reihe von Abgeordneten wählen[5].

In den anderen Kronländern setzt die Wahlberechtigung in der Klasse des Großgrundbesitzes nur voraus, daß ein Minimum an Realsteuern überhaupt, nicht gerade an Grundsteuern, von land- oder lehentäflichen Gütern geleistet wird. Die folgende Zusammenstellung gibt eine Übersicht des Wahlrechtes im Großgrundbesitz für die einzelnen Kronländer:

---

[1] Gesetz vom 21. Dezember 1867 Nr. 141 R.G.B.
[2] abgesehen von dem Erfordernis des männlichen Geschlechtes.
[3] Siehe die einzelnen Landordnungen, Landtagswahlordnungen und dazu erlassenen Novellen.
[4] in Böhmen 200 fl., in Kärnten, Krain und Salzburg 80 fl.
[5] Die Herzöge von Teschen, von Troppau und Jägerndorf und von Bielitz, sowie der Hoch- und Deutschmeister wählen 2 von 9 Abgeordneten des Großgrundbesitzes.

Kronland		Böhmen	Bukowina	Galizien	Görz und Gradiska	Istrien	Mähren	Kärnten	Krain	Nieder-österreich	Ober-österreich	Salzburg	Schlesien	Steier-mark	Tirol
Mindestleistung an Realsteuern		250	100	100	100[1]	100	250	100	100	200	100	100	250	100	50
Zahl der Landtags-abgeordneten	über-haupt	242	31	160	22	33	100	43	37	78	50	28	31	63	68
	d. Groß-grund-besitzes	70	10	44	6	5	30	10	10	16	10	5	9	12	10

Tatsächlich sind es fast ausschließlich landwirtschaftliche Großgrundbesitzer, denen dieses verstärkte Wahlrecht zu gute kommt, da die Land- und Lehentafeln überwiegend landwirtschaftliche Grundstücke und nur zum geringen Teil bloße Wohnhäuser und Industrialien enthalten. Gleichwohl können juristisch die in Rede stehenden Normen streng genommen nicht als agrarrechtlich angesehen werden.

Das Gleiche gilt von den Vorrechten, welche den Großgrundbesitzern bei den Wahlen in die Bezirksvertretung von Böhmen[2], Galizien[3] und Steiermark[4] eingeräumt sind.

b) Das oben S. 116 erwähnte Wahlprivileg der Besitzer von Gutsgebieten in Galizien und in der Bukowina gilt auch für den Landtag.

§ 45. Die Sonderstellung des landwirtschaftlichen Großgrundbesitzes in der Gemeindeverwaltung.

a) Der Kardinalsatz des Gemeinderechtes, daß jede Liegenschaft zum Verbande einer Ortsgemeinde gehören muß, ist in Galizien[5] und in der Bukowina[6] zu Gunsten des Großgrundbesitzes unterbrochen.

Außerhalb des Gemeindeverbandes stehen nämlich die vormals herrschaftlichen nicht in der Stadt gelegenen Gutsgebiete, also selbständigen landwirtschaftlichen Grundbesitzungen, falls der Besitzer die Einverleibung in die Gemeinde nicht begehrt. Die Gutsgebiete sind selbständige Verwaltungskörper mit den Pflichten und zum Teile auch mit den Rechten einer Gemeinde.

In Galizien sind als Gutsgebiete ohne Rücksicht auf die Ausdehnung nur solche Grundbesitze zu belassen, welche schon vor Einführung der Freiteilbarkeit als selbständige landwirtschaftliche Besitzungen bestanden hatten; von später entstandenen nur jene, deren Jahrschuldigkeit an Grund- und Haussteuern wenigstens 25 fl. beträgt. Dagegen sind alle anderen bestehenden oder später entstehenden Besitzungen in die Gemeinde einzuverleiben. Sämtliche aus dem Gemeindeverbande ausgeschiedenen Besitzungen in einer und derselben Ortschaft bilden zusammen ein Gutsgebiet.

In der Bukowina ist als Gutsgebiet nur jener Grundbesitz zu belassen, der — eventuell in Verbindung mit benachbarten Grundbesitzungen — bedeutend genug ist, um die Erfüllung der Pflichten zu sichern. Durch Trennung und Vereinigung können hier neue Gutsgebiete entstehen.

Die Ausscheidung einer in den Gemeindeverband einbezogenen Grundbesitzung kann in beiden Ländern nur durch ein Landesgesetz erfolgen. Hypothekargläubiger und Anwärter haben keinen Einfluß auf die Frage der Einverleibung oder Ausscheidung.

Organe des Gutsgebietes sind der (oder die) Besitzer und der Vorsteher (in der Bukowina der Geschäftsführer). Beide Funktionen können auch in einer Person vereinigt sein. Der Vorsteher ist nur Vertreter des Besitzers; er muß österreichischer Staatsbürger, eigenberechtigt und von Wahlrecht und Wählbarkeit in die Gemeindevertretung nicht ausgeschlossen sein. Er hat eine Angelobung an Eides Statt zu leisten.

[1] im ersten Wahlkörper; dagegen im zweiten Wahlkörper 50 fl.
[2] Gesetz vom 25. Juli 1864 Nr. 27.
[3] Gesetz vom 12. August 1866 Nr. 21.
[4] Gesetz vom 15. September 1863 Nr. 18.
[5] Gesetze vom 12. August 1866 Nr. 20 und vom 21. März 1888 Nr. 41.
[6] Gesetze vom 14. November 1863 Nr. 10 und vom 24. Dezember 1868 Nr. 23.

Das Gutsgebiet hat alle Pflichten und Leistungen einer Ortsgemeinde zu übernehmen. Der Besitzer hat zu diesem Zwecke die Rechte eines Gemeindevorstehers; ferner das Recht, ortspolizeiliche Vorschriften zu erlassen und Geld- oder Arreststrafen anzudrohen. Das Strafrecht selbst ist hingegen den politischen Behörden vorbehalten. Die Gutsgebiete (d. h. die Besitzer) haften für die Erfüllung der ihnen obliegenden Verpflichtungen. Sie haben alle mit ihren Verpflichtungen verbundenen Auslagen zu tragen; die Bewohner des Gutsgebietes sind zwar der polizeilichen Gewalt des Gutsherrn unterworfen, können aber zu Beitragsleistungen für jene Auslagen nur insoweit herangezogen werden, als sie hierzu aus privatrechtlichem Titel oder kraft spezieller Gesetze verpflichtet sind.

Die Gutsgebiete unterstehen den staatlichen und autonomen Behörden wie die Gemeinden. Die politische Behörde kann eventuell auf Kosten des Besitzers einen Vorsteher bestellen, den Vorsteher vom Amt suspendieren oder bei mangelhafter Erfüllung der Verpflichtungen Vorkehrungen von Amts wegen treffen.

Minder weit geht in Mähren[1] die verwaltungsrechtliche Selbständigkeit der Besitzer eines Land- oder Lehentafel- und sonstigen Gutes über 200 ha. Ist dieser Grundbesitz zusammenhängend und zur selbständigen und gemeinschaftlichen Bewirtschaftung geeignet, so soll dem Besitzer über Verlangen die Besorgung desjenigen Teiles des selbstständigen Wirkungskreises der Gemeinde übertragen werden, der zur ungehinderten Verwaltung des Besitzes und derjenigen Einrichtungen erforderlich ist, deren Kosten der Gutsbesitzer allein zu tragen hat[2]. Durch ein besonderes Übereinkommen zwischen dem Besitzer und der Gemeidevertretung kann dem ersteren auch die Besorgung der Ortspolizei und anderer örtlicher Geschäfte rücksichtlich seines Besitzes auf die Dauer der Wahl periodisch überlassen werden. Der Grundbesitzer hat die Auslagen, welche mit der selbständigen Verwaltungstätigkeit verbunden sind, allein zu tragen. Er hat die ihm übertragenen Geschäfte entweder selbst oder durch einen geeigneten Bevollmächtigten zu besorgen; der diese Geschäfte Besorgende hat bei der politischen Behörde die Angelobung an Eides Statt zu leisten, wie der Gemeindevorsteher. Der Besitzer oder dessen Stellvertreter ist für die Besorgung der Geschäfte der politischen Behörde verantwortlich, und der Besitzer haftet dafür.

b) In Galizien und in der Bukowina genießen unter bestimmten Voraussetzungen auch die Besitzer von nicht ausgeschiedenen landtäflichen Gütern insofern eine privilegierte Stellung hinsichtlich der Gemeindeverwaltung, als sie auch ohne Wahl berechtigt sind, in den Gemeinderat (Gemeindeausschuß) einzutreten. Jene Voraussetzungen sind: der Besitz muß einen besonderen Grundbuchskörper bilden, von dem in Galizien mindestens 25, in der Bukowina mindestens 100 fl. an staatlichen Realsteuern entrichtet werden[3]; der Besitzer muß österreichischer Staatsbürger sein; es dürfen keine besondern Ausschließungsgründe von der Wählbarkeit entgegenstehen; er muß in der Bukowina 24 Jahre alt sein. Dieses Eintrittsrecht besteht, trotz Mangels der Wahlberechtigung und der Wählbarkeit, auch für aktive Offiziere, ferner für Frauen. Offiziere, in Galizien auch Frauen und nicht eigenberechtigte Personen, müssen sich dabei durch einen Bevollmächtigten vertreten lassen; alle anderen Personen, in der Bukowina auch die Frauen, dürfen selbst eintreten oder sich vertreten lassen.

---

[1] 6. Hauptstück der Gemeindeordnung für Mähren.

[2] So die Sorge für die Erhaltung der Wege, für die Leichtigkeit des Verkehres, für die Flurpolizei, die Bau- und Feuerpolizei, die Vornahme von freiwilligen Feilbietungen der eigenen Produkte und Gegenstände des Wirtschaftsbetriebes.

[3] Diese Bedingung entfällt in der Bukowina, wenn es sich um das einzige in der Ortsgemeinde bestehende vormals herrschaftliche Gut handelt.

§ 46. Anhang.

Landwirtschaftliche Börsen und Terminhandel.

Gesetz vom 4. Januar 1903,

mit welchem einige abändernde und ergänzende Bestimmungen zu dem Gesetze vom 1. April 1875, R.G.Bl. Nr. 67, betreffend die Organisierung der Börsen, erlassen werden.

---

1. Organisation.

Als landwirtschaftliche Börse gilt jede Börse, deren Verkehr sich auf Getreide oder Mühlenfabrikate erstreckt.

Zur Errichtung einer solchen Börse ist die Bewilligung des Ackerbau-, des Finanz- und des Handelsministeriums nach Anhörung der landwirtschaftlichen Landeskorporation (Landeskulturrat, Landwirtschaftsgesellschaft u. dgl.), sowie der Handels- und Gewerbekammern des Landes erforderlich. Das Statut bedarf der Genehmigung der genannten Ministerien, die einen Börsenkommissar bestellen.

Für die Leitung einer landwirtschaftlichen Börse ist die österreichische Staatsbürgerschaft erforderlich. Ein Dritteil der Börsenleitung ist von den Ministerien aus den seitens der landwirtschaftlichen Landeskorporation nominierten Personen zu berufen. Die Bestellung der übrigen zwei Dritteile ist in dem Börsenstatute zu regeln; bei Wahl durch die Börsenbesucher ist für eine angemessene Verteilung auf die verschiedenen Geschäftsgruppen vorzusorgen.

Zum Besuche einer landwirtschaftlichen Börse dürfen nur zugelassen werden:

1. Personen, Handelsgesellschaften, die sich mit Erzeugung, Umsatz oder Verarbeitung der an der Börse zum Verkehr zugelassenen Gegenstände, sowie mit diesbezüglichen Versicherungs-, Fracht, Belehnungs-, Speditions-, Einlagerungs- und Sackleihgeschäften berufsmäßig befassen;
2. Vertreter öffentlicher Verwaltungszweige und unter öffentlicher Verwaltung stehender Fonds.

Die Mitglieder eines Börsenschiedsgerichtes müssen österreichische Staatsbürger sein und werden von dem Präsidenten des Handelsgerichtes beeidet.

2. Abschluß und Abwicklung der Börsengeschäfte.

Will die Börsenleitung zur Regelung der Geschäftsbedingungen und der Abwicklung der Börsengeschäfte Vorschriften erlassen, so sind diese Vorschriften drei Wochen vorher durch Anschlag und Zeitung zu verlautbaren und der landwirtschaftlichen Landeskorporation, sowie den Handels- und Gewerbekammern des Landes zuzustellen. Diese Korporationen können darüber Gutachten an die Börsenleitung erstatten. Diese hat sie zu prüfen, eventuell durch Änderung des Entwurfes zu berücksichtigen und sie nebst den Gutachten den Ministerien zur Genehmigung vorzulegen. In dringenden Fällen kann die Börsenleitung mit Genehmigung des Börsenkommissars die erforderlichen Vorschriften sofort provisorisch in Wirksamkeit setzen.

Erweisen diese sich nachträglich als unwirksam oder nachteilig, so können die Ministerien die Genehmigung zurückziehen, wodurch die Vorschriften außer Kraft treten. Die erwähnten Korporationen sind berechtigt, den Antrag auf Zurückziehung der Genehmigung zu stellen.

3. Verbot des Terminhandels in Getreide und Mühlenfabrikaten.

Börsenmäßige Termingeschäfte in Getreide und Mühlenfabrikaten sind verboten. Den Börsenleitungen ist untersagt, Geschäftsbedingungen für solche Geschäfte, sowie Bestimmungen über deren Abwicklung festzustellen, wodurch den einzelnen Geschäften ein tunlichst gleicher Inhalt gegeben, die Übertragung erleichtert, sowie deren Abwicklung durch Abrechnung und Differenzausgleich ermöglicht werden soll. Insbesondere dürfen nicht im vorhinein und im allgemeinen einheitlich anzuwendende Getreidetypen oder Mindestschlußeinheiten oder bestimmte Erfüllungsorte oder Abwicklungstermine festgesetzt oder Liquidationseinrichtungen getroffen werden.

Wenn an oder außerhalb einer Börse Geschäfte in Getreide und Mühlenfabrikaten auf Grund von tatsächlich in Übung stehenden derartigen Geschäftsbedingungen und Abwicklungsbestimmungen abgeschlossen werden, oder wenn anzunehmen ist, daß solche Geschäfte derart abgeschlossen oder abgewickelt werden dürften, so haben die Ministerien derartige Geschäfte im Verordnungswege zu verbieten. Geschäfte dieser Art sind rechtsunwirksam, ebenso Aufträge und Vereinigungen zum Abschlusse oder zur Vermittlung solcher Geschäfte, die Bestellung von Sicherheiten und die Abgabe von Schuldanerkenntnissen. Das Geleistete kann innerhalb drei Jahren zurückgefordert werden.

Gewerbemäßiger Abschluß und Vermittlung eines solchen Geschäftes oder Verleitung dazu ist als Vergehen mit Arrest bis zu drei Monaten und Geld bis zu 5000 Kronen strafbar. Arrest bis zu einem Jahre und Geldstrafen bis zu 20 000 Kronen sind für gewerbemäßige Verleitung unter Ausbeutung der Unerfahrenheit oder des Leichtsinnes angedroht.

Die Börsenleitung hat rechtzeitig Maßregeln gegen die Abschließung, Übertragung und Abwicklung von Termingeschäften zu treffen.

4. Kursnotierung und Preisbildung.

Kurse für Termingeschäfte in Getreide und Mühlenfabrikaten dürfen amtlich nicht notiert oder veröffentlicht werden.

Die Ministerien könnnen nach Anhörung der Börsenleitung, der landwirtschaftlichen Landeskorporation und der Handelskammern Vorschriften über Kursermittlung und Kursnotierung für Effektivgeschäfte im Verordnungswege treffen.

Wer vorsätzlich auf den Börsenpreis von Getreide und Mühlenfabrikaten durch Abschluß eines Scheingeschäftes oder durch Täuschung über einen für die Preisbildung wesentlichen Umstand einwirkt, ist mit strengem Arrest bis zu einem Jahre und Geld bis zu 20 000 Kronen zu bestrafen. Arrest bis zu drei Monaten und Geldstrafe bis zu 5000 Kronen kann über den verhängt werden:

1. der für eine Mitteilung in der Presse, durch welche auf den Börsenpreis von Getreide und Mühlenfabrikaten eingewirkt werden soll, einen Vorteil gewährt, verspricht, sich gewähren oder versprechen läßt, der in einem auffälligen Mißverhältnis zur Leistung steht;

2. der sich für die Unterlassung einer wahren Mitteilung über einen für die Bildung des Börsenpreises von Getreide und Mühlenfabrikaten wesentlichen Umstand einen Vorteil gewähren oder versprechen läßt;

3. wer vorsätzlich Kurse in unerlaubter Weise notiert oder veröffentlicht.

Zweiter Hauptteil.

Das Jagdrecht.

Literatur: „Über Jagd und Landwirtschaft und deren Verbindung" von einem Österreicher 1857; Dimitz, Die Jagd in Österreich, 1886; Eisenmenger u. Horst, Die Wildschadenermittlung; Schiff, Österreichs Agrarpolitik seit der Grundentlastung, 1898; Kirchlechner, Die Jagd-, Fischerei- und Vogelschutzgesetze für Tirol, 1900; Král, Das Jagdwesen in Österreich vom rechtswissenschaftlichen und ökonomischen Gesichtspunkte (Grünhuts Zeitschrift 1901); Schiff, Überblick über die Gesetzgebung der österreichischen Kronländer u. s. w. (Zeitschrift für Volkswirtschaft, Sozialpolitik und Verwaltung, 1902).

Erstes Kapitel.

Einleitung.

§ 47. Ziele und Mittel der Gesetzgebung.

Die Jagd als Produktionszweig umfaßt einerseits die Hege, andererseits das Fangen und Erlegen des Wildes (Jagd im engeren Sinne) und bezweckt die Gewinnung von Wildbret, Fellen, Geweihen u. dgl. Eine Reihe von legislatorisch wichtigen Besonderheiten kommen diesem Produktionszweige zu: das Objekt der Jagd ist frei beweglich, in niemandes Besitz; die jagdliche Produktion kann in der Regel nur auf Kosten der land- und forstwirtschaftlichen erfolgen; die Jagd im engeren Sinne wird zumeist nicht als produktive Arbeit, sondern als Vergnügen betrachtet; und sie wird mit gefährlichen Werkzeugen (Schußwaffen) betrieben. Diese Momente haben seit jeher Spezialnormen notwendig gemacht und die Gesetzgebung in sehr verschiedener Weise beeinflußt, so daß den zahlreichen jagdgesetzlichen Normen je nach Entstehungszeit und Kronlande ganz verschiedenartige Motive zu Grunde liegen.

1. Legislatorische Gesichtspunkte.

a) Die Freiheit und Beweglichkeit des Wildes läßt eine rationelle Jagdausübung nicht auf beliebig kleiner Fläche zu und ruft zwischen mehreren benachbarten, insbesondere kleineren Jagdgebieten Interessenkonflikte und das Streben wach, den Wildstand auf Kosten der Nachbarn auszunützen. Gesetzgebungen, welche die Jagdproduktion oder den Jagdsport befördern wollen, statuieren deshalb ein Minimum an Grundfläche als Voraussetzung für den selbständigen Jagdbetrieb und schreiben für die kleineren Grundstücke die gemeinsame Jagdausübung vor; zugleich pflegen sie die intensive und wahllose Wildverfolgung durch das Verbot der Jagd während der Schonzeiten oder mit auf Massenfang berechneten Mitteln zu bekämpfen.

Weiter kann das Wild infolge seiner freien Beweglichkeit auf einem anderen Grundstücke okkupiert werden, als dort, wo es produziert worden ist, oder anderswo Schaden stiften, als dort, wo es sich gewöhnlich aufhält; daher sind alle Grundbesitzer und alle Jäger des ganzen Gebietes an dem Wildstande desselben interessiert.

b) Infolge des Vergnügens, welches die Jagdausübung bietet, wird diese nur zum Teile nach ökonomischen Grundsätzen betrieben; vielfach wird in der Jagd nur eine Unterhaltung, eine körperliche Erholung, ein Sport gesehen. Infolgedessen bedarf die Wildproduktion, wo sie mit der Landwirtschaft kollidiert, weit weniger als die letztere der gesetzlichen Förderung, und es sind sogar rechtliche Schranken für die Wildhege erforderlich, soll nicht die Gefahr bestehen, daß Wild auf Kosten wertvollerer Bodenprodukte auch dort vermehrt wird, wo dies wirtschaftlich irrationell ist. Andererseits pflegt nicht selten gerade die Jagdleidenschaft zu Raubbau mit der Jagd zu verleiten, wodurch das Wild auch dort ausgerottet werden kann, wo dessen Erhaltung und Vermehrung ökonomisch vorteilhaft wäre.

Für die ländliche, von den Kulturzentren entfernte Bevölkerung ist die Jagd vielfach die einzige leicht zugängliche, gesunde und naturgemäße Unterhaltung; für die oberen Gesellschaftsklassen, insbesondere für den Adel und das reiche Bürgertum ist sie als der ritterlichste Sport sehr begehrt. Bei der wirtschaftlichen Übermacht der obersten städtischen Bevölkerungsschichten besteht die Tendenz, die Jagd in deren Händen zu konzentrieren, was teils durch Vergrößerung und Vermehrung der Eigenjagdgebiete, (s. unten S. 128) teils durch Pachtung von Gemeindejagden erreicht wird. Das Verhalten der Gesetzgebung zu dieser Tendenz ist vor allem danach bestimmt, welche soziale Klasse in der betreffenden Landesgesetzgebung dominiert. Aber auch allgemeine Erwägungen spielen dabei mit: entweder der Wunsch, der ländlichen Bevölkerung dieses Vergnügen zu erhalten, oder die Besorgnis, daß die Landbewohner durch die Jagd von ihrer eigentlichen Tätigkeit abgezogen werden könnten.

c) Die Jagd ist jedoch nicht isoliert, sondern nur in ihrer Beziehung zur Land- und Forstwirtschaft zu betrachten, denn die meisten Wildarten nähren sich überwiegend von Kulturpflanzen, also auf Kosten der Landwirtschaft.

Wäre die Jagd stets mit der Landwirtschaft in einer Hand vereint, und ließen sich die Jagdberechtigten lediglich von ökonomischen Interessen leiten, so könnte es bis zu einem gewissen Grade dem Einzelnen überlassen bleiben, welchen dieser beiden Produktionszweige er als den einträglicheren bevorzugen will. Sobald jedoch verschiedene Personen auf dem nämlichen Boden die Jagd und die Landwirtschaft betreiben, wird der latente Gegensatz offenkundig; die Gesetzgebung muß nun, die beiden Produktionszweige gegen einander abwägend, denjenigen begünstigen, der die höheren Werte schafft. Ob dies die Jagd oder die Landwirtschaft ist, ist zwar nicht ganz unbestritten, auch spielen dabei die konkreten Umstände eine große Rolle; in der Regel ist jedoch der Wert der Jagdprodukte geringer als der Verlust an Bodenerzeugnissen. Je nach dem Standpunkt, den die Gesetzgebung in dieser Frage einnimmt, strebt sie bald die Verringerung des Wildstandes durch Erschwerung der Hege, bald die Wildvermehrung durch Beförderung der Hege an.

Zu dem volkswirtschaftlichen Konflikte zwischen Landwirtschaft und Jagd tritt noch der privatwirtschaftliche zwischen Landwirt und Jagdberechtigtem, da die Vermehrung des Wildes vielfach das Einkommen der Landwirte vermindert.

d) Die Gefährlichkeit der Jagdwerkzeuge macht Beschränkungen in der Person des Jägers und in der Jagdausübung notwendig.

2. Die Mittel der Gesetzgebung.

Die angeführten legislatorischen Gesichtspunkte laufen zum Teil miteinander parallel, zum Teil durchkreuzen sie einander; sie haben in wechselnder Richtung und verschiedener Stärke das österreichische Recht beeinflußt.

Die Gesetzgebung verfügt über mehrfache Mittel, ihr Ziel zu erreichen.

Im Sinne einer Begünstigung der Jagd gegenüber der Landwirtschaft wirken insbesondere: möglichste Trennung der Jagd von der Landwirtschaft; Vergrößerung der Jagdgebiete; Verminderung der Zahl der Jagdberechtigten; Ausschluß der ländlichen, speziell der bäuerlichen Bevölkerung; Beförderung des Jagdsportes der wohlhabenden Gesellschaftsklassen, namentlich auch durch Einhebung von Jagdgebühren; möglichste Schwächung des Einflusses der kleinen Grundbesitzer auf die Jagd- und Wildverhältnisse ihres Gebietes. Letzteres geschieht insbesondere dadurch, daß die Jagdausübung nicht der Gesamtheit der Grundbesitzer als einer Genossenschaft, sondern der Gemeinde übertragen wird, daß diese die Jagd nicht in eigener Regie durch angestellte Jäger, sondern nur im Wege der Verpachtung ausüben darf, daß der Pachtvertrag nicht mit der geeignetsten, sondern nur mit der bei der Lizitation meistbietenden Person abgeschlossen wird. Weitere Mittel in der nämlichen Richtung sind: Verlängerung der Pachtdauer, Verbot der geteilten Verpachtung, Vereinigung mehrerer Jagdgebiete in derselben Hand, durch Vorrechte auf die Pachtung zu Gunsten der an die Gemeindejagd angrenzenden Jagdbenachbarten, Verschärfung der Schonvorschriften u. s. w. Naturgemäß müssen genau die entgegengesetzten Mittel angewendet werden, um die Landwirtschaft gegenüber der Jagd zu befördern.

Alle Maßregeln zu Gunsten der Jagd wirken im allgemeinen auch zu Gunsten des Jagdsportes der reichen Städter, und alle im Interesse der Landwirtschaft getroffenen Maßregeln schützen zugleich die bäuerliche Jagd. Ebenso bedeutet die Begünstigung der letzteren eine Stärkung der landwirtschaftlichen gegenüber den Jagdinteressen, während eine Erschwerung der Bauernjagd die Position der Landwirtschaft schwächt.

Die Gesetzgebung kann weiter durch die Normen über die Verpflichtung zum Wildschadenersatz entweder die Landwirte oder die Jagdberechtigten mehr berücksichtigen. Je zahlreicher die Voraussetzungen für den Ersatzanspruch sind, und je schwerer dessen Durchsetzung gemacht wird, um so mehr wird die Wildhaltung auf Kosten der Landwirte befördert.

§ 48. Die Entwicklung der österreichischen Jagdgesetzgebung.

In Österreich besteht nebeneinander eine bunte Menge der verschiedenartigsten Jagdnormen, die zum Teil noch aus dem 18., zum Teil aus der zweiten Hälfte des 19. Jahrhunderts stammen. Das ganze Rechtsgebiet befindet sich gegenwärtig noch stark im Fluß, ein Überblick über die Entwicklung der Gesetzgebung ist darum für deren Verständnis unentbehrlich.

Man kann sowohl nach der Form, als nach der Tendenz der Gesetzgebung je drei Perioden unterscheiden.

Bis zum Jahre 1852 wurden einheitlich Reichsgesetze erlassen; diese wurden in den folgenden vier Jahrzehnten in zahlreichen einzelnen Punkten modifiziert, blieben aber — wenn man von dem böhmischen Jagdgesetz absieht — prinziell in Geltung; seit 1892 sind in einer Reihe von Ländern kodifikatorische Jagdgesetze erlassen worden, welche alle älteren Bestimmungen derogieren.

In materieller Hinsicht strebt die Gesetzgebung bis zum Jahre 1849 den Schutz der Landwirtschaft gegenüber der Jagd an; seither wurde die rechtliche Stellung der letzteren gegenüber der der Landwirtschaft sukzessive immer mehr gestärkt und gleichzeitig der Verdrängung der ländlichen Bevölkerung von der Jagd Vorschub geleistet; erst neuerdings macht sich dem gegenüber in einigen Kronländern wieder eine Gegenströmung im Interesse der Land- und Forstwirtschaft bemerkbar.

1. Reichsgesetzliche Normen.

Vor dem Jahre 1848 war das Jagdrecht den Grundherrschaften auf dem eigenen Boden und auf dem der Untertanen vorbehalten. Die Jagd- und Wildschützenordnung Kaiser Josefs vom 28. Februar 1786 [1] wiederholt zwar die Ausschließung der Bürger und Bauern von der Jagd; dieses zum Teile noch heute gültige Gesetz wahrt aber in weitgehendem Maße die Interessen der Landwirtschaft: es sichert dem Grundbesitzer unbedingt vollen Ersatz für jeden Wildschaden, kennt keine obligatorischen Schonzeiten, untersagt

[1] Kropatschek, Sammlung der Gesetze Kaiser Josefs, XI. Band S. 488, mit den Hofdekreten vom 30. August 1788 Z. 1771 und vom 27. November 1788 Z. 3942.

jede Wildhege zum Schaden der Landeskultur, verpflichtet die Behörde, bei zu großem Anwachsen des Wildstandes den Abschuß anzuordnen u. s. w.

Das a.b.G.B. enthält nur einige wenige nicht widerspruchsfreie Gesetze über Wild und Jagd (s. unten S. 126), im übrigen aber verweist es auf die politischen Gesetze.

Der Durchbruch des Liberalismus um die Mitte des 19. Jahrhunderts räumte auch mit den grundherrlichen Jagdprivilegien auf[1]. Sämtliche Jagdrechte auf fremdem Boden wurden für aufgehoben erklärt. Eine Entschädigung war nur ausnahmsweise dann zu leisten, wenn sich das Jagdrecht auf einen entgeltlichen Vertrag gründete. Die Jagdausübung wurde jedem Besitzer von wenigstens 200 zusammenhängenden Joch, ferner in geschlossenen Tiergärten gestattet, auf allen übrigen Grundstücken dagegen der Gemeinde zugewiesen, während die Grundbesitzer nur einen Anspruch auf eine Quote des Reinertrages der Jagd erhielten. Die Gemeinde als Vertreterin der Grundbesitzer besaß zunächst weitgehenden Einfluß auf die Wild- und Jagdverhältnisse des Gebietes; denn sie konnte die Jagd entweder durch bestellte Jäger oder durch Verpachtung ausüben, die letztere freihändig oder durch Lizitation abschließen, und dabei die Dauer der Jagdpacht und die sonstigen Pachtbedingungen beliebig normieren. Die früheren, der Landwirtschaft günstigen Vorschriften über Schadenersatz und Jagdpolizei blieben dabei aufrecht.

Nur Dalmatien war von der Wirksamkeit dieses Gesetzes ausgeschlossen; hier gilt auch heute die freie Jagd, die nur durch spätere Polizeigesetze einigermaßen geregelt wird.

An das Jagdpatent von 1849 knüpft sich sehr bald eine für die Jagd günstige, für die Landwirtschaft ungünstige Rechtsentwicklung an, die bis gegen das Ende des 19. Jahrhunderts ungeschwächt andauerte.

Schon im Jahre 1849[2] wird ein neues Prinzip in die Gesetzgebung eingeführt: der Besitzer eines Eigenjagdgebietes erhält den Anspruch, unter bestimmten Voraussetzungen die Jagd auf einem angrenzenden kleineren Grundstücke pachtweise an sich zu lösen. Wenige Jahre später[3] wurde den Gemeinden jeder Einfluß auf die Jagd- und Wildverhältnisse ihrer Gebiete genommen: sie verloren das Recht der Jagdausübung durch bestellte Jäger und das der Verpachtung aus freier Hand; die Jagd muß seither auf dem Wege der Versteigerung an den Meistbietenden verpachtet werden; die Verpachtung selbst nimmt nicht mehr die Gemeinde, sondern die politische Behörde vor; die Selbstausübung durch die Gemeinde tritt nicht einmal dann ein, wenn die Verpachtung mißlingt. Für die Pacht wird eine Minimaldauer festgesetzt; eine bestehende Pacht kann nach „Einvernehmung" auch ohne Zustimmung der Gemeinde verlängert werden u. s. w.

2. Landesgesetzliche Normen.

Das böhmische Jagdgesetz vom Jahre 1866 führte zu Gunsten der Jagd Schonzeiten und das Verbot bestimmter Fang- und Tötungsmittel ein. Dagegen legt es die Entscheidung über die Jagd auf den kleinen Grundstücken ganz in die Hände der Grundbesitzer selbst. Soweit diese nicht eigenjagdberechtigt sind, bilden sie eine Jagdgenossenschaft, welche die Jagd auf beliebige Weise ausüben kann: in eigener Regie durch bestellte Jäger, im Wege der Verpachtung aus freier Hand oder mittelst Lizitation.

In den folgenden Jahrzehnten wurde die Rechtslage der Jagd gegenüber der Landwirtschaft ständig verbessert. Die Landesgesetzgebungen führten in der Form von Novellen zu den Reichsgesetzen Schonzeiten ein und verschärften sie allmählich; sie erhöhten die Minimaldauer der Jagdpachtverträge, vermehrten die Vorpachtrechte, machten die Jagdausübung von der Lösung einer Jagdkarte und von der Entrichtung eigener Gebühren abhängig, knüpften das Recht auf Wildschadenersatz an immer mehr und schwerere Bedingungen u. s. w.

---

[1] Patent vom 7. März 1849 Nr. 154 R.G.B., ursprünglich nur für 12 Kronländer gültig, durch Patent vom 23. Oktober 1853 Nr. 234 auf Galizien und die Bukowina, durch Verordnung des Ministeriums des Innern vom 17. August 1849 Nr. 458 R.G.B. auf Tirol und Vorarlberg ausgedehnt.

[2] Erlaß vom 31. Juli 1849 Nr. 342 R.G.B.

[3] Verordnung des Ministeriums des Innern vom 15. Dezember 1852 Nr. 257 R.G.B.

Dieselben Tendenzen verfolgten die seit dem Jahre 1892 in mehreren Kronländern und für die Stadt Wien erlassenen vollständigen Jagdgesetze, ja sie gingen darin zum Teile noch weiter.

Doch hat neuestens die Gegenströmung, welche eine stärkere Berücksichtigung der Landwirtschaft gegenüber der Jagd fordert, in einigen Landesgesetzgebungen Erfolge in der Richtung zu verzeichnen, daß das Verfahren zur Erlangung von Schadenersatz vereinfacht, die Schonzeit für die schädlichsten Wildgattungen eingeschränkt, hie und da sogar ganz aufgehoben wurde u. dergl. Das Jagdgesetz für Niederösterreich mit Ausschluß von Wien vom Jahre 1902 hat dieser Richtung auch dadurch Rechnung getragen, daß es das Prinzip der genossenschaftlichen Jagdausübung, wenn auch in äußerst verblaßter Form, adoptierte.

So lassen sich die 17 Kronländer hinsichtlich des Jagdrechtes in 4 Gruppen teilen:

in Dalmatien gilt freie Jagd mit gewissen polizeilichen Beschränkungen. Soweit dieses Land im folgenden nicht speziell angeführt ist, scheidet es bei der Darstellung gänzlich aus;

in Böhmen besteht das Jagdgesetz von 1866 fast unverändert heute noch Kraft[1];

in der Bukowina, in Istrien, Kärnten, Krain, Salzburg, Schlesien, Steiermark und Tirol gelten subsidiär die Jagd- und Wildschützenordnung vom Jahre 1786 und das Jagdpatent vom Jahre 1849 mit den dazu erlassenen Verordnungen[2]; für einzelne Seiten der Jagd, wie die Schonzeiten des Wildes, Jagdkarten, Ersatz von Wildschäden u. s. w. bestehen jedoch in diesen Ländern zum Teil verschiedenartige Spezialgesetze.

Die neueren Jagdgesetze für Galizien[3], Görz und Gradiska[4], Mähren[5], Niederösterreich ohne Wien[6], Wien[7], Oberösterreich[8], Triest[9] und Vorarlberg[10] haben alle älteren jagdrechtlichen Normen aufgehoben[11], stimmen aber nur zum Teile miteinander überein.

Die bunte Manigfaltigkeit der österreichischen Jagdgesetzgebung kann nur in großen Zügen wiedergegeben werden.

Zweites Kapitel.

Das geltende Recht.

§ 49. Das Jagdrecht im subjektiven Sinne.

1. Das Recht des Tierfanges überhaupt.

Im allgemeinen sind freilebende Tiere herrenlos und können, soweit nicht positive Rechtssätze entgegenstehen, von jedermann okkupiert und dadurch erworben werden[12]. Für zahlreiche Tierarten ist jedoch das Okkupations- und Aneignungsrecht auf bestimmte Personen beschränkt. Solche Tierarten sind zwar auch noch herrenlose, aber ansprüchige Sachen[13].

---

[1] Gesetze vom 1. Juni 1866 Nr. 49 und vom 21. Februar 1870 Nr. 15 L.G.B.

[2] Insbesondere Erlaß des Ministeriums des Innern vom 31. Juli 1849 Nr. 342 R.G.B., Verordnung des Ministeriums des Innern vom 15. Dezember 1852 Nr. 257 R.G.B.

[3] Gesetz vom 5. März 1897 Nr. 71 L.G.B.

[4] Gesetz vom 15. Februar 1896 Nr. 26 L.G.B.

[5] Gesetze vom 20. Dezember 1895 Nr. 66 ex 1896, vom 2. April 1899 Nr. 35, vom 2. November 1901 Nr. 1 und 3 ex 1902 L.G.B.

[6] Gesetz vom 22. November 1901 Nr. 42 ex 1902 L.G.B.

[7] Gesetz vom 8. Dezember 1902 Nr. 22 ex 1903 L.G.B.

[8] Gesetze vom 13. Juli 1895 Nr. 8 ex 1896, vom 16. Juli 1895 Nr. 9 ex 1896 und vom 8. Februar 1902 Nr. 14 L.G.B.

[9] Gesetz vom 6. August 1895 Nr. 21 L.G.B.

[10] Gesetz vom 26. Juli 1892 Nr. 1 ex 1895 L.G.B.

[11] Ausnahme in Galizien für das Gesetz vom 19. Juli 1869 Nr. 26 L.G.B.

[12] Anderer Ansicht Pfaff-Krainz S. 569.

[13] Mit dieser Auffassung scheint § 295 a.b.G.B. in Widerspruch zu stehen: „Selbst die Fische in einem Teich und das Wild in einem Wald werden erst dann ein bewegliches Gut, wenn der Teich gefischt und das Wild erlegt worden ist.“ Siehe aber darüber Unger, Allgem. Privatrecht, 1. Bd., Anders und Kral a. a. O. Entscheidend sind §§ 382, 383 a.b.B.G.: „Freistehende Sachen können von allen Mitgliedern des Staates durch Zueignung erworben werden, insofern diese Befugnis nicht durch politische Gesetze eingeschränkt ist oder einigen Mitgliedern das Vorrecht der Zueignung zusteht. Dies Gesetz gilt insbesondere von dem Tierfang. Wem das Recht zu jagen oder zu fischen gebührt ... ist in den politischen Gesetzen festgesetzt.“

Hinsichtlich des Rechtes, Tiere zu okkupieren und sich anzueignen, gelten in Österreich sehr verschiedenartige Normen.

1. **Tiere, deren Fang, Erlegung und Aneignung jedermann freisteht.** So in allen Länden sämtliche kleinere Tiere, wie Insekten, kleine Nagetiere, Reptilien, Amphibien, die meisten Vogelarten [1] u. s. w. Nach den neueren Jagdgesetzen [2] zählen hierher auch die großen Raubtiere, nämlich Bären, Wölfe, Luchse, Wildkatzen, Wildschweine, sofern sie außerhalb von Tiergärten angetroffen werden. In Dalmatien besteht freies Aneignungsrecht für *sämtliche* freilebende Tiere, also auch für das Wild. Ein Vorrecht des Grundeigentümers liegt nur insofern vor, als dieser das Betreten seines Bodens untersagen kann; das Mißachten eines solchen Verbotes kann aber zwar eine Besitzstörung, ein Feldfrevel sein oder zu Schadenersatz verpflichten; das hierbei okkupierte Tier wird jedoch Eigentum des Okkupierenden.

2. **Tiere, deren Erlegung zwar jedermann, deren Aneignung aber nur bestimmten Personen zusteht.** Wo das Jagdpatent des Jahres 1849 (s. oben S. 124) gilt, darf zwar jedermann die sub 1 erwähnten Raubtiere und die Füchse fangen und erlegen, aber nur der sonst Jagdberechtigte kann Eigentum daran erwerben [3].

3. **Tiere, deren Erlegung und Aneignung ausschließlich dem Jagdberechtigten zusteht (jagdbare Tiere, Wild im engeren Sinne).** Hierher gehören im allgemeinen, von den Ausnahmen sub 1, 2 und 5 abgesehen, jene Tiere, bei welchen die Jagd nach waidmännischen Gesichtspunkten üblich ist, wie insbesondere die wildlebenden Huf- und Nagetiere und ein Teil der Vögel. Welche Tierarten als jagdbar anzusehen sind, ist in den neueren Jagdgesetzen genau, aber nicht ganz übereinstimmend normiert.

Ziemlich ausnahmslos werden hier als jagdbar bezeichnet: Edel- und Damwild, Rehe, Gemsen, Hasen, die verschiedenen wilden Hühnerarten, Wachtel, Schnepfe, Wildgans, Ente u. s. w.; in einigen, aber nicht allen Ländern auch Dachs, Biber, Fasan, Murmeltier, Eichhörnchen, wildes Kaninchen u. dergl. In Görz und Gradiska, Mähren, Niederösterreich und Vorarlberg kann die Statthalterei noch andere als die im Gesetz aufgezählten Tiere für jagdbar erklären. In Mähren und Niederösterreich steht diesen Tieren hinsichtlich des Erlegens und Aneignens (nicht auch hinsichtlich der Ausübung der Jagd) eine zweite Gruppe, die der schädlichen Tiere, gleich, nämlich die kleinen Raubtiere (Fuchs, Marder, Iltis) und einzelne schädliche Vogelarten.

In Böhmen und in dem Geltungsgebiete des Jagdpatentes von 1849 ist hingegen gesetzlich nicht normiert, welche Tierarten als jagdbar anzusehen sind; dies ist in jedem einzelnen Falle quaestio facti [4]. In Böhmen zählen hierher auch die Raubtiere.

4. Hinsichtlich der **Fische, Muscheln und Krustentiere** [5] besteht ein dem Jagdrecht analoges ausschließliches Fang- und Aneignungsrecht für den Fischereiberechtigten (s. unten dritten Hauptteil.)

5. **Tiere, deren Erlegung, Fang, zum Teile auch Aneignung nebst dem Jagdberechtigten noch bestimmten anderen Personen zusteht.**

a) Wild lebende Tiere, welche den Fischstand erheblich schädigen, können vom Fischereiberechtigten und von dessen Organen im Fischwasser und in der nächsten Umgebung desselben gefangen und getötet werden. Das Eigentum daran fällt in der Regel dem Jagdberechtigten, nur hinsichtlich der Fischotter in Krain, Oberösterreich, Salzburg und Vorarlberg dem Fischereiberechtigten zu.

b) Eine Reihe schädlicher Tiere (kleine Raubtiere, wie Füchse, Marder, Iltis, Raubvögel, Hamster, Eichhörnchen, Kaninchen u. s. w.) dürfen außer vom Jagdberechtigten in Oberösterreich auch vom Hausbesitzer in unmittelbarer Nähe seines Hauses und in seinem

---

[1] Die polizeilichen Beschränkungen des Vogelfanges s. oben S. 87.

[2] Als solche werden im folgenden stets die auf S. 125 Anm. 3—10 genannten bezeichnet.

[3] In Böhmen ist auch das Erlegen dieser Tiere dem Jagdberechtigten vorbehalten.

[4] Als entscheidende Momente bezeichnet der V.G.H. das „jagdliche Gewohnheitsrecht", ferner die Häufigkeit des Vorkommens der Tiergattung, die lokalen Anschauungen über Nützlichkeit und Schädlichkeit u. s. w.

[5] zum Teil auch bezüglich der Frösche.

Hausgarten, in Galizien, Görz und Gradiska, Niederösterreich mit Wien, Triest und Vorarlberg auf Privatbesitz vom Grundeigentümer, auf öffentlichem Gute von jedermann, in den vier letztgenannten Ländern überdies mit Zustimmung des Grundbesitzers auch von dritten Personen gefangen, erlegt und in Besitz genommen werden. Auch kann in Oberösterreich, Triest und Vorarlberg die politische Behörde auch ohne Zustimmung des Jagdberechtigten im Interesse der öffentlichen Sicherheit oder der Landeskultur auch anderen Personen die Jagd auf die in Rede stehenden Tiere bewilligen.

6. Häusliche Bienenschwärme, die der Grundbesitzer durch 2 Tage nicht verfolgt und zahm gemachte Tiere, die durch 42 Tage von selbst ausgeblieben, können vom Grundeigentümer, auf Gemeindegrund von jedermann okkupiert werden [1].

7. Hinsichtlich gewisser schädlicher Tierarten besteht eine Verpflichtung zur Vertilgung.

So in Galizien hinsichtlich der Raubtiere und des sonstigen schädlichen Wildes für Forstverwalter, Forsthüter, Jagdberechtigte und Jäger; in Oberösterreich hinsichtlich der kleinen Raubtiere und der diesen gleichgestellten Tiere (s. oben sub 5) für den Jagdberechtigten [2].

8. In einigen Ländern sind für die Erlegung von Raubwild Prämien aus dem Landesfonds ausgeschrieben; so z. B. in der Bukowina [3] für Bären und Wölfe, in Krain für Bären, Wölfe, Luchse [4].

Im folgenden ist im wesentlichen nur von den jagdbaren Tieren (s. oben sub 3) die Rede.

2. Begriff des Jagdrechtes.

Das Jagdrecht im subjektiven Sinne ist das ausschließliche Recht, auf einem bestimmten Gebiete Tiere bestimmter Art (jagdbare Tiere) zu jagen, d. h. zu hegen, zu fangen und zu erlegen, und an ihnen durch Besitzergreifung Eigentum zu erlangen [5].

Über die juristische Natur dieses Rechtes besteht Streit. Nach der älteren Ansicht ist die ausschließliche Jagd eine im Grundeigentum liegende Befugnis, ein Ausfluß des Eigentumes. Diese Ansicht ist gegenwärtig zumeist aufgegeben: ein strikter Gegenbeweis liegt darin, daß dort, wo keine besonderen jagdrechtlichen Normen erlassen sind, kein ausschließliches Okkupationsrecht des Eigentümers besteht, sondern jedermann das Tier jagen und sich aneignen kann (s. oben sub 1).

Nach der heute herrschenden Meinung ist das Jagdrecht ein selbständiges Privatrecht, das zwar vielfach, aber nicht immer an das Grundeigentum geknüpft ist. Dieses selbständige Recht wird bald als ein absolutes, den dinglichen Rechten ähnliches Recht bezeichnet (Anders), bald als ein monopolartiges, obligatorisches Verhältnis (Pfaff-Krainz). Jedenfalls ist daran Besitz und Besitzschutz möglich [6].

Das Okkupationsrecht ist räumlich streng begrenzt, die Wildfolge (Verfolgen eines verwundeten Tieres auf ein fremdes Gebiet) ist daher verboten.

§ 50. **Subjekt des Jagdrechtes.**

Die meisten Gesetze bezeichnen zwar den Grundeigentümer schlechthin als Jagdberechtigten. Doch ist die Ausübung dieses Jagdrechtes der Mehrzahl der Grundbesitzer entzogen und der politischen Gemeinde — in Böhmen und Niederösterreich einer Jagd-

---

1 a.b.G.B. § 384.

2 Über die Verpflichtung zur Vertilgung von Insekten und Feldmäusen s. oben S. 85 f.

3 Gesetz vom 1. Oktober 1870 Nr. 32 L.G.B.

4 Kundmachungen des Landesausschusses vom 12. Dezember 1869 Nr. 2 ex 1870, vom 14. November 1883 Nr. 8 L.G.B., vom 14. Februar 1887 Nr. 10 L.G.B.

5 Kontrovers ist die Frage nach dem Eigentum an dem vom Wilddiebe erlegten Wilde. S. darüber Pfaff-Krainz S. 569, Anders, Král a. a. O.

6 E. des O.G.H. vom 28. März 1889 Nr. 15298 (S. Nr. 12646) und vom 30. Juli 1889 Nr. 8785 (S. Nr. 12850).

genossenschaft — übertragen, während dem einzelnen Grundbesitzer nur ein Anspruch auf die Quote des Reinertrages der Jagd verbleibt.

Die Jagd kann auch Gegenstand einer persönlichen Dienstbarkeit (Gebrauch oder Fruchtgenuß) oder einer Feldservitut sein[1]. Sehr häufig hat bei der Ablösung der Grundlasten (s. oben § 21) der frühere Besitzer eines belasteten Bodens sich das Jagdrecht auf dem abgetretenen Boden als Dienstbarkeit vorbehalten.

1. Das Jagdrecht des Grundbesitzers (Eigenjagd).

Zur Jagd auf eigenem Boden berechtigt der Besitz

a) eines zusammenhängenden Grundkomplexes von wenigstens 115 ha. Dieser braucht nicht in einer politischen Gemeinde zu liegen. Der Zusammenhang wird durch öffentliche Wege und Gewässer nicht aufgehoben[2];

b) eines Tiergartens, d. h. einer der Hegung gewidmeten und gegen den Wechsel des Wildes abgeschlossenen Grundfläche.

In Böhmen statt b: der Besitz eines vollständigen und bleibend eingefriedeten Grundstückes; in Görz und Gradiska und Vorarlberg außer a und b auch noch der Besitz eines so geschlossenen oder dauernd umfriedeten Grundstückes, daß das Haarwild unter gewöhnlichen Verhältnissen weder ein- noch auswechseln kann. In diesen beiden Ländern kann die politische Behörde die Eigenjagd auch den Besitzern von eingefriedeten Gärten und Parkanlagen bei Wohnhäusern zugestehen.

Außerdem sind in der Regel auf den zum Gemeindevermögen gehörenden Grundstücken auch von weniger als 115 ha die Gemeinden selbst jagdberechtigt.

Im allgemeinen steht es dem Eigenjagdberechtigten frei, die Jagd auszuüben oder ruhen zu lassen, sie persönlich, durch Sachverständige oder im Wege der Verpachtung auszuüben. Nur für Gemeinden, die als Grundbesitzer Jagdberechtigte sind, ist in der Regel die letztgenannte Form vorgeschrieben[3].

Wird ein Grundstück, auf dem die Jagd von der Gemeinde oder Genossenschaft ausgeübt wird, mit einem Eigenjagdgebiet vereinigt oder entsteht ein solches Gebiet neu, so bleibt in den meisten Ländern[4] bis zum Ablauf der Jagdpacht die Eigenjagd sistiert.

In den neueren Jagdgesetzen ist das Recht zur Eigenjagd weiter an die Bedingung geknüpft, daß die Eigenjagd bei der politischen Behörde innerhalb einer bestimmten Frist angemeldet wird; anderenfalls gehört auch das Eigenjagdgebiet für die nächste Pachtperiode zur Gemeindejagd.

Grundstücke, für welche die Voraussetzungen der Eigenjagd (Zusammenhang und wenigstens 115 ha Fläche) zu bestehen aufhören, werden sofort Teile der Gemeindejagd.

Abweichungen: In Böhmen, Kärnten und Salzburg tritt die Befugnis, die Eigenjagd auf einem neu entstandenen Jagdgebiete auszuüben, sofort oder doch am Ende des laufenden Pachtjahres ein[5], in Galizien mit dem auf die Anmeldung folgenden Jagdjahre.

Neu entstehende Tiergärten scheiden in Galizien, Görz und Gradiska und Vorarlberg sofort aus dem Gemeindegebiete aus.

In Böhmen und dem Geltungsgebiete des Jagdpatentes besteht keine Anmeldungspflicht für neu entstehende Eigenjagden.

In Galizien können über Wunsch des Besitzers Eigenjagdgebiete mit der Gemeindejagd vereinigt werden.

---

[1] § 477 a.b.G.B. „die vorzüglichen Feldservituten sind . . . 5. zu jagen, zu fischen, Vögel zu fangen."

[2] In Nieder- und Oberösterreich kann auch die Fläche eingerechnet werden, auf welcher eine Jagdservitut oder ein Jagdvorbehalt besteht.

[3] In Niederösterreich, einschließlich Wien, kann die Gemeinde die Jagd auf dem Gemeindebesitz statt durch Verpachtung durch eigene Organe ausüben.

[4] S. die auf S. 125 zitierten neueren Jagdgesetze. Ferner die Landesgesetze vom 27. September 1887 für: die Bukowina Nr. 27, Istrien Nr. 30, Krain Nr. 27, Schlesien Nr. 48 L.G.B.; ferner das Gesetz für Steiermark vom 10. März 1888 Nr. 22 L.G.B.

[5] So die nicht ganz konsequente Praxis des V.G.H. S. u. a. E. vom 20. Oktober 1882 Z. 2025 (S. Nr. 1532), vom 16. April 1885 Z. 1062 (S. Nr. 2501), vom 19. November 1896 Z. 6188 (S. Nr. 10109).

2. Gemeindejagd.

Auf allen nicht unter 1 fallenden Grundstücken der Gemeindeflur[1] steht — mit Ausnahme von Böhmen und von Niederösterreich ohne Wien (s. unten sub 3) — die Jagd der Gemeinde zu; nach den neueren Jagdgesetzen gilt dies auch für Grundstücke über 115 ha, falls die Eigenjagd nicht oder nicht rechtzeitig reklamiert wurde. Die Gemeindejagd erstreckt sich in der Regel[2] auch auf Gärten und andere eingefriedete Grundstücke; dem Jagdpächter oder dessen Organen muß der Zutritt gestattet werden.

In einigen Ländern ruht die Jagd in Gärten, die so umschlossen sind, daß dritte Personen nur durch Türen Zutritt haben, und darf nicht ausgeübt werden, und zwar in Mähren unbedingt, in Istrien, Galizien, Görz und Gradiska, Wien und Niederösterreich über Verbot oder bei fehlender Zustimmung des Besitzers; in Mähren weiter auf vollständig und bleibend eingefriedeten Grundstücken, in welche Haarwild nicht einwechseln kann, und auf Friedhöfen.

Die Verwaltung der Gemeindejagd obliegt dem Gemeindeausschuß und dem Gemeindevorstande.

3. Genossenschaftsjagd.

In Böhmen und in Niederösterreich ohne Wien steht die Jagd auf Grundstücken von weniger als 115 ha — in Niederösterreich überdies auf größeren Grundstücken, falls die Eigenjagd nicht rechtzeitig reklamiert wurde — der als Genossenschaft organisierten Gesamtheit der Grundbesitzer zu.

In Böhmen umfaßt die Jagdgenossenschaft die Gesamtheit der nicht eigenjagdberechtigten Grundbesitzer[3] einer Ortschaft (nicht einer Gemeinde!), vorausgesetzt, daß dieses genossenschaftliche Jagdgebiet[4] wenigstens 115 ha erreicht. Ist es kleiner, so wird es dem zumeist angrenzenden Eigen- oder Genossenschaftsjagdgebiete zugewiesen. Lehnt der angrenzende Jagdberechtigte die Übernahme der Jagd ab, so hat der Bezirksausschuß die notwendigen Verfügungen zu treffen. Gleiches gilt von Teilen eines genossenschaftlichen Jagdgebietes, die 115 ha nicht erreichen und ganz oder zu zwei Drittel von einem anderen Jagdgebiete umschlossen sind.

In Niederösterreich ohne Wien bilden die Grundstücke einer Ortsgemeinde, soweit keine Eigenjagd besteht, das genossenschaftliche Jagdgebiet. Die Verwaltung der Genossenschaftsjagd besorgt in beiden Ländern ein Jagdausschuß. In Böhmen besteht er aus 3—5 Mitgliedern, wird für 3 Jahre gewählt und bestellt aus seiner Mitte einen Obmann. Die Wahl leitet der Gemeindevorsteher. Die Stimmen werden derart berechnet, daß in Böhmen auf jede angefangene 4 ha, in Niederösterreich auf jede angefangene 40 Kronen Grundsteuer eine Stimme entfällt; doch darf niemand mehr als die Hälfte sämtlicher Stimmen vereinigen. In Niederösterreich fungiert der Gemeindevorsteher oder dessen Stellvertreter als Obmann, die übrigen 6 Mitglieder werden gewählt. In Böhmen bestimmt der Jagdausschuß die Art der Jagdausübung. In Niederösterreich kann der Obmann Verfügungen im Namen des Jagdausschusses treffen, wenn eine Sitzung des letzteren beschlußunfähig ist, oder wenn es sich um eine dringende Angelegenheit handelt.

---

[1] in Galizien mit Einschluß der Grundstücke auf dem Gutsgebiete, das mit der Gemeinde eine Ortschaft bildet; in Görz und Gradiska Gemarkung der Steuergemeinde.

[2] Ausnahmen siehe oben sub 1.

[3] Nach einer konstanten, aber anfechtbaren Praxis des V.G.H. (z. B. E. vom 26. Oktober 1882 Z. 2063, S. Nr. 1539, vom 22. September 1880 Z. 1515, S. Nr. 863, vom 21. Januar 1899 Z. 502, S. Nr. 12421 u. s. w.), sind darunter nur die in der Ortschaft behausten Besitzer der daselbst gelegenen Realitäten zu verstehen, so daß Grundstücke, welche zwar im Bereiche einer Ortschaft liegen, aber nicht einem darin einheimischen Besitzer, sondern einer anderen Person gehören, nicht der Genossenschaftsjagd der Ortschaft, in welcher sie situiert sind, zuzurechnen sind (s. auch unten S. 131 Anm. 1.

[4] ohne Einrechnung der öffentlichen Wege und Plätze (E. des V.G.H. v. 22. September 1880 Z. 1515, S. Nr. 63).

§ 51. Die Ausübung der Gemeinde- und der Genossenschaftsjagd.

1. Die Form der Ausübung.

a) Die Gemeindejagd muß in der Regel im Wege der Versteigerung an den Meistbietenden verpachtet werden [1]. Kommt eine Verpachtung nicht zu stande so haben in den meisten Kronländern die politischen Behörden die entsprechende anderweitige Verfügung, jedoch mit Ausschluß der eigenen Ausübung durch die Gemeinde, zu treffen.

In Galizien soll erst ein zweiter Versuch mit um 25 % niedrigerem Rufpreis gemacht werden. In Oberösterreich haben bei Unmöglichkeit der Verpachtung die politischen Behörden mit Zustimmung, in Görz und Gradiska, Mähren und Vorarlberg nach Anhörung der Gemeindevertretung Sachverständige zu bestellen, welche auf Rechnung der Gemeinde die Jagd ausüben; deckt dabei der Jagdertrag die Kosten nicht, so haben die Grundbesitzer den Abgang verhältnismäßig aufzubringen. In Triest kann der Stadtmagistrat entweder eine niedrigere Versteigerung versuchen oder die Jagd durch Sachverständige verwalten lassen. In Wien hat der Stadtrat die Jagd einstweilen durch eigene Organe zu besorgen.

In Oberösterreich darf ausnahmsweise die Verpachtung ohne öffentliche Versteigerung durch freie Übernahme erfolgen, wenn dies im Interesse der Land- und Forstwirtschaft oder der Jagd wünschenswert, von der Gemeindevertretung beschlossen ist und Statthalterei und Landesausschuß einverstanden sind. In Steiermark kann die Gemeinde, falls eine Verpachtung im Wege der Versteigerung nicht möglich ist, die Jagd durch Sachverständige in eigener Regie ausüben [2].

b) Die Jagdgenossenschaft hat in Böhmen die Wahl, die Jagd unter Berücksichtigung der obwaltenden Verhältnisse entweder ungeteilt zu verpachten oder durch bestellte und beeidete Sachverständige zu ihren Gunsten ausüben zu lassen [3]. Die Verpachtung kann auch aus freier Hand stattfinden. Die Ausübung durch Sachverständige in eigener Regie muß mit $^3/_4$ aller Stimmen von der Jagdgenossenschaft beschlossen werden.

In Niederösterreich ohne Wien kann die Genossenschaftsjagd durch angestellte Jäger ausgeübt werden, wenn die Verpachtung nicht erzielt werden kann, oder wenn es aus erheblichen Gründen vom Jagdausschuß mit Dreiviertelmajorität beschlossen wurde. Verpachtung aus freier Hand ist zulässig, wenn der Jagdausschuß dies im Interesse der Landwirtschaft, Forstwirtschaft oder Jagd beschließt. In beiden Fällen ist hiervon der politischen Behörde Anzeige zu machen, welche die Gründe prüft, sie, wenn sie zutreffend sind, zur Kenntnis nimmt, andernfalls die Anzeige an die Statthalterei macht, welche hierüber nach Einvernehmung des Landesausschusses entscheidet.

2. Verlängerung der Jagdpacht.

Die politische Behörde kann in den meisten Kronländern die Jagdpacht über Ansuchen des Pächters mit Zustimmung der Gemeinde für die nächste Periode ohne Versteigerung verlängern (in Mähren, wenn über den Pachtpreis eine Einigung mit der Gemeindevertretung stattgefunden hat, in Galizien, wenn der Pächter um 10 %, in Vorarlberg, wenn er um 20 % mehr anbietet, als bisher); in Oberösterreich und Triest kann die Gemeindevertretung die Verlängerung vornehmen, wenn der Pächter pro Hektar den nämlichen Pachtschilling anbietet wie bisher. Die Dauer einer solchen Verlängerung ist in einigen Ländern limitiert.

3. Vorpachtrechte.

a) Wenn das Gemeinde-(Genossenschafts-)Jagdgebiet weniger als 115 ha umfaßt, hat in Böhmen, Galizien, Görz und Gradiska, Mähren, Oberösterreich und Vorarlberg der

---

[1] In Görz und Gradiska können Städte mit eigenem Statut die in der nächsten Umgebung der Stadt gelegenen Teile mit Zustimmung der Statthalterei von der Verpachtung ausschließen.

[2] Gesetz vom 13. Dezember 1898 Nr. 4 L.G.B. ex 1899.

[3] Nach zahlreichen Entscheidungen des V.G.H. darf der Jagdausschuß dabei nicht willkürlich vorgehen, sondern muß jene Art der Ausübung wählen, von welcher die beste Verwertung zu erwarten ist.

Besitzer einer angrenzenden Eigenjagd von wenigstens 115 ha das Recht, die Gemeindejagd ohne Versteigerung zu pachten. Unter mehreren Vorpachtberechtigten entscheidet die Länge des Angrenzens. Der Pachtpreis richtet sich in der Regel nach dem Pachtschilling der nächstgelegenen Gemeinde mit ähnlichen Verhältnissen. Wird das Vorpachtrecht nicht ausgeübt, erfolgt Versteigerung der Pacht.

In Böhmen steht dieses Vorpachtrecht auch der angrenzenden Jagdgenossenschaft zu. In Niederösterreich hat unter den gleichen Voraussetzungen die politische Behörde das genossenschaftliche Jagdgebiet mit einem benachbarten zu vereinigen.

In Galizien hat derjenige Vorpachtberechtigte den Vorzug, der den höheren Pachtzins bietet. In Mähren wird bei Nichtausübung der Vorpacht die Jagd dem in der längsten Ausdehnung angrenzenden Gemeindejagdgebiete zugewiesen.

b) Wird ein 115 ha nicht erreichender Teil einer Gemeindejagd von einem Eigenjagdgebiete ganz umschlossen (Enklave), so hat in allen Ländern mit Ausnahme von Triest der Besitzer des letzteren ein Vorpachtrecht[1]. In Galizien, Görz und Gradiska, Mähren und Vorarlberg genügt schon Umschließung zu $^{2}/_{3}$ durch ein Eigenjagdgebiet, in Böhmen durch ein genossenschaftliches oder Eigenjagdgebiet[1].

Ferner besteht nach den neueren Jagdgesetzen ein Vorpachtrecht auch für solche Teile eines Gemeindejagdgebietes, die von einem Eigenjagdgebiete zwar nicht umschlossen, aber doch so abgetrennt sind, daß sie ohne Überschreitung der Gemeindegrenzen nur über das Eigenjagdgebiet zugänglich sind.

In Niederösterreich einschließlich Wien ist dieses Vorpachtrecht an die Voraussetzung geknüpft, „daß die umschließenden Teile der Eigenjagdgebiete eine für die zweckmäßige Ausübung der Jagd geeignete Gestaltung, insbesondere Breite haben," und daß dadurch der Rest nicht unter 115 sinkt. Durch diese Norm soll verhindert werden, daß Eigenjagdbesitzer angrenzende größere Gemeindejagden dadurch an sich bringen, daß sie durch Erwerbung von schmalen Bodenstreifen das Gemeindejagdgebiet sukzessive ganz enklavieren.

Wird die Vorpacht nicht ausgeübt, so tritt die lizitatorische Verpachtung durch die Gemeinde wieder ein; im Gebiete des Jagdpatentes verliert überdies der Eigenjagdberechtigte die Ausübung seines eigenen Jagdrechts an die Gemeinde.

Falls infolge der Vorpacht der Rest des Jagdgebietes unter 115 ha sinken würde, darf das Vorpachtrecht in Niederösterreich ohne Wien gar nicht, in Galizien, Görz und Gradiska, Oberösterreich und Mähren nur dann ausgeübt werden, wenn der Vorpächter auch den Rest pachtet. In Mähren wird der Rest dem in der längsten Ausdehnung angrenzenden Gemeindejagdgebiete zugewiesen.

4. Normen über die Jagdpacht.

Die Jagdpacht ist im allgemeinen nach dem 25. Hauptstück des a.b.G.B. zu beurteilen. Die Verpachtung der Gemeindejagd hat in der Regel ungeteilt durch die politische Behörde für die Gemeinde, die Verpachtung der Genossenschaftsjagd durch die Genossenschaft zu erfolgen. Nach den neueren Jagdgesetzen wird das Gemeinde- (Genossenschafts-) Jagdgebiet jeweils vor der Verpachtung durch ein eigenes Verfahren festgestellt; Eigenjagden von 115 ha, die dabei nicht angemeldet werden, gehören zur Gemeindejagd.

In Oberösterreich nehmen die Gemeinden selbst die Verpachtung vor, in Galizien die Magistrate der Städte mit eigenem Statut und 30 anderer Städte, in Wien die magistratischen Bezirksämter.

In Steiermark ist Verpachtung statt nach Ortsgemeinden nach Katastralgemeinden gestattet.

In Böhmen ist mit Bewilligung des Bezirksausschusses geteilte Verpachtung bei Komplexen von 1500 ha und mehr zugelassen; auch können die Jagdgebiete im Interesse der Jagd freiwillig geändert, insbesondere zusammengelegt werden.

[1] Nach einer seit dem Jahre 1883 festgehaltenen, aber anfechtbaren Praxis des V.G.H. (s. z. B. E. vom 17. Mai 1883 Z. 1121 S. Nr. 1768 und vom 23. November 1883 Z. 2678 S. Nr. 1922 u. s. w.) gilt dieser Satz für Böhmen nicht für Teile eines zusammenhängenden genossenschaftlichen Jagdgebietes, sondern nur für Grundstücke, welche keinem in der Ortschaft behausten Grundbesitzer gehören (s. auch oben S. 129).

Nach den neueren Jagdgesetzen dürfen ausnahmsweise Pachtgebiete ganz oder zum Teile arrondiert, mit anderen vereinigt oder zerlegt werden, wenn kein Teil unter 115 ha sinkt; kompetent ist zumeist die politische Behörde im Einverständnis mit der Gemeinde (Genossenschaft).

In Wien hat der Magistrat aus den nicht der Eigenjagd unterliegenden Grundstücken angemessene Gemeindejagdgebiete eventuell auch unter 115 ha zu bilden.

Die Dauer der Jagdpacht ist gesetzlich fixiert, in den meisten Ländern zwischen 5 und 10 Jahren.

Ausgeschlossen von der Pacht sind: die Gemeinden selbst, ferner im Gebiete des Jagdpatentes bedenkliche Personen, nach den neueren Jagdgesetzen Personen, die keine Jagdkarten erhalten können (s. unten S. 134), in Böhmen überdies Jagdgesellschaften. Doch können Gemeinden nach den neueren Jagdgesetzen Vorpachtrechte ausüben.

Afterverpachtung ist untersagt. Doch kann die gepachtete Jagd mit Zustimmung der politischen Behörde[1] für die restliche Periode auf einen Dritten übertragen werden.

Vorpachtungen sind Realrechte, die ipso jure auf den Erwerber des Eigenjagdgebietes übergehen. Sie endigen, wenn das Eigenjagdgebiet die Eigenschaft als angrenzendes, umschließendes, oder abtrennendes Grundstück verliert.

Für die Endigung des normalen Jagdpachtverhältnisses gelten zumeist die Normen des a.b.G.B.

In Galizien, Mähren, Niederösterreich, Oberösterreich und Wien geht die Jagdpacht beim Tode des Pächters auf die Erben nur dann über, wenn dagegen keine Bedenken obwalten und die Erben es verlangen oder nicht ablehnen; in Görz und Gradiska, Triest und Vorarlberg erlischt das Pachtrecht mit dem Tode des Pächters unbedingt.

Die Pacht kann nach den neueren Jagdgesetzen durch die politische Behörde aufgelöst werden: wenn der Pächter die vorgeschriebene Kaution nicht erlegt, wenn er die Jagd nicht genügend beaufsichtigt, die Jagdnormen wiederholt übertritt, oder die Fähigkeit verliert, eine Jagdkarte zu erlangen.

In Mähren überdies, wenn er wiederholt Jagdgäste einladet, die sich Übertretungen zu Schulden kommen lassen, in Niederösterreich einschließlich Wien, wenn er wiederholt Anordnungen über den Abschuß des Wildes nicht befolgt.

Der Pachtschilling fließt in die Gemeindekasse; doch können die Grundbesitzer die Verteilung desselben nach der in die Gemeindejagd einbezogenen Fläche beanspruchen.

In Oberösterreich kann die Gemeindevertretung, in Niederösterreich ohne Wien der Jagdausschuß die Verteilung entweder nach der Fläche oder nach der Grundsteuer beschließen; in den anderen Ländern und in Wien wird die Fläche zu Grunde gelegt.

In Galizien, Görz und Gradiska, Mähren, Niederösterreich mit Wien und Vorarlberg hat die Gemeinde kund zu machen, daß die Grundbesitzer binnen einer bestimmten Frist bei sonstigem Verfall zu Gunsten der Gemeindekasse ihren Anteil beheben können; in Oberösterreich kann der Pachtschilling zu Gemeindezwecken verwendet werden, wenn die Grundbesitzer dagegen keinen Einspruch erheben; in Triest müssen die Grundbesitzer, die den auf sie entfallenden Anteil in Anspruch nehmen wollen, ein Gesuch binnen 4 Wochen bei sonstigem Verfall beim Stadtmagistrate einbringen.

§ 52. Beschränkungen des Jagdbetriebes.

1. Im Interesse der Wildhege[2].

Um eine Verminderung des Wildstandes zu verhindern oder sogar eine Vermehrung desselben zu bewirken, sind in allen Kronländern Schonzeiten eingeführt, während welcher

---

[1] in Oberösterreich der Gemeindevertretung, in Niederösterreich des Jagdausschusses in der politischen Behörde.

[2] Die auf S. 125 zitierten allgemeinen Jagdgesetze. Ferner die Landesgesetze für die Bukowina vom 20. Dezember 1874 Nr. 4 ex 1875, 1. Juni 1886 Nr. 25 und 6. Februar 1891 Nr. 6 L.G.B.; für Dalmatien vom 14. Januar 1895 Nr. 18 ex 1898 L.G.B.; Galizien vom 19. Juli 1869 Nr. 26 L.G.B.; Istrien vom 18. November 1882 Nr. 28, 30. Juni 1886 Nr. 10 und 16. Juni 1888 Nr. 22 L.G.B.; Kärnten vom 27. Januar 1878 Nr. 4 und 20. April 1883 Nr. 12 L.G.B.; Krain vom

das Wild nicht gejagt, getötet oder gefangen werden darf. Für gewisse weibliche Wildgattungen ist hie und da der Abschuß während des ganzen Jahres untersagt.

Zumeist sind die Schonzeiten in den Gesetzen selbst festgelegt; in Dalmatien, Görz und Gradiska und Vorarlberg hat sie die Statthalterei im Verordnungswege zu bestimmen.

Die Schonzeiten sind in den einzelnen Ländern verschieden. Sie beziehen sich in der Regel nur auf die eigentlichen „jagdbaren" Tiere, nicht auch auf die schädlichen (s. oben S. 126).

Die geschlossenen Tiergärten sind in allen Ländern mit Ausnahme von der Bukowina, Dalmatien, Kärnten und Tirol von der Einhaltung der Schonzeiten ausdrücklich ausgenommen.

In einzelnen Ländern sind nicht für alle jagdbaren Tiere Schonzeiten eingeführt; so können in Oberösterreich die für die Landwirtschaft schädlichsten Tiere, die Hirsche, während des ganzen Jahres gejagt werden.

In Mähren, Niederösterreich mit Einschluß von Wien und in Vorarlberg hat die Statthalterei, in Görz und Gradiska und in Galizien die politische Bezirksbehörde das Recht, die allgemeinen Schonzeiten lokal und temporär für bestimmte Wildgattungen dadurch einzuschränken, daß sie einen späteren Beginn, oder eine frühere Beendigung derselben für das laufende Jahr anordnet. In Niederösterreich kann sie für eine bestimmte Wildgattung, besonders für Hirsche, die Schonzeit auf eine angemessene Dauer im Interesse der geschädigten Land- und Forstwirtschaft sogar ganz außer Wirksamkeit setzen. In Mähren und Galizien kann sie auch umgekehrt die Jagd auf bestimmte Wildgattungen für zwei Jahre gänzlich einstellen, wenn besondere Umstände dies als zweckmäßig erscheinen lassen.

Das Jagdverbot während der Schonzeit wird durch das Verbot ergänzt, während der Schonzeit Wildstücke lebend oder tot, in Stücken roh oder gekocht, zu verkaufen.

Dem gleichen Zwecke wie die Schonzeiten dient das Verbot, Fallen, Schlingen, Fangeisen und andere Vorrichtungen zum Selbstfangen von jagdbarem[1] Wild anzuwenden.

In den meisten Ländern kommt das Verbot hinzu, die Eier von Federwild zu vernichten, junges Wild aus den Nestern auszunehmen, Eier und junges Wild zu verkaufen.

Diese Norm fehlt in Görz und Gradiska, Niederösterreich mit Einschluß von Wien, Oberösterreich, Tirol, Triest und Vorarlberg. In Böhmen und Galizien gilt ein analoges Verbot nur für die Schonzeit. In Mähren und Schlesien ist auch das Anlocken des Wildes zur Winterszeit in Höfe und Hausgärten zum Fange untersagt. In Dalmatien sind auch Gifte und betäubende Mittel, in Galizien und Istrien giftige Köder untersagt.

2. Zum Schutze der Kulturen[2].

1. Zum Schutze der Kulturen gegen Wildschäden darf der Grundbesitzer das Wild von seinen Grundstücken auf was immer für eine Art abtreiben und verscheuchen; er wird auch nicht ersatzpflichtig, falls sich Wildstücke dabei verletzen. Auch ist er befugt, seine Gründe durch Einfriedungen gegen das Eindringen des Wildes und den daraus entspringenden Schaden zu bewahren.

2. In dem Gebiete des Jagdpatentes sind, wenn Wild zum Nachteile der allgemeinen Landkulturen übermäßig gehegt wird, die politischen Behörden **verpflichtet**, die Jagdinhaber „ohne Nachsicht zur verhältnismäßigen Verminderung desselben" zu verhalten. Die Verminderung kann in diesen Ländern, mit Ausnahme von Tirol, auch während der Schonzeit angeordnet werden. In Steiermark kann die politische Behörde, wenn der Jagdberechtigte einer solchen Anordnung nicht entsprechend nachkommt, die Ausführung auf dessen Kosten veranlassen.

---

22. August 1889 Nr. 20 L.G.B., Salzburg vom 20. Dezember 1874 Nr. 5 ex 1875, 23. Mai 1885 Nr. 14 L.G.B.; Schlesien vom 2. Juli 1877 Nr. 26 und 17. April 1888 Nr. 38 L.G.B.; Steiermark vom 13. Dezember 1898 Nr. 4 ex 1899 L.G.B.; ferner für Tirol Kundmachungen der Statthalterei vom 5. März 1872 Nr. 19 und vom 14. Oktober 1875 Nr. 63 L.G.B.

[1] in Krain von „Wild aller Art".

[2] Jagd- und Wildschützenordnung vom Jahre 1786, ferner die auf S. 125 zitierten allgemeinen Jagdgesetze und die auf S. 132 zitierten Gesetze über die Schonzeit des Wildes.

Nach den neueren Jagdgesetzen ist die politische Behörde zumeist nur berechtigt, nicht auch verpflichtet, wenn sich in einem Jagdgebiete die Verminderung einer Wildgattung im Interesse der durch dieselben geschädigten Land- oder Forstwirtschaft als notwendig herausstellt, den Abschuß einer bestimmten Anzahl Wildstücke selbst während der Schonzeit anzuordnen oder dies über Ersuchen des Jagdberechtigten zu gestatten.

Diese Normen gelten in der Regel nicht für geschlossene Tiergärten.

In Böhmen und Triest fehlt es gänzlich an einer Norm dieser Art. Dagegen besteht in Niederösterreich mit Wien und Oberösterreich eine Verpflichtung für die politische Behörde, unter bestimmten Voraussetzungen die Verminderung des Wildstandes selbst während der Schonzeit anzuordnen.

Wegen der besonderen Gefährlichkeit der Hasen für die Weinkulturen kann in Niederösterreich und Steiermark die Statthalterei deren gänzliche Ausrottung für bestimmte Weingegenden, sowie die dauernde Freihaltung des Jagdgebietes von Hasen anordnen.

In Niederösterreich für Genossenschaftsgebiete, in denen wenigstens 5 % des nicht bewaldeten Bodens der Weinkultur gewidmet sind, in Steiermark für Ortsgemeinden mit hervorragendem Weinbau. Voraussetzung ist in Niederösterreich ein Antrag des Landesausschusses oder Jagdausschusses, in Steiermark ein von der politischen Behörde bestätigter Beschluß der Gemeinde. Kommt der hierzu Verpflichtete der Anordnung nicht nach, kann die politische Behörde auf dessen Kosten andere Personen mit der Ausführung beauftragen oder auch Treibjagden anordnen.

Zur Verhütung von Jagdschäden ist es verboten, vor Beginn des Frühjahres bis zur Beendigung der Ernte ohne besondere Erlaubnis auf den Feldern und Weingärten zu jagen oder zu treiben oder Wild mit Hunden aufzusuchen. Ausgenommen sind Klee, Kartoffeln, Reihensaaten von Mais, Rüben, Kraut u. s. w.

3. Im Interesse der öffentlichen Sicherheit[1].

Bedenkliche Individuen sind von der Jagdausübung fernzuhalten; deshalb darf niemand, der nicht eine von der politischen Behörde ausgestellte Jagdkarte besitzt, die Jagd persönlich betreiben. Es sind das Legitimationspapiere, die der Jäger bei Ausübung der Jagd über Verlangen den Aufsichtsorganen vorzeigen muß. Diese Karten haben für ein oder drei Jahre Gültigkeit, sind unübertragbar und gewähren kein Jagdrecht, sondern sind nur eine Bescheinigung darüber, daß gegen die Person kein polizeilicher Ausschließungsgrund vorliegt. Die Ausstellung einer Jagdkarte ist zu verweigern: Geisteskranken, Trunkenbolden, in der Regel Minderjährigen, den in Tagelohn stehenden Arbeitern, Armen, ferner während einer bestimmten Zeit den wegen bestimmter Delikte Verurteilten.

Aus ähnlichen Gründen darf nach den meisten neueren Jagdgesetzen in der nächsten Umgebung von Ortschaften, von einzelnen Häusern und Scheunen Wild nicht mit Schußwaffen erlegt werden.

In Galizien ist außerdem verboten, daselbst Wild aufzusuchen und zu treiben.

Dagegen fehlen Bestimmungen dieser Art in Böhmen und Niederösterreich. In Wien kann der Magistrat aus Gründen der öffentlichen Sicherheit einzelne Arten der Jagd untersagen oder Beschränkungen in der Jagdausübung anordnen.

Wildschweine dürfen im Interesse der öffentlichen Sicherheit nur in Tiergärten, welche gegen Ausbruch ganz sicher verwahrt sind, gehalten und außerhalb der Tiergärten in den meisten Ländern von jedermann erlegt werden.

Gleiches gilt in Galizien, Görz und Gradiska, Mähren, Oberösterreich und Triest auch für andere der persönlichen Sicherheit gefährliche Tiere.

---

[1] Die S. 125 zitierten Jagdgesetze, ferner spezielle Gesetze für die Bukowina vom 2. Mai 1886 Nr. 22 L.G.B., Istrien vom 30. Juni 1886 Nr. 21 L.G.B., Kärnten vom 20. März 1887 Nr. 15 und 6. Juni 1894 Nr. 17 L.G.B., Krain vom 17. April 1884 Nr. 9 und vom 10. Dezember 1899 Nr. 2 ex 1900 L.G.B., Salzburg vom 23. November 1887 Nr. 30 L.G.Bl., Schlesien vom 2. Juli 1877 Nr. 27, 10. August 1896 Nr. 59 und vom 2. November 1901 Nr. 51 L.G.B., Steiermark vom 27. November 1881 Nr. 28 und 14. Mai 1894 Nr. 39 L.G.B., für Tirol Kundmachung des Statthalters vom 5. März 1872 Nr. 19 L.G.B.

Für die Lösung der Jagdkarte ist eine fixe Gebühr einzuheben, die auf die Verminderung der Zahl der Jagdpersonen, auf die Erschwerung der Jagd für die Minderbemittelten hinwirkt.

Die nämliche Wirkung haben die speziellen Abgaben, welche in Niederösterreich[1], Salzburg[2] und Steiermark[3] von der Ausübung der Jagd zu entrichten sind.

4. Aus religiösen Gründen.

Im Geltungsgebiete des Jagdpatentes besteht das Verbot der Treibjagden an Sonn- und Feiertagen[4] nur noch in dem Umfange zu Recht, daß durch die Abhaltung der Jagd der Hauptgottesdienst nicht gestört werden darf[5].

Überdies sind in Galizien und Vorarlberg Jagden an Sonn- und Feiertagen gänzlich, in Niederösterreich Treibjagden während des vormittägigen Gottesdienstes untersagt, in Oberösterreich Treibjagden an Sonntagen, andere Jagden während des Gottesdienstes.

5. Im Interesse der Jagdarbeiter.

Für die beim Jagdbetriebe beschäftigten Arbeiter besteht weder ein Arbeiterschutz, noch eine Arbeiterversicherung.

Bloß in Niederösterreich findet sich eine hierher gehörige Norm: Unmündige Personen dürfen als Treiber nicht verwendet werden.

§ 53. **Jagdschutz.**

Um Verletzungen des Jagdrechtes durch dritte Personen zu verhindern, ist bestimmt:

Die unberechtigte Okkupation von Wild gilt als Diebstahl, obgleich das Wild herrenlos ist. Wilddiebstahl wird schon bei einem Betrage von 5 fl. ein Verbrechen, wenn er in eingefriedeten Waldungen oder mit besonderer Kühnheit oder von einem gleichsam ein ordentliches Gewerbe damit treibenden Täter verübt worden ist[6].

Ohne Einwilligung des Jagdberechtigten darf niemand mit einem Gewehr ein Jagdgebiet durchstreifen; wird jemand außerhalb der öffentlichen Straßen oder allgemein benutzten Wegen dabei betreten, kann ihm das Gewehr sofort abgefordert werden, das ohne Verzug der politischen Behörde abzuliefern ist[7].

Hunde, in einigen Ländern auch Katzen, welche in einem Jagdgebiete herumstreifend getroffen werden, dürfen vom Jagdberechtigten und dessen Organen getötet werden.

Die schädlichen Tiere (s. oben S. 126) dürfen ohne Zustimmung des Jagdinhabers nicht mit Feuerwaffen oder sonst jagdmäßig erlegt werden (Görz und Gradiska, Mähren, Oberösterreich, Triest und Vorarlberg). Gleiches gilt von der Erlegung der den Fischen schädlichen Tiere durch den Fischereiberechtigten.

Um den Wilddiebstahl zu bekämpfen, ist der Verkauf von erlegtem Wild nur mit einem vom Jagdinhaber ausgestellten Lieferschein gestattet. Ohne einen solchen Schein eingebrachtes Wild wird konfisziert[8].

Jeder Jagdherr ist verpflichtet, zur Beaufsichtigung der Jagd sachkundige Personen zu bestellen und der politischen Behörde namhaft zu machen. Mit Bewilligung der politischen Behörde kann auch der Jagdinhaber selbst als sachkundiger Aufseher bestellt

[1] Gesetz vom 13. Oktober 1893 Nr. 55 L.G.B.
[2] Gesetz vom 23. November 1887 Nr. 29 L.G.B.
[3] Gesetz vom 3. September 1896 Nr. 67 L.G.B.
[4] Hofkanzleidekret vom 15. Dezember 1808, Pol. G.S. 31. Bd. S. 131.
[5] E. des V.G.H. vom 8. Juni 1894 Z. 2244 (S. Nr. 7949).
[6] § 174 Strafgesetz.
[7] Diese Norm fehlt in Böhmen.
[8] S. die oben S. 125 zitierten Jagdgesetze; ferner Kundmachung des Landespräsidenten für Bukowina vom 28. Juni 1888 Nr. 20 L.G.B.

werden. Für das Jagdaufsichtspersonal gelten ähnliche Vorschriften wie für das Feldschutz- und Forstschutzpersonal [1]. Die internationalen Vereinbarungen gegen Jagdfrevel an der Grenze s. oben S. 97.

§ 54. Der Ersatz von Wild- und Jagdschäden [2].

Von einem Ersatz des vom Wilde oder bei der Jagd verursachten Schadens kann in der Regel nur gesprochen werden, wenn das Jagdrecht nicht dem Grundbesitzer selbst zusteht, also im wesentlichen bei der Gemeinde- und Genossenschaftsjagd. Als ersatzpflichtig kommen dabei der Jagdpächter und die Gemeinde (Genossenschaft) in Betracht.

Der auch sonst im österreichischen Privatrechte vielfach verwirklichte Grundsatz, daß Ersatz nicht bloß bei subjektivem Verschulden, sondern auch bei bloßer objektiver Verursachung zu leisten ist, gilt im weitesten Umfange hinsichtlich der Wild- und Jagdschäden.

1. Voraussetzungen für die Ersatzpflicht.

Prinzipiell ist in allen Ländern jeder beim Jagen selbst verursachte Schade (Jagdschade) und jeder Schade, der von jagbarem Wild am Boden und an dessen noch nicht eingebrachten Erzeugnissen (nicht an Tieren) gestiftet wird, zu ersetzen; den jagdbaren Tieren sind die aus Tiergärten ausgebrochenen Wildschweine, nicht aber sonstiges Raubwild gleichgestellt.

In Niederösterreich mit Wien ist überdies Ersatz für Schäden von Kaninchen und Eichhörnchen zu leisten, in Mähren für Schäden von Raubtieren und anderen schädlichen, nicht jagdbaren Tieren. Umgekehrt ist in Galizien kein Ersatz zu leisten für Schäden von scharenweis einfallenden Wildgänsen und Wildenten.

Ersatzpflichtig ist der Jagdherr (Jagdpächter), in Böhmen die Jagdgenossenschaft, falls das genossenschaftliche Jagdgebiet nicht wegen geringer Ausdehnung oder Enklavierung einem anderen Jagdgebiete zugewiesen ist. Mehrere jagdberechtigte Personen haften solidar.

Die Ersatzpflicht trifft ohne Rücksicht auf ein Verschulden stets den Jagdherrn desjenigen Grundstückes, auf welchem der Schaden erfolgt ist; dies gilt auch vom Schaden durch Wechsel- und Streifwild und durch aus Tiergärten ausbrechende Wildschweine [3]. Doch kann der Ersatzpflichtige eventuell Regreß gegen den Schuldtragenden beim ordentlichen Richter verlangen. In der Regel ist der Wildschaden auch für eingefriedete und abgeschlossene Grundstücke und zwar auch dann zu ersetzen, wenn die Jagd daselbst nicht ausgeübt werden konnte.

Der Jagdberechtigte darf die Grundstücke durch Einhegung oder auf andere Weise gegen Wildschäden schützen, darf aber dadurch den Eigentümer in der Benutzung seines Grundstückes nicht beeinträchtigen. Nur in Vorarlberg ist dafür die Zustimmung des Grundbesitzers erforderlich. Ersatz für den zur Einfriedung nötigen Grund kann der Besitzer nicht verlangen. Doch hat dieser in Vorarlberg einen Ersatzanspruch, falls sich nachträglich herausstellt, daß er durch eine solche Vorkehrung Schaden erleidet.

Die neueren Gesetze haben eine Reihe von Ausnahmen von der Ersatzpflicht für Wildschäden statuiert:

wenn der Jagdberechtigte die Grundstücke gegen Wildschäden geschützt hat und beweist, daß diese Vorkehrungen durch ein Verschulden des Beschädigten vereitelt worden sind (neuere Jagdgesetze);

---

[1] S. oben S. 99 f. und die dort zitierten Gesetze, ferner die Verordnungen der Ministerien des Innern und der Justiz vom 2. Januar 1854 Nr. 4 und vom 1. Juli 1857 Nr. 124 R.G.B.

[2] Jagd- und Wildschützenordnung vom 28. Februar 1786, Hofdekrete vom 30. August 1788 Z. 1771 und vom 27. November 1788 Z. 3942. Ferner die allgemeinen Jagdgesetze (s. oben S. 125) und die Landgesetze für Krain vom 19. Mai 1899 Nr. 12 L.G.B. und für Steiermark vom 17. September 1878 Nr. 10 und 24. September 1888 Nr. 40 L.G.B.

[3] Nur in Galizien hat der Tiergartenbesitzer die Pflicht, jeden Schaden zu ersetzen, den das gehegte Wild, wenn es ausbricht, stiftet.

wenn bei erntereifen oder schon geernteten aber noch nicht eingebrachten Erzeugnissen die Einbringung zur Zeit des Schadens bei ordentlicher Wirtschaftsführung schon hätte geschehen können und sollen, oder wenn bei Erzeugnissen, die im Freien aufbewahrt werden können, solche Vorkehrungen mangelten, durch welche ein ordentlicher Grundwirt diese Erzeugnisse vor Wildschschäden bewahrt (Görz und Gradiska, Mähren, Niederösterreich ohne Wien);

wenn bei Obst- und Ziergärten, bei Baumschulen und einzeln stehenden jungen Bäumen der Eigentümer es unterlassen hat, solche Vorkehrungen zum Schutze zu treffen, welche unter gewöhnlichen Verhältnissen dem Schaden vorzubeugen geeignet sind (Galizien, Görz und Gradiska, Mähren, Vorarlberg)[1], oder wodurch ein guter Haus- oder Grundwirt derlei Gegenstände zu schützen pflegt (Krain, Niederösterreich, Oberösterreich, Triest, Wien), oder deren „stoffliche und konstruktive Beschaffenheit unter normalen Verhältnissen zur Hintanhaltung der Beschädigung geeignet schien";

wenn der Grundeigentümer eingefriedete Grundstücke zum Zwecke der Jagd zu betreten untersagt (Galizien, Niederösterreich, Oberösterreich, Wien).

2. Umfang der Ersatzpflicht.

Zu ersetzen ist im allgemeinen nur der tatsächliche Verlust, wie er sich zur Zeit der Ernte darstellt.

In Galizien, Görz und Gradiska, Mähren, Niederösterreich, Oberösterreich, Steiermark, Vorarlberg und Wien ist vom Verluste der Aufwand abzuziehen, der bis zur Einbringung der Frucht notwendig gewesen wäre. In Mähren und Vorarlberg ist auch darauf Rücksicht zu nehmen, ob der Schade nach den Grundsätzen einer ordentlichen Wirtschaft durch Wiederanbau hätte ausgeglichen werden können.

3. Kompetenz.

Die Judikatur über Jagd- und Wildschäden steht in den meisten Ländern den politischen Behörden mit Ausschluß des Rechtsweges zu. In Böhmen, Mähren, Niederösterreich einschließlich Wien und Oberösterreich werden dafür eigene Schiedsgerichte gebildet, deren Aussprüche exequierbar sind. Eine Berufung gegen solche Schiedssprüche ist in der Regel ausgeschlossen[2].

In Böhmen ernennt der Bezirksausschuß die Obmänner der Schiedsgerichte für die verschiedenen Jagdgebiete auf 3 Jahre. Der Obmann hat die Parteien aufzufordern, je zwei Vertrauensmänner zu ernennen.

In Mähren wird das Schiedsgericht von Fall zu Fall aus den von der Statthalterei im Einvernehmen mit dem vom Landesausschusse auf 6 Jahre ernannten Sachverständigen gebildet. Den Obmann bestimmt die politische Bezirksbehörde; jede Partei wählt einen Schiedsrichter.

In Oberösterreich bestimmt die politische Bezirksbehörde in der Regel für das Gebiet jeder Gemeinde auf die Dauer von 3 Jahren den Obmann und einen Stellvertreter. Jede der beiden Parteien wählt je 2 Vertrauensmänner.

4. Verfahren.

Nur in einigen Ländern sind spezielle Vorschriften über das Verfahren gegeben, und auch in diesen stimmen sie nicht ganz überein. Zumeist hat der Beschädigte zu einer Zeit, da der Schaden noch wahrgenommen und abgeschätzt werden kann, ihn vorerst beim Jagdberechtigten, in einigen Ländern direkt bei der politischen Behörde anzumelden. Er hat,

---

[1] In Vorarlberg gilt diese Bestimmung nicht für Obstgärten und für einzelstehende junge Bäume, in Mähren gilt sie auch für Grundstücke, in welchen das Jagdrecht ruht (s. oben S. 129).

[2] Es kann jedoch eine Partei, die sich durch die Entscheidung des Schiedsgerichts beschwert fühlt, in Böhmen Ansprüche im ordentlichen Rechtswege geltend machen, wodurch aber die Exekution des Schiedsgerichtes nicht gehemmt wird, in Mähren und Oberösterreich Abhilfe bei der politischen Behörde suchen, welche unter freier Würdigung des vom Schiedsgerichte erhobenen Tatbestandes endgültig entscheidet.

falls kein Ausgleich zu stande kommt, den Schaden zu beziffern; hierauf pflegt die politische Behörde erster Instanz die nötigen Erhebungen an Ort und Stelle mit Beiziehung der Parteien und eines Sachverständigen [1], wobei ein Vergleichsversuch zu machen ist. Mißlingt dieser, so hat die politische Behörde die Entscheidung zu fällen. Die Erhebungen und Vergleichsversuche können auf den Gemeindevorsteher [2] übertragen werden.

Wenn für eine richtige Einschätzung des Schadens die Erntezeit abgewartet werden muß, hat der Beschädigte — in einigen Ländern bei sonstigem Erlöschen seines Anspruches — rechtzeitig um Vornahme eines zweiten amtlichen Augenscheines noch vor Beginn der Ernte einzuschreiten. Auch in diesem Falle hat die Erhebung unter Zuziehung der Parteien und eines Sachverständigen zu erfolgen.

Über die Tragung der Kosten des Verfahrens enthalten die Landesgesetze abweichende Vorschriften.

§ 55. Strafen und Schadenersatz.

Übertretungen der jagdgesetzlichen Normen und der auf Grund derselben erlassenen Vorschriften sind von den politischen Behörden mit Geld oder Arrest zu strafen; zugleich ist eventuell auf den Verfall des vorschriftswidrig gefangenen oder erlegten oder verkauften Wildes, der verbotenen Geräte zu erkennen.

Die Übertretungen verjähren, wenn sie nicht binnen sechs Monaten in Untersuchung gezogen wurden.

Mit dem Straferkenntnis kann nach den neueren Jagdgesetzen zugleich der Ersatz des durch Übertretung verursachten Schadens auferlegt werden, wenn nicht die Notwendigkeit weiterer Ausführungen eine Verweisung vor das Zivilgericht notwendig erscheinen läßt; doch kann gegenüber einem solchen Erkenntnis der ordentliche Rechtsweg betreten werden.

[1] In Vorarlberg gilt ein solcher Sachverständiger als befangen, wenn er überhaupt jagdberechtigt ist, oder wenn er in dem betreffenden Jagdrevier in den letzten 3 Jahren als Gast oder in einer anderen Eigenschaft an der Jagd teilgenommen hat.

[2] in Triest den Bezirksvorsteher.

Dritter Hauptteil.

Das Fischereirecht.

Literatur: Peyrer, Fischereibetrieb und Fischereirecht in Österreich, 1874; Marchesetti, Die österreichische Seefischerei (übersetzt von Breycha), 1882; Anders, Das Jagd- und Fischereirecht, 1884; Milborn, Der Einwand gegen die Vorlage der österreichischen Regierung, neue Landesfischereigesetze betreffend, 1889; derselbe, Die jüngsten Entwürfe eines Landesfischereigesetzes für das Erzherzogtum Österreich ob der Enns, 1893; Processi verbali della Commissione d'inchieste per la pesca marittima, 1896.

Die Fischerei unterliegt ganz verschiedenen Rechtsnormen, je nachdem ob sie in einem Binnengewässer, an der Meeresküste oder auf hoher See ausgeübt werden soll. Die Hochseefischerei ist völkerrechtlich ganz freigegeben und unterliegt keinerlei Beschränkung. Hingegen besteht eine sehr große Zahl verschiedenartiger Rechtssätze für die Binnenfischerei. Nur von dieser ist im folgenden die Rede. Als Anhang sind schließlich die Vorschriften über die Küstenfischerei mitgeteilt.

§ 56. Einleitung.

1. Legislatorische Gesichtspunkte.

Die Fischerei umfaßt einerseits die Hege, andererseits den Fang von Fischen, zum Teile auch von Muscheln und Krustentieren. Wie bei der Jagd, ist auch das Objekt der Fischerei frei beweglich, in niemandes Besitz, und auch die Fischerei wird großenteils nicht als produktive Arbeit, sondern als ein Vergnügen betrachtet. Infolgedessen muß auch hier die Rechtsordnung das Recht zur Okkupation der Tiere regeln; denn auch hier muß eine Vielheit lokal eng begrenzter Aneignungsrechte mannigfache Interessenkonflikte und das Streben jedes einzelnen wachrufen, sein Recht auf Kosten der anderen möglichst intensiv auszunutzen.

Eine bedeutende ökonomische Verschiedenheit gegenüber der Jagd ist es, daß die Fische sich fast ausnahmslos von Stoffen ernähren, die bei Wegfall des Fischfanges keine ökonomischen Güter wären, weil sie keine andere Verwendung gestatten. Die Fischproduktion geschieht somit volkswirtschaftlich gleichsam kostenlos. Es können daher bei der Fischzucht nicht solche Interessenkonflikte mit der Landwirtschaft entstehen wie bei der Wildhege, weshalb sich die Gesetzgebung unbedingter als bei der Jagd die Förderung der Fischzucht zur Aufgabe machen kann. Allerdings aber konkurriert die Fischzucht insofern sowohl mit der Landwirtschaft als auch mit der Industrie, als die Benutzung der Gewässer für landwirtschaftliche und industrielle Zwecke die Fischzucht erschweren oder ganz verhindern kann. Zweifellos kommt sowohl der Landwirtschaft als auch der Industrie im allgemeinen eine viel größere volkswirtschaftliche Bedeutung zu, als der Fischzucht; bei einem Interessenkonflikte muß daher die letztere offenbar zurücktreten. Häufig lassen sich aber die Interessen beider Teile wahren.

Mehrere Faktoren haben in den letzten Jahrzehnten die Entwicklung der Fischzucht gehemmt und bewirkt, daß von dem vor 100 Jahren noch blühenden Produktionszweig gegenwärtig nur noch Überreste vorhanden sind.

Die Unklarheit und Verworrenheit der Rechtsverhältnisse, der Mangel an gesetzlichen Bestimmungen darüber, wer fischereiberechtigt ist, hat viel zur Verödung unserer Fischwässer beigetragen. Ferner darf in vielen Fischwässern gegenwärtig noch jedermann oder doch jedes Mitglied der Gemeinde den Fischfang ausüben. Diese freie oder wilde Fischerei macht eine Hebung der Fischzucht nicht nur in den betreffenden Gewässern selbst, sondern auch in dem ganzen Wassergebiete unmöglich, das mit solchen freien Fischwässern zusammenhängt. Aber auch die Zerstückelung der Fischerei bildet ein erhebliches Hindernis für rationellen Fischzuchtbetrieb, denn sie führt zu unwirtschaftlicher Ausbeutung des Gewässers; strebt ein Fischereiberechtigter die Wiederbevölkerung eines solchen Wassers an, so kommt der Erfolg nicht ihm, sondern anderen zu gute.

So ist denn gerade auf diesem Gebiete der Urproduktion ein Raubbau getrieben worden, wie kaum auf einem anderen: der einstmals so große Fischreichtum unserer Gewässer ist zumeist verschwunden. Damit ist nicht nur ein sehr einträglicher Erwerbszweig vernichtet, sondern auch der Bevölkerung ein billiges und gesundes Nahrungsmittel entzogen.

Der Landwirtschaftsbetrieb stört die Fischzucht insofern, als bei Bewässerungen die Fische auf die Wiesen oder in die Seitengräben gelangen und dort zu Grunde gehen oder von Unberechtigten okkupiert werden. Auch werden die Laichstätten durch die Ausdehnung der Kulturen immer mehr eingeengt.

Viel größer sind die Schädigungen der Fischzucht durch die industriellen Betriebe. Durch Abfallstoffe, Dampfeinleitung u. s. w. werden die Gewässer für die Fische unbewohnbar; Stauvorrichtungen, Wehren und Schleusen hindern den freien Zug der Fische zu und von den Laichplätzen; Turbinen zermalmen die durchwandernden Fische; das Ablassen der Kanäle zur Reparatur oder Reinigung vernichtet zahlreiche Fische u. s. w.

Ebenso stören Flußregulierungen, Kanalisierungen, Trockenlegungen durch Beseitigung der Seitenarme und der geschützten Laichplätze die Vermehrung der Fische und machen die Fischzucht vielfach ganz unmöglich.

Endlich ist eine Reihe von jagdbaren und von Haustieren für die Fische oder für den Fischlaich und die Brut gefährlich. Und auch die geringe fischereiwirtschaftliche Bildung der Bevölkerung, das Vergnügen, das der Fischfang gewährt, lassen vielfach eine rationelle Fischzucht nicht aufkommen.

2. Mittel der Gesetzgebung.

Der Rechtsordnung erwachsen vielseitige, schwierige und komplizierte Aufgaben will sie die genannten Hindernisse einer gedeihlichen Entwickelung der Fischerei beseitigen und die Fischzucht, deren große volkswirtschaftliche Bedeutung immer mehr erkannt wird, wieder in die Höhe bringen.

Die Mittel hiefür sind insbesondere: Klarstellung und Sicherheit der Fischereirechte, Aufhebung der freien Fischerei, Beseitigung der Zersplitterung und Bildung größerer Fischereigebiete mit einheitlicher Bewirtschaftung durch Enteignung der kleinen Fischereirechte, durch deren zwangsweisen Anschluß an benachbarte größere Reviere oder durch Vereinigung in genossenschaftliche Form. In der gleichen Richtung liegen: das Verbot der Teilung der Fischerei dem Rechte oder der Ausübung nach, das Verbot für Gemeinden und Korporationen, den Fischfang ihren Mitgliedern frei zu geben u. s. w. Ferner sind Polizeivorschriften zur Schaffung, Erhaltung und Vermehrung eines nachhaltigen Fischstandes nötig.

Es muß sodann in billiger Weise zwischen der Fischerei und den anderen Wasserbenutzungsarten vermittelt werden; die Fischerei ist dabei vor allen vermeidlichen Schädigungen durch die fortschreitende Wasserkultur zu schützen, ohne daß die letztere in ihrer Entwickelung gehindert werden darf. Dies kann namentlich geschehen: durch Anbringung von Rechen und anderen Vorrichtungen, welche die Fische verhindern, in die Ableitungskanäle und Turbinen zu gelangen; durch Verbot solcher Vorrichtungen, welche die Rückkehr der Fische in das Hauptwasser abschließen; durch Anlegung von Fischwegen und Fischleitern bei Wehren und Schleusen; durch Einrichtung von Fischlaichplätzen bei Kanalisierungen oder Flußregulierungen; durch Abkühlung der heißen Abwässer vor deren Einleitung in das Fischwasser u. s. w.

Um die Bevölkerung zu einem rationellen Fischereibetriebe zu veranlassen, sind auch polizeiliche Vorschriften nötig, wie die Anordnung von Schonzeiten, die Anlage von Laichschonstätten, das Verbot kurzer Pachtfristen, die Festsetzung von Mindestmaßen für die zu fangenden und auf den Markt zu bringenden Fische, Normierung von Höchstmaßen für die Maschenweite der Netze.

3. Die Entwickelung der österreichischen Fischereigesetzgebung.

Das österreichische Fischereirecht hat den angeführten Gesichtspunkten in verschiedenem Maße Rechnung getragen.

Schon in alter Zeit wurden zahlreiche polizeiliche Vorschriften über die Ausübung des Fischfanges erlassen. Dagegen fehlte es im wesentlichen an Normen über das Fischereirecht selbst; lokal hatten sich die verschiedenartigsten fischereirechtlichen Verhältnisse ausgebildet, an denen auch das bürgerliche Gesetzbuch mit seinen spärlichen Bestimmungen (s. oben S. 125) nichts geändert hat. Die Grundentlastung ließ die bunte Mannigfaltigkeit der Fischereirechte und ihrer Ausübung ziemlich unberührt. Nur in Böhmen[1], Mähren[1] und Schlesien[2] wurden die Fischereirechte auf fremdem Grund und Boden, also in einem fremden Wasserbette, für aufgehoben erklärt; eine Entschädigung war für die Aufhebung nur dann zu leisten, wenn sich das Recht auf einen Vertrag gründete.

Die neuere Fischereigesetzgebung begann damit, den Fischereibetrieb durch polizeiliche Vorschriften zu regeln. Zu Beginn der 80er Jahre erließen die meisten Kronländer[3] Fischereipolizeigesetze mit wesentlich übereinstimmendem Inhalte, und Dalmatien folgte im Jahre 1898 nach. Von diesen Gesetzen sind derzeit noch die für Böhmen[4], Bukowina[5], Dalmatien[6], Kärnten[7], Schlesien[8], Steiermark[9], Tirol[10] in Kraft. Da auch die allgemeinen Fischereigesetze der anderen Kronländer (s. unten) analoge Bestimmungen enthalten, so besteht in ganz Österreich, mit Ausnahme von Triest und Istrien, wo indessen die Binnenfischerei keine große Bedeutung besitzt, ein im ganzen gleichförmiges Fischereipolizeirecht, das aber im einzelnen manchmal lokale Abweichungen aufweist.

Damit war zwar ein gewisser fischereiwirtschaftlicher Fortschritt angebahnt, aber große Übelstände dauerten gleichwohl fort; weder das Fischereirecht selbst, noch auch das Recht der Ausübung desselben waren geregelt worden. Die freie Fischerei, die Zersplitterung der Fischereirechte blieben bestehen, nach wie vor wurden zahlreiche Fischereirechte in demselben Flußgebiete nebeneinander ausgeübt; es war die Zusammenlegung der kleinen Fischereien dem Rechte oder der Ausübung nach nicht vorgesehen, es wurden keine Schranken für das Streben jedes einzelnen nach möglichster Ausbeutung des Fischwassers geschaffen, das Interesse an der Erhaltung oder gar an der Hebung des Fischstandes nicht geweckt. Die Zersplitterung der Fischereirechte konnte durch Teilungen dem Rechte oder

[1] Verordnung vom 27. Juni 1849.

[2] Verordnung vom 11. Juli 1849.

[3] Ausgenommen Dalmatien, Istrien, Salzburg, Triest.

[4] Gesetze vom 9. Oktober 1883 Nr. 22 ex 1885 und 7. Mai 1891 Nr. 30 L.G.B.

[5] Gesetz vom 7. November 1880 Nr. 11 ex 1881 L.G.B.

[6] Gesetz vom 2. August 1898 Nr. 26 L.G.B. Die zu diesem Gesetz erforderliche Durchführungsverordnung ist noch nicht publiziert.

[7] Gesetz vom 2. März 1882 Nr. 17 und vom 27. Dezember 1883 Nr. 5 ex 1885 L.G.B.

[8] Gesetz vom 9. Dezember 1882 Nr. 28 ex 1883 L.G.B.

[9] Gesetz vom 2. September 1882 Nr. 11 ex 1883 L.G.B.

[10] Gesetz vom 4. April 1886 Nr. 28 ex 1887 L.G.B. Dieses Gesetz gilt nicht für den Gardasee.

der Ausübung nach noch vergrößert werden; es fehlte eine Klarstellung der Beziehungen zwischen der Fischerei und anderen Wasserbenutzungsrechten, Jagdrecht u. s. w.

Erst das Reichsgesetz vom 23. April 1885 Nr. 58 R.G.B. ermöglicht hier eine Reform. Da gerade die wertvollen Edelfische regelmäßige Wanderungen durch den größten Teil des Flußlaufes vollführen, wird die Zusammenlegung der kleineren Fischereirechte zu größeren, einheitlich bewirtschafteten Revieren in Aussicht genommen, weil durch jene Fischwanderungen eine natürliche Wirtschaftsgemeinschaft zwischen sämtlichen Fischereiberechtigten des Flußgebietes vorliegt, die, wenn ihr nicht eine gewisse Gemeinwirtschaft entspricht, nicht nur zu gegenseitigen Störungen, sondern zu völligem Raubbau führen muß.

In Galizien [1], Görz und Gradiska [2], Krain [3], Mähren [4], Niederösterreich [5], Oberösterreich [6], Salzburg [7] und Vorarlberg [8] erlangte dieses Reichsgesetz durch Erlaß der ausführenden Landesgesetze Wirksamkeit; der Rechtszustand ist in fünf dieser Länder zumeist übereinstimmend, auch in Mähren sind die Abweichungen nicht allzu stark, in Oberösterreich und Salzburg hingegen ist das Fischereirecht wesentlich anders geregelt.

So kann man in Österreich hinsichtlich des Fischereirechtes drei Ländergruppen unterscheiden: in der ersten Ländergruppe (Böhmen, Bukowina, Dalmatien, Kärnten, Schlesien, Steiermark, Tirol) ist der Betrieb der Fischerei durch Polizeivorschriften eingeschränkt;

in der zweiten Ländergruppe (Galizien, Görz und Gradiska, Krain, Mähren, Niederösterreich, Oberösterreich, Salzburg und Vorarlberg) gelten überdies Normen über das Fischereirecht selbst und die Form seiner Ausübung;

in der dritten Ländergruppe (Istrien und Triest) fehlt es gänzlich an fischereirechtlichen Gesetzen. Diese beiden Länder scheiden aus der folgenden Darstellung völlig aus.

§ 57. Das Fischereirecht im subjektiven Sinne.

1. Allgemeines.

Das Fischereirecht ist das ausschließliche Recht, in einem bestimmten Gewässer Fische, eventuell auch andere Wassertiere, zu hegen und zu fangen.

Den Fischen sind rechtlich gleichgestellt: in Böhmen, der Bukowina, Schlesien, Steiermark und Tirol die verwertbaren und nicht der Jagd vorbehaltenen Wassertiere; nach den neueren Fischereigesetzen die Muscheln und Krustentiere, in Salzburg auch Frösche.

Von der juristischen Natur dieses absoluten Privatrechtes gilt durchaus das oben S. 127 von dem Jagdrechte Gesagte. Das Fischereirecht ist demnach kein Ausfluß des Eigentums, steht nicht dem Eigentümer als solchem zu, sondern ist ein selbständiges monopolartiges Recht, das auch die Form eines dinglichen Rechtes annehmen kann und dann in das Grundbuch einzutragen ist [9], das aber nicht unbedingt ein dingliches Recht sein muß [10].

Normen darüber, wem das Fischereirecht zusteht, fehlen. Es herrscht diesbezüglich die buntefte Mannigfaltigkeit.

---

[1] Gesetz vom 31. Oktober 1887 Nr. 37 ex 1890 L.G.B.
[2] Gesetz vom 17. September 1894 Nr. 16 ex 1897 L.G.B.
[3] Gesetz vom 18. August 1888 Nr. 16 ex 1890 L.G.B.
[4] Gesetz vom 6. Juni 1895 Nr. 63 L.G.B. Dieses Gesetz hält das ältere Fischereipolizeigesetz vom 27. Dezember 1881 Nr. 79 ex 1882 zum Teil aufrecht.
[5] Gesetz vom 26. April 1890 Nr. 1 ex 1891 und vom 23. April 1894 Nr. 22 L.G.B.
[6] Gesetz vom 2. Mai 1895 Nr. 32 ex 1896 L.G.B.
[7] Gesetz vom 25. Februar 1889 Nr. 10 und vom 30. März 1902 Nr. 13 ex 1903 L.G.B.
[8] Gesetz vom 21. Februar 1889 Nr. 27 ex 1891 und vom 21. Juni 1893 Nr. 20 L.G.B.
[9] E. des O.G.H. vom 10. Februar 1811 Nr. 8111 (S. Nr. 1431), vom 16. Dezember 1884 Nr. 14256 (S. Nr. 10305), vom 10. Januar 1888 Nr. 237 (S. Nr. 11991) u. s. w.
[10] E. des O.G.H. vom 1. April 1884 Nr. 3680 (S. Nr. 9970), vom 9. November 1899 Nr. 11308 (S. Nr. 745 N. F.).

„Bald steht das Fischereirecht, insbesondere an öffentlichen Gewässern und in Seen, auch derzeit noch dem Staate als Regal zu, bald ist es Gemeinden, geistlichen Stiften, früheren Gutsherrschaften oder anderen Privatpersonen mittels Privilegien als Lehen oder unter anderen Formen des geteilten Eigentums oder auch freieigentümlich, bald gegen, bald ohne Entgelt verliehen oder wird ohne solche Verleihung von diesen Personen oder von den Eigentümern der Ufer ausgeübt; auch in den Privatgewässern wird die Fischerei bald von den Eigentümern der Gewässer oder von den Eigentümern der Ufer als ein Ausfluß des Eigentumes, bald von dritten Personen als ein selbständiges Recht an einer fremden Sache, als eine sogenannte Grundgerechtigkeit oder Grunddienstbarkeit ausgeübt, insbesondere von ehemaligen Obrigkeiten, aber auch von anderen Privaten, geistlichen Stiften und weltlichen Gemeinden und zwar auf Grund der verschiedensten Rechtstitel" (Peyrer a. a. O.).

An vielen Gewässern bestehen überhaupt keine subjektiven Fischereirechte, sondern der Fischfang ist für jedermann oder doch für jedes Gemeindemitglied frei.

Vielfach sind die Fischereirechte außerordentlich unklar und verworren. Auch die neueren Fischereigesetze haben die Feststellung und Evidenzhaltung der bestehenden Fischereirechte nicht angeordnet; nur indirekt wird gelegentlich der Bildung von Fischereirevieren (s. unten S. 146) darauf hingewirkt, indem immer dann, wenn bei der Verteilung des Pachtschillings unter die Fischereiberechtigten die Beteiligten nicht ein Übereinkommen abschließen, der Streit vor dem Gerichte auszutragen ist.

2. Spezialnormen.

In der zweiten Ländergruppe (s. oben S. 142) gelten im Interesse einer rationellen Fischzucht folgende Spezialnormen über den Bestand von Fischereirechten:

Die für die Fischereiwirtschaft so verderbliche freie (wilde) Fischerei ist beseitigt. An jedem Gewässer, das für die Fischerei von Belang ist, muß nunmehr ein ausschließliches Fischereirecht bestehen. Hinsichtlich der bis dahin der freien Fischerei unterliegenden Gewässer wurde das Fischereirecht in künstlichen Gerinnen deren Eigentümer zugesprochen, in natürlichen Gewässern dem Lande (Görz, Gradiska, Krain, Mähren, Niederösterreich, Salzburg, Vorarlberg) oder der Gemeinde, resp. dem Eigentümer des Gutsgebietes (Oberösterreich und Galizien) [1].

Wenn die Aufhebung der freien Fischerei den Erwerb eines Berufsfischers beeinträchtigt, hat dieser einen Anspruch auf billige Entschädigung gegen den neuen Fischereiberechtigten. Der Anspruch muß innerhalb eines Jahres bei der politischen Behörde eingebracht werden. Der Fischereiberechtigte kann sich dadurch befreien, daß er dem Fischer auf dessen Lebensdauer eine von der politischen Behörde als angemessen erkannte Anzahl von Parzellen des Fischwassers zur Ausübung überläßt.

Auch in einem neu entstehenden Fischwasser ist das Fischereirecht nicht herrenlos, sondern steht dem Lande, resp. der Gemeinde oder dem Gutsgebiete ebenso zu, wie in den früher der freien Fischerei unterliegenden Gewässern. Von dieser Norm besteht eine Ausnahme, falls durch Eröffnung eines Durchstiches ein neuer Wasserlauf entsteht: das Fischereirecht ist hier denjenigen zuzuweisen, die im alten Wasser fiischereiberechtigt sind; in Galizien, Mähren und Niederösterreich aber nur dann, wenn der Altarm infolge des Durchstiches zur Verlandung bestimmt ist.

Um die weitere, der Fischereiwirtschaft abträgliche Zersplitterung des Fischereirechts zu verhüten, bedarf in einigen Ländern die sachliche oder räumliche Teilung eines Fischereirechtes, sei es dem Rechte, sei es der Ausübung (Pacht) nach, der behördlichen Bewilligung; dies ist in Oberösterreich und Salzburg, wo für fließende Gewässer Fischereireviere mit einheitlicher Bewirtschaftung nicht vorgeschrieben sind (s. unten S. 145), für alle Fischwasser der Fall, in Krain, Niederösterreich und Vorarlberg für die Seen. Die Bewilligung soll nur erteilt werden, wenn aus der Zerlegung kein Nachteil für die Pflege, Ertragsfähigkeit und ordnungsmäßige Ausübung der Fischerei zu besorgen ist.

---

[1] Wenn in Galizien das Wasser die Grenze zweier Gemeinden oder Gutsgebiete bildet, so ist die Mittellinie maßgebend. Lehnt hier die Gemeinde oder das Gutsgebiet die Übernahme des Fischereirechtes ab, so fällt es an das Land.

In Oberösterreich ist keine Bewilligung nötig: 1. um den Fang der Muscheltiere von dem anderer Tiere abzutrennen, 2. wenn das abzutrennende Fischereirecht in einem künstlichen Gerinne durch den Eigentümer des letzteren erworben werden soll. In diesem Fall bedarf aber jede Weiterveräußerung oder Verpachtung der behördlichen Bewilligung.

Da einzelne Fischereirechte für die Fischzucht eines ganzen größeren Gebietes sehr hinderlich sein können, ist in der zweiten Ländergruppe, mit Ausnahme von Salzburg und Vorarlberg, deren entgeltliche Beseitigung durch Ablösung ermöglicht. Das Verlangen kann in Galizien, Görz und Gradiska, Krain, Niederösterreich und Oberösterreich der Fischereirevierausschuß (s. unten S. 146), in Mähren der Fischereirevierinspektor (s. unten S. 151) stellen; und zwar 1. zur Beseitigung von ständigen Anlagen für den Fischfang (Fischwehren, Fischzäune u. s. w.); 2. zur Schaffung von Fischschonstätten, in denen der Fischfang überhaupt zu unterbleiben hat; 3. zur Sicherung des Zweckes von Fischstegen und Fischlöchern.

Für das Verfahren ist die politische Behörde kompetent, die auch den Ablösungsbetrag bestimmt, den der Revierausschuß, in Mähren das Land, zu leisten hat.

§ 58. Die Form der Ausübung des Fischereirechtes.

1. Im allgemeinen.

In der ersten Ländergruppe ist die Art der Ausübung der Fischereirechte — eigener Betrieb, Pachtung u. s. w. — völlig in das Belieben der Berechtigten gestellt.

Auch in der zweiten Ländergruppe ist für die stehenden Gewässer derselbe Grundsatz angenommen, da hier auch bei einer Mehrheit von Fischereirechten die Gemeinsamkeit des Interesses weit klarer vorliegt, die Berechtigten selbst weit eher, als bei den fließenden Gewässern, die Fischerei einheitlich betreiben und sich darin gegenseitig kontrollieren. Doch dürfen in Oberösterreich Gemeinden und Ortschaften die ihnen gehörigen oder von ihnen gepachteten Fischwasser nicht der freien Fischerei überlassen. Ferner kann in der zweiten Ländergruppe mit Ausnahme von Mähren für die stehenden Gewässer [1] die politische Landesbehörde Fischereiordnungen erlassen, „worin jene Vorsichtsmaßregeln zu bezeichnen sind, welche die Berechtigten bei dem Fischereibetriebe einzuhalten haben, damit der Betrieb tunlichst in Übereinstimmung mit dem Umfange und Inhalt der einzelnen Fischereirechte (Raum, Zeit und Art der Ausübung des Fischereirechtes) bleibt und selbst unabsichtlichen Eingriffen in fremde Fischereirechte vorgebeugt wird". Durch solche Fischereiordnungen können auch die Fischereiberechtigten zu einer Genossenschaft vereinigt werden. Deren Statut ist von der politischen Landesstelle zu genehmigen.

Hinsichtlich der fließenden Gewässer besteht in Salzburg und Oberösterreich Freiheit in der Form der Ausübung des Fischereirechtes. Nur gilt die erwähnte Beschränkung der Gemeinden und Ortschaften auch hier. Ferner können in dem letzteren Lande Fischereiordnungen mit dem oben bezeichneten Inhalte auch für fließende Gewässer erlassen werden. Eine Genossenschaftsbildung ist aber hier nicht vorgesehen.

Dagegen ist in Galizien, Görz und Gradiska, Mähren, Niederösterreich und Vorarlberg für die fließenden Gewässer die so verderbliche Zersplitterung des Fischereibetriebes dadurch beseitigt, daß die zwangsweise Vereinigung aller kleineren Fischereirechte der Ausübung nach vom Gesetz vorgeschrieben ist, so daß jeder Fischereibetrieb auf einer solchen Fläche erfolgt, die groß genug ist, um eine rationelle Fischzucht zu gestatten.

Ein ziffernmäßiges Minimum (etwa wie bei der Jagd) ist hier nicht normiert; sondern die politische Landesstelle hat sämtliche fließende Gewässer des Landes in Reviere einzuteilen, die einheitlich bewirtschaftet werden müssen [2]. Jedes Revier soll eine solche

---

[1] In Görz und Gradiska, Krain, Niederösterreich und Vorarlberg einschließlich der in das stehende Gewässer mündenden Gewässer, deren Besitzer auch ein Fischereirecht im See oder Teich haben und deren Bewirtschaftung auf die Bewirtschaftung des Sees oder Teiches selbst von Einfluß ist.

[2] Auch in Oberösterreich und Salzburg ist eine Revierbildung vorgesehen, aber nicht zum Zwecke des einheitlichen Fischereibetriebes. Siehe unten S. 147.

ununterbrochene Wasserstrecke umfassen, welche eine nachhaltige Hege eines angemessenen Fischbestandes und eine ordentliche Bewirtschaftung zuläßt.

In die Revierbildung sind auch jene Altwässer und Ausstände einzubeziehen, die mit einem fließenden Gewässer auch nur periodisch in Verbindung stehen. Hingegen sind von der Revierbildung Gewässer ausgeschlossen, welche für den Fischfang ohne Belang sind. Wider Willen des Besitzers können nicht in das Revier einbezogen werden: die den Berufsfischern als Ersatz für die Aufhebung der freien Fischerei zugewiesenen Parzellen (Görz und Gradiska, Krain, Mähren, Niederösterreich, Vorarlberg); die im Zuge der Gewässer auf Grund eines besonderen Rechtes bestehenden ständigen Anlagen für Fischfang (Görz und Gradiska, Krain, Mähren, Vorarlberg); künstliche Gerinne, wenn sie gegen den Wechsel der Fische abgesperrt sind, und wenn für den Fischzug im Hauptwasser ein geeigneter Wasserlauf freibleibt (Galizien, Görz und Gradiska).

2. Eigenreviere.

Für Wasserstrecken, an welchen nur ein Fischereirecht besteht (wenn auch im Besitze von mehreren Personen), und welche den Erfordernissen eines Reviers entsprechen, kann der Berechtigte die eigene Ausübung beanspruchen. Nur Gemeinden und Ortschaften können in Galizien niemals die Anerkennung eines eigenen Revieres erlangen. Der Anspruch auf Ausscheidung eines Fischwassers als eines Eigenrevieres aus einem Pachtrevier (s. unten) hat erst für die nächste Pachtperiode Wirksamkeit.

Ein Eigenrevier kann über Verlangen des Berechtigten auch in mehrere Reviere untergeteilt werden, wenn es sich dafür eignet[1].

Um kleineren Fischwässern die Vorteile der Fischerei im großen zu sichern, können die Besitzer eines Fischereirevieres gezwungen werden, benachbarte Fischwässer, die kein Eigenrevier bilden und sich als Bestandteile eines Pachtrevieres (s. unten) nicht eignen, in das Fischereirevier aufzunehmen und dafür eine angemessene jährliche Entschädigung zu zahlen[1].

Die Form der Ausübung des Fischereirechtes (Eigenbetrieb, Pacht u. s. w.) ist im allgemeinen dem Besitzer des Fischereirevieres überlassen. Doch müssen in Niederösterreich die Gemeinden und Ortschaften ihre Fischereireviere nach denselben Normen verpachten, die für die Pachtreviere gelten (s. unten), in den anderen fünf Ländern dürfen sie ihre Eigenreviere nicht der freien Fischerei überlassen, widrigenfalls die Qualität des Eigenrevieres verloren geht (Görz und Gradiska, Krain, Mähren, Niederösterreich, Vorarlberg).

Die gleiche Folge tritt in Krain und Vorarlberg ein, wenn der Besitzer oder Pächter eines Eigenrevieres die gesetzlichen Vorschriften nicht einhält, keine ordentliche Bewirtschaftung führt oder das Fischwasser verunreinigt. Bei Verpachtung von Eigenrevieren darf weder eine örtliche Teilung noch eine Sonderung der verschiedenen Fischereizweige stattfinden. In Krain darf die Verpachtung nicht auf weniger als zehn Jahre stattfinden.

Doch darf in Görz und Gradiska, Krain, Niederösterreich und Vorarlberg die Nutzung hinsichtlich der Muscheltiere, in Görz und Gradiska überdies hinsichtlich der Krustentiere abgesondert werden.

3. Zusammengelegte Reviere.

In Galizien, Görz und Gradiska, Krain, Niederösterreich und Vorarlberg werden alle Gewässer, welche weder als Eigenreviere anerkannt sind — sei es, daß die gesetzlichen Erfordernisse mangeln, sei es, daß sie als Eigenreviere nicht beansprucht wurden — noch auch mit einem Eigenreviere vereinigt wurden, zu Pachtrevieren derart zusammengelegt, daß sie eine nachhaltige Fischzucht und eine ordentliche Bewirtschaftung ermöglichen. In das Pachtrevier sind auch jene Eigenreviere einzubeziehen, denen diese Qualität abgesprochen wurde (s. oben). Die in das Pachtrevier einbezogenen Fischereirechte verlieren für die Dauer dieses Verhältnisses die Möglichkeit der selbständigen Ausübung; vielmehr hat die politische Behörde die Fischerei für das ganze Revier ungeteilt an den Meistbietenden[2] auf zehn Jahre zu verpachten. Gemeinden und Ortschaften sind

---

[1] Diese Bestimmung fehlt in Galizien.

[2] in Galizien an denjenigen, der mit Rücksicht auf seine persönliche Eignung und das gestellte Anbot als der beste Pächter erscheint; in Vorarlberg an den Meistbietenden, sofern keine besonderen Gründe gegen die Annahme des Meistbotes sprechen.

von der Pacht ausgeschlossen[1]. Unter bestimmten Voraussetzungen kann eine bestehende Pacht nach Ablauf ohne Versteigerung einmal verlängert werden.

Die Vergebung in Afterpacht ist nur für den ganzen Rest der Pachtzeit und örtlich und sachlich ungeteilt gestattet, in Galizien überdies nur mit Genehmigung der politischen Behörde.

Der Pachtschilling fällt an die Fischereiberechtigten und zwar in der Regel nach Maßgabe der Ausdehnung der einbezogenen Fischwässer. Die Verteilung hat zunächst auf Grund eines Übereinkommens der Berechtigten zu erfolgen. Wird ein solches Übereinkommen nicht erzielt, und kann auch die politische Behörde eine Vereinbarung nicht veranlassen, ist der Pachtschilling, soweit er strittig ist, bei Gericht zu erlegen. Dieses hat die Parteien des Streites zu bestimmen und eine Frist für die Erhebung der Klage festzusetzen.

In Mähren findet die Zusammenlegung der Fischereirechte in gleicher Weise statt. Auch für die gemeinsame Ausübung der Fischerei in diesem Reviere gelten im allgemeinen die angeführten Normen[2]. Doch können die Fischereiberechtigten durch einen Majoritätsbeschluß an die Stelle der Verpachtung die ungeteilte Bewirtschaftung auf gemeinsame Rechnung in der Form einer Genossenschaft setzen. Zu diesem Zwecke müssen die Fischereiberechtigten innerhalb einer behördlich festgesetzten Frist ein von der Mehrheit angenommenes Genossenschaftsstatut vorlegen, welches die gemeinsame Ausübung des Fanges und der Hege, unabhängig von den Grenzen der einzelnen Fischwässer, regelt und geeignete Maßnahmen zur Sicherung dieses Zweckes trifft. Wird dieses Statut von der politischen Behörde genehmigt, so ist die etwa nicht beigetretene Minderheit gezwungen, sich ihm zu fügen. Die Mitgliedschaft in einer solchen Genossenschaft ist ein Realrecht, das mit dem Besitz des Fischereirechtes verbunden ist, so daß auch die Rechtsnachfolger durch das Statut gebunden sind. Das Stimmrecht in der Genossenschaft ist nach der Länge der Fischwasser zu berechnen. Mehrere aneinander grenzende Reviere können sich auch zu einer Genossenschaft vereinigen. Bei geringer Anzahl von Fischereiberechtigten eines Revieres können diese mit behördlicher Genehmigung die gemeinschaftliche Bewirtschaftung statt durch Bildung einer Genossenschaft durch Abschluß eines Vertrages sicherstellen.

Der Genossenschaft oder Gesellschaft kann der Fischereibetrieb entzogen werden, wenn dieser wiederholt gesetz- oder statuts-(vertrags-)widrig geführt wird.

§ 59. Zwangsverbände zur Förderung der Fischerei.

In Galizien, Görz und Gradiska, Krain, Niederösterreich und Vorarlberg sind entweder für jedes Flußgebiet gesondert, oder für mehrere Flußgebiete zusammen Fischereirevierausschüsse einzusetzen, welche die gemeinsamen Geschäfte und Maßnahmen zu besorgen haben, die sich aus dem gegenseitigen Zusammenhange der Fischerei ergeben. Die Ausschußmitglieder werden von den Besitzern der Eigenreviere und den Pächtern der Pachtreviere auf zehn Jahre gewählt. Zur Deckung der Kosten des Fischereiausschusses hat jeder Wahlberechtigte eine jährliche Taxe zu entrichten; sie beträgt in Galizien, Görz und Gradiska, Krain 15 %, in Vorarlberg 10 % bei Pachtrevieren des Pachtschillings, bei Eigenrevieren desjenigen Betrages, der als Pachtschilling wahrscheinlich erzielt werden könnte. In Niederösterreich ist die Taxe vom Fischereiausschuß jährlich festgesetzt (bis zu 15 %).

Der Fischereiausschuß hat insbesondere die Fischereireviere, die Besitzer und Pächter, die wirklichen resp. wahrscheinlichen Pachtschillinge evident zu halten; die Fischereitaxen einzuheben, Fischer-

---

[1] In Niederösterreich können Ausnahmen von diesem Verbot im Interesse der Gemeinde oder Ortschaft zugelassen werden.

[2] In Mähren ist die Verpachtung im Wege der Versteigerung an den Meistbietenden nicht durch das Gesetz, sondern erst durch die Verordnung des Statthalters vom 30. Juni 1896 Nr. 63 vorgeschrieben; diese Verordnung hat auch die Pachtdauer auf 10 Jahre fixiert. In Mähren kann, wie in Niederösterreich, ausnahmsweise eine Gemeinde oder Ortschaft zur Pacht zugelassen werden.

büchel (s. unten) auszugeben, die Gebühren dafür einzuheben; die der Fischerei schädlichen Tiere zu vertilgen, bei unstatthafter Verunreinigung oder Benützung der Fischwasser Abhilfe bei der Behörde zu suchen, Fischbrut auszusetzen, Schonstätten und Fischstege herzustellen, die Reviergewässer zu besichtigen u. s. w.

An die Stelle eines eigenen Fischereirevierausschusses kann in Görz und Gradiska, Krain und Vorarlberg der Vorstand eines die Fischerei fördernden Vereines mit den gleichen Rechten und Pflichten gesetzt werden.

In Oberösterreich und Salzburg, wo eine Revierbildung zum Zwecke gemeinsamen Fischereibetriebes nicht vorgeschrieben ist, hat die politische Behörde die Gewässer des Landes zur Förderung des Fischereibetriebes, Hebung des Fischstandes und Durchführung von gemeinsamen Maßnahmen derart in Reviere zu teilen, daß gemeinsame Maßnahmen zweckmäßig und wirksam durchgeführt werden können. Reviergenossen sind die jeweiligen Besitzer der Fischwässer. Ein von den Reviergenossen für sechs Jahre gewählter Revierausschuß hat die gemeinsamen Geschäfte zu besorgen. Das Stimmrecht ist nach dem (behördlich festzustellenden) Reinertrag des Fischwassers zu bemessen. Auf Grundlage dieses Reinertrages wird auch die Reviertaxe prozentuell bemessen. Der Ausschuß hat die nämlichen Funktionen wie in den früher genannten Ländern.

§ 60. Beziehung der Fischerei zu anderen Rechten.

1. Beziehung zum Grundbesitz.

Die Fischerei kann nicht ausgeübt werden, ohne daß Ufergrundstücke betreten und daselbst die Fanggeräte befestigt werden. Das Recht hierzu dürfte wohl ganz allgemein den Fischereiberechtigten zustehen; in der zweiten Ländergruppe, wo diese Frage infolge der Zusammenlegung der Fischereirechte zu Revieren besondere Wichtigkeit hat, ist das Betretungs- und Befestigungsrecht den Fischern und ihrem Hilfspersonal ausdrücklich vom Gesetz zugesprochen; doch müssen sie dabei die angemessenen Vorsichten beobachten und jeden Schaden ersetzen; ausgenommen sind eingefriedete oder abgeschlossene Grundstücke.

Nach Ablauf von Überflutungen bilden sich oft auf dem Grundbesitz Wasseransammlungen, in welchen Fische aus dem Hauptwasser zurückbleiben. In den Ländern der zweiten Gruppe ist der Fischereiberechtigte in solchen Fällen befugt, auch außerhalb seines Fischwassers unter Einhaltung der nötigen Vorsichten und gegen Ersatz des Schadens den Fischfang auszuüben. Dadurch, sowie durch die Bestimmung, daß der Grundbesitzer nicht berechtigt ist, die Fische am Zurückkehren in das Flußbett zu hindern, wird der Fischereiberechtigte dagegen geschützt, die Früchte seiner Fischzucht zu verlieren.

2. Beziehung zu anderen Wasserbenutzungsrechten.

Von größter Wichtigkeit für die Fischerei ist das Verhältnis zu anderen Wasserbenutzungsrechten; denn diese können — durch Verunreinigung und Störung des Fischwassers, durch Verhinderung des freien Fischzuges, Beseitigung der Laichplätze, zeitweiligen Ablaß des Wassers u. s. w. — die Lebensbedingungen der Fische sehr ungünstig beeinflussen, und sie haben vielfach geradezu zur Vernichtung des Fischstandes geführt und auch die Wiederbevölkerung der Gewässer gehindert. Die Gesetzgebung hat daher in gewissem Umfange versucht, die Fischerei gegenüber den anderen Wasserbenutzungen soweit zu schützen als dies möglich ist, ohne die letzteren, denen meist die größere wirtschaftliche Bedeutung zukommt, zu beeinträchtigen.

Nach den Wasserrechtsgesetzen ist die Fischzucht so wie jede andere Wassernutzung bis zu einem gewissen Grade durch folgende Normen gegen Benachteiligungen zu schützen: 1. jede Benutzung eines privaten oder öffentlichen Gewässers, wodurch die Beschaffenheit des Wassers und dessen Lauf beeinflußt wird, bedarf einer behördlichen Bewilligung, die auf die bestehenden Rechte, daher auch auf das Fischereirecht, Rücksicht zu nehmen hat; 2. die bewilligten Anlagen sind so herzustellen, daß sie anderen Rechten, daher auch der

Fischerei, keine unnötigen Erschwerungen oder Beeinträchtigungen verursachen; 3. der Fischereiberechtigte hat jedoch gegen die Ausübung anderer Wasserbenutzungsrechte kein Einspruchsrecht, sondern er kann nur angemessene Schadloshaltung verlangen; 4. Wasserbenutzungen, die ohne Bewilligung jedermann gestattet sind, dürfen der Fischerei keinen Schaden zufügen, und es sind dabei die Polizeivorschriften einzuhalten.

An diesem Rechtszustande wurde in der ersten Ländergruppe durch die Fischereipolizeigesetze nichts Wesentliches geändert.

Weder die Bestimmung, daß die politischen Behörden Verfügungen treffen sollen, damit bei Wassernutzungen, die keiner Bewilligung bedürfen, vermeidliche Störungen der Fischerei, insbesondere der Laichplätze, unterlassen werden, noch auch die Vorschrift, daß bei Verhandlungen über Errichtung von Wasseranlagen auch die Fischereiberechtigten beizuziehen seien, enthalten eine sachlich neue Norm.

Auch der § 7 des Reichsfischereigesetzes und die entsprechenden Paragraphen der neueren Landesfischereigesetze entfernen sich kaum von dem bis dahin geltenden Rechtszustand.

Nach diesen Gesetzen sollen gegenüber der Ausübung anderer Wasserbenützungsrechte solche Einwendungen berücksichtigt werden, die eine Verunreinigung von Fischwassern verhüten sollen, die Anlegung von Fischsteigen und Fischrechen bezwecken oder die Trockenlegung der Wasserleitungen in einer unschädlichen Weise regeln wollen. Bedingung ist dafür, daß diesen Einwendungen entsprochen werden könne, „ohne der anderweitigen Wasserbenutzung eine erhebliche Erschwernis zu verursachen."

Doch präzisieren die Fischereigesetze der zweiten Ländergruppe mit Ausnahme von Mähren die Rücksichten, die auf die Fischerei genommen werden sollen, etwas genauer.

1. Eine der Fischerei schädliche Verunreinigung des Gewässers muß dann unterlassen werden, wenn die Entfernung der Stoffe ohne erhebliche Beschwernis für das Unternehmen auf anderem Wege oder nach Läuterung geschehen kann.

2. Zur Ermöglichung des Fischzuges müssen über Verlangen bei Wasserbenutzungsanlagen Fischstege, Fischlöcher oder andere zweckmäßige Vorrichtungen angebracht werden, sofern dies ohne erhebliche Erschwernis möglich ist.

3. Zur Herstellung eines Fischsteges, dessen Bestand zur Förderung der Fischerei eines größeren Wassergebietes erforderlich ist, muß der Eigentümer, wenn nötig, die Benutzung gegen volle Entschädigung einräumen; würden hierdurch die Grundstücke die zweckmäßige Benutzbarkeit verlieren, kann der Eigentümer Enteignung verlangen.

4. Wird das Wasser aus dem Fischwasser derart abgeleitet, daß eine Fischhege in den Ableitungen nicht tunlich ist, sondern nur auf den Fang der einwechselnden Fische aus dem fremden Fischwasser gerechnet werden kann, so können die Fischereiberechtigten beanspruchen, daß die Abteilungen mit Fischrechen versehen sind.

5. Die Kosten der Einrichtungen zur Vermeidung der Beeinträchtigungen der Fischerei hat bei Anlagen, die bereits in nicht gesetzwidriger Weise bestehen, derjenige, der sie beansprucht zu tragen, sonst derjenige, dessen Anlagen mit diesen Einrichtungen versehen werden sollen[1].

6. Steht die Fischerei in einer Ableitung aus dem Hauptwasser nicht dem Eigentümer der letzteren, sondern dem Fischereiberechtigten des Hauptwassers zu, so muß dieser von jeder beabsichtigten Trockenlegung der Ableitung rechtzeitig verständigt werden, so daß er noch die erforderlichen Vorkehrungen zum Schutze des Fischstandes treffen kann. In keinem Falle darf er verhindert werden, über die in den abgelassenen Leitungen befindlichen Fische zu verfügen.

7. Bei der Durchführung von Gewässerregulierungen muß stets, soweit dies ohne Benachteiligung des Werkes und unverhältnismäßige Kosten möglich ist, den Interessen der Fischerei Rechnung getragen werden; insbesondere sollen Fischplätze angelegt werden, in denen die Fische bei Hochwassern Zuflucht finden können.

3. Beziehung zur Jagd.

Eine Reihe von Tieren, insbesondere die Wasservögel, nähren sich hauptsächlich von Fischen und erschweren dadurch die Fischzucht. Darum ist in der ersten und zweiten Ländergruppe der Fischereiberechtigte befugt, wildlebende Tiere, die dem Fischstande schädlich sind, sowohl in seinem Fischwasser als auch in unmittelbarer Nähe desselben zu jeder Zeit und auf beliebige Art, jedoch ohne Anwendung von Schußwaffen und giftigen Stoffen, zu fangen und zu töten. Die Verfügung über gefangene oder erlegte Tiere hat der Jagd-

[1] Diese Bestimmung gilt auch in Mähren.

berechtigte; doch fällt die Fischotter in Oberösterreich, Salzburg, Vorarlberg an den Fischereiberechtigten. Dieselbe Befugnis haben das Fischereischutzpersonal und diejenigen Personen, welche der Jagdberechtigte oder der Fischereirevierausschuß damit beauftragt.

Welche Tiere als fischschädlich anzusehen sind, bestimmt die politische Landesstelle.

§ 61. Fischereipolizei.

1. Beschränkungen des Fischereibetriebes.

Von der größten Wichtigkeit für die Erhaltung und Vermehrung des Fischstandes ist die Vermeidung jeder Störung des Fortpflanzungsgeschäftes. Hierzu gehören: die Sorge für entsprechende Laichstätten, die Schonung der laichenden Fische, des Laiches selbst und der jungen Brut. Auch der wahllose Massenfang der Fische ist für die Fischzucht sehr schädlich, weil durch ihn eine große Anzahl von Tieren auf einmal gefangen und meist auch die junge Brut vernichtet wird.

Als Laichschonstätten kann die politische Behörde in der zweiten Ländergruppe über Antrag solche Gewässer erklären, welche zum Laichen der Fische und zur Entwicklung der jungen Brut geeignet sind. In solchen Orten sind außer dem Fischfang auch andere dem Fischlaich schädliche Handlungen, wie das Ausreißen von Schilf, Gras, die Aushebung von Sand und Schotter u. s. w., zu untersagen. Sofern dadurch bestehende Rechte beeinträchtigt werden, haben die Antragsteller für den Schaden aufzukommen.

Schonzeiten hat die politische Behörde in den Ländern der ersten und zweiten Gruppe für die vorkommenden wertvolleren Fischarten mit Rücksicht auf deren Laichperioden festzustellen. Fische, welche während ihrer Schonzeit lebend in die Gewalt des Fischers gelangen, sind von demselben sofort wieder in das Wasser zurück zu versetzen. Solche relative Schonzeiten können den Eigentümlichkeiten der einzelnen Fischarten angepaßt sein und stören den Fischereibetrieb nicht mehr als eben notwendig; dagegen ist die Überwachung solcher Vorschriften erschwert. Darum ist die politische Landesbehörde in diesen Ländern mit Ausnahme von Kärnten und Tirol berechtigt, für bestimmte Gewässer absolute Schonzeiten festzusetzen, d. h. Zeiten, in welchen mit Rücksicht auf die Laichperioden der vorherrschenden wertvolleren Fischarten jeder Fischfang ganz ruht. Ausnahmen von den Fangverboten können für die künstliche Fischzucht und für wissenschaftliche Untersuchungen gemacht werden. In den Ländern der ersten Gruppe mit Ausnahme von Mähren ist während der absoluten Schonzeiten auch das Einlassen von Haustieren, insbesondere der sehr fischereischädlichen Enten, verboten.

Durch Verkaufsverbote soll die Einhaltung der Schonzeiten gesichert und der junge Fischnachwuchs indirekt geschützt werden. Zum Zwecke der Erhaltung eines angemessenen Fischstandes hat die politische Landesbehörde festzusetzen, welche Fischarten zu bestimmten Zeiten und unter einem bestimmten Minimalmaße weder verkauft noch in Gasthäusern verabreicht werden dürfen. In Tirol und Kärnten gilt ex lege das Verkaufsverbot für die Schonzeiten. Nur in Tirol werden die jungen Fische auch direkt geschützt, indem Fische unter dem Minimalmaße nicht gefangen werden dürfen.

Die Anwendung von explosiven oder betreibenden Stoffen ist, um die für den Fischbestand eines Gewässers gefährliche Massenvernichtung von Fischen zu verhindern, bei dem Fischfange verboten[1].

Es dürfen ferner Vorrichtungen zum Selbstfangen (Fangkörbe u. dergl.) in Wasserdurchlässen und Schleusen nicht eingehängt werden, weil hier die durchziehenden Fische fast mit Notwendigkeit der völligen Vernichtung preisgegeben wären. Aus demselben Grunde dürfen ständige Fangvorrichtungen im Zuge der fließenden Gewässer oder an deren Mündungen in der Regel nicht über die halbe Breite des Wasserlaufes hinausreichen und auch in der Längsrichtung nicht in geringeren Abständen voneinander angebracht sein.

---

[1] Einzelne Landesgesetze enthalten noch weitergehende Verbote.

Die politischen Landesbehörden können auch sonst bestimmte Fangarten und Fangmittel, welche den Fischbestand erheblich zu schädigen geeignet sind, für ganze Wassergebiete oder bestimmte Gewässer verbieten [1].

Die vorstehenden Normen finden auf Teiche und andere Wasserbehälter für Zwecke der Fischzucht keine Anwendung.

2. Fischereischutz.

Der Diebstahl an Fischen in einem Teiche gilt schon bei einem Werte von 5 fl. als Verbrechen [2].

Um das Fischereirecht vor Eingriffen Unbefugter zu schützen, muß in der Regel [3] jeder, der den Fischfang ausübt, sich mit einer Bescheinigung seiner Befugnis ausweisen. Die Normen über die Ausstellung dieser Bescheinigung (Fischerkarte, Fischerbüchel), weichen voneinander ab. Für die Ausfolgung der Legitimation ist zum Teile eine Gebühr zu entrichten.

Fischerzeuge, die ohne Beisein des Fischers zum Fischfang ausliegen, müssen in Böhmen, Kärnten, Mähren, Schlesien und Steiermark unbedingt, in den Ländern der zweiten Gruppe mit Ausnahme von Mähren über Anordnung der politischen Behörde mit einem Kennzeichen versehen sein, wodurch die Person des Fischers ermittelt werden kann.

Eine Verpflichtung zur Bestellung eines Fischereischutzpersonales besteht meist nicht. Wohl aber sind die Fischereiberechtigten, in Dalmatien und Mähren auch die Gemeinden, befugt, Wachorgane für die Fischerei zu bestellen und, falls diese die für das Feldschutzpersonal vorgeschriebenen Eigenschaften haben, sie behördlich bestätigen und beeidigen zu lassen. Ebenso sind sie berechtigt, Wachorgane, die bereits zum Schutze anderer Kulturzweige (Landwirtschaft, Forstwirtschaft, Jagd) bestellt sind, mit Beaufsichtigung und dem Schutze der Fischerei zu betrauen.

Den Wachorganen kommt dieselbe rechtliche Stellung zu, wie dem Feldschutzpersonal (s. oben S. 99 f.). Sie haben insbesondere das Recht und die Pflicht, die Fischwasser ihrer Sprengel und die daselbst befindlichen Vorrichtungen zu beaufsichtigen, die Fischerschiffe, Fischbehälter, Fischgeräte u. s. w. zu untersuchen, Schiffe und Fischgerätschaften zu beschlagnahmen, Verhaftungen vorzunehmen.

§ 62. Internationale Vereinbarungen.

Zur Regelung der Fischereipolizei im Bodensee wurde zwischen den Uferstaaten am 5. Juli 1893 eine Übereinkunft abgeschlossen, worin Minimalmaße für die Öffnungen (Maschen) der Fanggeräte normiert, der Gebrauch gewisser Fangmittel, der Fischfang zur Nachtzeit verboten, Minimalmaße für den Fang der einzelnen wertvolleren Fischarten, ferner Schonzeiten festgesetzt werden. Diese Schutzvorschriften sollen nicht nur für den See selbst, sondern auch für jene Zuflüsse erlassen werden, die von den Seeforellen zum Laichen aufgesucht werden. Ein eigenes Landesgesetz [4] ermächtigte die Regierung, zur Ausführung dieser Vereinbarung Verordnungen zu erlassen, die von dem Vorarlberger Fischereigesetze abweichen. Dies geschah durch die Statthaltereiverordnungen vom 30. Dezember 1893 Nr. 2 L.G.B. ex 1894, vom 30. Mai 1898 Nr. 15 L.G.B. und vom 31. März 1893 Nr. 19. Insbesondere wurde auch die Bestellung von staatlichen Fischereiaufsehern angeordnet [5].

---

[1] Diese Bestimmung gilt nicht in Tirol.

[2] § 174 St.G.

[3] Ausnahmen: Fischfang innerhalb eingefriedeter Örtlichkeiten (Galizien, Görz und Gradiska, Krain, Niederösterreich, Oberösterreich, Salzburg und Vorarlberg); in Teichen und sonstigen Fischbehältnissen für den Teichbesitzer (Böhmen); in Teichen, welche in eingefriedeten Örtlichkeiten liegen (Kärnten, Steiermark); in Gewässern, die der freien Fischerei unterliegen (Tirol).

[4] vom 21. Juni 1893 Nr. 20 L.G.B.

[5] Kundmachung der Statthalterei vom 19. Juni 1894 Nr. 22 L.G.B.

Die Fischerei im Gardasee und in einigen Nebengewässern desselben wurde durch ein Übereinkommen zwischen der österreichischen und italienischen Regierung[1] in polizeilicher Hinsicht durch Verbote bestimmter Fangmittel, Festsetzung von Schonzeiten, von Minimalmaßen für Fang und Verkauf u. s. w. geregelt. Ausgeführt wurde dieser Vertrag durch die Ministerialverordnung vom 7. April 1885 Nr. 38 R.G.B.

Die internationalen Übereinkommen zur Verhütung von Fischereifreveln s. oben S. 97.

§ 63. Sonstige fischereirechtliche Normen.

1. Behörden.

In der zweiten Ländergruppe obliegt die Handhabung der Fischereigesetze den politischen Behörden; sie haben sich dabei der Beihilfe der zugeteilten Organe der Forstpolizei zu bedienen. In Mähren hat die politische Landesbehörde einen Fischereiinspektor zu bestellen. Gleiches gilt wohl auch für die erste Ländergruppe. Die Gemeindevorstände, die Gendarmerie und die Organe der Strompolizei, ferner auch die Organe der Marktpolizei, sind verpflichtet, die Beobachtung der Fischereipolizeigesetze zu bewachen; ihnen kommen dabei die Rechte des Wachpersonales zu[2]. In Vorarlberg ernennt der Staat Fischereiinspektoren (s. oben S. 150).

2. Strafen.

Übertretungen der Fischereigesetze, der Fischereipolizeigesetze und der auf Grund derselben erlassenen Vorschriften oder Anordnungen werden, sofern sie nicht unter das allgemeine Strafgesetz fallen, von der politischen Behörde mit Geld bis zu 50 Gulden, bei Wiederholung oder erheblichem Nachteile bis zu 100 Gulden bestraft; bei Zahlungsunfähigkeit ist die Strafe in Arrest[3] zu verwandeln. Auch kann auf den Verfall der vorschriftswidrig gefangenen oder feilgebotenen Fische oder der verbotenen Geräte erkannt werden.

Mit dem Straferkenntnis ist in der zweiten Ländergruppe und in Dalmatien auch der Ersatz des verursachten Schadens aufzuerlegen, wenn nicht wegen der Notwendigkeit weiterer Ausführungen der Anspruch auf den Rechtsweg verwiesen werden muß. Gegen das Erkenntnis der politischen Behörde kann in der Frage des Schadenersatzes der ordentliche Richter angerufen werden.

Übertretungen der Fischereigesetze verjähren in den Ländern der zweiten Gruppe und in Dalmatien in sechs Monaten; doch bleibt die Verpflichtung, den etwa fortdauernden gesetzwidrigen Zustand zu beseitigen.

3. Gebührenbegünstigung.

In den Ländern der zweiten Gruppe sind gebührenfrei: alle Eingaben, Protokolle, Beilagen, Rechtsurkunden und Erklärungen in den Verhandlungen über Entschädigungsansprüche der Berufsfischer wegen Aufhebung der freien Fischerei, im Verfahren zur Bildung von Fischereirevieren und zur Ablösung von Fischereirechten; ebenso die Erwerbung von Fischereirechten infolge der Aufhebung der freien Fischerei und der Ablösung von Fischereirechten.

§ 64. Anhang. Die Seefischerei[4].

Während der Fischfang auf hoher See nach völkerrechtlichen Grundsätzen jedermann unterschiedslos zusteht, und auch auf jede beliebige Weise ohne irgend welche Beschränkungen ausgeübt werden darf, bestehen mehrfache Vorschriften über die Fischerei an der Meeresküste.

---

[1] vom 9. August 1883 Nr. 37 ex 1885 R.G.B.

[2] Die letztere Bestimmung fehlt in Schlesien.

[3] in Dalmatien auch in Arbeiten für Gemeindezwecke.

[4] Ministerialverordnungen vom 5. Dezember 1884 Nr. 188 und vom 19. Januar 1900 Nr. 12 R.G.B.

1. Das Recht zum Fischfang.

Da die Fischerei für viele Küstengemeinden den einzigen Nahrungszweig bildet, so ist das Recht der Fischerei innerhalb einer Seemeile von der Küste ausschließlich den Küstenbewohnern vorbehalten[1], d. h. den Mitgliedern der an der Seeküste gelegenen Gemeinden[2]. Die Küstenbewohner dürfen dieses Recht soweit ausüben, als die Küste ihrer Gemeinde reicht, falls nicht durch Vertrag oder Herkommen Privatrechte erworben sind. Ausnahmsweise kann jedoch die Seebehörde nach Einvernehmung der Gemeindevertretungen bewilligen, daß auch der Gemeinde nicht angehörende Fischer zur Fischerei zugelassen werden: wenn in der Gemeinde keine Fischer vorhanden sind oder ihre Zahl nicht ausreichend ist; wenn die Fischer der Gemeinde die besonderen Fangarten nicht ausüben, welche notwendig sind; wenn die Versorgung der Märkte es erheischt. Für die Zulassung ist eine Taxe an die Küstengemeinde zu entrichten. Auch sind nicht bloß Küstenbewohner, sondern auch andere Personen berechtigt, auf Grund von behördlicher Bewilligung innerhalb einer Seemeile besondere Anlagen für die Zucht von Fischen und anderen Seetieren zu errichten.

Außerhalb der ersten Seemeile ist die Fischerei für alle Inländer sowie für die Angehörigen der Länder der ungarischen Krone frei; Ausländer dürfen innerhalb der territorialen Gewässer die Seefischerei nur insofern ausüben, als dies durch internationale Vereinbarungen zugestanden ist[3].

2. Polizeiliche Vorschriften.

Im allgemeinen ist das Fischen und das Feilbieten von Laich und von Fischbrut untersagt; Ausnahmen kann das Hafen- und Seekapitanat bewilligen. Dieses hat alljährlich zu bestimmen, an welchem Tage des Monates März die Fischerei von Laich und Fischbrut beginnen kann. Ferner sind für eine große Anzahl von Fischen und anderen Tiergattungen Schonzeiten festgesetzt, bestimmte Fangmittel oder Fangarten verboten, zum Teile auch Minimalmaße für den Fang normiert.

Im Interesse des Verkehres ist die Fischerei an Orten, wo Telegraphenkabel liegen, beschränkt, und es kann der Fischfang an der Einfahrt und im Bereiche der Häfen untersagt werden.

Die Hafen- und Seekapitanate haben ein Register für die Fischereifahrzeuge zu führen, in das jedes österreichische Schiff einzutragen ist, das für die Ausübung der Fischerei auf der See bestimmt ist; für jedes eingetragene Fahrzeug ist ein Registerbrief auszustellen, der die Nationalität des Fahrzeuges und das Recht, die Seefischerei zu betreiben, nachweist.

Übertretungen werden, sofern sie nicht nach dem allgemeinen Strafgesetz zu ahnden sind, von der Hafenbehörde mit Geld bis zu 100 Gulden oder mit Arrest bis zu 14 Tagen bestraft. Die Verjährungsfrist beträgt drei Monate.

In Dalmatien gelten spezielle Normen für den Sardellenfang[4]:

Die Sardellenfischerei, welche die größte Bedeutung in Dalmatien besitzt, darf nur in den Monaten Mai bis August, und zwar während jedes Mondmonates während 20 Nächten stattfinden. Genaue Normen bestimmen, unter welchen Bedingungen die verschiedenen Arten von Fangnetzen gebraucht werden dürfen, welche Dimensionen dieselben haben müssen u. s. w. Während der Sardellenfischerei ist alles verboten, was den Fischfang stören könnte (Feuer

---

[1] Seefischereiordnung vom 6. Mai 1835.

[2] Kundmachung des küstenländischen Gouvernements vom 27. Januar 1837 Z. 1177.

[3] So ist nach dem Schlusse des Handels- und Schiffahrtsvertrages mit Italien vom 6. Dezember 1891 Nr. 17 ex 1892 R.G.B. den Bewohnern der österreichischen, ungarischen und italienischen Küste des Adriatischen Meeres gestattet, längs der Küsten des anderen Staates zu fischen, jedoch mit Ausschluß der Korallen- und Schwammfischerei, vorbehaltlich des ausschließlichen Fischereirechtes der Küstenbewohner innerhalb einer Seemeile.

[4] Reglement des Provveditore generale Dandolo vom 15. April 1808, Dekret der allgemeinen Hofkammer vom 27. September 1819 Z. 41111, Kundmachung des Statthalters von Dalmatien vom 10. November 1880 Nr. 59 L.G.B.

auf den Landspitzen, Lärm u. s. w.). Der Fischfang darf nur erfolgen, wenn die Nacht völlig dunkel ist und der Mond nicht scheint.

Zur Überwachung der Beobachtung der Fischereivorschriften, um Reibungen im Betriebe der verschiedenen Fischereiarten zu verhindern, kann in Dalmatien jede Gemeinde bleibende oder zeitweilige Fischereiwächter aufstellen [1], sie auch mit einem Bote ausrüsten. Die Auslagen hierfür sind im Zweifel durch die Fischereiausübenden im Verhältnis zur Erheblichkeit des Betriebes zu tragen. Die Beträge können im administrativen Wege eingetrieben werden. Die Wächter sind von der politischen Behörde zu beeiden, worüber sie eine Bescheinigung zur Legitimation erhalten. Sie müssen im Dienste ein Abzeichen tragen, sind berechtigt, ein Gewehr zu führen, sind in Ausübung ihres Dienstes als öffentliche Wachen anzusehen und haben die nämlichen Rechte, wie sonstige Kulturwachorgane.

In Triest sind für den Fang der den anderen Fischarten gefährlichen Haifische Prämien ausgeschrieben. Bei dem Erscheinen eines Haifisches können Expeditionen ausgerüstet werden, deren Führer, wenn ihm der Fang des Tieres innerhalb acht Tagen gelingt, eine höhere Prämie beanspruchen kann [2].

---

[1] Gesetz vom 9. November 1883 Nr. 50 L.G.B.

[2] Kundmachung der Seebehörde vom 1. April 1872.